智慧零售系列教材

跨境电商基础与实务

主　编　周昔敏　申作兰　唐　洪
副主编　黎　侨　易　攀　陈雪姣
　　　　李　胤　伯黎醒　林　艺
参　编　陈佳列　段俊

電子工業出版社
Publishing House of Electronics Industry
北京 · BEIJING

内 容 简 介

跨境电商面向全球进出口市场，已经成为我国外贸的重要支柱。本书根据跨境电商行业对复合型人才的需求，以工作任务为导向，主要讲述跨境电商的基础知识和实际操作技巧。本书共 9 个项目，从跨境电商基础认知、跨境电商平台建设、跨境电商数据选品、跨境电商商品发布、跨境电商营销推广、跨境电商直播、跨境电商运营数据分析、跨境电商物流与支付、跨境电商客户服务等方面帮助读者全方位了解跨境电商。本书主要依托全球速卖通平台，按照“项目导入—项目评价—项目实训”的逻辑顺序，帮助读者梳理跨境电商的知识点，提高读者的实操能力和综合素质。

本书实操性强，既可作为高校跨境电商、国际经济与贸易、关务与外贸服务、电子商务等专业的教材，也可作为跨境电商行业的工作人员和相关研究人员的自学用书。

图书在版编目（CIP）数据

跨境电商基础与实务 / 周昔敏，申作兰，唐洪主编．—北京：电子工业出版社，2023.8

ISBN 978-7-121-46264-1

Ⅰ．①跨… Ⅱ．①周… ②申… ③唐… Ⅲ．①电子商务－运营管理－高等职业教育－教材 Ⅳ．①F713.365.1

中国国家版本馆 CIP 数据核字（2023）第 167677 号

责任编辑：张云怡
印　　刷：中煤（北京）印务有限公司
装　　订：中煤（北京）印务有限公司
出版发行：电子工业出版社
　　　　　北京市海淀区万寿路 173 信箱　　邮编　100036
开　　本：787×1092　1/16　印张：17.5　字数：466 千字
版　　次：2023 年 8 月第 1 版
印　　次：2025 年 2 月第 2 次印刷
定　　价：55.00 元

前言

跨境电商的发展能够有效地帮助境内企业整合资源、扩大市场，加强与境外企业的经济贸易合作，实现互利共赢、共同发展。党的二十大报告明确指出，必须完整、准确、全面贯彻新发展理念，坚持社会主义市场经济改革方向，坚持高水平对外开放，加快构建以国内大循环为主体、国内国际双循环相互促进的新发展格局。近年来，我国出台的许多政策文件提出要促进跨境电商发展。人才匮乏是限制跨境电商发展的主要因素之一，具备实践经验和操作能力的跨境电商专业人才非常稀缺。

本书是为满足职业院校跨境电商人才培养需求而编写的、以工作任务为导向的教材。

本书主要内容

项目 1：介绍跨境电商基础认知，从跨境电商市场调研到跨境电商平台选择，再到跨境电商岗位分析，让读者对跨境电商形成基础认知。

项目 2：介绍跨境电商平台建设，主要包括跨境电商店铺开通和跨境电商店铺装修，让读者对跨境电商平台建设有一个系统的了解。

项目 3：介绍跨境电商数据选品，讲解站内选品和站外选品的具体操作，让读者对跨境电商数据选品形成清晰的认识。

项目 4：介绍跨境电商商品发布，让读者了解商品发布的要素和流程，学会收集与整理商品素材、制作商品详情页，以及完成商品发布与设置。

项目 5：介绍跨境电商营销推广，主要包括站内营销推广和站外营销推广，让读者对跨境电商营销推广形成初步的认识，并能选择适合自身店铺的营销推广方式，从而更好地运营自身店铺。

项目 6：介绍跨境电商直播，主要包括站内直播和社交媒体直播，让读者对跨境电商直播有一个初步的了解。

项目 7：介绍跨境电商运营数据分析，主要包括店铺数据分析和商品数据分析，让读者对跨境电商运营数据分析形成一定的认识。

项目 8：介绍跨境电商物流与支付。跨境电商物流部分主要介绍全球速卖通官方物流、邮政类物流、商业快递类物流三大跨境电商物流方式的基本情况、运费、特点，以及全球速卖通物流模板设置流程等内容，让读者对跨境电商物流形成全面的认识。跨境电商支付部分主要介绍各种跨境电商支付方式的优点、缺点和适用范围等内容。

项目 9：介绍跨境电商客户服务，主要包括跨境电商客户沟通、跨境电商纠纷处理、跨境电商客户关系管理，旨在帮助卖家提升店铺的客户服务质量。

本书编写特色

- 条理清晰、学以致用：本书编写思路明确，本着“以有用为落脚点”的编写原则，旨在帮助读者全方位了解跨境电商，内容涉及全球速卖通、阿里巴巴国际站、亚马逊等跨境电商平台。
- 图解教学、强化应用：本书采用图解教学的形式，图文并茂，读者可以更轻松地掌握相关知识，全面提升学习效果。
- 同步微课、资源丰富：本书提供授课 PPT、教案、教学大纲、习题等资源。

本书由重庆城市职业学院周昔敏、日照职业技术学院申作兰、重庆诺维奇进出口贸易有限公司唐洪担任主编，重庆城市职业学院黎侨、易攀、陈雪姣、李胤、伯黎醒、林艺担任副主编，重庆城市职业学院陈佳列、段俊参与编写。

跨境电商发展日新月异，在编写本书的过程中，编者虽力求准确、完善、贴合行业实际，但书中难免存在疏漏和不足之处，敬请广大读者批评指正。

目录

项目 1

跨境电商基础认知

【项目导入】

刚进入大学的丹尼对跨境电商非常感兴趣，看着身边的同学纷纷创办了创业工作室，丹尼也想通过创业实现自己的价值。在咨询了刘老师后，丹尼打算以跨境电商为突破口，开启创业之路。不过，对跨境电商一知半解的丹尼不知从何开始。拥有丰富的跨境电商运营经验的刘老师向丹尼提出建议：年轻人有干劲很好，但一定要有技能傍身，这样才能在创业过程中立于不败之地，要想创业，先从跨境电商基础认知开始吧。

【任务拆解】

图 1-1 所示为跨境电商基础认知任务拆解图。

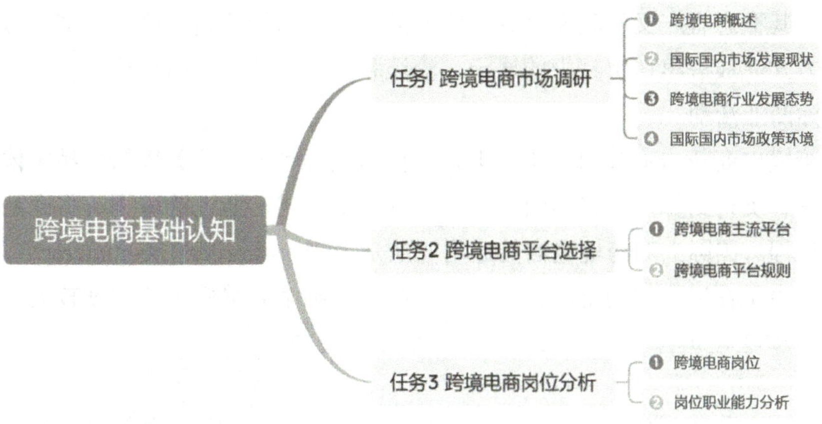

图 1-1

任务 1 跨境电商市场调研

任务描述

在本任务中，丹尼需要围绕跨境电商概述、国际国内市场发展现状、跨境电商行业发展态势、国际国内市场政策环境等内容完成知识梳理和任务实施，以便深入了解跨境电商行业现状及其发展态势，熟悉国际国内市场政策环境。

知识梳理

知识点 1：跨境电商概述

一、跨境电商的概念

在调研跨境电商市场之前，丹尼需要了解跨境电商的定义。在调研的过程中，丹尼了解了跨境电商的概念和特点。

扫一扫
查看跨境电商基础认知微课

跨境电子商务（Cross-border Electronic Commerce）简称跨境电商，其概念有广义和狭义之分。广义的跨境电商指的是分属于不同关境的交易主体通过电商的方式完成进出口贸易中的展示、洽谈和交易环节，并通过跨境物流送达商品、完成交易的国际商业活动。

狭义的跨境电商基本上等同于跨境零售，指的是分属于不同关境的交易主体借助计算机网络达成交易、支付结算，并采用快件、小包等行邮方式，通过跨境物流将商品送达消费者手中的交易过程。国际上对跨境电商的通用叫法是“Cross-border E-commerce”，指的其实就是跨境零售。由于在现实中明确区分、界定小型卖家和个人消费者的难度较大，因此跨境零售的交易主体中往往包含一部分比较分散的小额买卖的卖家。

扫一扫
查看跨境电商运作流程微课

图 1-2 所示为跨境电商流程与传统外贸流程的对比。与传统外贸相比，跨境电商依托互联网技术，在物流方式、交易流程、结算方式等方面与前者大不相同。

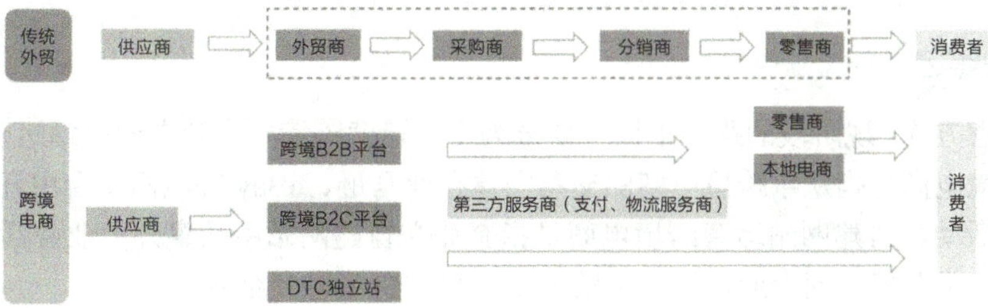

图 1-2

二、跨境电商的类型

（一）按照商品流向分类

按照商品流向，跨境电商主要分为出口跨境电商和进口跨境电商。

扫一扫
查看跨境电商生态系统微课

出口跨境电商又被称为出境电商，是指将本国生产或加工的商品通过电商平台达成交易、支付结算，并通过跨境物流送达商品、销往国外市场的国际商业活动。

进口跨境电商又被称为入境电商，是指将外国生产或加工的商品通过电商平台达成交易、支付结算，并通过跨境物流送达商品、输入本国市场的国际商业活动。

（二）按照商业模式分类

按照商业模式，跨境电商主要分为 B2B（Business-to-Business，指电子商务中企业对企业的交易方式）、B2C（Business-to-Customer，指电子商务中企业对消费者的交易方式）和 C2C（Consumer-to-Consumer，指电子商务中消费者对消费者的交易方式）3 种模式。

B2B 跨境电商又被称为在线批发，是指外贸企业之间通过互联网进行商品、服务、信息交换的商业模式。B2B 跨境电商企业的最终客户是企业或企业集团。目前，在我国的跨境电商市场交易规模中，B2B 跨境电商市场交易规模占总交易规模的 90%以上，代表企业主要有敦煌网、中国制造网、阿里巴巴国际站、环球资源等。

B2C 跨境电商和 C2C 跨境电商统称为在线零售。B2C 跨境电商是指跨境电商企业针对个人消费者开展的网上零售活动。目前，B2C 跨境电商在我国跨境电商市场交易规模中的占比不断提高，代表企业主要有全球速卖通（AliExpress）、兰亭集势、米兰网、大龙网等。

C2C 跨境电商是指从事外贸活动的个人针对国外个人消费者开展的网络零售商业活动。目前，我国的出口跨境电商以 B2B 模式和 B2C 模式为主，我国的进口跨境电商以 B2C 模式为主。

除了上述 3 种模式，F2C 跨境电商也日渐兴起，它指的是 Factory-to-Customer（从工厂到消费者）。F2C 跨境电商直接把产自工厂的商品送到消费者手中，我们可以将其理解为工厂借助网络平台进行商品直销。这种模式使消费者在线向工厂下单成为可能，它是 B2C 模式的升级版。

（三）按照运营方式分类

按照运营方式，现阶段的跨境电商主要分为平台运营跨境电商和自建网站运营跨境电商。平台运营跨境电商是指从事跨境电商的交易主体在亚马逊、eBay 等电商平台中开设店铺，从事外贸业务活动。自建网站运营跨境电商是指企业在自建网站中从事外贸业务活动，如兰亭集势属于综合类跨境电商企业，环球易购属于垂直类跨境电商企业。

（四）按照海关监管方式分类

按照海关监管方式，跨境电商主要分为跨境电商直邮和跨境电商备货。

1. 跨境电商直邮

跨境电商直邮分为跨境电商直邮出口和跨境电商直邮进口。前者是指境内企业或个人通过自建平台、第三方跨境电商平台或其他方式向境外购买方销售商品，通过跨境快递包裹将所售商品运送至境外购买方的商业活动。后者是指境外企业或个人通过自建平台、第三方跨境电商平台或其他方式向境内购买方销售商品，通过跨境快递包裹将所售商品运送至境内购买方的商业活动。

2. 跨境电商备货

跨境电商备货分为跨境电商备货出口和跨境电商备货进口。前者是指通过自建平台、第三方跨境电商平台或其他方式销售商品，商品通过一般贸易方式出口至海外仓，直接从境外将商品运送至境外购买方的商业活动。后者又被称为网购保税进口，是指通过自建平台、第三方跨境电商平台或其他方式销售商品，商品通过一般贸易方式进口至境内，直接从境内将商品运送至境内购买方的商业活动。

三、跨境电商的特点

（一）全球性

由于网络是无边无界的，因此依托互联网的跨境电商具有全球性的特点。跨境电商突破了传统贸易的地域限制，是一种无边界贸易，消费者不需要出关即可通过跨境电商平台采购商品或服务。

（二）匿名性

跨境电商的匿名性体现为在线交易大多不显示消费者的具体位置和身份信息。跨境电商的全球性和去中心化等特点使消费者的具体位置和身份信息很难被识别，而这并不影响在线交易的正常进行。

（三）无形性

跨境电商的无形性源于网络的发展，商品和服务的数字化传输盛行，而数字化传输是通过不同类型的媒介（如数据、图像、声音）在全球网络环境中集中传输的。这些媒介在网络中主要以计算机数据代码的形式存在，因而是无形的。

（四）即时性

传统交易模式主要依靠信函、传真、电报等，在发送信息和接收信息之间存在一段很长的、不确定的时间差。在网络中传输信息的速度与地理位置、距离无关。在跨境电商中，信息交流非常便捷，发送信息和接收信息几乎是同步的，就像面对面交流一样。

（五）无纸化

跨境电商主要采用无纸化的方式来进行，这是跨境电商的主要特点。在交易过程中，计算机会记录一系列纸面交易数据，因为电子信息是以比特的形式存在和发送的，所以发送信息和接收信息的整个过程可以实现无纸化。

（六）快速演进

跨境电商是一种新模式，目前尚处于发展阶段，其网络设施和相关协议软件的发展具有很大的不确定性。政策制定者要认识到，跨境电商是在网络上交易的，将以前所未有的速度和无法预知的方式快速演进。

四、跨境电商的商业模式

根据传统电商的商业模式，以价值链分析为基础，国内跨境电商的商业模式主要分为自营模式、平台模式、综合服务商模式。

（一）自营模式

自营模式是指企业按照标准化的要求，对其经营的商品进行统一生产或采购、展示、在线交易，并通过物流配送将商品投放到最终消费群体的行为。自营模式具有品牌力强、商品质量可控和交易流程管理体系完备等特点。

在采用这种模式的企业中，比较有代表性的企业有 DX、兰亭集势、FocalPrice、PandaWill 等。大宗货物的外贸门槛较高，这促使企业通过自建外贸平台来向海外销售商品。自营模式有两个显著的特点，分别是商品集中差异化和货物小包化。商品集中差异化是指这类企业大多选取一种或几种利润比较高的商品，如数码商品、婚纱商品等。货物小包化是指这类企业的客户大多是终端消费者，企业无须运送大宗货物，只需要运送特定的国际快递。

（二）平台模式

平台模式又被称为信息中介模式，是指集中买卖双方的信息，并将信息提供给供应商或客户进行直接交易。

比较典型的例子是以阿里巴巴国际站、环球资源为代表的电商模式。这种模式下的电商只是不同国家或地区的企业之间的贸易平台，其作用主要是展示信息，其收入来源主要是向会员收取一定额度的会员费。在采用这种模式的跨境电商企业的价值链中，信息流就是企业的物质流，企业生产的和销售的是信息。

（三）综合服务商模式

综合服务商模式是一种新型电商趋势，其核心功能不局限于销售商品，还可以在物流、支付和商品质量控制等方面进行拓展。在跨境电商企业中，敦煌网、全球速卖通是采用综合服务商模式的代表。与环球资源不同的是，它们不仅可以提供交易平台，还可以帮助国内出口企业进行物流、支付、客户管理等。这种模式给很多卖家带来了打通上下游渠道的便利，在征得厂家的同意后，很多拥有电商店铺的卖家会将敦煌网上的厂家的商品图片放在自己的店铺中，从而省去库存、物流等环节，专注于开发客户。

知识点 2：国际国内市场发展现状

扫一扫
查看跨境电商发展现状微课

自从在 20 世纪 90 年代兴起之后，电商逐渐发展出多种不同的商业模式。随着数字技术的进步和新商业场景的出现，新的商业模式不断涌现。中国的中小型企业通过跨境电商平台进行出口贸易。它们中的有些企业原来是国际品牌的代工厂，有些企业是新兴品牌，跨境电商平台为它们提供了在海外打造品牌和“弯道超车”的机会。同时，随着越来越多的线下零售转为线上零售，跨境电商在全球出口贸易中占据的地位越来越重要。

一、全球跨境电商发展历程

跨境电商的历史不算很长。由于互联网率先在发达国家普及，因此在 20 世纪 90 年代的发达国家中率先出现了一批 B2B 跨境电商企业。杰夫·贝佐斯于 1994 年创立的亚马逊在 1998 年并购了英国和德国的几家网络书籍销售商，正式开始跨国销售音乐和视频制品。1998 年成为 B2C 跨境电商的元年。1999 年，美国电商网站 eBay 登陆欧洲，成为最早加入 C2C 跨境电商的平台。在中国，最早出现的跨境电商企业是 1999 年上线的阿里巴巴国际站，其主要从事 B2B 出口业务。值得一提的是，跨境电商演变为现在的状态，跨境电商平台的商业模式不是一成不变的，如 eBay 在刚创立时是 C2C 模式，现在逐渐朝着 B2C 模式演变。这些变化显示出互联网时代的跨境电商业务具有很强的可塑性，各种商业模式之间的边界不是固定的。

二、全球跨境电商演变过程

全球跨境电商在技术进步、国际合作深化等因素的影响下，经历了 4 个阶段的演变过程，如图 1-3 所示。

（1）1.0 传统时代：最初，基于各国的比较优势，全球贸易以跨国界的生产和消费为主要表现形式，主要涉及最终产品的贸易。

（2）2.0 全球价值链时代：随着经济全球化的不断深入，加之运输和协调成本进一步降低，对生产成本最小化的追求驱动企业把各个生产环节分散到多个国家，跨境电商进入全球价值链时代，主要涉及中间产品和服务的贸易。

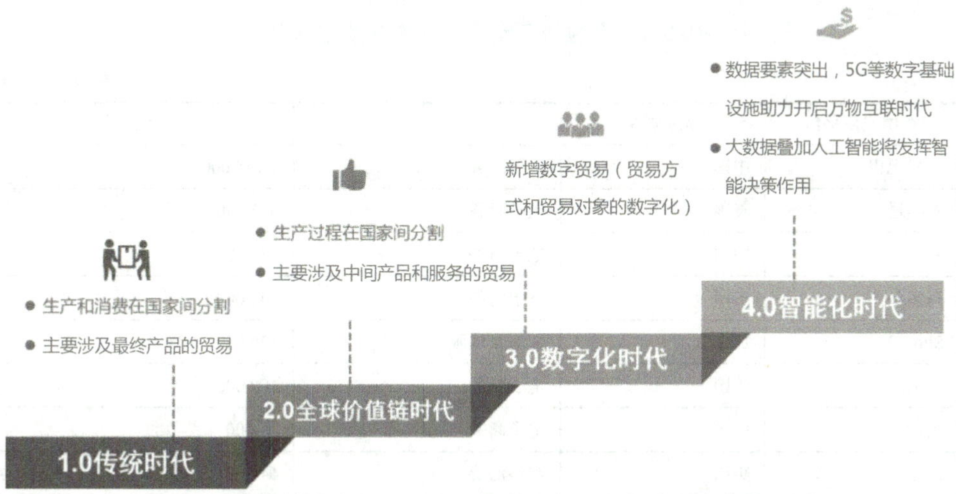

图 1-3

（资料来源：经济合作与发展组织，德勤研究）

（3）3.0 数字化时代：近年来，信息技术等数字技术加速发展，贸易方式和贸易对象的数字化趋于成熟、普及，数字贸易蓬勃兴起。数字贸易是指数字技术在跨境电商的订购或交付过程中发挥主要作用的国内商业和国际贸易活动，主要包括以跨境电商为代表的数字化贸易方式，以及以数字产品（如影音产品、软件产品等）和数字服务（如信息技术服务、在线医疗服务等）为代表的数字化贸易对象。

（4）4.0 智能化时代：随着数字技术的升级，以及数字技术与跨境电商的结合更加紧密、全面，全球跨境电商进入智能化时代。在这个阶段，数据要素突出，包括 5G 在内的重要数字基础设施助力构建数据流通平台和全新的网络架构，开启万物互联时代。同时，大数据叠加人工智能将发挥智能决策作用。

总而言之，当前的全球跨境电商正在从数字化时代向智能化时代积极迈进，数字贸易成为全球跨境电商的最新发展形态。近年来，全球跨境电商迅速发展，已成为外贸转型升级的新动能。

三、全球跨境电商发展现状

（一）B2B 模式凸显绝对优势，B2C 市场交易增速更快

跨境电商交易一般以 B2B 模式和 B2C 模式为主，同时包括 C2C 模式和 O2O（Online-to-Offline，指将线下的商务机会与互联网结合，让互联网成为线下交易的平台）模式。就交易总额而言，B2B 模式是全球跨境电商的主要交易模式，B2B 交易的频率虽然比 B2C 交易低，但是 B2B 交易的额度更大且长期持续，因而占据跨境电商交易的主要份额。B2C 市场交易增速更快，高于 B2B 市场交易增速，显示出 B2C 市场尚未到达增量空间的边界。

（二）跨境电商平台竞争激烈，头部平台优势明显

经过多年的激烈竞争，全球跨境电商平台中的头部平台逐渐占据优势。2020 年交易额排名全球前 10 的跨境电商平台如表 1-1 所示。

表 1-1　2020 年交易额排名全球前 10 的跨境电商平台

单位：百万美元

序号	跨境电商平台	所属国家	行业	交易额
1	阿里巴巴	中国	电子商务	1 145 000
2	亚马逊	美国	电子商务	575 000
3	京东	中国	电子商务	379 000
4	拼多多	中国	电子商务	242 000
5	Shopify	加拿大	网络媒体服务	120 000
6	eBay	美国	电子商务	100 000
7	美团	中国	电子商务	71 000
8	沃尔玛	美国	零售消费	64 000
9	优步	美国	网络媒体服务	58 000
10	乐天	日本	电子商务	42 000
总计				2 796 000

资料来源：联合国贸易和发展会议。

从表 1-1 中可以看出，电子商务类跨境电商平台是全球跨境电商平台的主流；网络媒体服务类跨境电商平台包括 Shopify 和优步，它们的交易额排在全球前 10 名中。

四、中国跨境电商发展

（一）发展历程

1998 年，阿里巴巴、中国制造网等 B2B 跨境电商企业成立。2003 年，淘宝、京东等 B2C 电商平台崛起。自此，中国电商进入了快速发展的 20 年。中国跨境电商的发展主要经历了以下 3 个阶段。

1. 跨境电商 1.0 阶段（1997—2003 年）

跨境电商 1.0 阶段的主要商业模式是线上展示、线下交易的外贸信息服务模式。跨境电商平台的主要功能是为企业的信息和商品提供网络展示平台，不涉及任何交易环节，大部分交易是在线下完成的。

2. 跨境电商 2.0 阶段（2004—2012 年）

2004 年，中国跨境电商进入 2.0 阶段。在这个阶段，跨境电商平台不再局限于展示信息的单一功能，逐步实现线下交易、支付、物流等流程的电子化，并转变为在线交易平台。

3. 跨境电商 3.0 阶段（2013 年至今）

2013 年是中国跨境电商重要的转型之年，跨境电商全产业链发生了在线商业化模式的变化。随着跨境电商的转型，跨境电商 3.0“大时代”随之到来。越来越多的企业开始加入跨境电商的行列，跨境电商平台的用户群体从草根创业者转变为工厂、外贸企业，B2C 模式和 C2C 模式逐渐向 B2B 模式转变，B2B 模式的中大额交易成为主流。

（二）发展现状

据中国海关统计，2021 年中国跨境电商的市场规模为 14.2 万亿元，较 2020 年（12.5 万亿元）同比增长 13.6%。在 2021 年中国跨境电商的进出口结构中，出口占比为 77.46%，进口占比为 22.54%。目前，进口与出口跨境电商市场在政策鼓励、税收优惠等助推下已初步成熟，市场核心驱动力是需求，同时也是国内生产端相对于海外的领先优势。

2021 年中国跨境电商的交易模式结构是这样的：B2B 跨境电商交易模式的占比为 77%，B2C 跨境电商交易模式的占比为 23%。目前，出口 B2B 在线采购逐渐成为全球采购主流趋势，对贸易经济的带动面较大。同时，出口 B2C 销售正在向更多国家和地区渗透，从欧美日韩发达市场逐渐渗透到东南亚新兴市场。出口 B2C 跨境电商的销售渠道主要分为大型国际电商平台、海外本土电商平台、独立站。

知识点 3：跨境电商行业发展态势

近年来，受国家政策影响，全球跨境电商行业的整体市场规模保持持续增长态势。跨境电商既是国际贸易未来发展的趋势，也是我国对外开放战略落地的重要支撑。

扫一扫

查看跨境电商未来趋势微课

跨境电商行业大致呈现出以下 3 种态势。

一、数字化重塑全球产业链

图 1-4 所示为全球数字化产业链。在数字化技术的推动下，跨境电商产业链中的生产、运营、交易和履约等环节发生了变化，这使整条跨境电商产业链在全球范围内开展数字化协作成为可能。跨境电商卖家可以实时了解用户需求，逐步实现以用户为中心的产品创新。

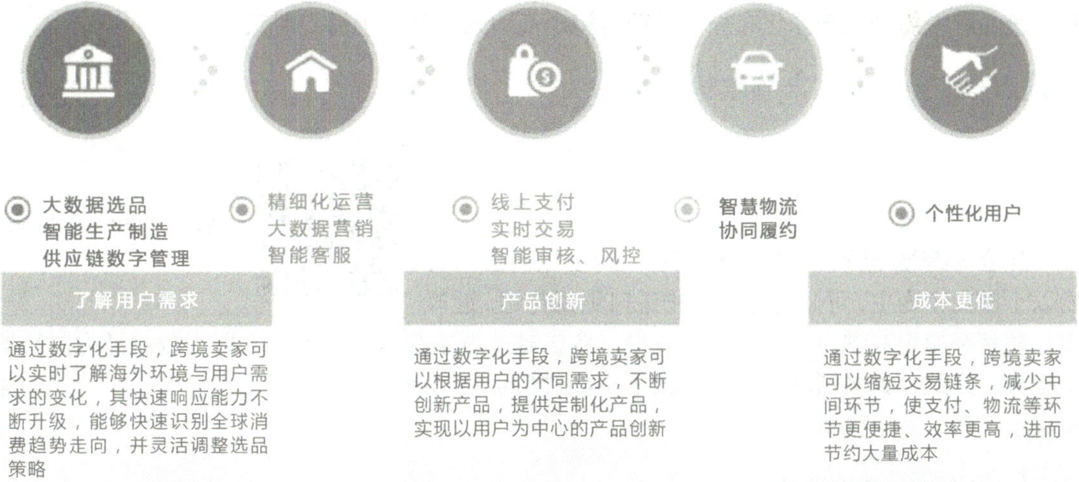

图 1-4

二、跨境金融服务从单一走向多维

图 1-5 所示为跨境金融服务的演变历程。从图 1-5 中可以看出，跨境金融服务已经从收单、收款等与跨境支付相关的基础金融服务，向供应链金融、外汇、资金管理、保险、财税等综合金融服务、增值金融服务迈进。更重要的是，跨境金融服务逐步形成连接跨境电商企业和沉淀真实贸易数据的新价值链，可连接基础金融服务、综合金融服务、增值金融服务和各类配套服务，探索建立一站式跨境电商支撑服务平台。

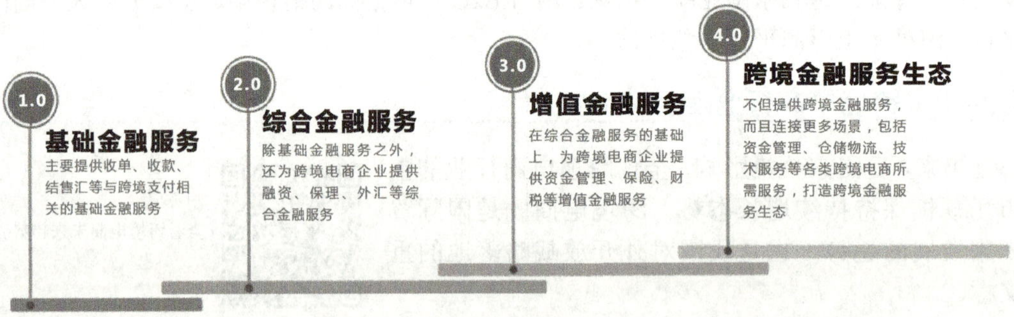

图 1-5

三、迈入“品牌出海”时代

2012—2021 年，跨境电商以性价比输出为主，主要通过较低的商品价格获得竞争优势。现阶段，随着海外流量向社交端转移，品牌价值成为连接“中国制造”和海外消费者的纽带。随着 DTC（Direct to Consumer，直接面对消费者）模式的兴起，跨境原生品牌、新消费品牌和传统品牌纷纷开始全球化布局，推动跨境电商迈入“品牌出海”时代。

知识点 4：国际国内市场政策环境

一、国际市场政策环境

扫一扫

查看跨境电商市场分析微课

从全球跨境电商的发展历程来看，跨境电商进口货物以小额货物为主，可享受低值货物进口免税待遇。近年来，随着跨境电商进口业务的迅速发展，各国越来越重视这种可能蕴含巨大税收潜力的新贸易模式。为此，许多国家和地区修改了小额进口贸易的政策，集中表现为小额进口贸易的免税额度下降、适用税率逐步提高。

（一）欧盟的跨境电商税收政策

1. 税制适用性

根据 1998 年欧盟委员会确立的增值税征收“确定性”“简洁性”“中立性”三大原则，欧盟要求线上、线下的商品和服务交易都应纳税。2021 年 7 月 1 日，欧盟废除了非欧盟成员国向欧盟出口价值 22 欧元以下的小包裹免征增值税的政策，这标志着所有出口到欧盟的商品都要缴纳增值税。具体来看，欧盟要求对跨境电商进口商品全部征收 15%～27%的增值税，税率由各欧盟成员国自行确定。

2. 确定征税地

在很多情形下，电商企业的注册地、原产地、消费地是分离的，如何确定征税地是一个必须解决的问题。由于欧盟成员国在制定税率等方面存在差异，可能产生套利空间，因此欧盟出台了一项政策——把征税地由企业所在地更改为接受服务的消费者所在地。自 2021 年 7 月 1 日起，欧盟取消远程销售门槛，并规定按照消费者所在的国家或地区的税法对电商企业征收增值税，同时设定 1 万欧元的欧盟通用阈值（仅适用于只在一个欧盟成员国注册的欧盟企业）。

3. 税收征管

欧盟要求电子商务增值税纳税人必须进行税务登记，并规定了处罚措施。该要求适用于向欧盟成员国提供货物和劳务的非欧盟成员国。对于小规模电商企业，欧盟允许其选择是否登记，以自行决定是否放弃增值税进项税额抵扣权。

（二）欧盟的碳关税政策及其影响

根据欧盟的立法提案，欧盟委员会设计了 3 类碳关税政策：第一类政策是由边境海关根据欧盟碳价格与商品的默认碳强度，对商品征收进口碳税；第二类政策是对进口和国内生产的碳密集型材料征收消费税，同时延续欧盟 ETS（Emission Trade Scheme，碳排放交易体系）的免费配额制度；第三类政策是采用近似 ETS 的拍卖制度，要求进口商根据其进口到欧盟的商品的碳排放量提交 CBAM（Carbon Border Adjustment Mechanism，碳边境调节机制）证书，CBAM 证书的价格取决于欧盟 ETS 每周收盘价的平均价格。立法提案建议征收 CBAM 证书形式的碳关税，即要求进口商根据进口商品的实际碳排放量，提交相应数量（每吨碳排放量对应一张 CBAM 证书）的 CBAM 证书，从 2023 年 10 月起试运行，2026 年全面实施。欧盟的碳关税政策是一种针对特定进口商品的碳排放量的 CBAM 证书拍卖制度。

欧盟碳关税根据进口商品的碳排放量在进口环节征收，可能影响特定商品和服务在国际间的转移。对我国而言，欧盟的碳关税政策对我国出口贸易的影响程度主要取决于我国与欧盟的贸易关联度、出口商品的碳排放量、碳价格差异这 3 个因素。我国与欧盟的贸易关联度越高、出口商品的碳排放量越高、碳价格差异越大，欧盟的碳关税政策对我国出口贸易的影响程度就越深。

（三）英国和美国的跨境电商税收政策

英国的现有税制适用于电子商务。英国的《电子商务法》规定，对网络商店与实体商店实行无差别增值税制度，按照销售地和商品种类的不同，将税率分为 3 个档次，要求所有线上商品的销售价格均为含税价。与欧盟一样，英国也实行强制登记制度，明确要求年销售额超过 5.8 万英镑的网络商店必须登记并缴纳增值税。

在税收征管方面，美国与英国有相近之处，两国均制定了由亚马逊等跨境电商平台代收代缴流转税的政策。以亚马逊为例，在实施该政策后，亚马逊美国站的营业收入由2013年的439.59亿美元增长至2020年的2635.20亿美元，亚马逊英国站的营业收入由2013年的72.91亿美元增长至2020年的264.83亿美元。这一趋势说明，由跨境电商平台代收代缴流转税，既在很大程度上保护了税源，又没有阻碍跨境电商的发展。

（四）韩国、日本、新加坡的跨境电商税收政策

在税制适用性和确定征税地方面，韩国总体遵循经济合作与发展组织的规定和国际跨境电商的课税要求。在税收征管方面，韩国明确规定跨境电商企业只能通过信用卡进行交易，由信用卡公司把交易金额等情况上报给税务部门，从而更加简单、便捷地确定纳税金额。

在税制适用性方面，日本的《特商取引法》规定，网络经营收入应按现有规定纳税。在税收征管方面，为解决电子商务交易中存在的偷税、逃税问题，日本政府组建了电子商务税收稽查队，通过搜集电子商务交易信息锁定嫌疑人，严厉打击电子商务交易中的偷税、逃税行为。

新加坡没有专门针对电子商务的税收体系，不过其明确规定现有税收政策适用于电子商务。新加坡税务机关出台的《电子商务所得税指引》和《电子商务货物劳务税指引》指出，电子商务交易过程中涉及的税种主要是所得税和货物劳务税，并明确了各种税收问题，如在新加坡经营的分别通过境内、境外的网站从事电子商务的企业如何纳税。

二、国内市场政策环境

得益于有关部门的支持，我国跨境电商迎来了巨大的发展机遇。我国主要从跨境电商行业监管体系、跨境电商行业政策及法规等方面为跨境电商的发展保驾护航。

（一）跨境电商行业监管体系

1. 行业主管部门

跨境电商行业主管部门主要包括工业和信息化部、商务部、海关总署、国家市场监督管理总局及相应的地方各级管理机构。

（1）工业和信息化部负责统筹推进国家信息化工作，组织制定相关政策，促进电信、广播电视和计算机网络融合；统筹规划公用通信网、互联网、专用通信网，依法监督管理电信与信息服务市场，会同有关部门制定电信业务资费政策和标准并监督实施，负责通信资源的分配管理及国际协调，推进电信普遍服务，保障重要通信。

（2）商务部负责推进流通产业结构调整，指导流通企业改革、商贸服务业和社区商业发展，推动流通标准化和连锁经营、商业特许经营、物流配送、电子商务等现代流通方式的发展；拟定规范市场运行、流通秩序的政策，按有关规定对特殊流通行业进行监督管理。

（3）海关总署负责监管出入境运输工具、货物、物品；征收关税和其他税费；查缉走私；编制海关统计和办理其他海关业务。

（4）国家市场监督管理总局负责出入境商品检验、出入境卫生检疫、出入境动植物检疫、进出口食品安全和认证认可、标准化等工作；指导广告业发展，监督管理广告活动，以及依法监督管理市场交易、网络商品交易及有关服务行为。

2. 行业监管体制

根据 2000 年 9 月 25 日公布施行的《互联网信息服务管理办法》和 2014 年 1 月 26 日公布的《网络交易管理办法》的规定，国务院信息产业主管部门和省、自治区、直辖市电信管理机构依法对互联网信息服务实施监督管理；国家广播电视总局、教育部、国家卫生健康委员会、国家药品监督管理局、公安部、国家安全部、海关总署、国家市场监督管理总局等有关部门在各自的职责范围内依法对互联网信息内容、交易商品实施监督管理。

（二）跨境电商行业政策及法规

跨境电商行业政策的实施、规范的建立和对开放程度的规定是跨境电商发展的重要基础。我国跨境电商行业政策的发展经历了 4 个阶段，分别是政策起步期、政策发展期、政策爆发期、政策调整期。政策起步期为 2004—2007 年，政策发展期为 2008—2012 年，政策爆发期为 2013 年—2016 年 3 月，政策调整期为 2016 年 4 月至今。2020 年，跨境电商成为推动外贸转型升级、打造经济新增长点的重要突破口，相关政策不断加大支持跨境电商发展的力度。

近年来，我国对跨境电商的重视程度日益提高，政策支持力度不断加大。2019 年和 2020 年的国务院政府工作报告中分别提出要改革完善跨境电商等新业态扶持政策、加快跨境电商等新业态发展。自 2018 年以来，我国出台了一系列相关政策，支持跨境电商发展，主要体现在以下 3 个方面。

一是进一步扩大试点布局。2019 年年底，国务院增设第四批 24 个跨境电商综合试验区。2020 年 4 月，国务院决定在全国已有的 59 个跨境电商综合试验区的基础上新设 46 个综合试验区，跨境电商零售进口试点范围扩大至 86 个城市和海南全岛。

二是发展跨境电商新模式。我国支持市场采购贸易和跨境电商融合发展，指导综合试验区帮助企业充分利用海外仓扩大出口，2020 年设立 17 个市场采购贸易试点，积极探索保税维修、离岸贸易等新业务。

三是大力推进贸易便利化。跨境电商行业主要政策梳理如表 1-2 所示。其中，《关于实施支持跨境电子商务零售出口有关政策的意见》的颁布实施是我国首次针对跨境零售出口出台支持政策；《关于支持外贸稳定增长的若干意见》首次出台跨境电子商务贸易便利化措施；《关于促进跨境电子商务健康快速发展的指导意见》提出跨境电子商务对国家经济发展升级和打造新的经济增长点具有积极的推动作用。

表 1-2　跨境电商行业主要政策梳理

发布时间	发布部门	政策名称	政策解读
2012 年 12 月	国家发展和改革委员会、海关总署	国家跨境贸易电子商务服务试点工作启动	首次设立跨境电商试点城市
2013 年 3 月	国家外汇管理局	《支付机构跨境电子商务外汇支付业务试点指导意见》	最早为跨境支付业务提供指导和支持的文件
2013 年 8 月	国务院办公厅	《关于实施支持跨境电子商务零售出口有关政策的意见》	首次针对跨境零售出口出台支持政策

续表

发布时间	发布部门	政策名称	政策解读
2014 年 1 月	海关总署	《关于增列海关监管方式代码的公告》	增列“跨境贸易电子商务-9610”代码
2014 年 5 月	国务院办公厅	《关于支持外贸稳定增长的若干意见》	首次出台跨境电子商务贸易便利化措施
2014 年 7 月	海关总署	《关于跨境贸易电子商务进出境货物、物品有关监管事宜的公告》《关于增列海关监管方式代码的公告》	明确对跨境电商的监管框架；增列“保税跨境贸易电子商务-1210”代码
2015 年 3 月	国务院	《关于同意设立中国（杭州）跨境电子商务综合试验区的批复》	首次设立跨境电商综合试验区
2015 年 6 月	国务院办公厅	《关于促进跨境电子商务健康快速发展的指导意见》	提出跨境电子商务对国家经济发展升级和打造新的经济增长点具有积极的推动作用
2018 年 9 月	财政部、国家税务总局、商务部、海关总署	《关于跨境电子商务综合试验区零售出口货物税收政策的通知》	明确对综合试验区电子商务出口企业出口未取得有效进货凭证的货物，同时符合条件的，试行增值税、消费税免税政策
2020 年 6 月	海关总署	《关于开展跨境电子商务企业对企业出口监管试点的公告》	增列“跨境电子商务企业对企业直接出口-9710”“跨境电子商务出口海外仓-9810”代码
2021 年 7 月	国务院办公厅	《关于加快发展外贸新业态新模式的意见》	要求培育一批优秀海外仓企业

任务实施

随着“互联网+”时代的来临，跨境电商已经站在了全球市场的风口上。作为一种新业态和新模式，跨境电商具有广阔的市场空间和发展前景。不过，作为一种新生事物，跨境电商能否长久、稳定地发展，与政策是否支持、制度是否完善、市场是否认可等因素密切相关。只有了解跨境电商的“前世今生”，我们才能找到正确的发展道路。接下来进入跨境电商市场调研任务实施环节。

一、绘制交易流程

绘制跨境电商和国内电商的交易流程。

【step1】选用合适的搜索引擎（如百度）或其他搜索工具，搜索跨境电商和国内电商的交易流程。

【step2】以 4～5 人为一组，完成对资料的汇总和整理，并形成小组讨论结果。

【step3】派代表分享小组讨论结果。

二、了解我国和全球跨境电商的发展历程

【step1】选用合适的搜索引擎或其他搜索工具，了解我国和全球（以美国为例）跨境电商的发展历程，并收集以下信息。

（1）在全球跨境电商的发展历程中有哪些典型事件？

（2）在我国跨境电商的发展历程中有哪些关键的年份和典型事件？

（3）我国跨境电商和全球跨境电商相比有哪些不同？

【step2】分工合作，整理关于跨境电商的认知。

三、了解跨境电商的发展前景

【step1】选用合适的搜索引擎或其他搜索工具，了解跨境电商的发展前景。

【step2】以 4～5 人为一组，分享各自查到的资料，对资料进行汇总和整理，并形成小组讨论结果。

四、调研跨境电商政策

登录中华人民共和国商务部、中华人民共和国中央人民政府等政府网站，查询并梳理我国为促进跨境电商发展发布的支持性政策，把它们填入表 1-3 中。

表 1-3　我国为促进跨境电商发展发布的支持性政策

序号	发布时间	政策名称	政策解读

任务 2　跨境电商平台选择

任务描述

在本任务中，丹尼需要围绕跨境电商主流平台、跨境电商平台规则等内容完成知识梳理和任务实施，以便选择合适的跨境电商平台。

扫一扫

查看全球速卖通介绍微课

扫一扫

查看阿里巴巴国际站介绍微课

知识梳理

知识点 1：跨境电商主流平台

一、全球速卖通

（一）全球速卖通简介

全球速卖通于 2010 年 4 月正式上线，它是阿里巴巴为帮助中小型企业接触终端批发零售商、小批量多批次快速销售、拓展利润空间而全力打造的集订单、支付、物流于一体的外贸在线交易平台，被许多卖家称为“国际版淘宝”，是中国最大的跨境出口 B2C 平台和全球第三大英文在线购物网站。全球速卖通面向海外买家，通过支付宝国际账户进行担保交易，并使用国际快递发货。全球速卖通的交易范围覆盖 220 多个国家和地区，它支持 18 种语言。

（二）全球速卖通的适销商品

在全球速卖通中销售的商品需要符合以下条件。

（1）体积较小：方便以快递方式运输，降低国际物流成本。

（2）附加值高：价值低于运费的单件商品不适合跨境销售。

（3）有独特性：商品必须独具特色，这样才能刺激买家购买商品。

（4）价格合理：商品价格不能高于当地市场价，否则难以吸引买家。

根据以上条件，适合在全球速卖通中销售的商品主要包括服装、美容健康用品、灯具、电子产品、家居用品、汽车/摩托车配件、工艺品、体育用品与户外用品等。

（三）全球速卖通的特点

（1）全球速卖通是“阿里系”的产品之一，界面操作简单、便捷，适合新手卖家上手，阿里巴巴的卖家培训体系可以帮助新手卖家快速入门。

（2）全球速卖通适合新手卖家，尤其是商品特点契合新兴市场、商品性价比较高、有供应链优势的新手卖家。

（3）全球速卖通的买家通常对价格比较敏感，低价策略在全球速卖通中的优势比较明显，这与阿里巴巴将淘宝卖家导入全球速卖通的策略有关。

（4）作为阿里巴巴的重要国际化战略产品，全球速卖通已经成为全球最活跃的跨境电商平台之一。依靠阿里巴巴庞大的会员基础，全球速卖通成为目前全球商品品类最丰富的平台之一。

（5）全球速卖通的侧重点是新兴市场，主要是俄罗斯市场和巴西市场。以俄罗斯市场为例，每月有近 1600 万人登录全球速卖通服务器。

二、eBay

（一）eBay 简介

eBay 成立于 1995 年 9 月，是为个人用户和企业用户提供国际化、完全自动化网络交易的平台。eBay 是一个基于互联网的社区，买家和卖家在这个社区内浏览、买卖商品。eBay 是一个完全自动化的交易平台，按照类别提供拍卖服务，卖家罗列想出售的商品，买家对感兴趣的商品提出报价。eBay 在全球拥有 37 个独立的销售站点及门户网站，主要销售站点有美国站、英国站、澳大利亚站、德国站、法国站和中国站。eBay 覆盖 190 多个国家和地区，拥有近 3 亿个用户、1.8 亿个活跃卖家，支持 23 种语言。

（二）eBay 的适销商品

eBay 的适销商品主要包括电子家电类、汽车/摩托车配件类、家居园艺类等商品。

1. 电子家电类

电子家电类商品一直是 eBay 的热门商品类别之一。从数据来看，预计在 2023 年，eBay 中的智能手机、移动电源、充电器、数据线、智能手表、耳机、平板电脑、投影仪、电视、电视支架等商品的销量会迎来新一轮增长。

2. 汽车/摩托车配件类

大多数拥有汽车/摩托车配件稳定供货源的卖家已经在 eBay“定居”下来，因为汽车/摩托车配件类商品在 eBay 中的利润非常高，数据增长非常可观，年销售增长率非常高。

3. 家居园艺类

家居园艺类商品也是 eBay 的热门商品类别之一。据统计，2021—2022 年，eBay 中与家居园艺相关的商品（如沙滩帐篷、沙滩排球、充气床垫、沙发床等）的销售额大幅上升。

（三）eBay 的特点

（1）拥有专业客服人员：eBay 卖家可以通过电话或网络会话的形式与 eBay 的专业客服人员沟通，解决自己在开店时遇到的问题。

（2）开店门槛低：与亚马逊等平台相比，在 eBay 开店的门槛比较低。

（3）多种定价方式：eBay 支持无底价竞标、有底价竞标、定价出售、一口价成交等多种定价方式。

（4）排名相对公平：eBay 卖家可以通过拍卖获得更靠前的排名和更多的曝光。

（5）付款方式单一：目前 eBay 只支持 PayPal 付款方式。

（6）对卖家要求严格：eBay 很注重买家的消费体验，对卖家的商品质量及售后服务等要求比较严格。如果店铺被投诉，就有被封店的风险。

（7）收款项目较多：对于不同等级的店铺，eBay 的收费标准不同。除了要支付店铺费用，想使用特殊功能的卖家还要支付相应的费用。

三、Wish

（一）Wish 简介

2011 年，Wish 成立于美国硅谷，是一家高科技独角兽企业，其 90%的卖家来自中国，是北美和欧洲最大的移动电商平台。Wish 使用优化算法大规模获取数据，能够快速了解如何为每个买家提供与其密切相关的商品，让买家在移动端便捷购物的同时享受购物的乐趣。Wish 被评为硅谷最佳创新平台和欧美最受欢迎的购物类 App。

（二）Wish 的适销商品

Wish 是全品类平台，其大部分卖家是中国卖家。Wish 的热销品类包括时尚服装、家居用品、配饰、美妆、个护、鞋、包、手表、3C（Computer、Communication、Consumer Electronics，计算机、通信、消费类电子产品）、户外运动用品、母婴用品和汽车配件等，整体上以轻小件商品居多，大部分商品以国内直发为主。

（三）Wish 的特点

（1）算法优化：Wish 设计了独特的运算规则，可以向买家精准推送商品。

（2）Wish 定位于欧美发达地区，买家的消费水平相对高一些：Wish 的推送风格是让买家先看到图片，再看到价格。要想在 Wish 中站稳脚跟，卖家一定要提高商品质量，提供优质的服务，打造品牌效应。

（3）Wish 的营销策略不同：Wish 的市场定位决定了适用于其他平台的低价引流策略在 Wish 中不成立，Wish 的买家更注重商品质量和服务。

扫一扫
查看其他新兴跨境电商平台微课

四、来赞达

（一）来赞达简介

来赞达（Lazada）成立于 2012 年，是东南亚最大的电商平台，主要目标市场是马来西亚、印度尼西亚、新加坡、泰国、越南、菲律宾市场。在成立不到 4 年时，来赞达已经成为东南亚最大的电商平台。来赞达拥有超过 15.5 万个卖家（其中品牌供应商超过 3000 家），覆盖 5.6 亿个用户。

（二）来赞达的适销商品

来赞达被称为“东南亚的亚马逊”和“东南亚的京东”，其适销商品需要满足东南亚各国买家的需求。来赞达主营 3C、家居用品、玩具、时尚服饰、运动器材等商品。以新加坡买家、马来西亚买家、越南买家为例。新加坡买家对箱包、时尚服饰、家居用品、美容用品等商品有较高的关注度，在新加坡市场选品时，卖家可以考虑这些商品。马来西亚买家偏爱手表、服装、运动器材等商品。在距离中国较近的越南市场中，时尚服饰、小家电、手表、美容用品、厨具等是越南买家喜欢采购的商品。

（三）来赞达的特点

（1）开通一个账号即可在东南亚各国市场发布商品信息：卖家在来赞达注册后，只要开通一个账号，就能在东南亚各国市场发布商品信息，运营更高效。

（2）重视品牌支持：来赞达非常重视卖家的品牌，鼓励跨境卖家“从 0 到 1”打造出海品牌。

（3）卖家保障体系：在发货前，来赞达会对卖家的订单进行严格的检测。买家要想退货、退款，必须符合一定的要求，通常只有在邮寄错误、包装破损等情况下，买家才能退货、退款，这样可以有效降低卖家资金受损的风险。

知识拓展

跨境电商服务平台

跨境电商服务平台包括跨境电商通关服务平台、跨境电商公共服务平台和跨境电商综合服务平台，具体内容请扫码查看。

扫一扫

查看跨境电商平台介绍微课

五、独立站

近年来，我国外贸新业态新模式快速发展。2021 年，我国跨境电商进出口总额达 1.98 万亿元，同比增长 15%。与此同时，跨境电商平台也存在一些局限性，不少卖家开始寻找新的业务增长渠道——独立站。在该渠道中，卖家直接面对买家，这样既能降低成本、提高效率，又有利于树立品牌形象。

（一）独立站的含义

独立站指的是基于 SaaS（Software as a Service，软件即服务）技术平台建立的，拥有独立域名，内容、数据、权益私有，具备独立经营主权和经营主体责任，由社会化云计算能力支撑，并且可以自主、自由对接第三方软件工具、宣传推广媒体与渠道的新型官网。

（二）独立站的发展情况

在跨境电商行业中，独立站通常是指拥有独立域名的网站。通俗来讲，就是卖家自建一个网站，上传、出售商品，并进行自主营销和推广。在用户运营、用户体验、平台属性和流量获取等方面，卖家可以根据自己的需求定制独立站。现在，越来越多的卖家开始探索布局海外的新方向，独立站已成为很多卖家的选择。

2021 年 7 月，国务院办公厅印发《关于加快发展外贸新业态新模式的意见》，提出支持外贸细分服务平台发展壮大，鼓励外贸企业自建独立站，支持专业建站平台优化提升服务能力。

目前，我国拥有非常明显的制造业和供应链优势，这为我国商品实现品牌全球化夯实了基础。独立站是我国企业向品牌化转型和精细化运营的重要途径。

（三）开设独立站

很多第三方跨境电商平台已经形成了固定的消费群体。独立站直接面向买家，可以获得第一手数据，更有利于培养买家的品牌忠诚度。此外，通过与海外市场的买家建立情感连接，独立站卖家还可以让买家对品牌形成感知、产生价值认同感，从而实现品牌溢价、促成买家复购。

1. 开设独立站的运营成本相对较低

开设独立站有多种套餐价格（如 28 美元/月的基础版、218 美元/月的专业版），可以满足新手卖家和订单量较大的专业卖家的不同需求。对于不同套餐，平台佣金从 0.2%至 2%不等，员工账号数量从 6 个至 100 个不等。总的来看，开设独立站的运营成本相对较低，不会给卖家造成过重的负担。

2. 物流时间缩短，成本相对较低

跨境电商的持续发展既能使“中国制造”和中国品牌更有效地触达海外买家，也能为有供应链优势的国内卖家提供更广阔的舞台。不少独立站为跨境电商卖家、品牌提供便利的建站工具和系统化的电商管理平台。例如，与店匠科技合作开设独立站是菜鸟国际服务跨境电商卖家的新尝试，其通过数字化、智能化物流服务，为国货出海降本提速。

总而言之，独立站有利于外贸企业打造品牌。不过，开设独立站的门槛不低，卖家应根据自身店铺的定位、发展阶段、目标市场来建立独立站。在独立站发展到一定程度后，除了要更加精细地测算每一次获取流量的成本，卖家还要考虑如何提升客单价，不能只关注短期的回报，还要重视对品牌价值的长期打磨。这意味着卖家需要在人才、技术、服务等方面持续投入。

知识点 2：跨境电商平台规则

“没有规矩，不成方圆”，每个跨境电商平台都有各自的规则。通过对目前的主流跨境电商平台进行梳理和分析，丹尼决定将全球速卖通作为目标平台。下面介绍全球速卖通的规则。

全球速卖通致力于打造开放、透明、共享、负责的新商业文明。为了维护和优化运营秩序，从而更好地保障广大用户的合法权益，全球速卖通制定了全球速卖通平台规则（卖家规则）。该规则包括基础规则、行业标准、知识产权规则、禁限售规则、营销规则、招商规则、物流规则、卖家保护政策及其他平台不时制定的约束相关卖家的规则。

扫一扫

查看跨境电商运营规则微课

一、全球速卖通平台规则摘要

（一）注册

第九条　卖家在全球速卖通所使用的邮箱不得包含违反国家法律法规、涉嫌侵犯他人权

利或干扰全球速卖通运营秩序的相关信息，否则全球速卖通有权要求卖家更换相关信息。

第十条　卖家在全球速卖通注册使用的邮箱、联系信息等必须属于卖家授权代表本人，全球速卖通有权对该邮箱进行验证；否则，全球速卖通有权拒绝提供服务。

第十一条　卖家有义务妥善保管账号的访问权限。账号下（包括但不限于卖家在账号下开设的子账号内的）所有的操作及经营活动均视为卖家的行为。

第十二条　全球速卖通有权终止、收回未通过身份认证，或者连续 180 天未登录全球速卖通或 Trade Manager（阿里旺旺国际版）的账户。

第十三条　用户在全球速卖通的账户因严重违规被关闭，不得重新注册账户；如被发现重新注册账户，全球速卖通有权立即停止服务、关闭卖家账户。

第十四条　全球速卖通的会员 ID 在账号注册后由系统自动分配，不可修改。

（二）认证、准入及开通店铺

第十五条　全球速卖通平台接受依法注册并正常存续的个体工商户或公司开店，并有权对卖家的主体状态进行核查、认证，包括但不限于委托支付宝进行实名认证。通过支付宝实名认证进行认证的卖家，在绑定全球速卖通账号与支付宝账户过程中，应提供真实有效的法定代表人姓名等身份信息，以及联系地址、注册地址、营业执照等信息。

第十六条　若已通过认证，根据系统流程完成类目招商准入，此后卖家可发布商品，商品发布数量限制在 3000 个以内（只有店铺经营表现获得评估后的卖家可提升商品发布数量），行业对于发布数量有特殊规定的详见《商品发布数量的实施细则》。

第十七条　卖家（无论是个体工商户还是公司）还应依法设置收款账户，应按照卖家规则提供保证金，或按照第十七条之二向网商银行（见第十七条之二定义）缴纳履约担保保证金；未完成上述任一资金缴纳的，卖家不得开始线上销售。

第十七条之一　卖家同意就每个开设的店铺，按入驻的类目（经营大类）在其指定的支付宝账号内缴存一笔资金，并由支付宝冻结作为平台规则的履约保证金（简称“保证金”）。为澄清，如卖家的店铺入驻多个类目（经营大类），如卖家规则无其他规定，则该店铺卖家应缴纳多个类目（经营大类）中金额要求最高的保证金。

第十七条之二　对于平台及浙江网商银行股份有限公司（简称“网商银行”）审核通过的卖家，卖家将无须缴纳保证金，但卖家将接受由网商银行作为担保人，为其依照平台规则在全球速卖通开展经营行为，向全球速卖通提供的担保服务（简称“履约担保服务”），为此卖家同意向网商银行支付固定金额作为其履行上述义务的反担保（简称“履约担保保证金”）。

卖家同意就每个注册、开设的店铺，按入驻类目（经营大类）的规定金额在其指定的支付宝账号内缴存履约担保保证金，由支付宝划转至网商银行。为澄清，如卖家的店铺入驻多个类目（经营大类），如卖家规则无其他规定，则该店铺卖家应缴纳多个类目（经营大类）中金额要求最高的履约担保保证金。

二、发布商品规则

（一）知识产权

知识产权又被称为智力成果权、无形财产权，是人们对自己创造的智力成果依法享有的权利，主要包括专利权、商标权、著作权。

专利权是人们对自己开发的产品申请专利保护的权利。如果卖家把已经获得专利保护的商品上架到全球速卖通中，就有被投诉侵犯专利权的风险。全球速卖通不仅会删除已经上架的侵权商品，还会对卖家的店铺做出扣分的处罚。可见，专利权在跨境电商运营中非常重要。

商标权又被称为商标专用权，指的是商标所有人通过注册获得商标专用权。在我国，注册商标是取得商标权的基本途径。《中华人民共和国商标法》第三条规定："经商标局核准注册的商标为注册商标，包括商品商标、服务商标和集体商标、证明商标；商标注册人享有商标专用权，受法律保护。"大多数著名品牌有自己的商标，若卖家在经营服装类目时被系统检测到涉嫌使用著名品牌的商标，则卖家的店铺会被扣分。如果卖家使用的是一线品牌的商标，那么扣分的后果是非常严重的，一次性扣 48 分，甚至店铺可能被直接关闭。可见，跨境电商运营对使用商标的要求非常严格。

著作权是指自然人、法人或者非法人组织对文学、艺术和科学作品享有的财产权利和人身权利的总称。在我国，著作权即版权。广义的著作权还包括邻接权，《中华人民共和国著作权法》称其为"与著作权有关的权益"。跨境电商平台中的著作权主要涉及一些设计素材和书籍类商品。

（二）禁限售商品

全球速卖通禁止发布任何禁限售信息，具体可查看《全球速卖通禁限售违禁信息列表》，例如，对于刀具这个类目，卖家在发布的时候一定要在主图上标明刀刃长和刀柄长，否则会被扣分。特别是对于厨具类目和五金工具类目，全球速卖通的管控非常严格。

（三）盗图

盗图，顾名思义，就是盗用他人的图片。卖家首次被投诉盗图，平台不会扣分，只会警告卖家尽快替换侵权的图片。如果卖家后续再次被投诉，那么平台会扣 6 分（首次盗图后 5 天内算第二次盗图）。卖家在一天内被多次投诉盗图，平台只扣一次分，具体扣分时间以投诉结案时间为准。

卖家因为盗图被扣分，一旦达到某个节点，平台就会限制卖家发布商品的次数，严重者会被冻结账户。在扣分达到 12 分及 12 分的倍数等节点时，卖家的账户会被冻结。

三、搜索作弊规则

以下是卖家最容易触犯的 6 条搜索作弊规则，包括类目错放、属性错选、标题堆砌、重复铺货、SKU（Stock Keeping Unit，存货单位）作弊、信用及销量炒作。

（一）类目错放

类目错放，顾名思义，就是商品实际类目与发布商品所选择的类目不一致。如何避免出现类目错放的情况呢？例如，品类词是手机壳，卖家在选择类目时，一定要确保最后一个类目和品类词相对应。也就是说，最后一个类目必须是手机壳，不能是其他类目。

（二）属性错选

属性错选指的是发布的商品虽然类目选择正确，但是选择的属性与商品的实际属性不一致。如何避免属性错选呢？一是要根据实际商品选择属性，二是选择的属性要和标题相匹配。

（三）标题堆砌

标题堆砌指的是在商品标题描述中出现关键词重复使用多次的情况。如何避免标题堆砌呢？在发布商品时，关键词不能在标题中出现超过两次。在撰写标题的时候，卖家一定要注意标题堆砌的问题，以免影响商品的展现效果。

（四）重复铺货

不同的商品应该在图片、标题、价格、属性、详细描述等方面存在明显差异。如何避免重复铺货呢？卖家可以改变主图。例如，第一个商品的主图是从正面拍摄的，第二个商品的主图可以换成从侧面拍摄或商品的其他图片。另外，卖家还可以对商品的标题、属性、详情页进行修改，避免出现重复铺货的情况。

（五）SKU 作弊

SKU 作弊指的是卖家滥用 SKU 的设置功能（如以非常规方式设置规格、数量、单位、邮费等信息或通过 SKU 的设置变更关键商品要素），发布偏离正常价格的高价或低价的 SKU，或者不支持出售（包括不支持按常规方式出售）或到达的 SKU。卖家不能把不同的商品放在一起，但可以在详情页关联不同的商品。

（六）信用及销量炒作

信用及销量炒作，顾名思义，就是通过非正常交易手段提高卖家信用及商品销量的行为，也就是利用刷单等非法途径提高卖家信用及商品销量。对于首次信用及销量炒作行为，平台会根据违规行为的严重程度做出 6 分/次、12 分/次、24 分/次、48 分/次或关闭账户的处罚。如果卖家第二次被平台判定为信用及销量炒作，就会被直接清退账户。不刷单是卖家的职业操守，依法经营、依规操作是卖家的行为准则。

四、货不对版规则

货不对版指的是买家收到的商品与达成交易时卖家对商品的描述或承诺在类别、参数、材质、规格等方面不相符，也就是买家收到的商品与卖家在平台中销售的商品不一样。为避免因为货不对版而发生纠纷，卖家在发货时一定要仔细检查商品，避免发错商品。纠纷率过高会直接影响店铺的权重。

五、成交不卖规则

成交不卖指的是在买家下单后，卖家拒绝发货的行为。在暂时无法发货的情况下，卖家应积极地和买家沟通，建议买家申请退款，切忌对买家置之不理。一旦超过时限，平台就会自动关闭退款通道，导致买家无法退款，店铺也会被扣分。

六、提前放款规则

在没有违规行为的前提下，平台会根据店铺经营情况，自动开通提前放款功能，并在卖家发货后 3～5 天内放款。平台会冻结账户内的一部分资金作为保证金，以保证在此期间若发生退款纠纷，则优先从保证金中扣除退款，并退还给买家。

任务实施

跨境电商企业需要做好合规化工作，加速跨境电商从规模化发展向高质量发展的转变。对卖家而言，在全球速卖通中运营店铺之前，了解其规则是十分有必要的。接下来进入跨境电商平台选择任务实施环节。

【step1】登录全球速卖通，依次单击导航栏中的“经营支持”—“规则频道”，进入全球速卖通平台规则（卖家规则）界面，如图 1-6 所示。

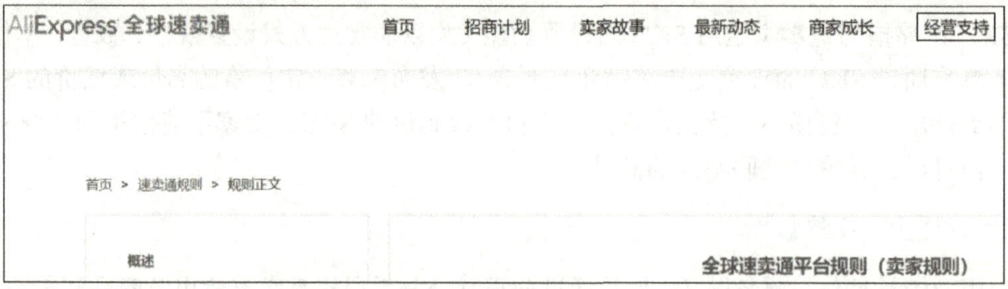

图 1-6

【step2】单击规则频道界面中“重要规则请了解”下方的按钮，查看全球速卖通的重要规则，如图 1-7 所示。

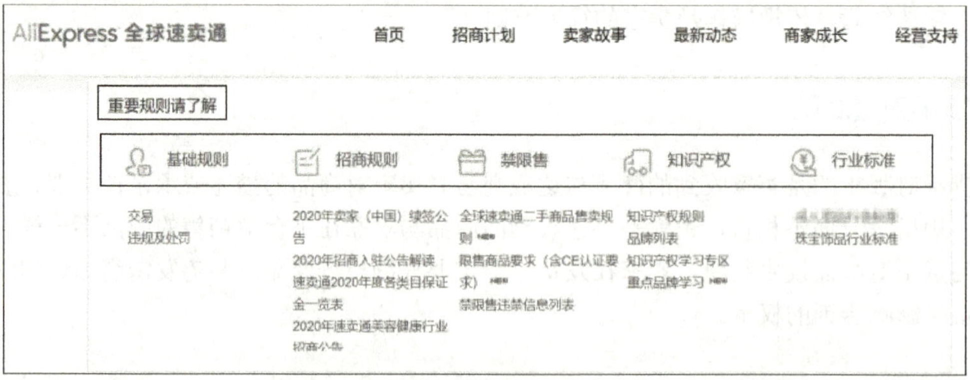

图 1-7

【step3】单击图 1-7 中的“基础规则”，进入如图 1-8 所示的全球速卖通基础规则界面。

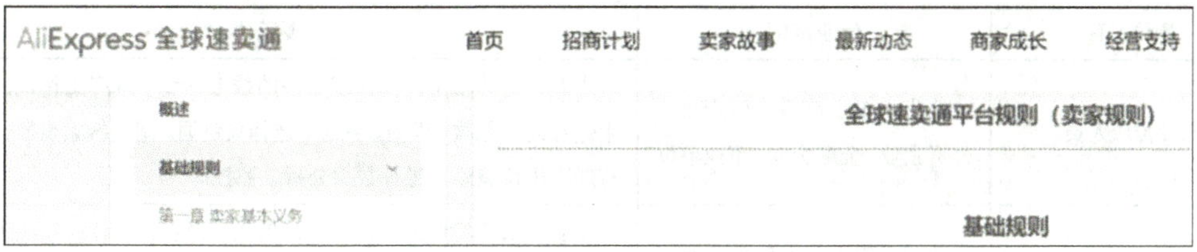

图 1-8

【step4】找到如图 1-9 所示的全球速卖通知识产权规则。全球速卖通平台严禁用户未经授权发布、销售涉嫌侵犯第三方知识产权的商品或发布涉嫌侵犯第三方知识产权的信息。

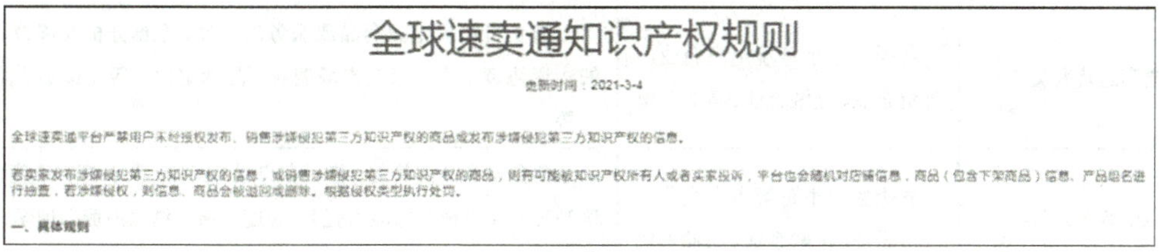

图 1-9

任务 3　跨境电商岗位分析

任务描述

在本任务中，丹尼需要围绕跨境电商岗位、岗位职业能力分析等内容完成知识梳理、任务实施和项目实训，以便了解跨境电商岗位、制定职业生涯规划。

知识梳理

扫一扫

查看跨境电商业务岗位微课

知识点 1：跨境电商岗位

一、跨境电商岗位分类

表 1-4 所示为跨境电商岗位分类。目前，跨境电商企业对人才需求较大的岗位包括商品销售、市场运营、网站推广、销售客服、仓储物流。与其他岗位相比，跨境电商企业对商品销售、市场运营、网站推广、销售客服等一线基础岗位的人才需求更大。

表 1-4　跨境电商岗位分类

岗位名称	就业范围	主要工作
跨境电商推广人员	各类大中小跨境电商企业、外贸企业、金融企业、事业单位	主要负责跨境电商商品或服务的线上、线下推广工作，在平台中进行商品选款、调研，熟悉、选择关键词，制定搜索引擎优化或直通车出价策略，进行数据分析、监控等
跨境电商美工设计人员	各类大中小跨境电商企业、外贸企业、金融企业、事业单位	主要负责跨境电商店铺、网站的美工及视觉设计，以及各类多媒体素材的设计，掌握修图技术、基础摄影技术，具备文案创作、风格定位、色彩搭配能力和网页基础知识等
跨境电商策划人员	各类大中小跨境电商企业、外贸企业、金融企业、事业单位	主要负责跨境电商项目分析、策划、实施和评估，商品市场定位调研，消费心理分析，活动营销策划，数据分析，用户群分析等
跨境电商运营人员	各类大中小跨境电商企业、外贸企业、金融企业、事业单位	主要负责跨境电商商品或服务的选择、数据分析及岗位、部门的沟通协调工作，以及市场调研、品牌定位、活动策划、团队管理等
跨境电商客服人员	各类大中小跨境电商企业、外贸企业、金融企业、事业单位	主要负责商品的售前、售后客户服务工作，要求打字速度快、外语基础好（听说读写能力强）、态度热情、熟悉消费心理学、有服务意识
跨境电商客户管理人员	各类大中小跨境电商企业、外贸企业、金融企业、事业单位	主要负责客户管理方面的工作，要求熟练使用客户关系管理系统，通过活动策划提高用户的活跃度，制定用户管理制度，建立用户营销体系，熟悉用户画像，掌握用户群分析技能

二、跨境电商岗位层次

图 1-10 所示为跨境电商岗位层次分布。根据不同程度的能力要求，跨境电商岗位可以分为初级岗位、中级岗位、高级岗位 3 个层次。

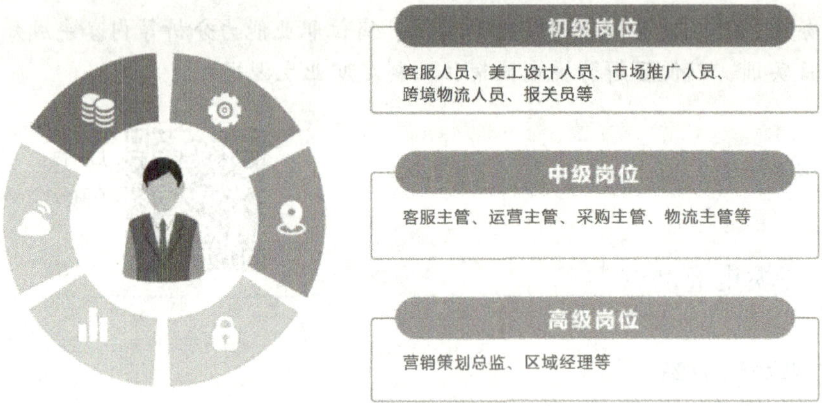

图 1-10

（一）初级岗位

表 1-5 所示为跨境电商初级岗位的主要职责。跨境电商初级岗位上的人员需要掌握跨境电商的基本技能，对跨境电商的流程有所了解，并能处理一般性事务，属于基础型人才。具

体来说，跨境电商初级岗位主要包括客服人员、美工设计人员、市场推广人员、跨境物流人员、报关员等。

表 1-5　跨境电商初级岗位的主要职责

岗位名称	主要职责
客服人员	能够通过电话、邮件等方式，熟练地用英语、德语、法语或其他小语种与客户进行沟通。除此以外，售后客服人员还要对不同国家的相关法律有所了解，能够灵活地处理知识产权纠纷
美工设计人员	精通视觉美学和视觉营销，能够拍摄合适的商品图片、设计美观的商品界面
市场推广人员	能够熟练运用计算机技术对商品进行编辑、上传和发布，掌握搜索引擎优化技术、网站检测技术和基本的数据分析方法，并能运用这些技术和方法推广商品
跨境物流人员	了解处理国际订单、电子商务通关、检验检疫的规则和流程，能够协助所在部门处理好与税务、海关、商检等部门的关系
报关员	全面负责企业进出口商品报关方面的日常事务和管理工作，组织开展并监督报关业务的全过程，追踪并掌握货物在报关和查验环节的情况，及时解决问题

（二）中级岗位

表 1-6 所示为跨境电商中级岗位的主要职责。跨境电商中级岗位上的人员需要掌握跨境电商的基础知识，熟悉跨境电商业务，并对现代商务活动有一定的了解，懂得跨境电商能做什么，属于新型专业人才。具体来说，跨境电商中级岗位主要包括客服主管、运营主管、采购主管、物流主管等。

表 1-6　跨境电商中级岗位的主要职责

岗位名称	主要职责
客服主管	能够高效组建客服团队，建立团队考核体系，明确考核指标，并每天对客服工作和客服人员上传的数据进行统计、分析，及时和报关、仓储等团队沟通，跟进各种问题，及时处理各种投诉和突发事件，带领团队做好客户服务
运营主管	精通互联网技术和营销推广，能够运用网络营销手段推广商品，如完成商品信息编辑、活动策划、商业大数据分析、客户体验分析等
采购主管	负责企业整条供应链的正常运作，保证采购、生产、仓储、配送等工作正常进行，能够根据不同国家的文化差异、生活习俗、消费习惯等采购合适的商品，并与供应商保持稳定的合作关系
物流主管	除了要基于对企业需求或客户需求的准确把握提供最优的电商物流解决方案，还要制定、执行、监督仓库管理制度，监督和协调第三方电商仓库的收货、配货、发货、打包等日常工作，确保订单发货的及时性、准确性、有效性

（三）高级岗位

跨境电商高级岗位上的人员需要对电商前沿理论有清晰的认知，具备前瞻性思维，能够把经营跨境电商上升到战略高度，把握跨境电商的特点和发展规律，并引领跨境电商行业的发展。

知识点 2：岗位职业能力分析

表 1-7 所示为跨境电商人才需要具备的职业能力和对应的具体要求。从表 1-7 中可以看

出，跨境电商人才需要具备国际贸易知识、电商知识和商务英语沟通等能力，这样才能满足岗位需求。

表 1-7 跨境电商人才需要具备的职业能力和对应的具体要求

职业能力	具体要求
职业通用能力	具备基础的商务英语沟通能力，了解国际贸易知识和流程； 具备跨文化意识和较强的交际能力； 能够使用基础的办公软件（如 Word、Excel）和常用的图片处理软件（如 Photoshop）
职业专门能力	熟悉各种跨境电商平台，了解跨境电商的各类岗位定位和经营模式，具备选品和定价能力； 具备处理、上传、优化商品图片的能力； 了解跨境物流模式，具备跨境物流定价能力，能够熟练使用站内或站外推广工具
职业综合能力	能够利用各种工具和平台进行客户开发、维护、管理，能够根据平台和店铺的实际情况制定营销方案； 具备接待客户询盘、处理订单、管理物流的能力
职业拓展能力	具备国际会展策划、组织、接待、协调能力，具备跨境电商网站界面设计能力； 具备跨境电商移动端运营能力

跨境电商既有国际贸易的特点，又有电商的特点。跨境电商人才是指具备一定的外语能力、电商技能和外贸业务知识，了解海外客户的消费理念和文化，掌握跨境电商平台的营销技巧，从事跨境贸易和电商工作的复合型人才。跨境电商人才大致可以分为 3 种类型，分别是初级（技术型）人才、中级（商务型）人才、高级（战略管理型）人才。

跨境电商人才需要具备的职业能力包括国际贸易基本技能、电商基本技能、计算机操作技能、市场营销技能和职业素养。

一、国际贸易基本技能

跨境电商是指不同国家和地区的买家、卖家通过跨境电商平台达成交易，即传统国际贸易的电子化、数字化、网络化。从业务属性来看，跨境电商属于国际贸易的范畴，所以国际贸易基本技能是跨境电商人才需要具备的职业能力，具体包括熟练运用外语与客户进行沟通、回复相关业务来往信函，跟进物流、保险、报关、报检、结算等国际贸易流程，熟悉国际贸易涉及的法律、条约和惯例等。

二、电商基本技能

跨境电商利用互联网搭建的网络平台进行业务往来。从业务媒介来看，跨境电商属于电商的范畴，所以跨境电商人才需要具备电商基本技能，具体包括熟悉 B2B、B2C、C2C 三大电商模式，能够完成电商店铺装修、客户开发、商品发布、网络推广、订单处理等工作。

三、计算机操作技能

跨境电商的媒介是计算机和网络平台，这不仅要求跨境电商人才掌握基本的计算机操作技能，还要求他们高效利用这些媒介，以及灵活地使用网页设计开发软件、图片处理软件、数据统计软件等工具。

四、市场营销技能

跨境电商人才需要具备基本的市场营销技能，具体包括数据分析、市场调研、客户需求分析，以及遵循 SWOT [S（Strength，优势）、W（Weakness，劣势）、O（Opportunity，机会）、T（Threat，威胁）] 法则制定营销策略等。

五、职业素养

与国内电商相比，跨境电商的复杂性、困难性、风险性主要体现为它面向全球各地的客户，他们拥有不同的语言、风俗、文化和思维方式。这要求跨境电商人才具备较高的职业素养和较强的执行力，能够灵活沟通、随机应变，积极参与团队合作；在学习能力和发展能力方面，能够自主学习跨境电商的新知识、新技术。

任务实施

通过对跨境电商岗位的分析和对跨境电商人才职业能力的了解，丹尼明白了如何制定职业生涯规划。接下来进入跨境电商岗位分析任务实施环节。

【step1】登录招聘网站。

智联招聘网站首页如图 1-11 所示。

图 1-11

【step2】搜索岗位。

进入招聘网站，搜索与跨境电商相关的岗位，如图 1-12 所示。

图 1-12

【step3】筛选岗位。

在搜索结果界面中，根据意向岗位、意向工作地点筛选岗位，如图 1-13 所示。

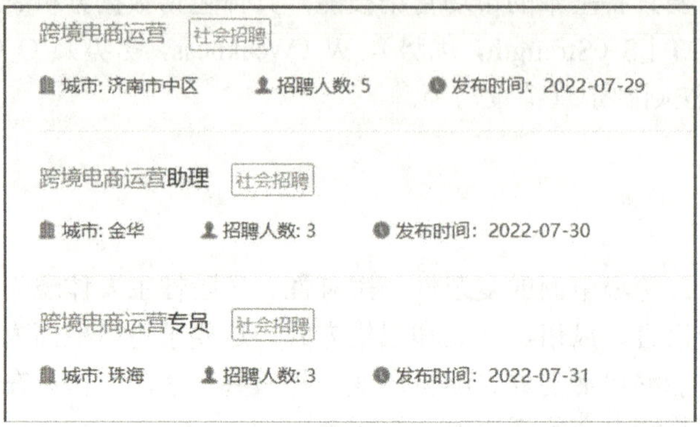

图 1-13

【step4】查看职位描述。

在筛选出有意向的岗位后，确定岗位需求信息，并仔细查看职位描述，如图 1-14 所示。

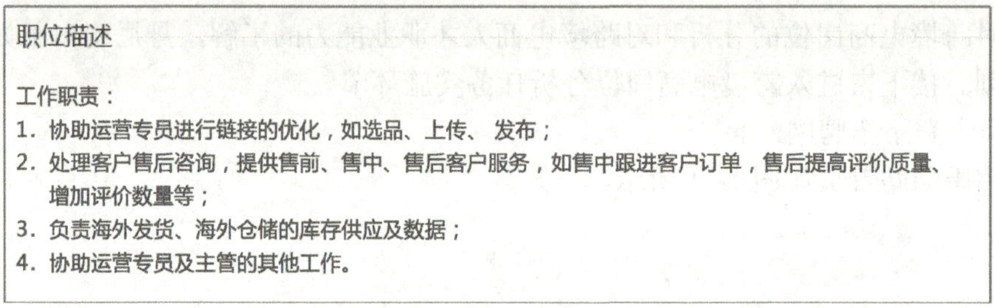
职位描述

工作职责：

1. 协助运营专员进行链接的优化，如选品、上传、发布；
2. 处理客户售后咨询，提供售前、售中、售后客户服务，如售中跟进客户订单，售后提高评价质量、增加评价数量等；
3. 负责海外发货、海外仓储的库存供应及数据；
4. 协助运营专员及主管的其他工作。

图 1-14

【项目评价】

单位：分

类别	序号	考核项目	考核内容	分值	学生自评	学生互评	教师测评	分数
技术考评（80 分）	1	技能操作	市场调研	30				
	2		平台选择	30				
	3		岗位分析	20				
非技术考评（20 分）	4	职业素养	态度端正	5				
	5		遵守纪律	5				
	6		团队合作	5				
	7		行业洞察	5				
总分：								

【项目实训】

项目实训 1　调研跨境电商市场

实训名称	调研跨境电商市场	**序号**	1
实训目标	（1）熟悉调研跨境电商市场的流程； （2）确定调研指标，开展跨境电商市场调研		
实训要求	（1）按照国际市场调研方法进行跨境电商市场调研； （2）了解全球主要跨境电商市场概况和机制		
实训标准	跨境电商行业标准		
实训条件	网络调研		
实训流程			
熟悉流程；确定调研指标；开展调研；撰写调研报告			
考核标准			
完成跨境电商市场调研；完成对全球主要跨境电商市场概况和机制的分析			
过程记录			
（学生填写实训过程中的重要记录，如数据记录及相关分析等）			
遇到的问题及解决措施			
（学生填写）			
实训成果			
（学生填写实训成果的最终表现形式）			
实训考核			
（教师综合实训过程及实训成果，对照考核项目评分）			

项目实训2　分析跨境电商岗位职业能力

<table>
<tr><td>实训名称</td><td>分析跨境电商岗位职业能力</td><td>序号</td><td>2</td></tr>
<tr><td>实训目标</td><td colspan="3">（1）熟悉搜索跨境电商岗位的流程；
（2）具备跨境电商岗位职业能力</td></tr>
<tr><td>实训要求</td><td colspan="3">完成对跨境电商岗位的搜索</td></tr>
<tr><td>实训标准</td><td colspan="3">跨境电商岗位标准</td></tr>
<tr><td>实训条件</td><td colspan="3">搜索引擎</td></tr>
<tr><td colspan="4">实训流程</td></tr>
<tr><td colspan="4">登录招聘网站；搜索岗位；筛选岗位；查看职位描述</td></tr>
<tr><td colspan="4">考核标准</td></tr>
<tr><td colspan="4">跨境电商岗位标准</td></tr>
<tr><td colspan="4">过程记录</td></tr>
<tr><td colspan="4">（学生填写实训过程中的重要记录，如数据记录及相关分析等）
扫一扫
查看跨境电商岗位要求微课</td></tr>
<tr><td colspan="4">遇到的问题及解决措施</td></tr>
<tr><td colspan="4">（学生填写）</td></tr>
<tr><td colspan="4">实训成果</td></tr>
<tr><td colspan="4">（学生填写实训成果的最终表现形式）</td></tr>
<tr><td colspan="4">实训考核</td></tr>
<tr><td colspan="4">（教师综合实训过程及实训成果，对照考核项目评分）</td></tr>
</table>

项目 2

跨境电商平台建设

【项目导入】

通过调研跨境电商市场、选择跨境电商平台、分析跨境电商岗位，跨境电商行业的利好政策和广阔的市场前景令丹尼心动不已。经过认真的考虑，丹尼决定将全球速卖通作为运营平台，并急切地想开始运营工作。见状，刘老师对丹尼的干劲表示了赞赏，同时建议丹尼不要激动，一定要了解清楚店铺运营流程。刘老师告诉丹尼，接下来的工作应该是根据跨境电商平台的入驻条件和要求开通店铺，并对店铺进行装修。

【任务拆解】

图 2-1 所示为跨境电商平台建设任务拆解图。

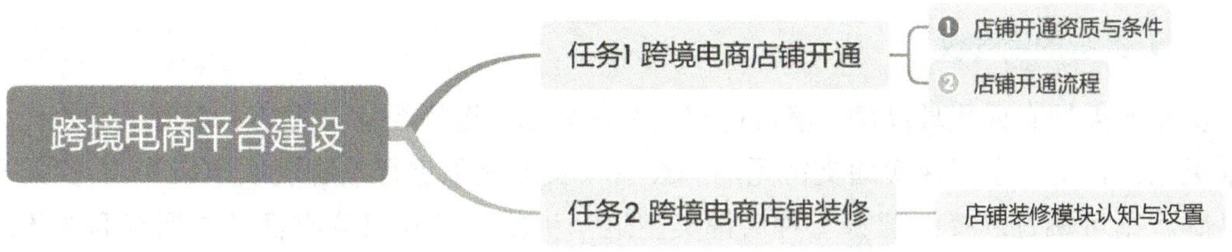

图 2-1

任务 1　跨境电商店铺开通

任务描述

在本任务中，丹尼需要围绕店铺开通资质与条件、店铺开通流程等内容完成知识梳理和任务实施，以便顺利开通跨境电商店铺。

知识梳理

扫一扫

查看全球速卖通开店条件及资质微课

扫一扫

查看阿里巴巴国际站开店条件及资质微课

知识点 1：店铺开通资质与条件

全球速卖通是阿里巴巴旗下的跨境电商 B2C 平台。对买家而言，全球速卖通是一个网上购物平台，与淘宝、京东等网上购物平台类似，买家可以通过浏览器登录全球速卖通，进入首页搜索商品名称，从而进行购物。

对卖家而言，全球速卖通卖家后台是一个集商品管理、商品营销、店铺推广、数据分析等功能于一体的操作系统，卖家可以利用全球速卖通，把商品销往全球各地。

一、全球速卖通的入驻要求[①]

要想入驻全球速卖通，卖家需要符合以下 3 个入驻要求。

（一）企业身份

目前只有拥有企业身份的卖家才可以在全球速卖通中开店，卖家必须通过企业支付宝账号或企业法人[②]支付宝账号完成企业身份认证。全球速卖通目前不区分基础销售计划和标准销售计划，对所有卖家一视同仁。

（二）品牌的经营权

卖家如果拥有或代理品牌，就可以根据品牌资质，选择经营官方店、专卖店或专营店等店铺类型。目前，全球速卖通支持无品牌经营（卖家无须进行品牌资质申请），若卖家不经营品牌，则可跳过选择经营哪一种店铺类型这一步骤。只有部分类目必须拥有商标才能经营，卖家需要注册商标或获得授权使用的商标；大部分类目无须拥有商标就能经营，具体情况以商品发布界面为准。

（三）向全球速卖通缴纳保证金

在入驻全球速卖通的时候，卖家必须缴纳一笔保证金。各经营大类的保证金不同，具体金额以资费标准为准。

如果卖家不打算在全球速卖通继续经营，那么，在卖家把所有的交易全部处理完后，平

① 相关要求是全球速卖通于 2021 年更新的入驻要求。跨境电商市场发展日新月异，具体要求请以全球速卖通最新的入驻要求为准。

② 此处的“法人”应为“法定代表人”，下同。

台会把结余的保证金退还给卖家。

例子：2022 年 3 月 25 日，丹尼在入驻全球速卖通时缴纳保证金 10 000 元。在开店期间，丹尼诚信经营，没有产生违规扣罚。2022 年 12 月 2 日，丹尼决定停止经营全球速卖通店铺。在把所有的交易全部处理完后，平台把 10 000 元保证金原封不动地退还给了丹尼。

二、全球速卖通的店铺类型和相关要求

想入驻全球速卖通的卖家需要根据自身情况选择经营哪一种店铺类型。全球速卖通的店铺类型如图 2-2 所示。

图 2-2

表 2-1 所示为全球速卖通的店铺类型和相关要求，包括 3 种店铺类型的定义、相应的开店企业资质和需要提供的材料，以及平台对品牌数量和店铺数量的规定等。

表 2-1　全球速卖通的店铺类型和相关要求

相关要求	店铺类型		
	官方店	专卖店	专营店
店铺类型定义	卖家以自有品牌或由权利人独占性授权（仅商标为 R 标且非中文商标）入驻全球速卖通开设的店铺	卖家以自有品牌（商标为 R 标或 TM 状态且非中文商标），或者持他人品牌授权文件在全球速卖通开设的店铺	经营 1 个及以上他人或自有品牌（商标为 R 标或 TM 状态）商品的店铺
开店企业资质	要想完成企业认证，卖家需要提供以下资料： （1）企业营业执照副本复印件； （2）税务登记证复印件； （3）组织机构代码证复印件； （4）银行开户许可证复印件； （5）法定代表人身份证正反面复印件	同官方店	同官方店
单个店铺可申请的品牌数量	仅 1 个	仅 1 个	可多个
平台允许的店铺数量	同一品牌（商标）仅 1 个	同一品牌（商标）可多个	同一品牌（商标）可多个

续表

相关要求	店铺类型		
	官方店	专卖店	专营店
需要提供的材料	（1）商标权人直接开设官方店，需要提供国家知识产权局商标局颁发的商标注册证（仅R标）； （2）由权利人授权开设官方店，卖家需要提供国家知识产权局商标局颁发的商标注册证（仅R标）和商标权人出具的独占授权书； （3）卖家经营多个自有品牌商品且品牌归属同一个实际控制人，需要提供国家知识产权局商标局颁发的多个品牌的商标注册证（仅R标）； （4）开设卖场型官方店，卖家需要提供国家知识产权局商标局颁发的35类商标注册证（仅R标）和商标权人出具的独占授权书	（1）商标权人直接开设专卖店，需要提供国家知识产权局商标局颁发的商标注册证（R标）或商标注册申请受理通知书（TM标）； （2）卖家持他人品牌开设专卖店，需要提供商标权人出具的品牌授权书（若商标权人为境内自然人，则需要同时提供其亲笔签名的身份证复印件；若商标权人为境外自然人，则需要提供其亲笔签名的护照或驾驶证复印件）	卖家需要提供国家知识产权局商标局颁发的商标注册证（R标）或商标注册申请受理通知书复印件（TM标），或者以商标持有人为源头的完整授权链或合法进货凭证（各类目对授权的具体级数要求以品牌招商准入资料提交界面为准）
店铺名称	“品牌名+official store”（默认店铺名称）或“品牌名+自定义内容+official store”	品牌名+自定义内容+store	自定义内容+store
二级域名	品牌名（默认二级域名）或“品牌名+自定义内容”	品牌名+自定义内容	自定义内容

注：®是注册商标的法定标记，只要在商标上标注®，就表明该商标已在国家知识产权局商标局核准注册。未核准注册的商标不得标注®，否则会构成假冒注册商标罪。

对于TM商标，我国没有明确的法律规定，行业内习惯将其看作已经被国家知识产权局商标局受理（拿到商标注册申请受理通知书），但尚未正式注册成功的商标。卖家在使用品牌时加上TM商标，可以在发生商标纠纷时将其作为证据，证明卖家有意把相关文字或标识当作商标来使用。

知识点2：店铺开通流程

一、店铺入驻流程

图2-3所示为入驻全球速卖通的步骤。在实际操作时，卖家可以参照下面的流程，轻松入驻全球速卖通。

（1）登录全球速卖通，从卖家入口进入卖家后台；

（2）单击“join now for free”（现在就免费加入）；

（3）设置登录名，填写邮箱；

（4）填写账号信息（注意，手机号码与店铺绑定，卖家应填写常用的手机号码；卖家应根据自身情况填写经营模式）；

（5）按步骤完成企业支付宝认证或企业法人支付宝认证；

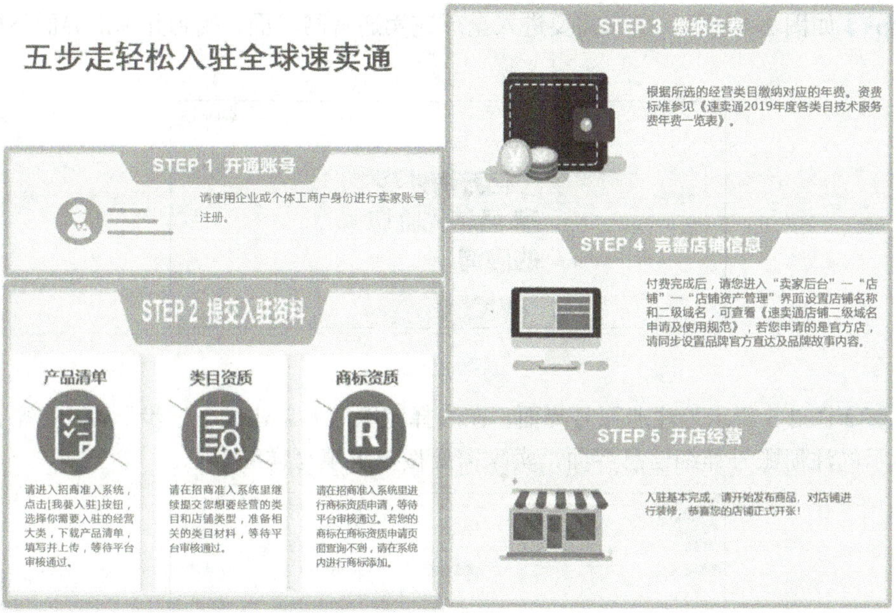

图 2-3

（6）完成全球速卖通考试（共 25 道题，每道题 4 分，80 分及格）；

（7）在账号及认证界面中的左侧依次单击"获得类目授权"—"商品添加（添加平台没有的商标）"（商品所属类目必须与产品清单的类目一致）；

（8）在账号及认证界面中的左侧单击"类目招商准入"，下载产品清单；

（9）在账号及认证界面中的左侧单击"商标资质申请"，提交品牌授权书和商标注册证或商标注册申请受理通知书。

二、店铺开通注意事项

（1）全球速卖通认证的身份证号码必须和支付宝账号对应的身份证号码一致。

（2）同一个邮箱只能注册一个全球速卖通账户。如果卖家想注册多个全球速卖通账户，那么可以使用不同的邮箱进行注册。

（3）在注册全球速卖通账户后，卖家必须完成个人认证，这样才能完成后续的操作。一个身份证号码只能注册一个全球速卖通账户，否则会认证失败。

任务实施

在开通店铺和注册账户之前，以下资料是卖家必须提供的资料，包括企业营业执照彩色扫描件（必须在执照有效期内），开店企业的企业支付宝账号或法人支付宝账号，法人、股东的基本信息（含身份信息），联系方式（企业的联系邮箱、联系电话等）。如果资料不完整，卖家就无法成功注册账户。在准备好以上资料后，卖家就可以注册账户了。接下来进入跨境电商店铺开通任务实施环节。

【step1】如图 2-4 所示，卖家需要进入全球速卖通官网界面，找到并单击界面下方的“立即入驻”。

图 2-4

【step2】图 2-5 所示为注册账号界面，在选择完国家并单击“下一步”后，卖家会看到如图 2-6 所示的注册账号详细信息界面，卖家需要按要求填写详细信息。

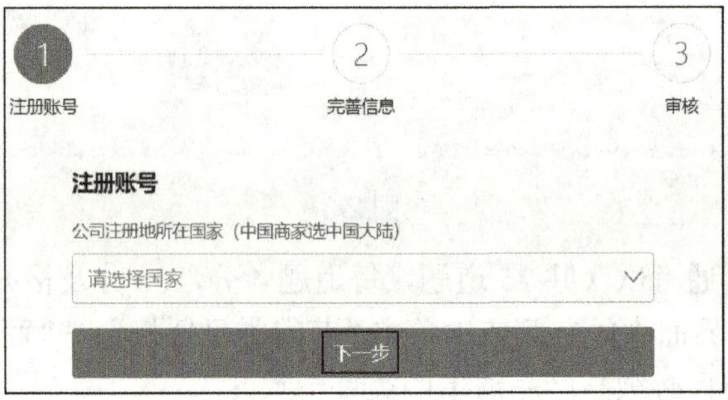

图 2-5

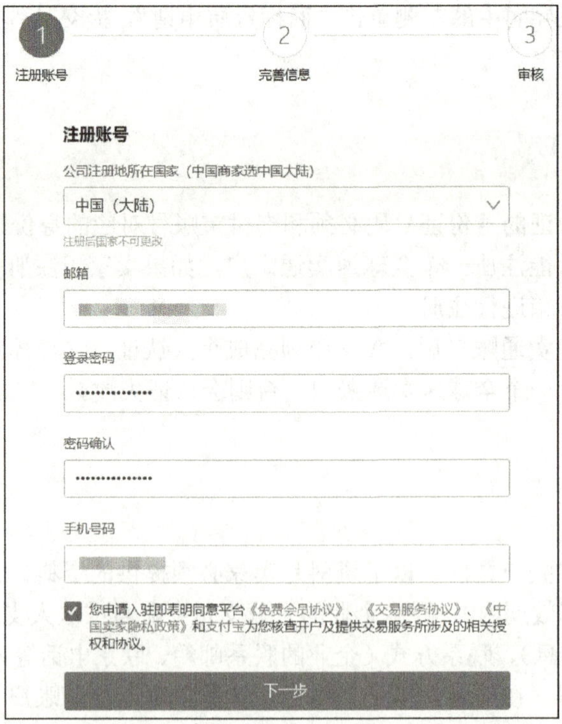

图 2-6

图 2-7[①]所示为企业认证界面。在卖家使用邮箱、手机号码完成注册后，全球速卖通需要对卖家的企业信息进行验证，完成企业认证。全球速卖通支持企业支付宝授权认证和企业法人支付宝授权认证，卖家可以根据自身需要，选择合适的认证方式。

图 2-7

除了使用的支付宝账号不同，全球速卖通对这两种认证方式使用的其他材料的要求是一致的。接下来，卖家需要登录相应的支付宝账号，完成认证。

【step3】图 2-8 所示为“我的类目申请”界面。卖家可以单击左侧的“我的申请”，缴纳保证金 10 000 元，选择想申请的类目，并添加商标（商标申请一般在 1～2 个工作日内通过）。至此，卖家在全球速卖通中成功开通了店铺，接下来可以发布和销售商品了。

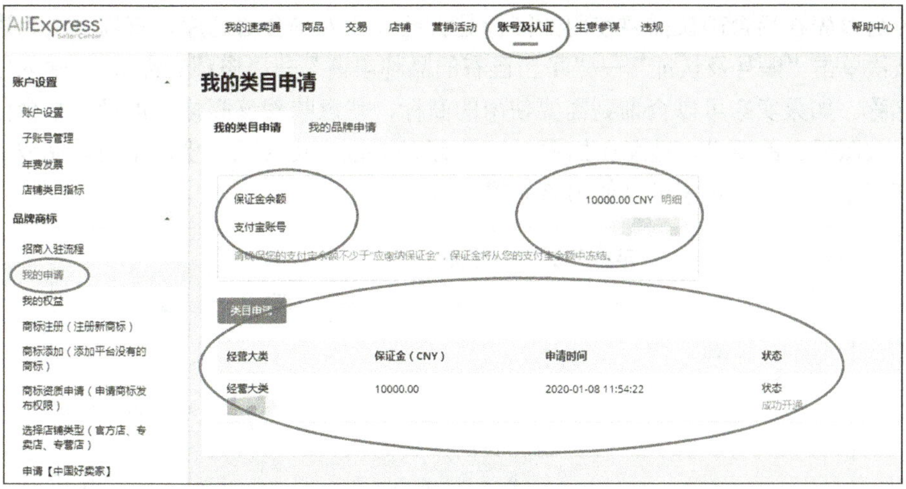

图 2-8

① 图 2-7 中的“法人”“法人代表”应为“法定代表人”。

在完成开店任务后，卖家需要了解在全球速卖通中开店的基本规则。

（1）在正式开始经营店铺之前，卖家需要选择入驻的经营大类。每个全球速卖通账号只能选择在一个经营范围内开展经营活动（卖家可以在经营过程中更换经营大类），并在该经营范围内经营一个或多个经营大类（只能在经营范围 9 或经营范围 10 内经营多个经营大类）。

（2）经营大类下的部分类目为管控类目，卖家在入驻经营大类时需要提交相关材料。只有在通过审核后，卖家才能经营管控类目。

（3）在正常经营的前提下，若卖家退出平台，则在确认无纠纷订单后，平台会把保证金退还给卖家。入驻不同的经营大类需要缴纳不同金额的保证金。关于扣罚保证金的场景，卖家可以通过“帮助中心”了解更多。

【step4】在选择好入驻的经营大类并缴纳保证金后，对于部分类目，卖家需要完成品牌资质申请，方可发布商品。

图 2-9 所示为申请品牌授权界面。卖家可以使用开店企业或法人注册的商标，或者通过授权使用相关商标。

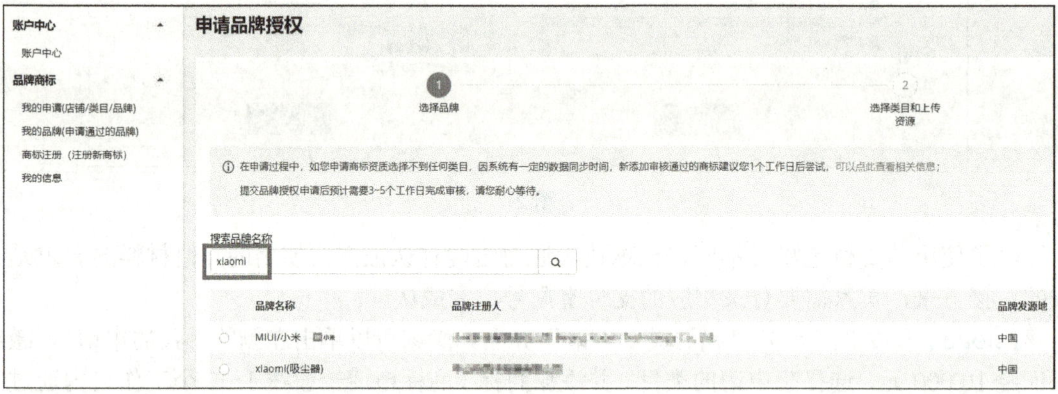

图 2-9

卖家可以先在后台确认需要使用的商标是否已被录入平台信息库，查询方式为进入卖家后台，依次单击“账号及认证”—“平台已有的品牌申请”—“申请新品牌”，输入需要使用的商标名称。如果卖家可以查询到需要使用的商标，就意味着该商标已被录入平台信息库，卖家可以按照平台的要求，继续在如图 2-10 所示的界面中提交相关资质信息，完成品牌资质申请。在审核通过后，卖家可以使用该品牌发布商品。

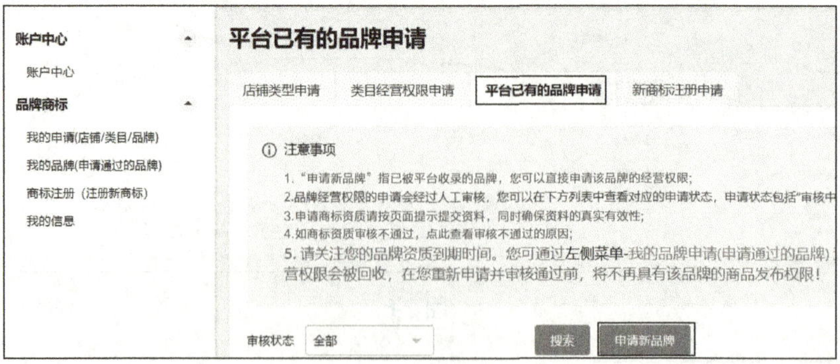

图 2-10

如果卖家使用的是新商标，那么在完成商标添加后，卖家需要进入卖家后台，依次单击“账号及认证”—“新商标注册申请”，提交相关注册信息，完成新商标注册申请。在审核通过后，卖家可以使用该商标发布商品。新商标注册申请界面、流程分别如图 2-11、图 2-12 所示。

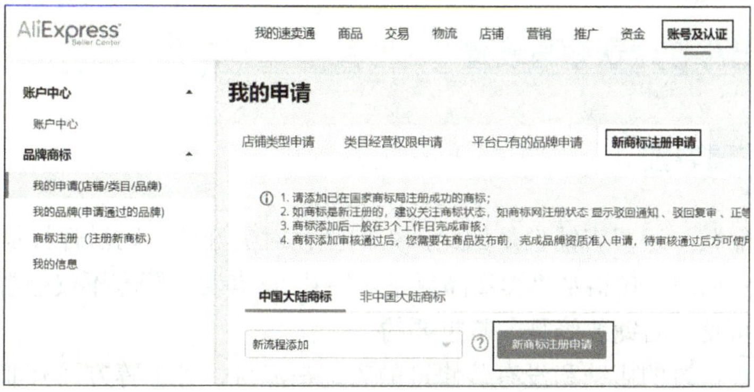

图 2-11

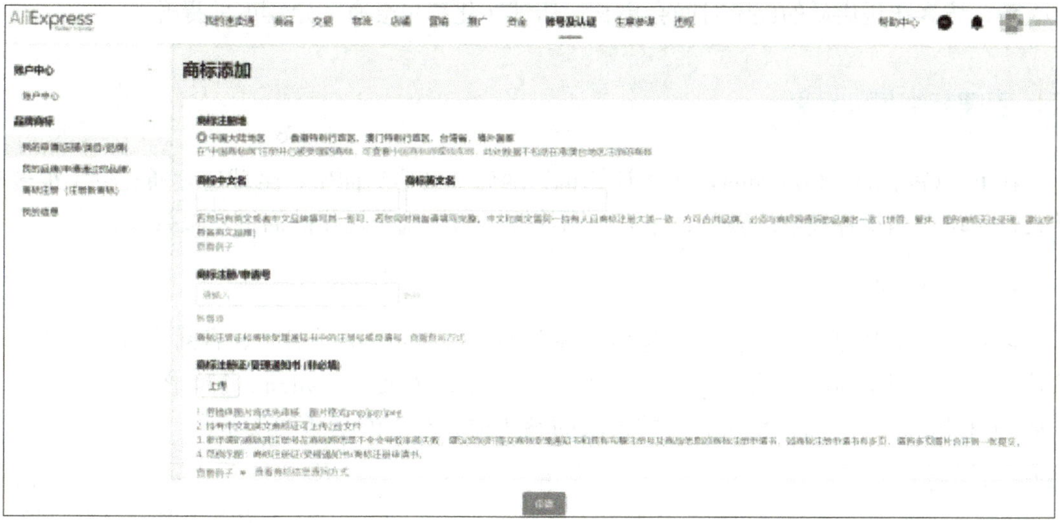

图 2-12

在完成商标添加后，卖家可以在商品发布界面中上架和销售商品，正式开启全球速卖通之旅！

任务 2　跨境电商店铺装修

任务描述

在本任务中，丹尼需要围绕店铺装修模块认知与设置等内容完成知识梳理、任务实施和项目实训，以便为开展运营工作打下坚实的基础。

知识梳理

知识点：店铺装修模块认知与设置

一、店铺装修的重要性

人靠衣装马靠鞍，运营店铺也是如此，人们往往对美好的事物满怀憧憬与向往。在电商行业内，大家经常说的一句话是“卖商品就是卖图片”。其实，买家不仅会看图片，还会看店铺的整体风格。可见，店铺装修是非常重要的。

相比之下，装修过的店铺和没有装修过的店铺在流量、订单等方面有非常明显的差距。经过有规律、有技巧的装修，店铺的日均订单量可以提升 30%左右。好的店铺装修会让店铺更吸睛，访客在进店后的停留时间会更长，店铺转化率也会有一定程度的提升。

二、店铺装修模块认知

在 PC（Personal Computer，个人计算机）端店铺装修界面中，全球速卖通提供了很多基础设计模块，编辑各模块的颜色、布局、图片等可以实现个性化的店铺首页效果。

（一）店招模块

店招是一家店铺的招牌，通常包括店铺名称、店铺 Logo（标识）、店铺收藏、主营商品等信息。全球速卖通的店铺 Logo 界面、自定义背景图界面分别如图 2-13、图 2-14 所示。一家店铺只能添加一个店招模块。店招模块的参数详见全球速卖通的要求。

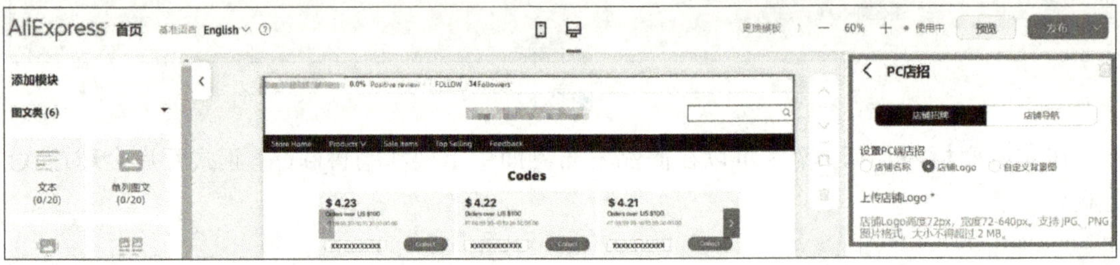

图 2-13

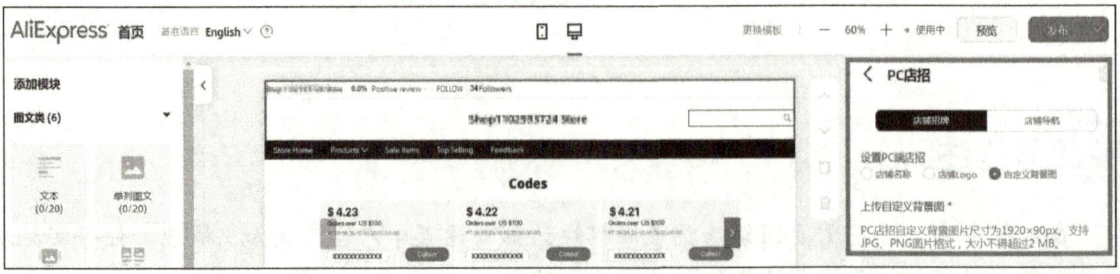

图 2-14

（二）店铺装修模块

全球速卖通的店铺装修模块包括图文类、营销类、产品类模块，如图 2-15 所示。

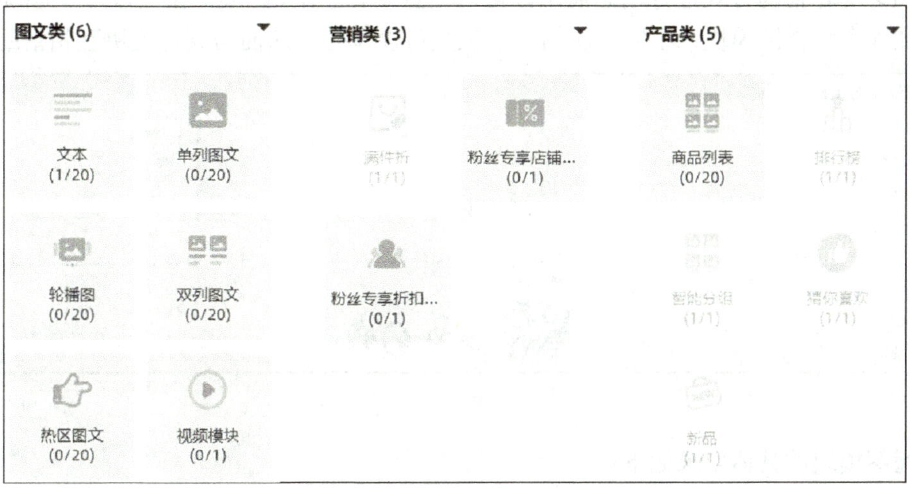

图 2-15

图文类模块包括文本模块、轮播图模块、热区图文模块、单列图文模块、双列图文模块、视频模块，营销类模块包括满件折模块、粉丝专享店铺 code（优惠券）模块、粉丝专享折扣价商品模块，产品类模块包括商品列表模块、排行榜模块、智能分组模块、猜你喜欢模块、新品模块。

1. 图文类模块

（1）文本模块。

图 2-16 所示为文本模块，其包括 3 种文本样式，分别是大标题、中标题、正文。

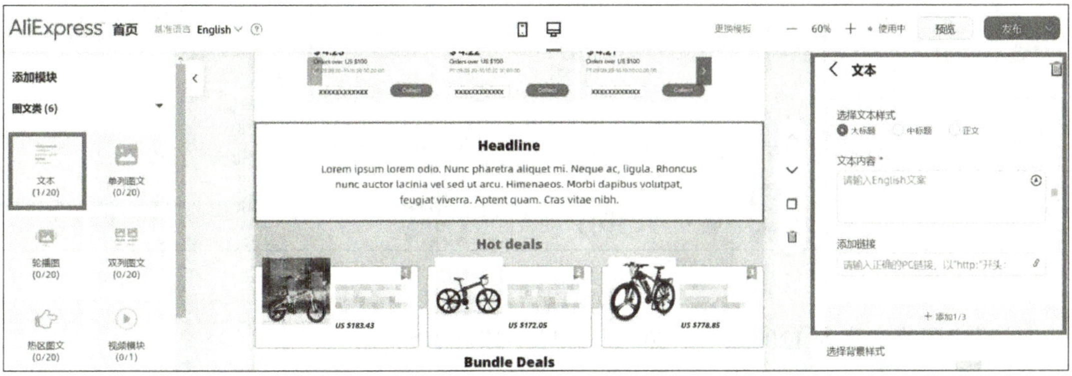

图 2-16

文本模块的具体要求如下：

①每种文本样式都可以添加链接；

②最多可以添加 3 种文本样式；

③背景样式是一致的。

（2）轮播图模块。

图 2-17 所示为轮播图模块，这是一个非常重要的模块，一般位于店铺的主要区域，以多张广告图滚动轮播的方式进行动态展示，可以更直观、生动地传达商品信息。一家店铺最多可以添加 6 个轮播图模块，不同模块的上下位置可以调整，从而与其他模块互相搭配。

图 2-17

轮播图模块的具体要求如下：

①建议图片宽度为 750px（pixel，像素），高度不超过 960px（所有图片的高度必须完全一致）；

②每张图片都可以添加链接；

③一个轮播图模块最多可以添加 5 张图片。

（3）热区图文模块（单张图片可拥有多种点击链接效果）。

图 2-18 所示为热区图文模块，其具体要求如下：

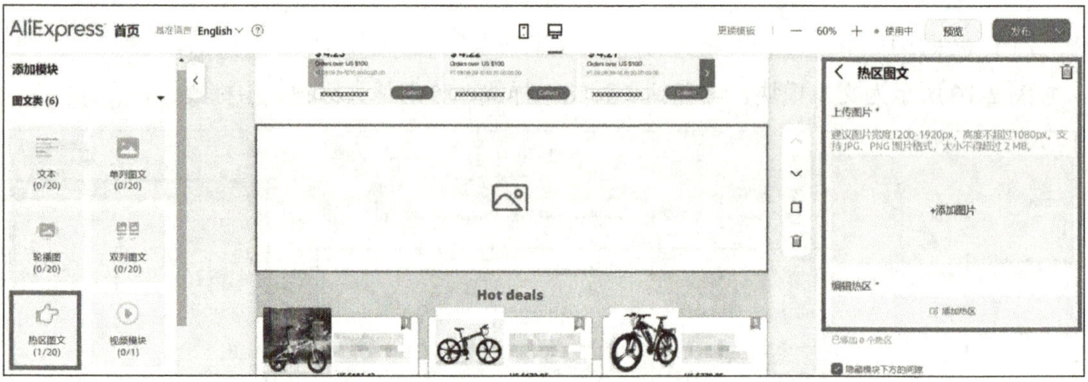

图 2-18

①建议图片宽度为 1200px～1920px，高度不超过 1080px；

②一家店铺可以添加多个热区图文模块；

③添加的链接必须是全球速卖通中的相关链接，如店铺首页、商品详情页、店铺子界面等。

（4）单列图文模块。

图 2-19 所示为单列图文模块，其具体要求如下：

①建议图片宽度为 1200px～1920px，高度不超过 1080px；

②可以针对图片内容添加文字说明和链接。

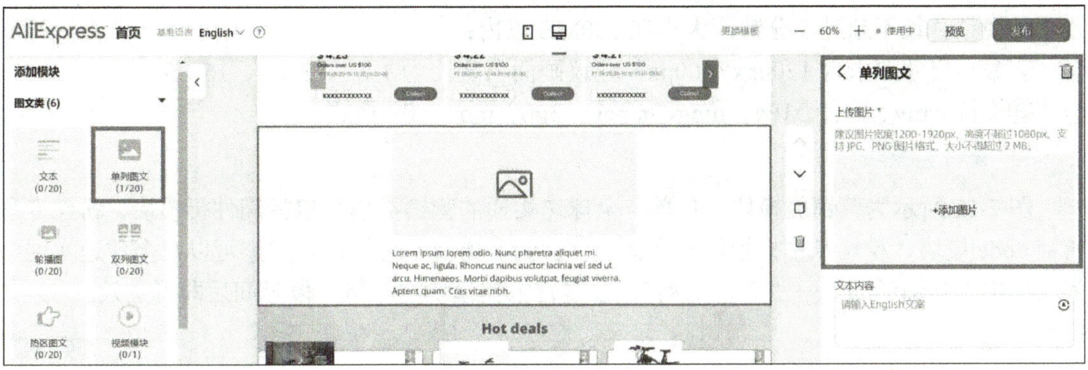

图 2-19

（5）双列图文模块。

图 2-20 所示为双列图文模块，其具体要求如下：

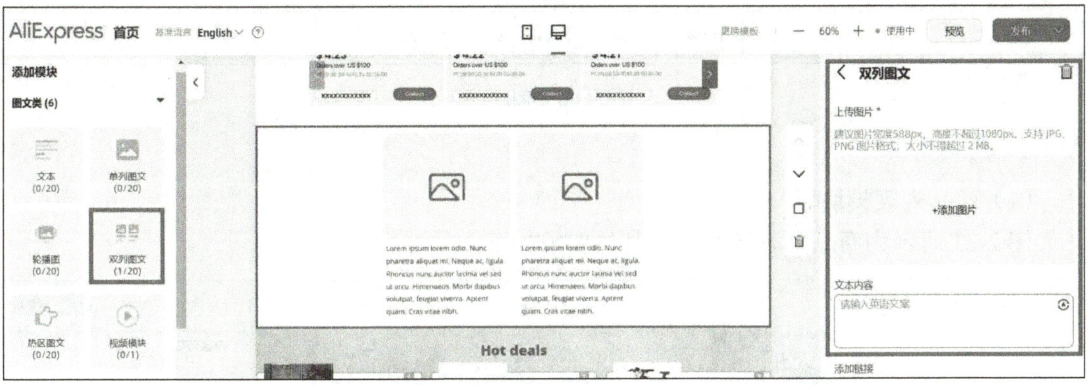

图 2-20

①建议图片宽度为 588px，高度不超过 1080px；

②可以针对图片内容添加文字说明和链接；

③最多可以添加两张图片。

（6）视频模块。

图 2-21 所示为视频模块，其具体要求如下：

图 2-21

①视频时长不超过 5 分钟，大小在 500MB 以内；

②最小尺寸要求为 1200px×400px，建议画面长宽比为 1∶1、3∶4、16∶9；

③支持 wmv、avi、MP4、mpg、mpeg、3gp、mov、flv 格式。

2. 营销类模块

图 2-22 所示为营销类模块。目前，全球速卖通的营销类模块包括满件折模块、粉丝专享店铺 code 模块、粉丝专享折扣价商品模块。营销类模块不可编辑，卖家可以在全球速卖通中依次单击“营销活动”—“店铺活动”，设置营销类模块，等待一段时间后即可生效。

图 2-22

3. 产品类模块

（1）商品列表模块。

图 2-23 所示为商品列表模块，其具体要求如下：

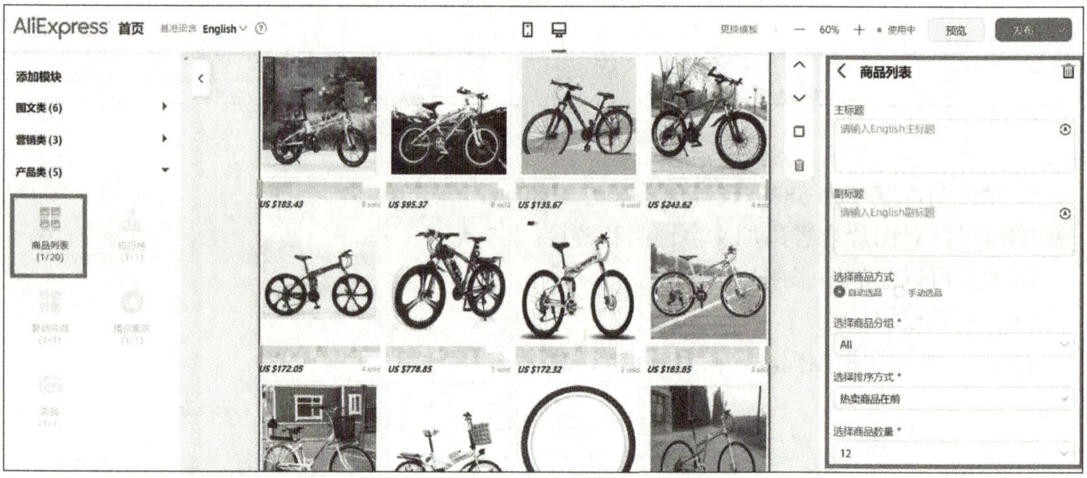

图 2-23

①商品列表模块可以添加主标题和副标题；

②选择商品方式支持自动选品和手动选品；

③商品展示方式支持一行展示 2～4 个商品；

④最多可以选择 24 个商品。

（2）其他产品类模块。

图 2-24 所示为其他产品类模块，它们是系统自动生成的，不支持编辑。

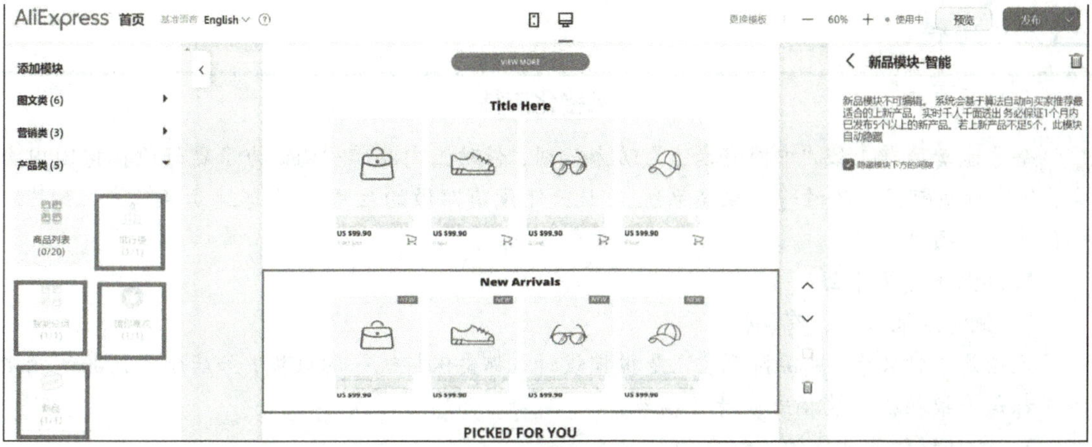

图 2-24

4. 系统默认模块

图 2-25 所示为店招模块，图 2-26 所示为店铺导航模块。它们都是系统默认模块，卖家只要选中它们，就能进行编辑和设置。店招模块可显示店铺名称、店铺 Logo、自定义背景图，店铺导航模块可添加自定义导航。

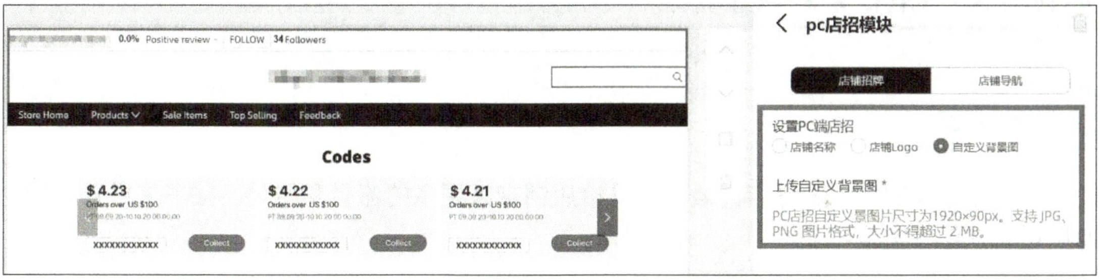

图 2-25

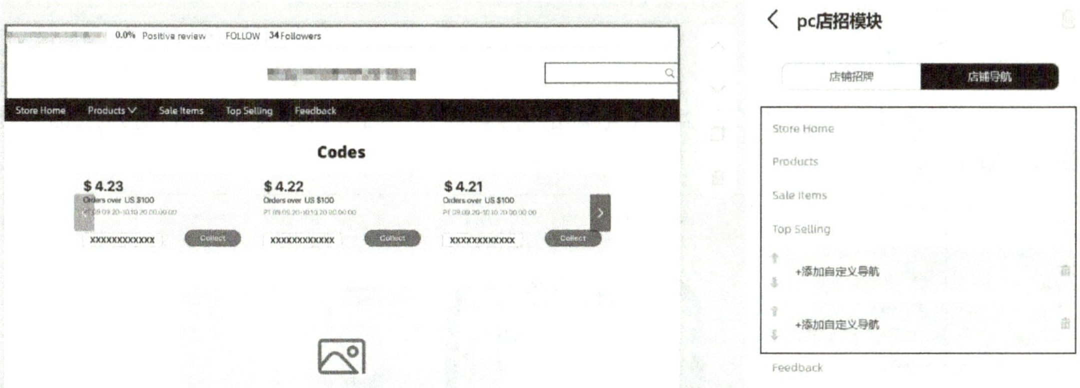

图 2-26

知识拓展

风格化店铺

全球速卖通曾上线“中国好卖家”助力计划，帮助国内品牌出海。为了更好地扶持国内卖家，加速打造阿里巴巴的跨境生态系统，“让天下没有难做的生意”，全球速卖通正式上线“风格化店铺”项目。

风格化店铺是什么？

1. 视觉效果好看、有调性

无论是店铺装修、商品陈列，还是视觉设计，都要保持统一的风格，如店铺内商品的拍摄方式都是平铺拍摄、挂拍或模特摆拍等。

2. 客户群体是具象的、细分的

店铺的风格定位越清晰，搜索推荐逻辑越精确，系统在推荐时就越能快速锁定客户群体，进而精准推送风格鲜明的商品。

3. 客户第一

由于风格化店铺通常借助商品和服务把客户转化为粉丝，从而增加店铺收藏量，因此，能否与客户保持互动，能否通过引导收藏等方法把只喜欢店铺风格的客户牢牢“圈住”，是衡量店铺是不是风格化店铺的重要指标。

任务实施

在全球速卖通中，做好店铺装修可以给店铺带来更多的流量和转化。接下来进入跨境电商店铺装修任务实施环节。

一、店铺装修操作流程

（一）店铺装修的步骤

卖家进入全球速卖通卖家后台，依次单击“店铺”—“店铺装修及管理”，进入店铺装修界面，如图 2-27 所示。

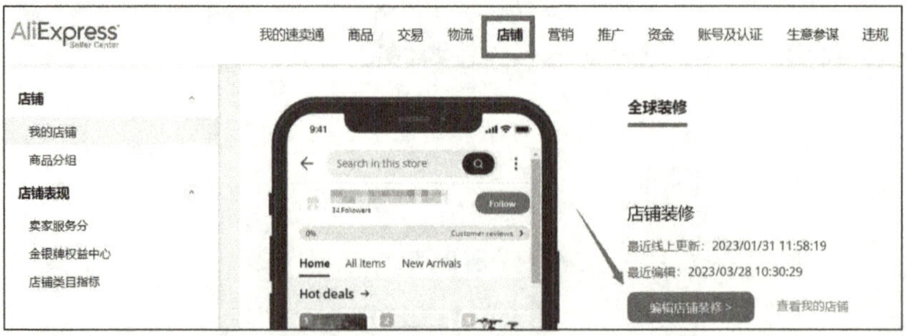

图 2-27

【step1】选择店铺装修端口。

图 2-28 所示为店铺装修端口选择界面。在装修店铺时，卖家可以对手机端店铺和计算机端店铺进行独立装修。

图 2-28

在选择完店铺装修端口后，卖家既可以在店铺的原有基础上进行装修，也可以新增一个店铺界面进行装修。

【step2】编辑店铺装修界面。

图 2-29 所示为编辑店铺装修界面。卖家可以依次单击“线上版本”—“编辑”，并在界面左侧选择语言，编辑店铺装修界面。

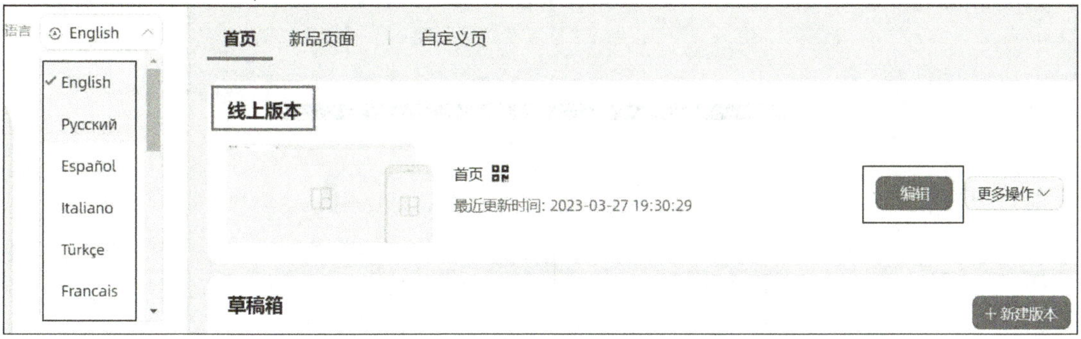

图 2-29

【step3】选择店铺装修模板。

图 2-30 所示为选择店铺装修模板界面。在编辑完店铺装修界面后，卖家可以选择相应类目的店铺装修模板。

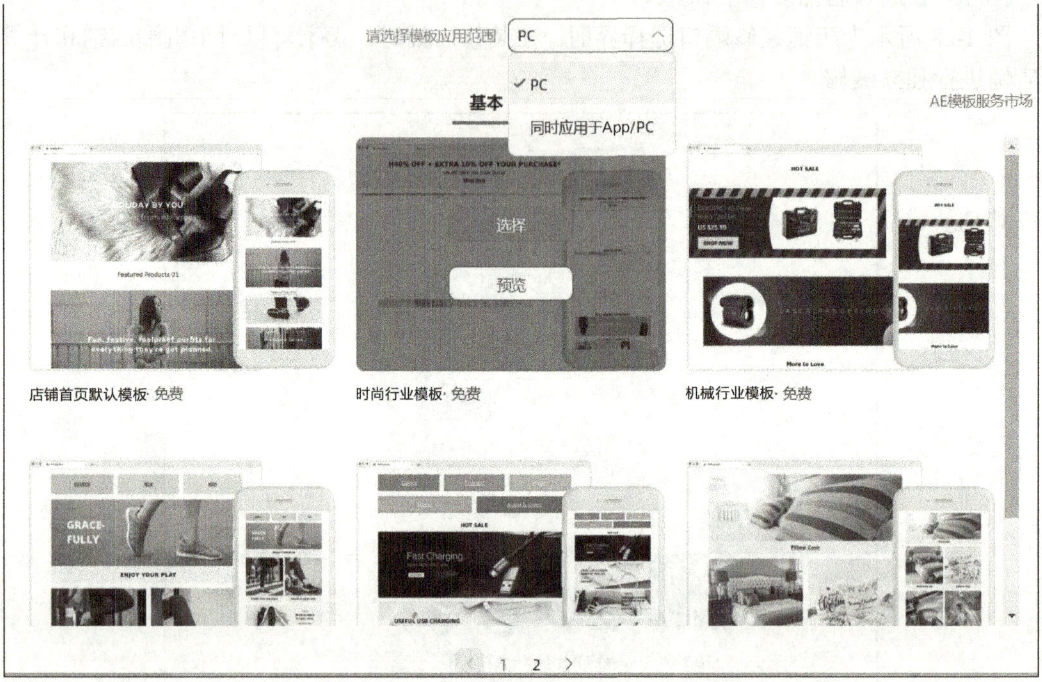

图 2-30

（二）店铺装修基础界面认知

图 2-31 所示为店铺装修基础界面中的 3 个区域。

模块区：卖家可以拖曳并添加需要的模块。

视图区：卖家可以在这里直观地看到模块的效果和顺序。

编辑区：卖家可以对模块进行编辑和设置。

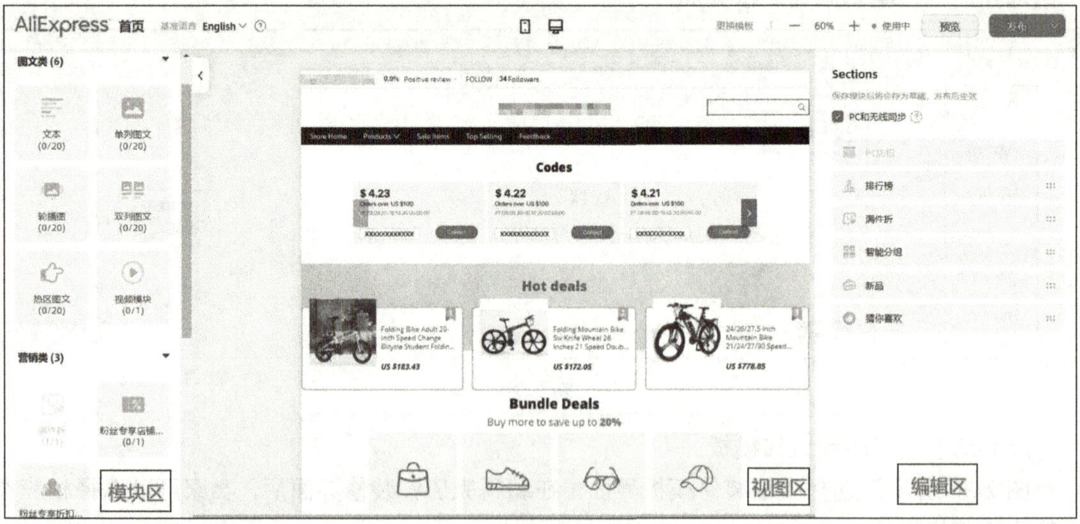

图 2-31

（三）店铺装修说明

店铺装修分为以下 3 个步骤。

步骤一，卖家从模块区选择需要的模块，并将其拖曳到视图区。

步骤二，卖家选中需要编辑的模块。

步骤三，卖家对选中的模块进行编辑和设置。

在装修完毕后，卖家可以单击装修界面右上角的“发布”，查看最新的店铺装修效果。卖家可以在视图区调整模块的上下位置或复制、删除模块。

二、店铺装修优秀案例

卖家可以使用各种装修模块装修店铺。店铺装修优秀案例分别如图 2-32、图 2-33、图 2-34 所示，希望对卖家装修店铺有所启发。

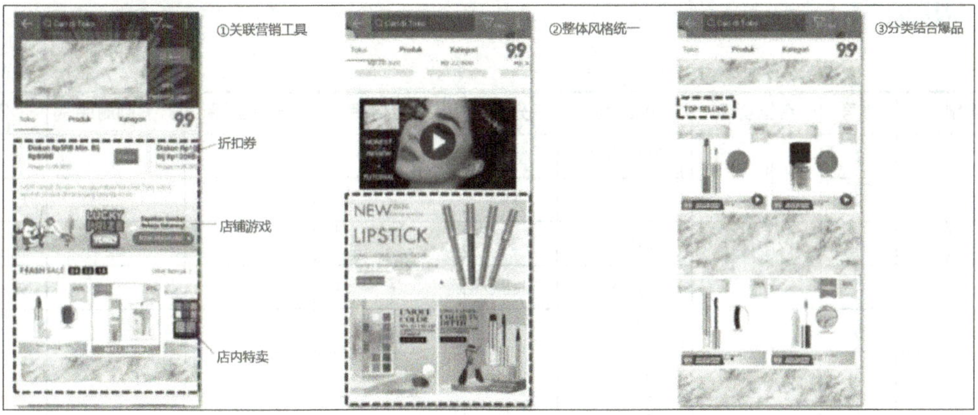

图 2-32

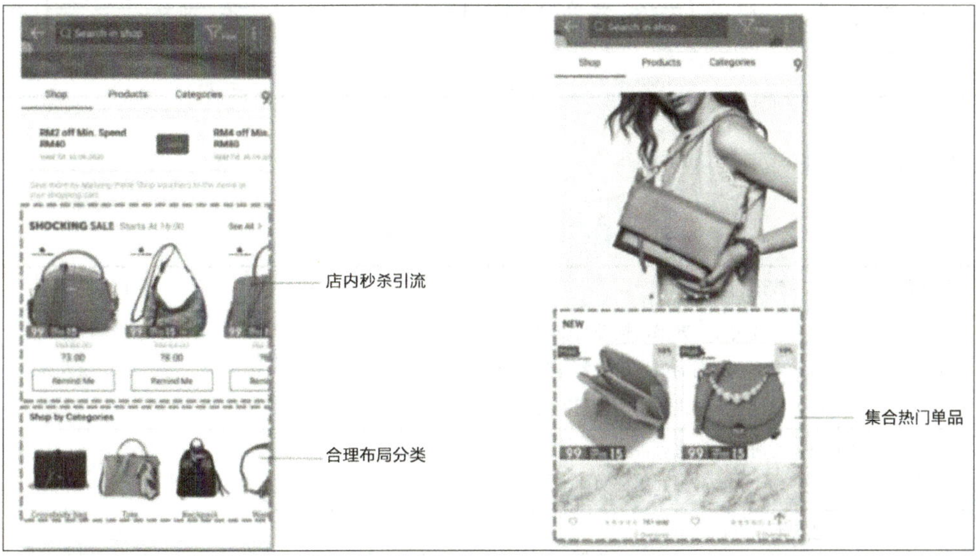

图 2-33

图 2-34

【项目评价】

单位：分

类别	序号	考核项目	考核内容	分值	学生自评	学生互评	教师测评	分数
技术考评（80 分）	1	技能操作	开通店铺	15				
	2		实名认证	15				
	3		注册账号	20				
	4		设置模块	15				
	5		装修操作	15				
非技术考评（20 分）	6	职业素养	态度端正	5				
	7		遵守纪律	5				
	8		团队合作	5				
	9		美育修养	5				
总分：								

【项目实训】

项目实训 1　开通敦煌网店铺

实训名称	开通敦煌网店铺	序号	1
实训目标	（1）通过实训，熟悉店铺开通流程； （2）熟练掌握商品信息的采集与分类管理方法； （3）通过实训，提升举一反三的能力		
实训要求	（1）注册敦煌网账号； （2）完成开通敦煌网店铺的任务		
实训标准	敦煌网平台标准		
实训条件	敦煌网平台		

续表

实训流程
填写卖家信息；激活账号；完成身份认证；上传商品
考核标准
注册敦煌网账号；完成敦煌网平台认证；成功开通敦煌网店铺
过程记录
（学生填写实训过程中的重要记录，如数据记录及相关分析等）
遇到的问题及解决措施
（学生填写）
实训成果
（学生填写实训成果的最终表现形式）
实训考核
（教师综合实训过程及实训成果，对照考核项目评分）

项目实训 2　装修全球速卖通东南亚店铺

实训名称	装修全球速卖通东南亚店铺	序号	2
实训目标	掌握全球速卖通东南亚店铺的装修流程		
实训要求	（1）完成全球速卖通东南亚店铺的基础装修； （2）店铺特色装修能够体现东南亚各国的特色		
实训标准	全球速卖通店铺装修规范		
实训条件	全球速卖通仿真实训平台		
实训流程			
基础装修；东南亚风格特色装修			
考核标准			
了解东南亚店铺基础装修内容；了解东南亚店铺特色装修方式			

续表

过程记录
（学生填写实训过程中的重要记录，如数据记录及相关分析等）
遇到的问题及解决措施
（学生填写）
实训成果
（学生填写实训成果的最终表现形式）
实训考核
（教师综合实训过程及实训成果，对照考核项目评分）

项目 3

跨境电商数据选品

【项目导入】

在学习了跨境电商店铺装修的相关知识后，丹尼开始思索如何选择适合销售的商品。面对全球速卖通中种类繁多的商品，丹尼不知道如何选择，感觉什么都很好，什么都想选。不过，时间和资金是有限的，丹尼需要做出恰当的选择，他希望刘老师能为自己解答选品的难题。在了解了丹尼面临的难题后，刘老师建议他通过数据选品的方式来选择适合销售的商品。数据选品是指通过获取客观的、有价值的数据，并对数据进行清洗与分析，结合实际经营情况，做出适合自身店铺的选品决策。根据不同的数据来源，数据选品可以分为站内选品和站外选品。站内选品是指通过全球速卖通中的数据完成选品工作。站外选品是指通过全球速卖通以外的渠道获取数据，完成选品工作。

【任务拆解】

图 3-1 所示为跨境电商数据选品任务拆解图。

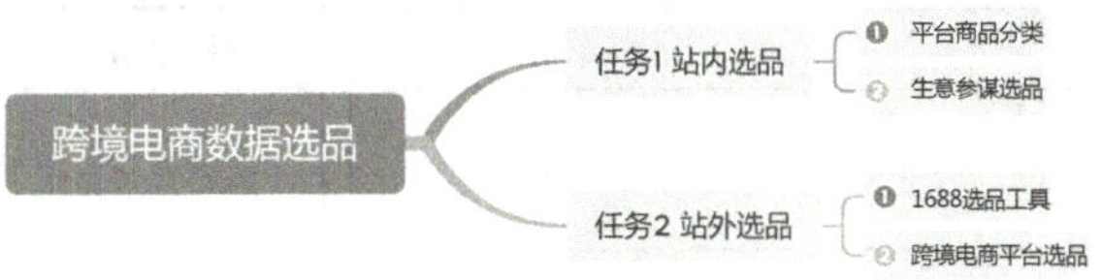

图 3-1

任务 1　站内选品

任务描述

在本任务中，丹尼需要围绕平台商品分类、生意参谋选品等内容完成知识梳理和任务实施，以便顺利完成站内选品。

知识梳理

扫一扫

查看认识数据选品微课

知识点 1：平台商品分类

一、经营大类

根据全球速卖通目前的规则，在全球速卖通中销售的所有商品分为 16 个经营范围，全球速卖通的经营范围和相应的经营大类如表 3-1[①]所示。在全球速卖通中，每个店铺账号只能选择一个经营范围。卖家可以在一个经营范围内经营一个或多个经营大类，如经营范围 10 内有 3C 数码、手机等经营大类。在选品过程中，如果卖家选择的商品属于不同的经营范围，就无法在同一家店铺内上架；如果违规上架，就会受到相应的处罚。如果无法确认所选商品是否属于特定经营范围，那么卖家可以向全球速卖通的在线客服人员咨询。目前，每个营业执照可以注册 6 家全球速卖通店铺，即每个营业执照最多可以选择 6 个不同的经营范围。

表 3-1　全球速卖通的经营范围和相应的经营大类

序号	经营大类	序号	经营大类
1	珠宝手表（含精品珠宝）	10	3C 数码 （除内置存储、移动硬盘、U 盘、刻录盘、电子烟、手机、电子元器件）（投影仪为定向邀约制）
2	服装服饰		
3	婚纱礼服		内置存储、移动硬盘、U 盘、刻录盘
4	美容个护（含护肤品）		电子烟
			手机
5	真人发（定向邀约制）	11	电子元器件
		12	汽摩配
6	化纤发	13	家居家具家装灯具工具
7	母婴玩具	14	家用电器
8	箱包鞋类	15	运动娱乐（含电动滑板车）
9	健康保健		
	成人用品	16	特殊类

在全球速卖通的 16 个经营范围内，经营范围 5 内的“真人发”经营大类和经营范围 10 内“3C 数码”经营大类中的“投影仪”属于定向邀约制品类，不对普通卖家开放。

二、分级类目

全球速卖通将大部分经营大类细分为四级类目，将小部分经营大类细分为三级类目。“家

① 表 3-1、表 3-2、表 3-3 的资料来源为全球速卖通官网。

居家具家装灯具工具”经营大类的四级类目如表 3-2 所示。

表 3-2 “家居家具家装灯具工具”经营大类的四级类目

经营大类	一级类目	二级类目	三级类目	四级类目
家居家具家装灯具工具	家居用品	园艺用品	池塘防水膜	池塘防水膜
			植物支架及防护用品	嫁接膜
			养蜂用品	蜂巢、蜂箱
				防蜂服
				防蜂服饰配饰
			园林建筑	其他园林建筑
				栅栏、格架和门
			……	……
		手工艺品&缝纫用品（半成品）	数字油画	数字油画颜料
				数字油画笔及刷子
			胸章制作	胸章制作套包
				胸章耗材
				切圆器
			凹凸压印	凹凸压印工具
			……	……
	家装（硬装）	厨房设施	厨房水槽配件	厨房皂液器
				厨房水槽水漏、过滤网
			壁装厨房挂架	壁装厨房挂架
			……	……
		电气设备和产品	太阳能设备	太阳能逆变器
				太阳能设备零部件及配件
				太阳能电池充电器
			开关与配件	开关配件
				暗盒
			……	……

在表 3-2 中，“家居用品”“家装（硬装）”属于经营范围 13“家居家具家装灯具工具”经营大类下的一级类目。“园艺用品”“手工艺品&缝纫用品（半成品）”属于一级类目“家居用品”下的二级类目；“厨房设施”“电气设备和产品”属于一级类目“家装（硬装）”下的二级类目。“池塘防水膜”“植物支架及防护用品”“养蜂用品”“园林建筑”等属于二级类目“园艺用品”下的三级类目。“蜂巢、蜂箱”“防蜂服”“防蜂服饰配饰”属于三级类目“养蜂用品”下的四级类目。

全球速卖通不断增加可销售的类目，要想了解最新的类目信息，卖家需要注册全球速卖通账户，联系在线客服人员进行查询。全球速卖通在线服务如图 3-2 所示，卖家可以先选择常见问题“速卖通可以销售的品类和相关费用”，再单击“速卖通年度各类目保证金一览表”旁边的“【点击查看】”，查看速卖通各类目保证金一览表，如图 3-3 所示。

图 3-2

速卖通各类目保证金一览表

1. 每个速卖通账号只准选取一个经营范围经营，并可在该经营范围下经营一个或多个经营大类（只有9和10经营范围下有多个经营大类）
2. 保证金按店铺入驻的经营大类收取，如果店铺入驻多个经营大类（仅涉及9和10经营范围下），则保证金为多个经营大类中的最高金额
3. 本保证金规则适用于2019年11月27日后入驻的新卖家，针对之前已经入驻的卖家，仍适用年费规则
4. 部分经营大类下类目需要额外提供资质详情点击了解

经营范围	2021经营大类	保证金	经营大类下可发布的类目	类目服务指标考核
1	珠宝手表（含精品珠宝）	1万元	Jewelry & Accessories 珠宝饰品及配件 Watches 手表 **以下类目可共享发布：** Apparel Accessories 服饰配饰（男/女/儿童配件，婴儿配饰发到婴儿服装） Men's Clothing 男装 Women's Clothing 女装 Novelty & Special Use新奇特及特殊用途服装 Underwear, Socks, Sleep & Lounge Wear男女内衣/家居服/袜子 Weddings & EventsWedding Accessories婚庆配饰 Consumer Electronics>Smart Electronics>Wearable Devices>Wristbands 腕带 Consumer Electronics>Smart Electronics>Wearable Devices>Smart Watches 智能手表	表格下载

图 3-3

三、特殊资质

表 3-3 所示为需提供资料的经营大类和类目。部分类目需要满足全球速卖通的特殊资质要求，卖家需要向全球速卖通提交相关资料，在获得审批后，方可上架销售这些类目的商品。如果想查询最新的要求，那么卖家可以单击图 3-2 中“入驻部分经营大类，比如美容个护（含

护肤品)、3C 数码、手机等部分类目需要提供单独的资质”旁边的“请点此查看”，查看详细的清单。

表 3-3　需提供资料的经营大类和类目

经营大类	类目
美容个护（含护肤品）	护肤品
	牙科用品
	专业美容仪器
特殊类	口罩等防疫用品
母婴玩具	母婴玩具大件
服装服饰	羽绒/真皮/皮草服饰
健康保健	家用健康监测器、中式医疗
	保健食品
	隐形眼镜
运动娱乐（含电动滑板车）	平衡车
	电动滑板车
3C 数码	台式电脑
	移动硬盘、U 盘、刻录盘
	……
电子烟	电子烟
化纤发	化纤发
爆款黑人发（定向招商）	爆款黑人发
假发零售业（定向招商）	假发零售业
白人发（定向招商）	白人发
电子元器件	电子元器件
手机	手机

知识点 2：生意参谋选品

一、生意参谋简介

生意参谋是阿里巴巴重点打造的首个商家统一数据平台，旨在为商家提供一站式、个性化、可定制的商务决策体验。生意参谋集成了海量数据和店铺经营思路，不仅可以为商家提供流量、商品、交易等店铺经营全链路的数据披露、分析、解读、预测功能，还可以更好地指导商家开展数据化运营。生意参谋操作指南界面如图 3-4 所示。

图 3-4

图 3-5 所示为生意参谋主界面。生意参谋于 2019 年上线，是数据纵横的升级版。随着全球速卖通的业务生态越来越完善，生意参谋的内容越来越丰富，功能越来越全面。

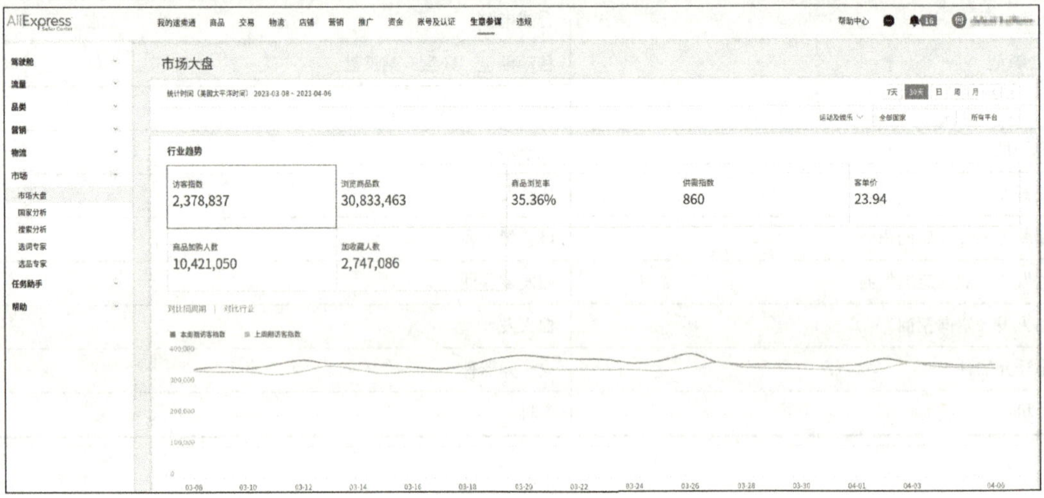

图 3-5

目前，生意参谋包括 8 个核心板块，分别是驾驶舱、流量、品类、营销、物流、市场、任务助手、帮助。在这 8 个板块中，与选品的关联最紧密的板块是市场板块。市场板块包括 5 个子板块，分别是市场大盘、国家分析、搜索分析、选词专家、选品专家。其中，市场大盘和选品专家是生意参谋中非常重要的数据选品工具。

二、市场大盘

（一）行业趋势

图 3-6 所示为市场大盘中的行业趋势界面。该界面中有很多反映行业趋势的指标，部分

指标的具体含义如下。

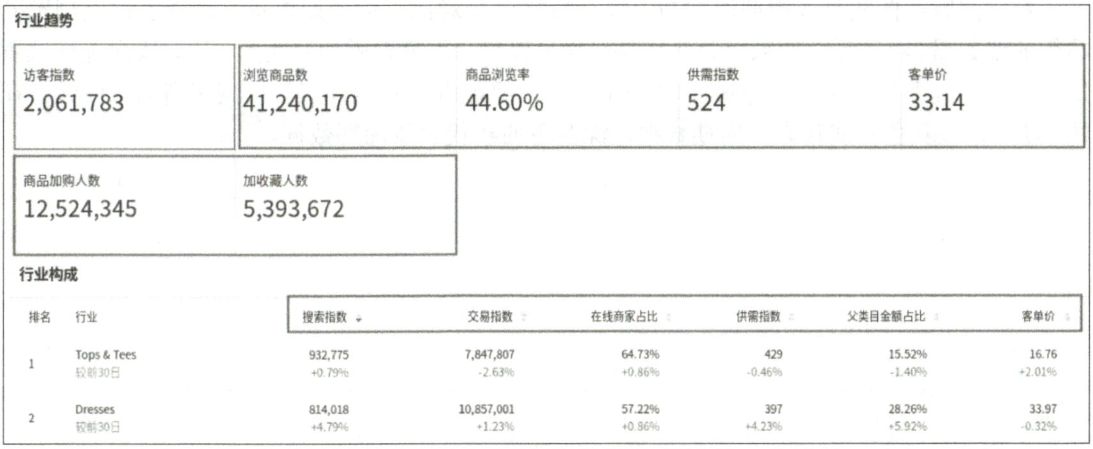

图 3-6

（1）访客指数：在统计时间内，所选类目下访客数的指数化指标。访客指数越高，说明访客数越多。

（2）浏览商品数：在统计时间内，所选类目下被浏览的去重商品数。一个商品被浏览多次，浏览商品数只计为一次。

（3）商品浏览率：在统计时间内，访客在店铺内的浏览商品数和曝光商品数的比率，其计算公式为“商品浏览率=浏览商品数/曝光商品数×100%”。

（4）供需指数：在统计时间内，所选类目的需求人数和供给卖家数的比值，其计算公式为“供需指数=所选类目的需求人数/供给卖家数”。供需指数越高，说明供不应求的情况越明显。

（5）客单价：在统计时间内，所选类目的支付金额和支付买家数的比值，其计算公式为“客单价=所选类目的支付金额/支付买家数”。

（6）商品加购人数：在统计时间内，所选类目下成功将商品加入购物车的去重人数。一个人在统计时间内加购多次，只计为一个商品加购人数。如果一个人在加购后从购物车中移除商品，那么仍然计为一个商品加购人数。

（7）加收藏人数：在统计时间内，所选类目下成功收藏商品的去重人数。如果一个人先收藏商品，再取消收藏，那么计为一个加收藏人数。

（8）搜索指数：在统计时间内，所选类目下搜索次数的指数化指标。搜索指数越高，说明搜索量越大。

（9）交易指数：在统计时间内，所选类目下支付金额的指数化指标。交易指数越高，说明交易量越大。

（10）父类目金额占比：在统计时间内，所选类目的支付金额和父类目支付金额的占比。父类目金额占比越大，说明所选类目的成交占比越大。

卖家可以在行业趋势界面中查询两种数据曲线，它们分别是对比同周期曲线和对比行业曲线。这两种数据曲线都可以通过不同的行业趋势指标来呈现。同时，生意参谋提供 3 个筛选数据的维度，分别是统计时间维度（包括 7 天、30 天、日、周、月）、市场维度（销售商品的国家和地区）、买家购买商品的平台维度（包括 App 端和非 App 端）。

对比同周期曲线对本周期数据与上周期数据进行对比。俄罗斯市场女装棉服月度浏览商品数曲线如图 3-7 所示。卖家以月为周期（也可以日、周等为周期）进行对比，依次选择俄罗斯市场、所有平台（包括 App 端和非 App 端），即可得到女装棉服月度浏览商品数曲线。在图 3-7 中，浅灰色曲线代表上周期数据，深灰色曲线代表本周期数据。

图 3-7

俄罗斯市场和美国市场女装棉服月度交易指数曲线分别如图 3-8、图 3-9 所示。通过查看交易指数指标的对比同周期曲线，卖家可以判断女装棉服在俄罗斯市场和美国市场的成交淡季、旺季，并将其作为选品的重要参考依据。此外，卖家还可以查看供需指数、搜索指数等指标在指定周期内的对比曲线。

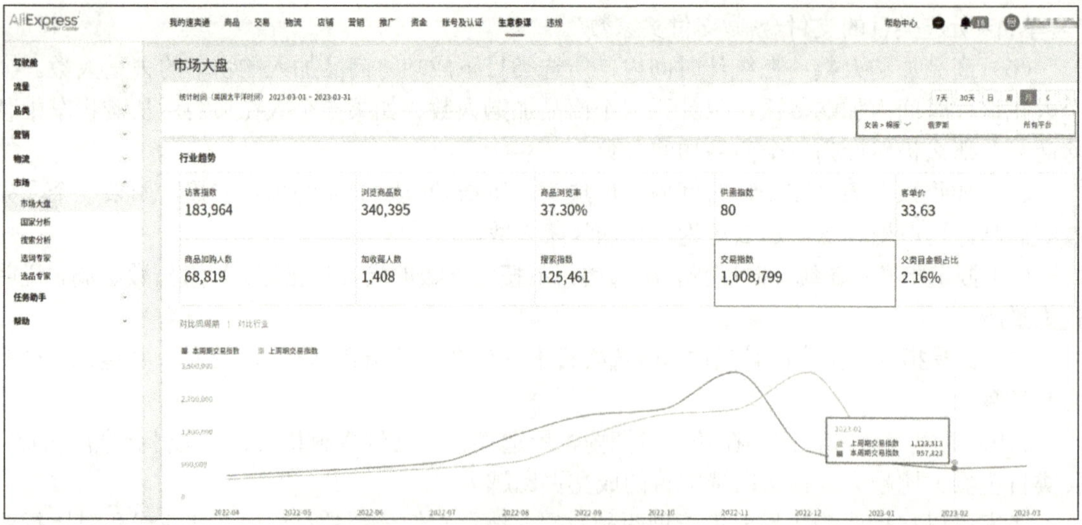

图 3-8

图 3-9

图 3-10 所示为俄罗斯市场女装棉服和牛仔裤的月度交易指数曲线。卖家可以对女装类目下的棉服和牛仔裤进行对比，依次选择以月为周期、俄罗斯市场、所有平台，查看二者的月度交易指数曲线。从图 3-10 中可以看出，牛仔裤交易指数曲线（浅灰色）相对平滑，棉服交易指数曲线（深灰色）呈现出明显的季节性差异。基于对比行业曲线，对于销售旺季不同的商品，卖家可以采取互补选品策略，确保店铺内的商品没有销售淡季。

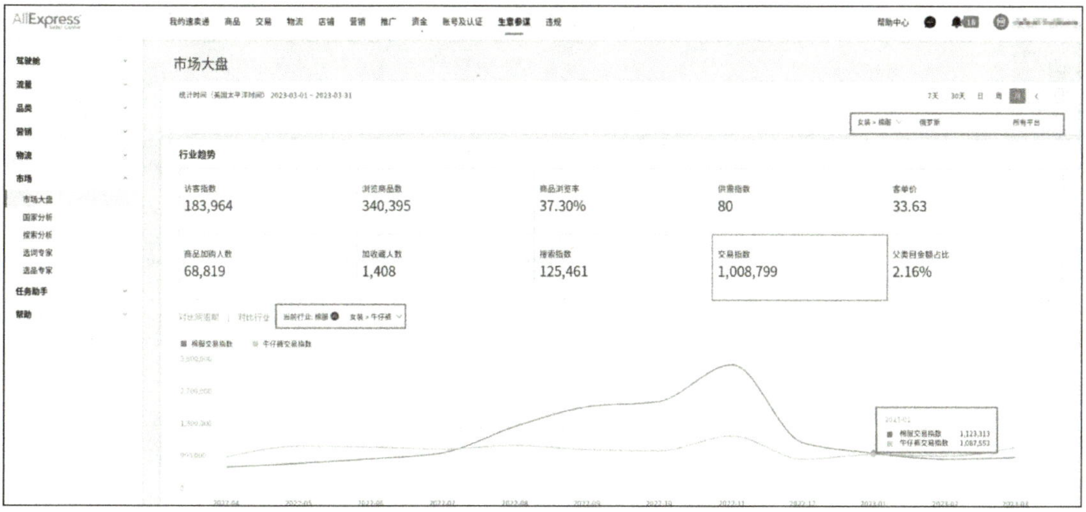

图 3-10

图 3-11 所示为美国市场女装棉服和牛仔裤的月度交易指数曲线。与图 3-10 中的俄罗斯市场相比，美国市场女装棉服和牛仔裤的月度交易指数曲线的交叉点有所不同，这为卖家针对不同国家和地区的市场做出选品、备货时间等决策提供了依据。

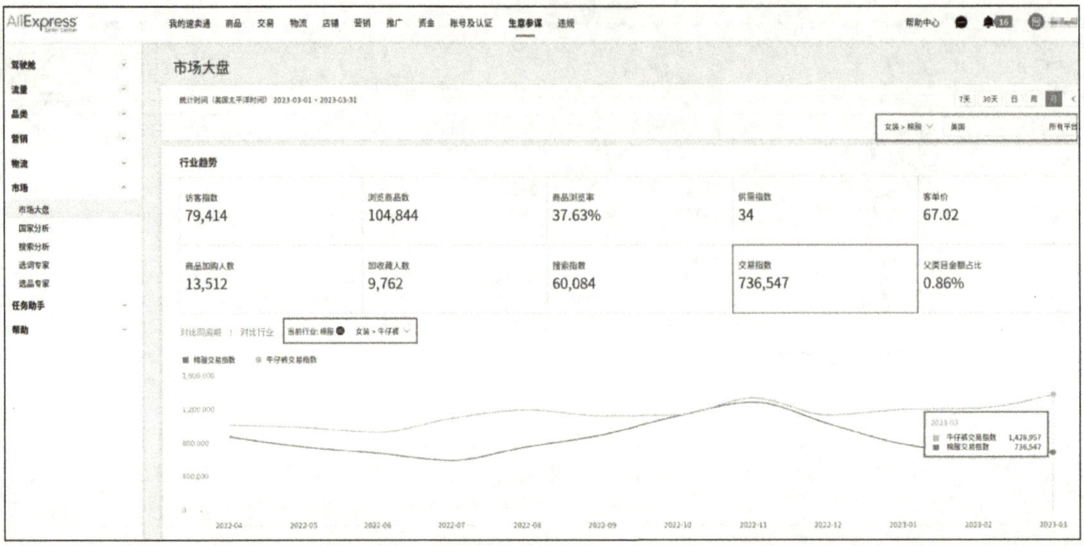

图 3-11

由于棉服和牛仔裤的父类目都是女装，因此卖家可以通过父类目金额占比指标对比棉服和牛仔裤的支付金额，进而推断出在某一特定时间段内，这两种类目的市场相对大小。

俄罗斯市场、美国市场女装棉服和牛仔裤的月度父类目金额占比曲线分别如图 3-12、图 3-13 所示。从图 3-12 中可以看出，在俄罗斯市场，2022 年 4 月—7 月和 2023 年 1 月—3 月，牛仔裤的支付金额略大于棉服；在其他时间，棉服的支付金额大于牛仔裤。

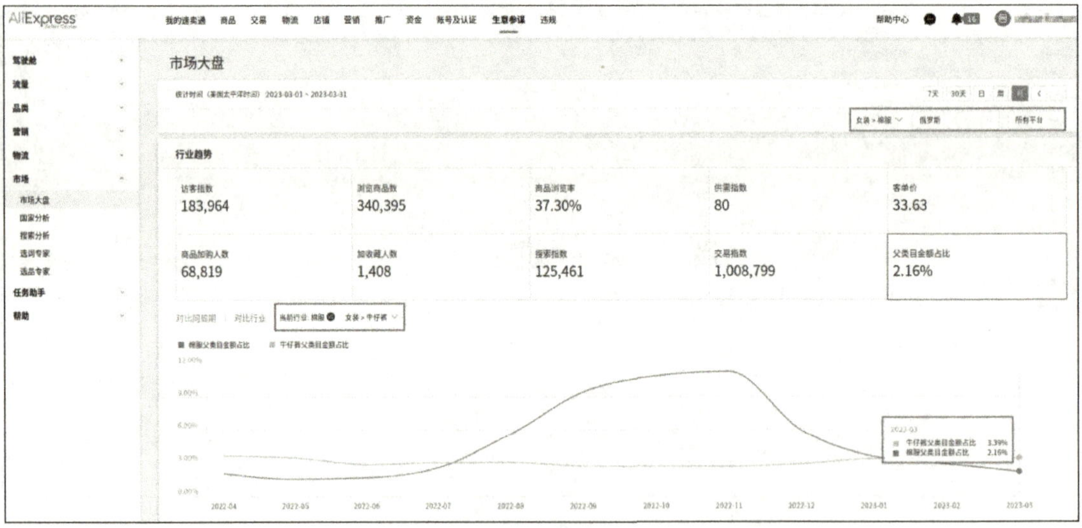

图 3-12

从图 3-13 中可以看出，在美国市场，2022 年 4 月—2023 年 3 月，牛仔裤的支付金额一直大于棉服。

图 3-13

（二）行业构成

图 3-14 所示为市场大盘中的行业构成界面。该界面中有很多反映行业构成的指标，其中在线商家占比指的是所选类目的在线商家数和父类目的在线商家数占比。如果一个商家跨类目经营，那么该商家会被计入多个类目的在线商家，所以子行业的在线商家占比之和超过 100%是正常的。

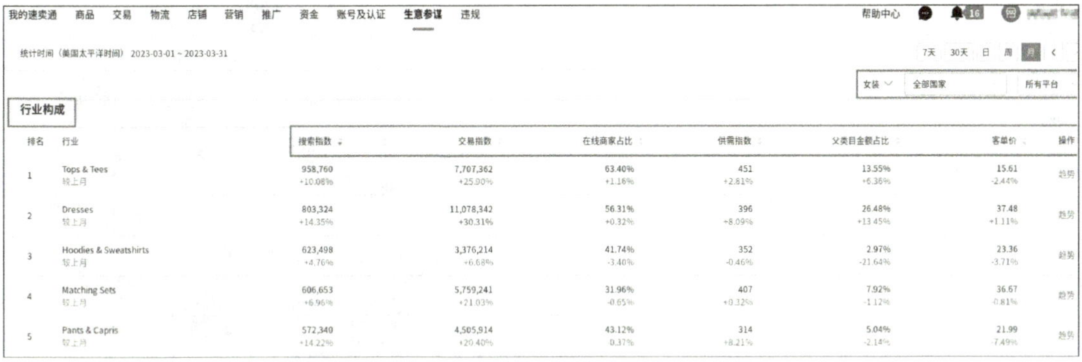

统计时间（美国太平洋时间） 2023-03-01 ~ 2023-03-31

行业构成

排名	行业	搜索指数	交易指数	在线商家占比	供需指数	父类目金额占比	客单价	操作
1	Tops & Tees 较上月	958,760 +10.08%	7,707,362 +25.90%	63.40% +1.16%	451 +2.81%	13.55% +6.36%	15.61 -2.44%	趋势
2	Dresses 较上月	803,324 +14.35%	11,078,342 +30.31%	56.31% +0.32%	396 +8.09%	26.48% +13.45%	37.48 +1.11%	趋势
3	Hoodies & Sweatshirts 较上月	623,498 +4.76%	3,376,214 +6.68%	41.74% -3.40%	352 -0.46%	2.97% -21.64%	23.36 -3.71%	趋势
4	Matching Sets 较上月	606,653 +6.96%	5,759,241 +21.03%	31.96% -0.65%	407 +0.32%	7.92% -1.12%	36.67 -0.81%	趋势
5	Pants & Capris 较上月	572,340 +14.22%	4,505,914 +20.40%	43.12% 0.37%	314 +8.21%	5.04% -2.14%	21.99 -7.49%	趋势

图 3-14

（三）国家构成

图 3-15 所示为市场大盘中的国家构成界面。该界面中以国家和地区为维度，展示访客指数、浏览商品数、商品浏览率、供需指数、客单价、商品加购人数和加收藏人数。卖家需要重点关注标红数据。

根据市场大盘数据，卖家可以选定目标类目。需要注意的是，生意参谋不支持下载市场大盘数据。从持续经营的角度来看，卖家需要自行复制并保存有价值的数据。在分析数据时，卖家可以从多个维度选择统计时间。对于销售季节较长的类目，卖家可以选择较长的统计时间，如按 30 天或月进行查询。

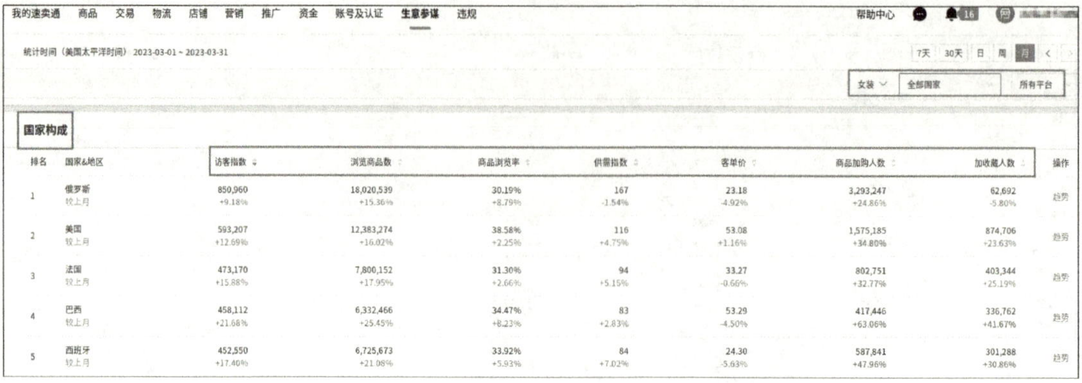

排名	国家&地区	访客指数	浏览商品数	商品浏览率	供需指数	客单价	商品加购人数	加收藏人数	操作
1	俄罗斯 较上月	850,960 +9.18%	18,020,539 +15.36%	30.19% +8.79%	167 -1.54%	23.18 -4.92%	3,293,247 +24.86%	62,692 -5.80%	趋势
2	美国 较上月	593,207 +12.69%	12,383,274 +16.02%	38.58% +2.25%	116 +4.75%	53.08 +1.16%	1,575,185 +34.80%	874,706 +23.63%	趋势
3	法国 较上月	473,170 +15.88%	7,800,152 +17.95%	31.30% +2.66%	94 +5.15%	33.27 -0.66%	802,751 +32.77%	403,344 +25.19%	趋势
4	巴西 较上月	458,112 +21.68%	6,332,466 +25.45%	34.47% +8.23%	83 +2.83%	53.29 -4.50%	417,446 +63.06%	336,762 +41.67%	趋势
5	西班牙 较上月	452,550 +17.40%	6,725,673 +21.08%	33.92% +5.93%	84 +7.02%	24.30 -5.63%	587,841 +47.96%	301,288 +30.86%	趋势

图 3-15

三、选品专家

图 3-16 所示为选品专家界面。选品专家是生意参谋为卖家提供的非常重要的选品工具。

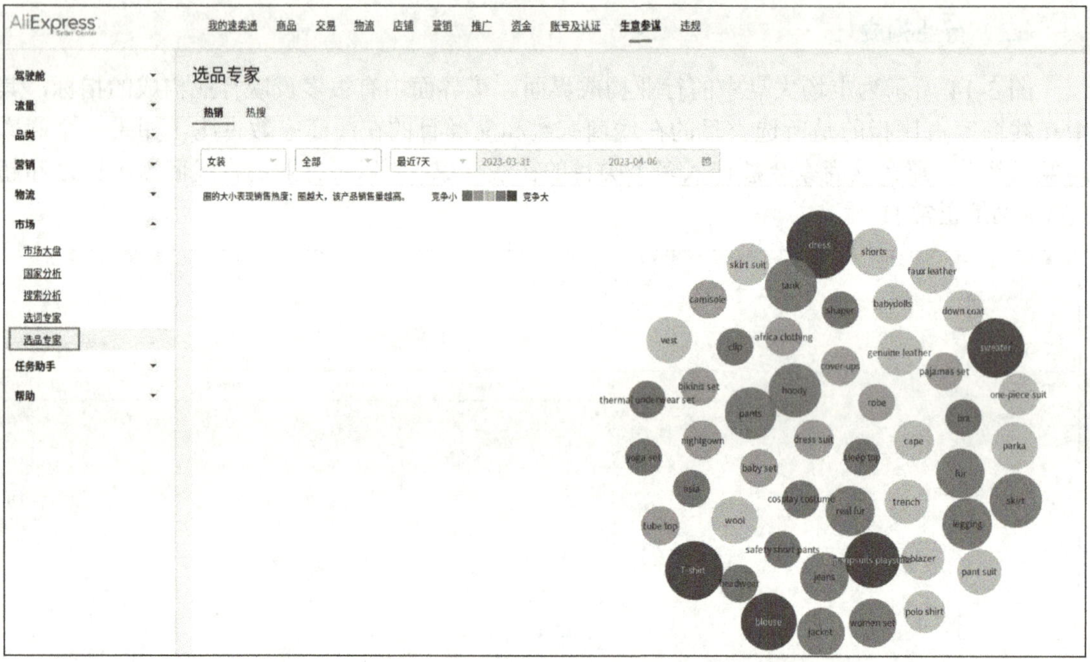

图 3-16

选品专家从热销和热搜两个维度呈现数据。目前，生意参谋允许卖家查询最近 1 天、7 天、30 天的数据；查询区域既可以是整个全球速卖通平台，也可以是某个国家/地区。与市场大盘不同，选品专家支持下载数据，在全球速卖通中经营的卖家可以下载重要类目的相关数据，用于后续复盘。

热销数据包括行业、国家/地区、商品关键词、成交指数、浏览-支付转化率排名、竞争指数，它们可以从全球速卖通店铺卖家的视角描述商品的销售情况。卖家可以单击热销数据界面中的“下载”，下载相关数据。

在热销数据界面中，商品关键词的圆圈面积越大，表示使用该关键词的商品的销量越大；圆圈面积越小，表示使用该关键词的商品的销量越小。圆圈颜色越红（竞争力度从小到大依次为深蓝、浅蓝、灰色、浅红、深红），表示竞争力度越大；圆圈颜色越蓝，表示竞争力度越小。（其寓意分别是红海市场和蓝海市场）女装棉服类目的热销数据如图 3-17 所示，统计时间为最近 7 天，查询区域为全球速卖通的全部市场。从图 3-17 中可以看出，商品关键词“parka”（派克大衣）的圆圈面积虽然最大，但是颜色为浅红，即竞争力度相对较大。

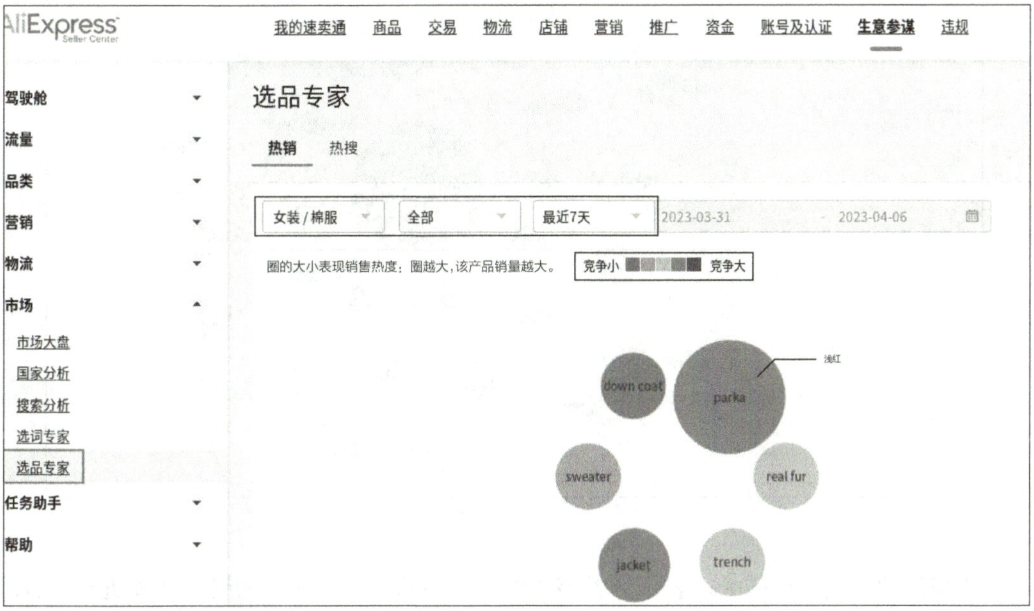

图 3-17

表 3-4 所示为女装棉服类目的热销数据分析结果。其中，商品关键词“down coat”（羽绒服）的竞争指数为 0，成交指数相对较高。需要说明的是，在生意参谋中，商品关键词的竞争指数为 0 并不意味着没有竞争，而是因为数据量不够大，在指数化后，保留 2 位小数无法显示大于 0 的数值。若将统计时间改为最近 30 天，则可能显示大于 0 的数值。浏览-支付转化率排名的数值为 0 的原因也是如此。

表 3-4　女装棉服类目的热销数据分析结果

行业	国家/地区	商品关键词	成交指数	浏览-支付转化率排名	竞争指数
棉服	全部	down coat	66.00	0.00	0.00
棉服	全部	jacket	2.00	0.00	0.14
棉服	全部	parka	21 844.00	0.00	1.45
棉服	全部	real fur	2.00	0.00	0.04
棉服	全部	sweater	2.00	0.00	0.02
棉服	全部	trench	2.00	0.00	0.04

卖家单击图 3-17 中商品关键词“down coat”的圆圈，选品专家会呈现其 Top 热销属性，如图 3-18 所示。

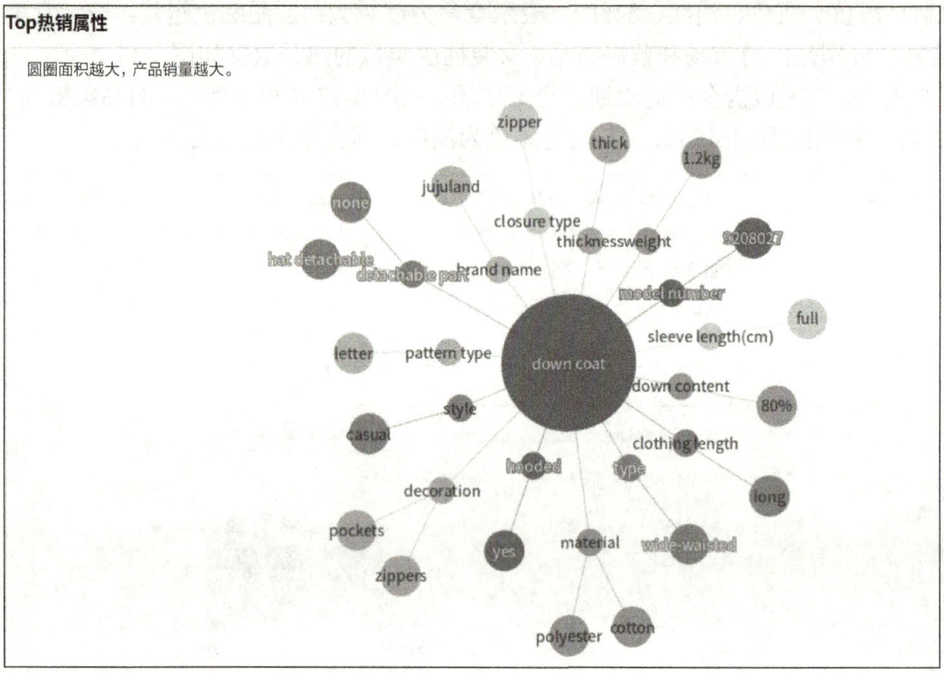

图 3-18

热销属性的圆圈面积越大，表示具备该属性的商品的销量越大。通过下载和进一步整理数据，卖家可以得到如表 3-5 所示的商品关键词“down coat”的热销属性分析结果。通过表 3-5，卖家可以识别“down coat”类目的一些热销属性，如装饰属性“zipper”（拉链），填充属性“feather”（羽毛）等。基于这些热销属性，卖家可以确定“down coat”类目的具体特点，并将其作为选品的重要参考依据。

表 3-5　商品关键词“down coat”的热销属性分析结果

行业	国家/地区	商品关键词	交易指数	热销属性	属性值
棉服	全部	down coat	31	brand name	jujuland
棉服	全部	down coat	31	closure type	zipper
棉服	全部	down coat	31	decoration	pockets
棉服	全部	down coat	31	decoration	zippers
棉服	全部	down coat	31	detachable part	hat detachable
棉服	全部	down coat	31	detachable part	none
棉服	全部	down coat	31	down content	80%
棉服	全部	down coat	31	down weight	200～250g
棉服	全部	down coat	31	fabric type	broadcloth
棉服	全部	down coat	31	filling	feather

卖家可以综合分析市场大盘和选品专家的数据，结合自身店铺的经营资源，确定适合自身店铺的类目。对于竞争激烈的类目，如果店铺拥有一定的供应链资源，那么卖家可以选择这些类目。例如，表 3-4 中的“parka”类目虽然竞争激烈，但是其成交指数远高于大部分类目，因而其市场销售额也远大于大部分类目。

任务实施

为了提升卖家的看数体验，并为卖家提供更简单、明了的生意参谋使用体验，生意参谋首页进行了重要改版，将重要信息汇集起来展示给卖家。接下来进入站内选品任务实施环节。

一、进入选品界面

卖家进入全球速卖通卖家后台，依次单击“生意参谋”—“市场”—“选品专家”，进入选品专家界面，如图 3-19 所示。

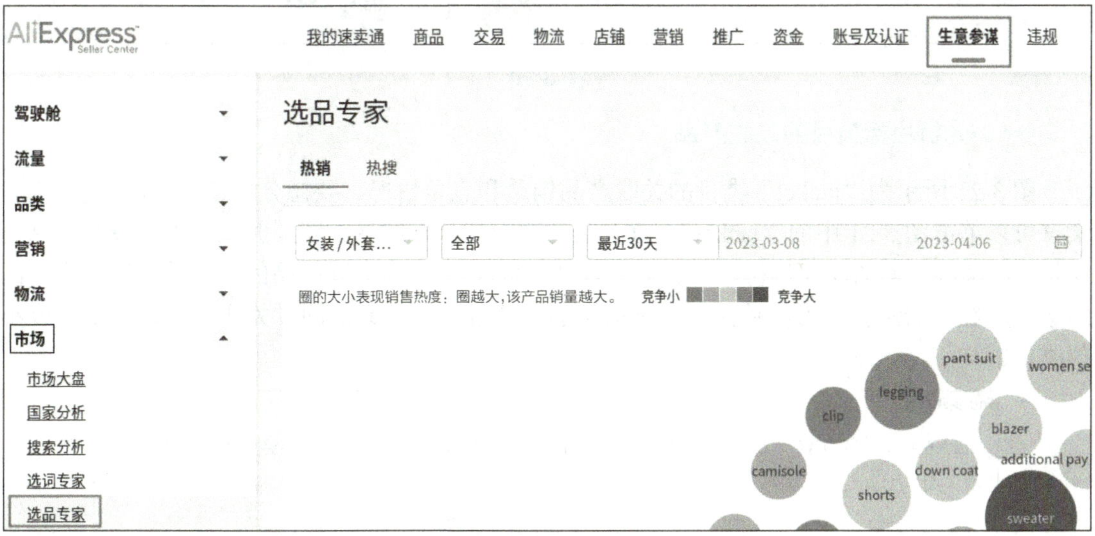

图 3-19

二、分析热销模块

图 3-20 所示为选品专家的热销模块界面。在该界面中，圆圈面积越大，表示产品销量越大；圆圈颜色越红，表示竞争力度越大。卖家既可以根据不同类目的竞争激烈程度和销量情况选择目标类目，也可以下载并分析相关数据。在一般情况下，建议卖家选择竞争不激烈且销量大的类目。

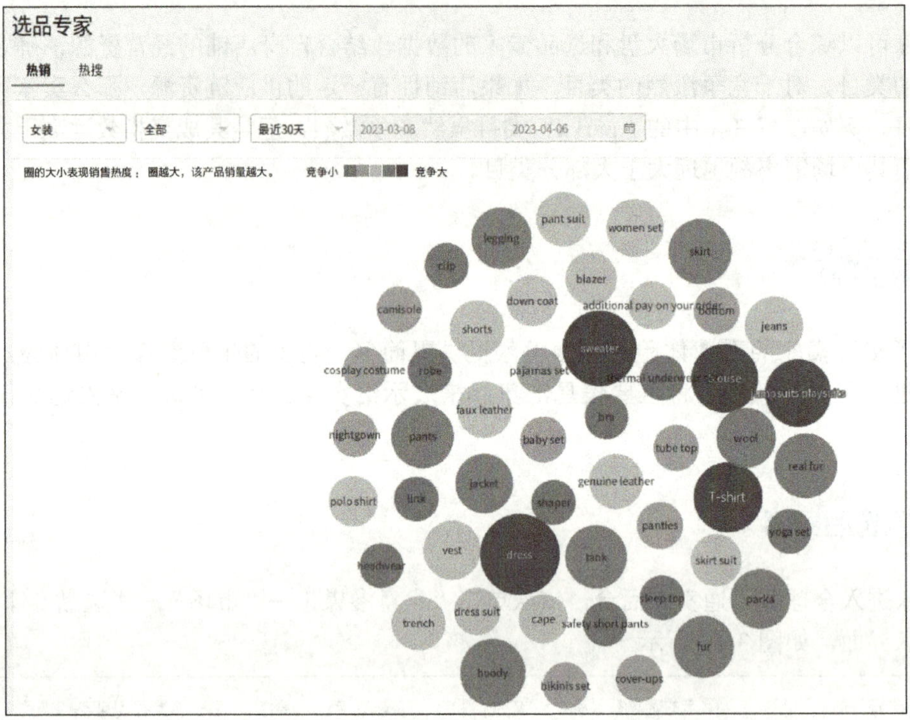

图 3-20

（一）分析目标类目的关联产品

图 3-21 所示为“jacket”类目的关联产品销量和竞争情况。要想分析该类目的关联产品，卖家可以单击图 3-21 中的“jacket”，查看其关联产品分析结果。圆圈面积越大，表示产品销量越大；圆圈之间的连线越粗，表示买家对“jacket”类目和关联产品的同时关注度越高；圆圈颜色越红，表示竞争力度越大。建议卖家选择销量大、买家的同时关注度高、竞争力度小的类目。

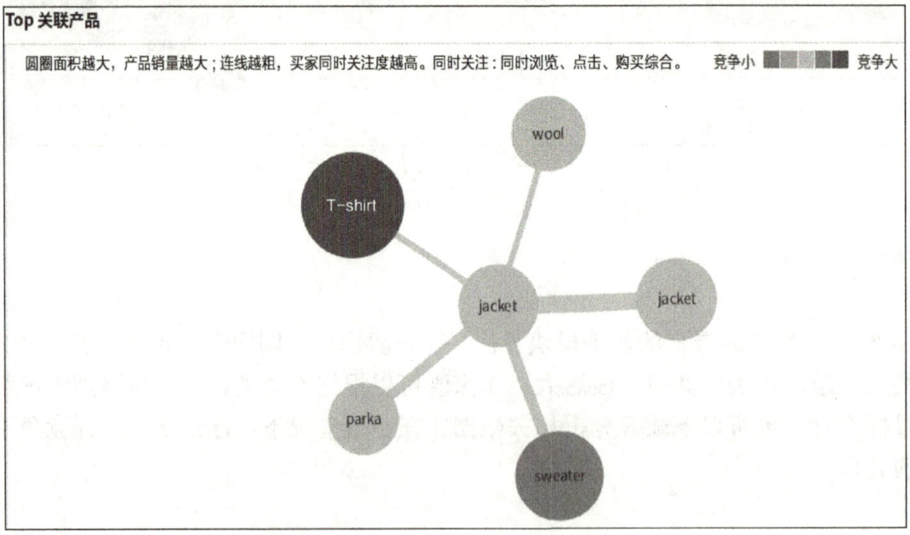

图 3-21

（二）分析目标类目的热销属性

图 3-22 所示为目标类目的热销属性和对应销量，展示了目标类目的核心热销属性，如颜色、是否有帽子等。圆圈面积越大，表示产品销量越大。

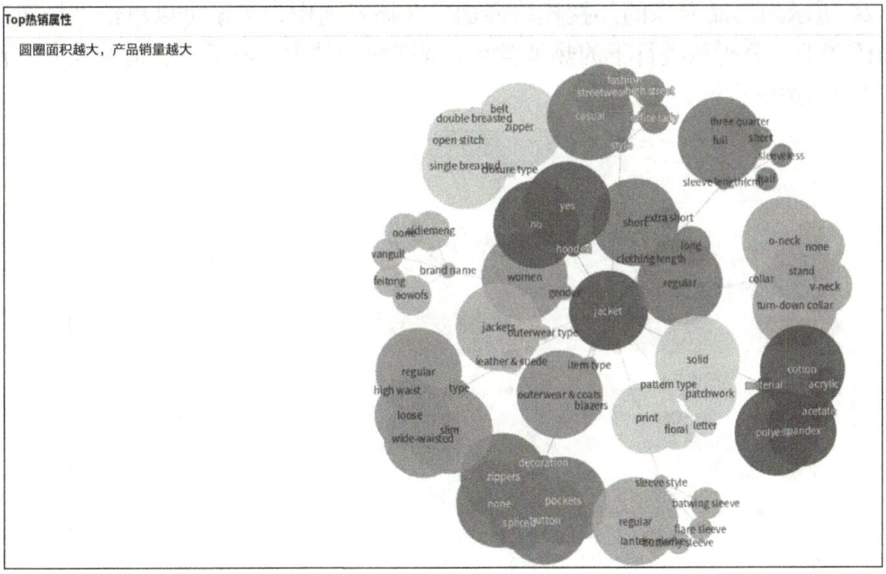

图 3-22

（三）分析目标类目的热销属性组合

图 3-23 所示为目标类目的热销属性组合和对应销量，相同的颜色代表同一类热销属性组合，颜色占比（圆圈面积）越大，表示产品销量越大。卖家可以结合热销属性组合和供应情况进行选品，建议卖家选择相同颜色的数量比较多且圆圈面积比较大的热销属性组合。

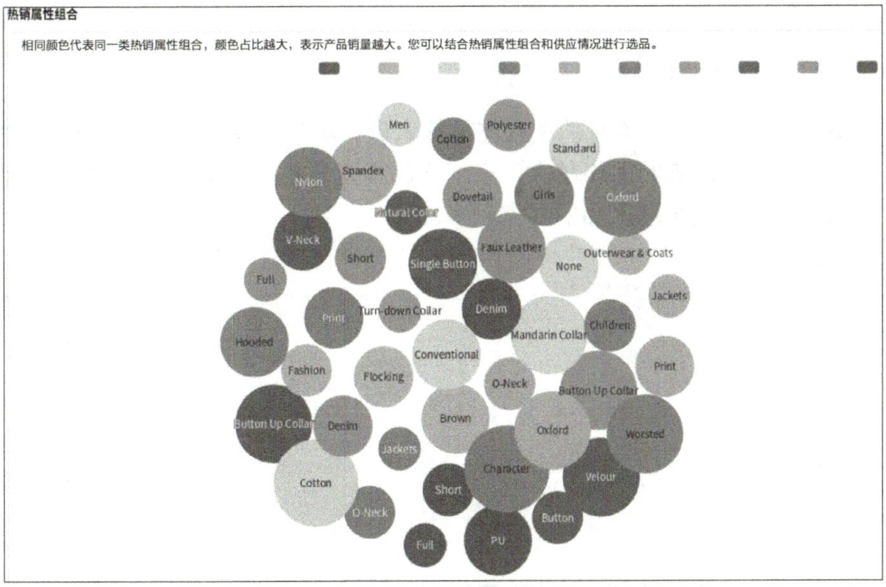

图 3-23

三、分析热搜模块

图 3-24 所示为选品专家的热搜模块界面。在该界面中，卖家可以单击“热搜”，选择女装“T-shirt”类目，分析该类目下的热搜类目。圆圈面积越大，表示产品销量越大。下面以“T-shirt”类目为例进行讲解。

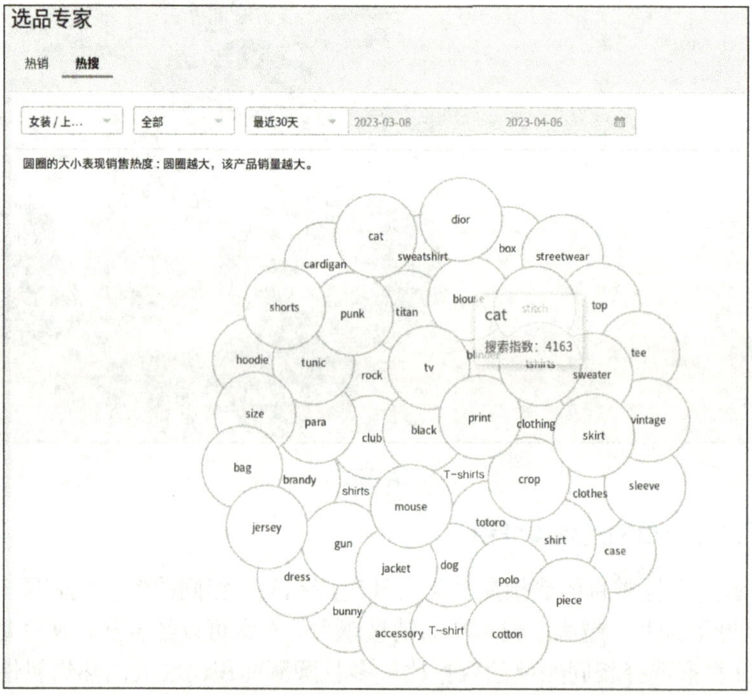

图 3-24

（一）分析“T-shirt”类目的关联产品

图 3-25 所示为“T-shirt”类目的关联产品搜索量。卖家可以单击图 3-25 中的“T-shirt”，查看该类目的关联产品。圆圈面积越大，表示产品搜索量越大；圆圈之间的连线越粗，表示既搜索“T-shirt”，又搜索关联产品的买家越多。

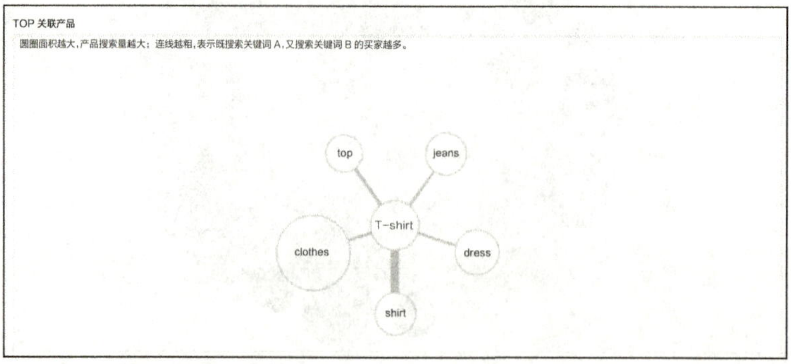

图 3-25

（二）分析“T-shirt”类目的热搜属性

图 3-26 所示为“T-shirt”类目的热搜属性，圆圈面积越大，表示产品销量越大。

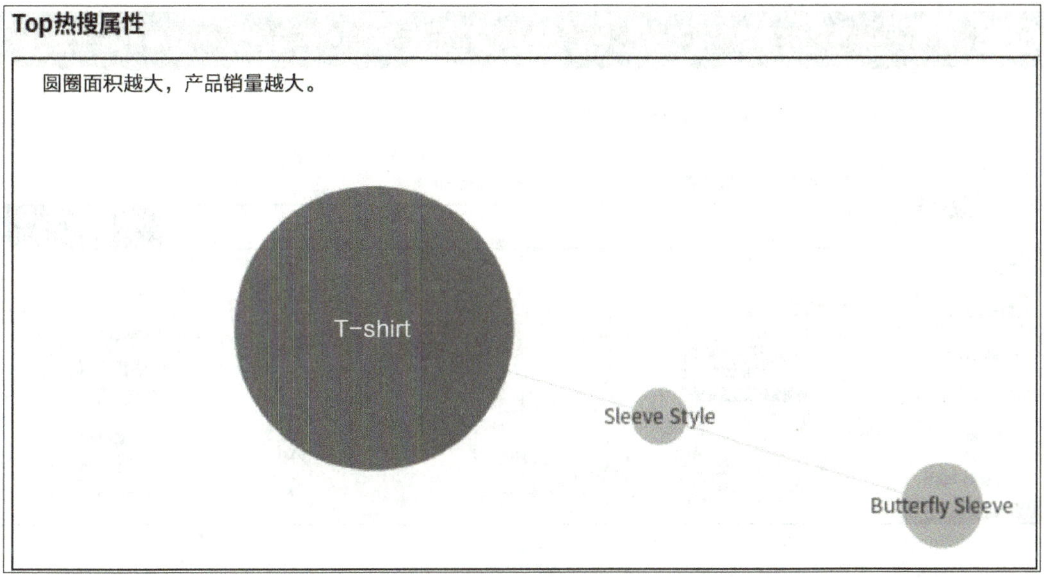

图 3-26

通过分析生意参谋中的热销模块和热搜模块，卖家可以高效定位目标市场。

任务 2 站外选品

任务描述

在本任务中，丹尼需要围绕 1688 选品工具、跨境电商平台选品等内容完成知识梳理、任务实施和项目实训，以便顺利完成站外选品。

知识梳理

扫一扫
查看不同类型企业选品差异微课

知识点 1：1688 选品工具

1688 是我国电商企业主要的采购平台之一，其品类包括女装、男装、内衣、配饰、鞋靴、箱包、运动服饰、运动装备、童装、母婴用品、玩具、家居百货、家装建材、灯饰照明、办公用品、宠物用品、园艺、食品酒水、餐饮生鲜、美容彩妆、个护家清、数码产品、家电产品、汽车用品等。

跨境专供是 1688 为跨境业务提供的“跨境卖家一站式货源服务平台”[①]，其界面如图 3-27 所示。跨境专供提供两个排行榜，分别是跨境热销榜和跨境飙升榜，每个排行榜各上榜 500 款商品。

图 3-27

跨境热销榜：根据商品的 GMV（Gross Merchandise Volume，商品交易总额）、买家数、销量进行排序[②]，呈现目前正在热销的商品。女式棉衣类目的跨境热销榜如图 3-28 所示。在跨境热销榜界面，卖家可以单击“趋势”，查看每一款热销商品的指数趋势及其在所在类目、父类目中的指数趋势排名。

图 3-28

如图 3-29 所示，在女式棉衣类目中，该商品的指数趋势排名第 1；在父类目（女装类目）中，该商品的指数趋势排名第 266。

① 该说法出自《跨境专供使用手册（买家版)》。

② 同上。

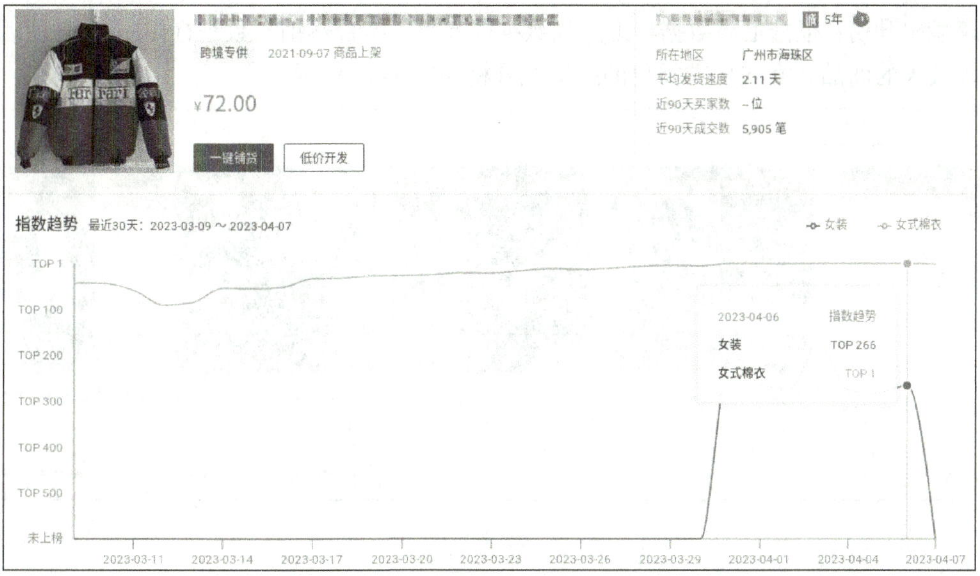

图 3-29

如图 3-30 所示，在女式棉衣类目中，该商品的指数趋势排名第 2；在父类目中，该商品的指数趋势排名第 414。

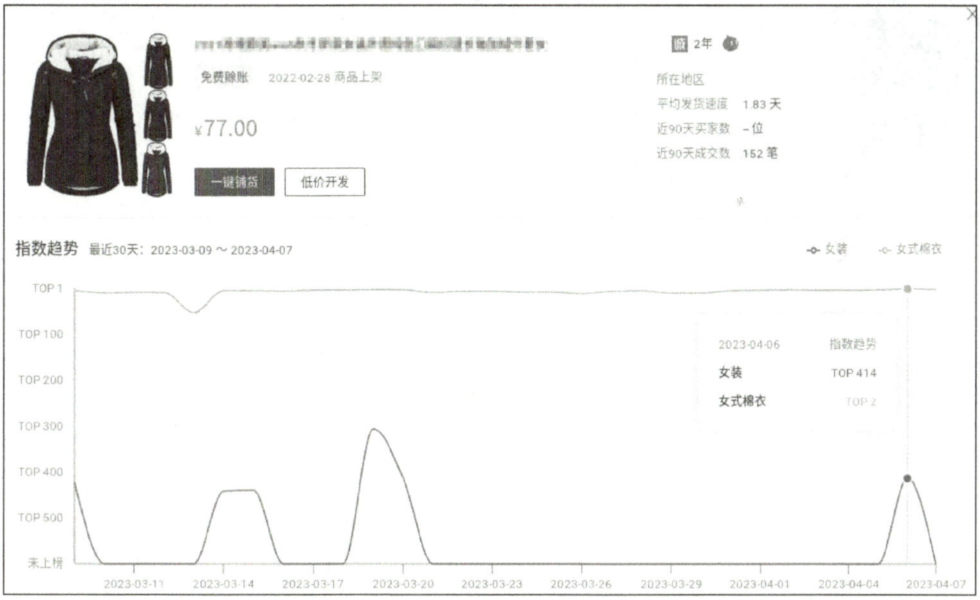

图 3-30

在选品时，卖家可以重点考虑跨境热销榜中排名靠前的商品，因为这些商品已在各大跨境电商平台中热销。例如，在图 3-29 和图 3-30 中，指数趋势排名第 1 的商品的批发采购价格为 72 元/件，排名第 2 的商品的批发采购价格为 77 元/件。全球速卖通卖家可以根据自身店铺的商品价格定位，结合全球速卖通中的商品热销属性等数据，选择适合自身店铺的商品。

跨境飙升榜：根据上周数据与上上周数据的比值，结合热销指数进行排序①，呈现近期销量增幅较大的商品。女式棉衣类目的跨境飙升榜如图 3-31 所示。

图 3-31

如图 3-32 所示，在女式棉衣类目中，该商品的指数趋势排名第 1；在父类目中，该商品的指数趋势排名第 219。

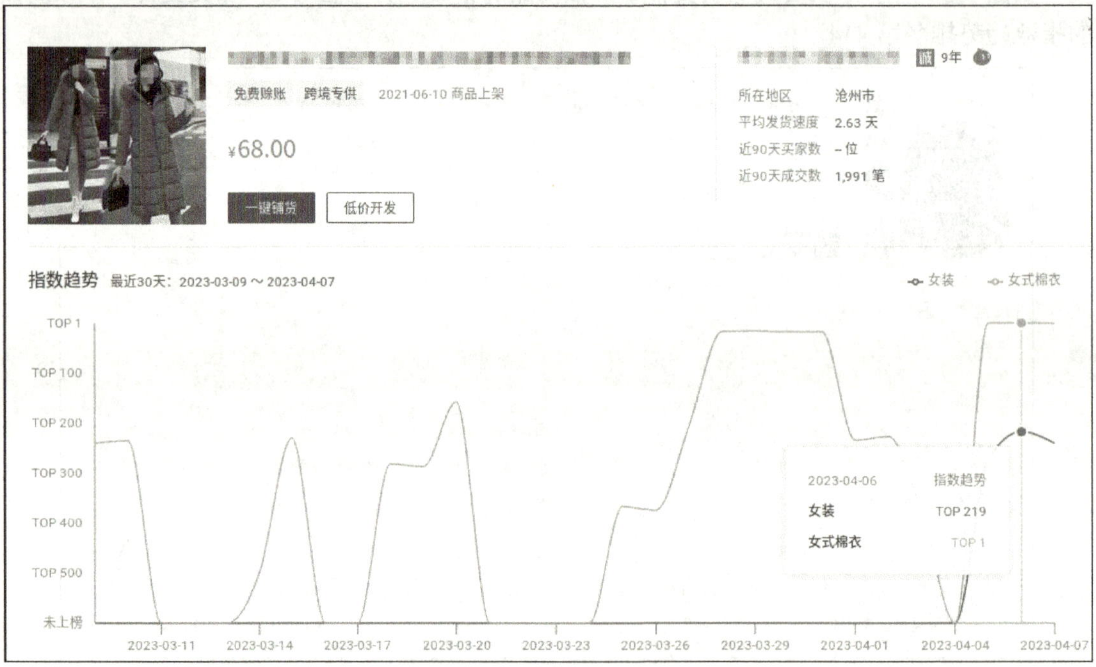

图 3-32

跨境飙升榜呈现了近期销量上升、未来可能成为主要热销款的商品。全球速卖通卖家可以结合自身店铺的商品定位，将跨境飙升榜中排名靠前的商品作为店铺的备选商品。

① 该说法出自《跨境专供使用手册（买家版）》。

知识拓展

1688 简介

1688 是国内规模较大的综合型内贸线上批发交易平台，在服装饰品、包装材料、办公用品、家装建材和数码产品等方面，为国内的产地工厂、批发商卖家提供与批发商买家之间的线上交易服务。在支付年费后，卖家可以成为 1688 的诚信通会员，在 1688 中免费发布商品、触达买家、进行询盘及交易。截至 2023 年 3 月，1688 拥有超过 100 万个付费会员。诚信通会员可以购买增值服务（如高级的数据分析、升级版的店面管理工具）和客户管理服务（如网站端和 App 端的外贸直通车营销服务）。

知识点 2：跨境电商平台选品

一、其他跨境电商平台

全球跨境电商平台众多，部分跨境电商平台如图 3-33 所示。在通过全球速卖通的生意参谋和 1688 的跨境专供确定了商品类目后，卖家可以在其他跨境电商平台中查询该商品类目的关键词，对其他跨境电商平台中使用该关键词的热销商品进行分析，并结合自身店铺的供应链渠道，确认能否选择类似的热销商品。

图 3-33

选品的目的不同决定了选品的定位不同。如果选品的目的是增加销售额，那么卖家应主打销量款；如果选品的目的是提高毛利率，那么卖家应主打利润款。其他跨境电商平台（如亚马逊）中有各种榜单，这些榜单对选品有没有参考价值呢？

二、亚马逊榜单

卖家可以在如图 3-34 所示的亚马逊买家界面中单击“Best Sellers”（热销商品），观察热销商品的相关信息。

图 3-34

图 3-35 所示为亚马逊的 5 个榜单，分别是 Best Sellers、New Releases（热门新品）、Movers & Shakers（销量上升速度最快的商品）、Most Wished For（愿望清单）、Gift Ideas（最受欢迎的礼品）。

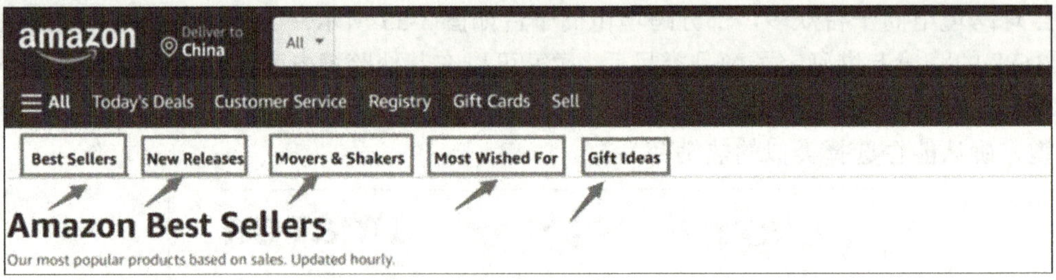

图 3-35

Best Sellers 榜单显示的是所选类目的热销商品。

New Releases 榜单是热门新品榜单，每小时更新一次。

Movers & Shakers 榜单显示的是在一天内销量上升速度最快的商品。卖家可以通过该榜单寻找潜力商品。

Most Wished For 榜单是愿望清单，显示的是买家想买而没有买的商品。如果愿望清单里的商品降价了，平台就会主动通知买家。

Gift Ideas 榜单显示的是最受欢迎的礼品。如果自身商品具有礼品的属性，那么卖家可以关注该榜单中的数据，相关数据会每天更新一次。

与 Best Sellers 榜单相比，其他榜单的关注度较低，不过它们代表着亚马逊中最近一段时间内的销售情况、买家需求和销售趋势。其他榜单中的某些商品可能和 Best Sellers 榜单中的商品类似，当然也有很多不同的商品，这意味着卖家的选品范围拓宽了，卖家有了更多的选择。卖家需要持续浏览和筛选以上 5 个亚马逊榜单。

三、亚马逊榜单分析流程

下面以亚马逊 Best Sellers 榜单为例，其分析流程如下。

【step1】卖家登录亚马逊，输入“hanfu dress for women traditional”，进入如图 3-36 所示的汉服搜索结果界面。

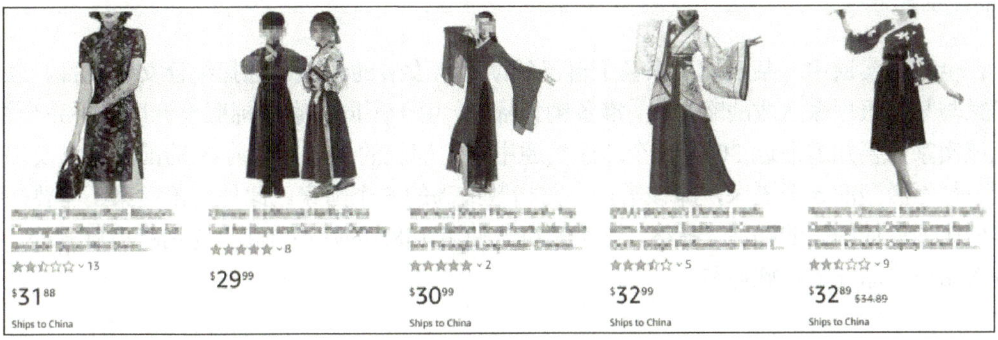

图 3-36

【step2】卖家打开任意一个商品界面，可以在商品描述中看到 Best Sellers Rank（BSR，热销商品排名），如图 3-37 所示。

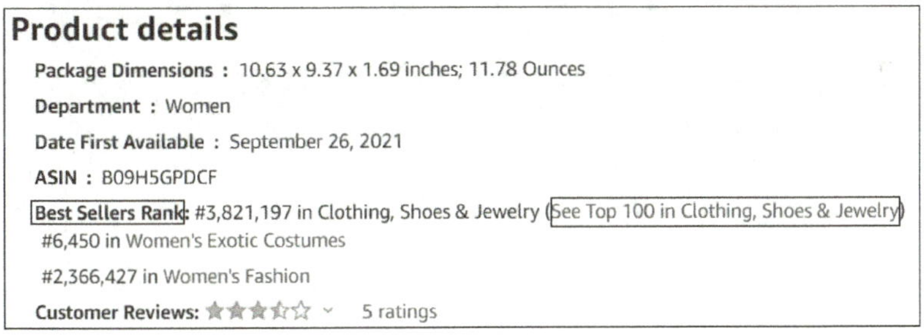

图 3-37

【step3】卖家可以单击 BSR 中的“See Top 100 in Clothing, Shoes & Jewelry”，查看当前商品所在类目中畅销的前 100 名商品，如图 3-38 所示。此外，卖家还可以选择其他类目，查看其他类目的热销商品。

图 3-38

在 Best Sellers 榜单中，卖家可以看到所选类目当前畅销的前 100 名商品。卖家如果能认真梳理、研究这些商品，并综合考虑自身店铺的资金、资源等要素，基本上就可以确定能否运营这些热销商品了。

任务实施

在全球速卖通中，某店铺卖家基于自己长期销售女装的经验，选择经营女装类目。之后，该卖家与某棉服厂家达成战略合作，准备销售棉服。由于不同国家的棉服设计风格不完全相同，因此该卖家需要知道最近 30 天在全球速卖通中访问棉服的人数排名前 5 的国家，以及棉服类目竞争最不激烈的 5 个国家，即该类目供需指数最高的 5 个国家。此外，该卖家还需要知道国内其他店铺近期的采购趋势。最终，该卖家决定使用 1688 的跨境专供，查询跨境飙升榜。接下来进入站外选品任务实施环节。

一、进入市场大盘

卖家进入生意参谋的市场大盘界面，如图 3-39 所示。

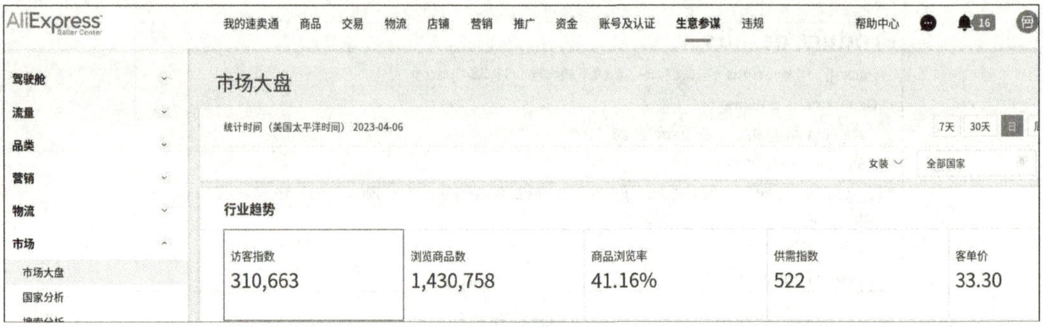

图 3-39

二、查看国家构成

如图 3-40 所示，在国家构成界面中，卖家选择女装类目下的棉服类目，将统计时间设定为最近 7 天，降序排列访客指数，查看排名结果。

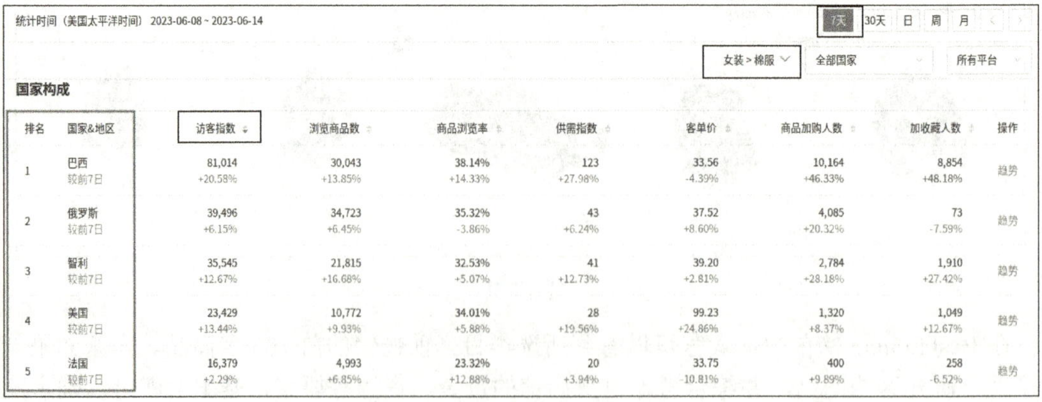

排名	国家&地区	访客指数	浏览商品数	商品浏览率	供需指数	客单价	商品加购人数	加收藏人数	操作
1	巴西 较前7日	81,014 +20.58%	30,043 +13.85%	38.14% +14.33%	123 +27.98%	33.56 -4.39%	10,164 +46.33%	8,854 +48.18%	趋势
2	俄罗斯 较前7日	39,496 +6.15%	34,723 +6.45%	35.32% -3.86%	43 +6.24%	37.52 +8.60%	4,085 +20.32%	73 -7.59%	趋势
3	智利 较前7日	35,545 +12.67%	21,815 +16.68%	32.53% +5.07%	41 +12.73%	39.20 +2.81%	2,784 +28.18%	1,910 +27.42%	趋势
4	美国 较前7日	23,429 +13.44%	10,772 +9.93%	34.01% +5.88%	28 +19.56%	99.23 +24.86%	1,320 +8.37%	1,049 +12.67%	趋势
5	法国 较前7日	16,379 +2.29%	4,993 +6.85%	23.32% +12.88%	20 +3.94%	33.75 -10.81%	400 +9.89%	258 -6.52%	趋势

图 3-40

从图 3-40 中可以看出，最近 7 天，棉服类目访客指数的 1～5 名分别是巴西、俄罗斯、智利、美国、法国。

三、分析供需指数

图 3-41 所示为棉服类目的供需指数排名。

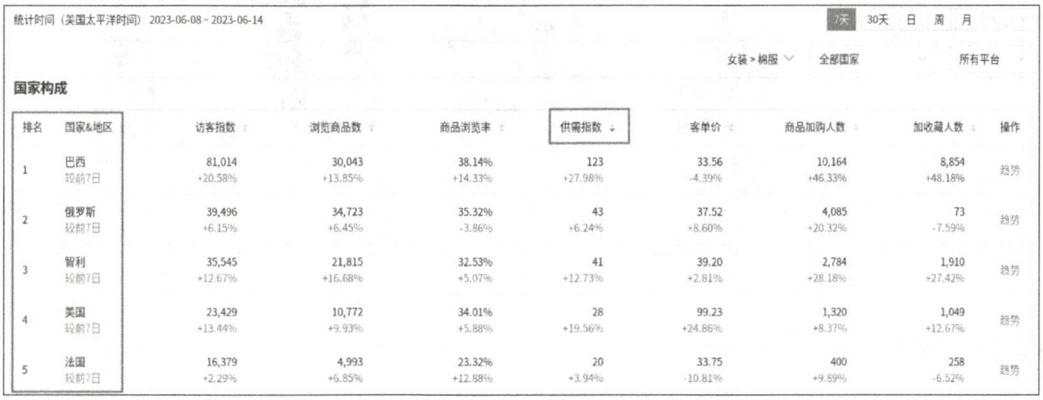

统计时间（美国太平洋时间） 2023-06-08 ~ 2023-06-14　7天　30天　日　周　月

女装 > 棉服　全部国家　所有平台

国家构成

排名	国家&地区	访客指数	浏览商品数	商品浏览率	供需指数	客单价	商品加购人数	加收藏人数	操作
1	巴西 较前7日	81,014 +20.58%	30,043 +13.85%	38.14% +14.33%	123 +27.98%	33.56 -4.39%	10,164 +46.33%	8,854 +48.18%	趋势
2	俄罗斯 较前7日	39,496 +6.15%	34,723 +6.45%	35.32% -3.86%	43 +6.24%	37.52 +8.60%	4,085 +20.32%	73 -7.59%	趋势
3	智利 较前7日	35,545 +12.67%	21,815 +16.68%	32.53% +5.07%	41 +12.73%	39.20 +2.81%	2,784 +28.18%	1,910 +27.42%	趋势
4	美国 较前7日	23,429 +13.44%	10,772 +9.93%	34.01% +5.88%	28 +19.56%	99.23 +24.86%	1,320 +8.37%	1,049 +12.67%	趋势
5	法国 较前7日	16,379 +2.29%	4,993 +6.85%	23.32% +12.88%	20 +3.94%	33.75 -10.81%	400 +9.89%	258 -6.52%	趋势

图 3-41

从图 3-41 中可以看出，最近 7 天，棉服类目供需指数的 1～5 名分别是巴西、俄罗斯、智利、美国、法国。

四、进入跨境专供

卖家进入 1688 的跨境专供界面，如图 3-42 所示。

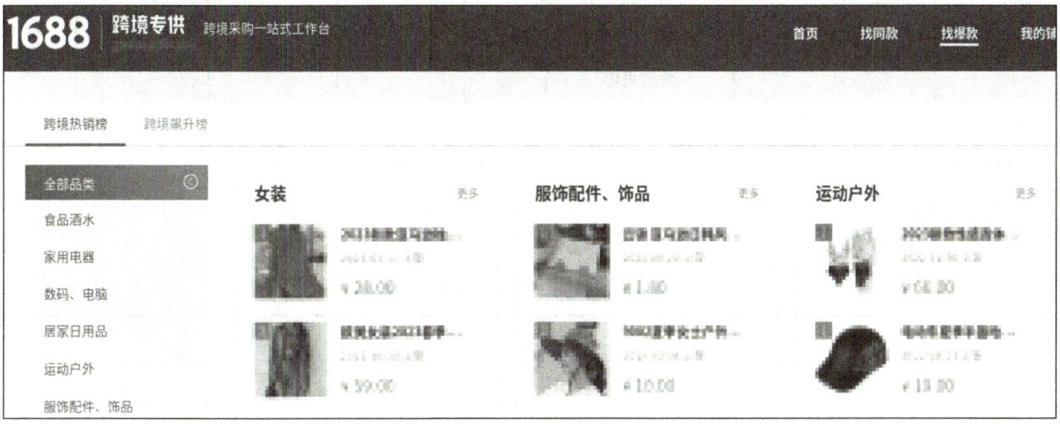

图 3-42

五、分析跨境飙升榜

在跨境专供界面中，卖家先单击“跨境飙升榜”，再依次选择“女装”—“婚纱/礼服/旗袍”—“礼服/晚装”，查看礼服/晚装类目的跨境飙升榜（见图 3-43），根据跨境飙升榜中的数据进行选品。

图 3-43

【项目评价】

单位：分

类别	序号	考核项目	考核内容	分值	学生自评	学生互评	教师测评	分数
技术考评（80 分）	1	技能操作	生意参谋界面操作	30				
	2		分析商品类目	15				
	3		获取热销关键词	20				
	4		获取热销属性	15				
非技术考评（20 分）	5	职业素养	态度端正	5				
	6		遵守纪律	5				
	7		团队合作	5				
	8		数据思维	5				
总分：								

【项目实训】

项目实训 1　全球速卖通店铺选品

实训名称	全球速卖通店铺选品	序号	1
实训目标	完成全球速卖通女装类目下牛仔裤类目的选品工作		
实训要求	（1）通过生意参谋的市场大盘确定目标市场； （2）通过生意参谋的选品专家确定全球速卖通中该类目的热销属性； （3）通过 1688 的跨境专供确定 1688 中该类目的热销属性		
实训标准	（1）目标市场为该类目的前 5 名； （2）热销属性为该类目的前 10 名； （3）全球速卖通禁限售标准		

续表

实训条件	全球速卖通仿真实训平台
实训流程	
确定目标市场；确定所选类目的热销属性；确定所选类目的具体属性	
考核标准	
目标市场为该类目的前 5 名；热销属性为该类目的前 10 名；全球速卖通禁限售标准	
过程记录	
（学生填写实训过程中的重要记录，如数据记录及相关分析等）	
遇到的问题及解决措施	
（学生填写）	
实训成果	
（学生填写实训成果的最终表现形式）	
实训考核	
（教师综合实训过程及实训成果，对照考核项目评分）	

项目实训 2　站外选品

实训名称	站外选品	**序号**	2
实训目标	通过其他跨境电商平台完成选品工作		
实训要求	在亚马逊中确定意向类目 Best Sellers 榜单中排名前 10 的商品		
实训标准	（1）热销排行前 10 名； （2）亚马逊禁限售标准		
实训条件	亚马逊平台		
实训流程			
登录亚马逊；在首页选择意向类目；查看意向类目的 Best Sellers 榜单；查看榜单中排名前 10 的商品			

续表

考核标准
热销排行前 10 名；亚马逊禁限售标准
过程记录
（学生填写实训过程中的重要记录，如数据记录及相关分析等）
遇到的问题及解决措施
（学生填写）
实训成果
（学生填写实训成果的最终表现形式）
实训考核
（教师综合实训过程及实训成果，对照考核项目评分）

项目 4

跨境电商商品发布

【项目导入】

通过认知跨境电商平台中的商品，从站内渠道和站外渠道获取、分析数据，进而完成数据选品，丹尼具备了数据思维，了解了国际市场规则，也清楚了如何通过跨境电商平台选择商品。接下来，丹尼需要为开展运营工作做准备。运营工作千头万绪，丹尼不知从何处入手，于是向刘老师请教。刘老师结合丹尼前期积累的经验，提出了两个方面的建议：一是确定市场，二是确定商品。丹尼仔细思考了刘老师的建议，决定从欧洲市场入手，并以骑行商品为主打商品，开展运营工作。对于丹尼的选择，刘老师给予了肯定。欧洲市场是比较成熟的跨境电商市场，骑行商品也符合低碳环保的社会趋势，受欧洲碳关税政策的影响，无论是在市场中还是在消费者中，骑行商品都深受欢迎。刘老师鼓励了丹尼，并告诉他接下来应该完成收集商品素材、制作商品详情页、发布商品等工作。

【任务拆解】

图 4-1 所示为跨境电商商品发布任务拆解图。

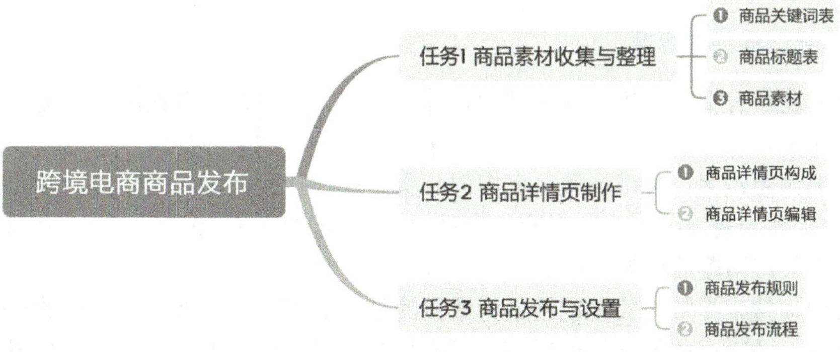

图 4-1

任务 1　商品素材收集与整理

任务描述

在本任务中，丹尼需要围绕商品关键词表、商品标题表、商品素材等内容完成知识梳理和任务实施，以便顺利发布商品。

知识梳理

扫一扫
查看发布准备——素材准备微课

知识点 1：商品关键词表

一、认识关键词

（一）关键词的定义

关键词即商品名称的中心词，它是对商品名称的校正，便于系统快速识别、匹配买家搜索词，帮助买家尽快找到商品。关键词的英文是 keyword，特指单个媒体在制作使用索引时用到的词汇。关键词搜索是网络搜索索引的主要方法之一，关键词是用户在使用搜索引擎时输入的、能够最大限度地概括用户要查找的信息的字或词，是概括化、集中化的信息。在为商品设定关键词时，建议卖家选择突出商品特点和销售优势的关键词。

（二）关键词的作用

关键词是匹配买家搜索词的重要因素。当买家输入关键词进行搜索时，系统会匹配标题中含有该关键词的商品，并根据商品的综合质量分数（由高到低），把商品推送给买家。

（三）关键词的筛选标准

一个商品通常有很多个相关的关键词，并非所有关键词都可以使用。关键词的筛选标准主要有以下 4 个。

（1）关键词覆盖率：关键词覆盖率指的是买家通过搜索关键词搜索到商品的概率，关键词覆盖率越高，买家越容易搜索到对应的商品。如果买家搜索了 10 个关键词，商品采用了 3 个关键词，那么关键词覆盖率为 30%。

（2）关键词搜索指数：关键词搜索指数指的是关键词被买家搜索的次数的指数化指标，搜索指数越高，关键词的搜索热度越高。搜索指数不是实际的搜索次数，而是根据公式计算出来的数值，可以衡量关键词的热度。此外，卖家还可以通过对关键词搜索指数的分析，对比出哪些关键词更热门。

（3）关键词对应商品排名：关键词搜索指数、商品的综合质量分数、店铺活跃情况等因素会影响商品排名。全球速卖通的排名查询工具可以直接检测使用特定关键词的商品排名情况。对卖家而言，选择能让商品排名靠前的关键词比选择搜索指数高的关键词更重要，因为排名可以在一定程度上决定曝光量。

（4）避免侵权：跨境电商平台严禁卖家将未经品牌方授权的品牌词、协会名称等作为关键词。跨境电商平台采用“一站销全球”的模式，卖家需要关注商品主要销往国的商标权、著作权等知识产权问题，避免侵权。卖家可以登录国家知识产权局官网查询具体专利，或者登录全球商标数据库查询商标。

二、关键词的获取方法

关键词的获取方法主要有以下 6 种。

（一）跨境电商平台首页搜索栏下拉框

跨境电商平台首页搜索栏下拉框中推荐的词是过去 7 天内买家的搜索频率非常高的词，通常可以反映买家的搜索习惯。卖家可以将这些词作为关键词，不过不是所有词都可以直接使用，它们必须经过验证。卖家输入搜索栏中的词应尽量多元化，这样才能在下拉框中出现更多的词，它们与搜索词组成的词被称为长尾词。

（二）竞争对手的商品标题

商品标题中有很多关键词，商品的核心关键词和重要的属性词往往隐藏在标题中。卖家可以先查看竞争对手的商品标题，研究这些商品标题中的关键词和属性词，然后从中选择一些适合自身商品的关键词。

（三）竞争对手的买家评价

卖家可以查看竞争对手的买家评价，其中可能隐藏着一些关键词。买家评价中不仅有对竞争对手的评价，还有对竞品的评价。查看买家评价是一种和买家建立更紧密的关系的有效方法，卖家不仅可以知道买家非常关心什么，还可以了解商品的优点和缺点，这对优化商品和买家体验非常有帮助。此外，买家对竞品的积极评价也可以为卖家提供有用的关键词。

（四）商品类目词

商品类目词存在于两个地方：一是亚马逊买家界面中搜索界面左侧的商品类目词，二是竞争对手的商品类目词。商品类目词属于大词，大词意味着流量大，但准确度不太高，卖家需要仔细权衡。同时，卖家不能直接使用所有商品类目词，必须验证它们与商品的关联性。

（五）PPC 广告测试

卖家可以利用 PPC（Pay Per Click，按点击付费）广告测试关键词。PPC 广告通常可以自动生成关键词表，供卖家自行选择。卖家可以结合从下拉框中筛选出来的关键词或分析竞品获得的关键词，看一看有没有和 PPC 广告自动生成的关键词表重叠的关键词。此外，在分析关键词时，卖家还可以结合目标买家标签、商品标签和关键词的价格，确定转化率高、搜索量大的优秀关键词。

（六）跨境电商平台的关键词工具

很多跨境电商平台提供了关键词工具。以全球速卖通为例，卖家可以依次单击“生意参谋”—“搜索分析”，寻找关键词：首先，卖家可以选择想搜索的行业，寻找最近 7 天或最近 30 天的关键词；然后，根据搜索人气、搜索指数、点击率、成交转化率和竞争指数等指标，选择最合适的关键词。在阿里巴巴国际站中，卖家可以依次单击“数据管家”—“关键词指数”，查询最近 7 天或最近 30 天的关键词搜索指数。

三、关键词表的制作与整理

（一）关键词分类

卖家可以从语法和语言学的角度进行关键词分类。常见的关键词类型包括核心词、属性词、流量词、长尾词，如图 4-2 所示。

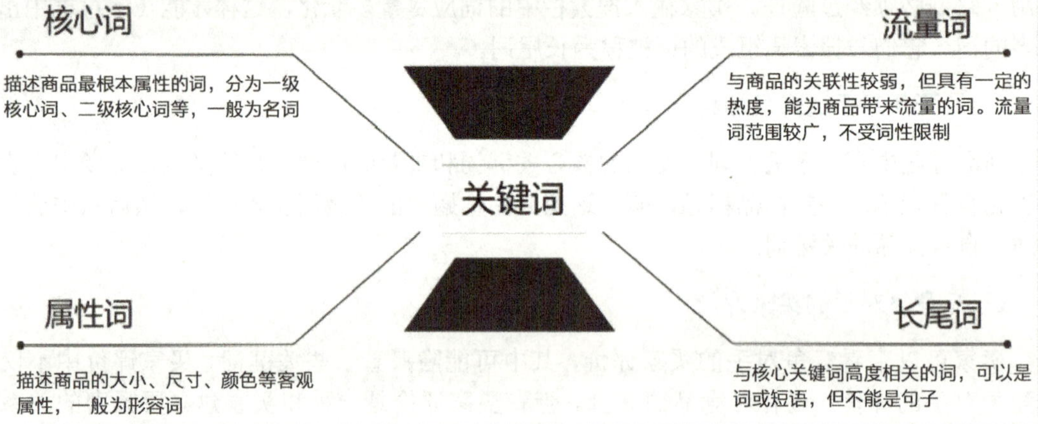

图 4-2

核心词属于商品类目词，是描述商品最根本属性的词，分为一级核心词、二级核心词等（有的卖家把它们分别称为大词、小词），一般为名词。

属性词通常描述商品的大小、尺寸、颜色等客观属性，一般为形容词，可作为选品依据。优化商品标题中的属性词可以引流；优化商品详情页中的自定义属性词可以提高商品和属性描述的匹配度，抓取跨境电商平台首页的流量。

流量词与商品的关联性较弱，但具有一定的热度，能为商品带来流量。流量词的范围较广，不受词性限制，如××××年、新品、社交媒体热销等。

长尾词可以是属性词或“修饰词+核心词”，如“yellow heels sandals”“gladiator sandals women”“woman vulcanize shoes genuine leather pumps”等。

（二）关键词排序

1. 精准匹配

精准匹配指的是标题中含有精准匹配的核心关键词，而且核心关键词在标题中是一一对应的，没有被打乱顺序，词与词之间没有被隔开。

2. 中心匹配

中心匹配指的是标题中含有核心关键词，它们被一两个单词隔开，不过离得很近，能够组成长尾关键词。

3. 广泛匹配

广泛匹配指的是标题中含有与商品的关联性较弱的其他热搜词，它们无法和核心关键词组成长尾关键词。

（三）关键词整理

以全球速卖通为例，关键词的来源包括选词专家和搜索联想词。

1. 选词专家

图 4-3 所示为全球速卖通的选词专家界面。首先，卖家需要进入全球速卖通卖家后台；然后，依次单击“生意参谋”—“市场”—“选词专家”，选择女装类目，下载最近 7 天的热搜词数据。

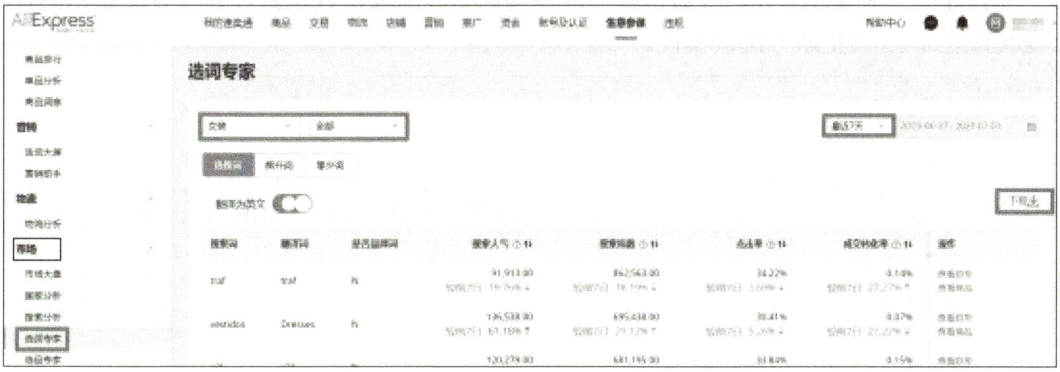

图 4-3

图 4-4 所示为对搜索人气进行格式转换，图 4-5 所示为对搜索人气进行降序排列。首先，卖家需要打开下载的热搜词数据 Excel 文件，把搜索人气一列的格式转换为数字；然后，进行降序排列，找到搜索人气排名靠前的关键词。

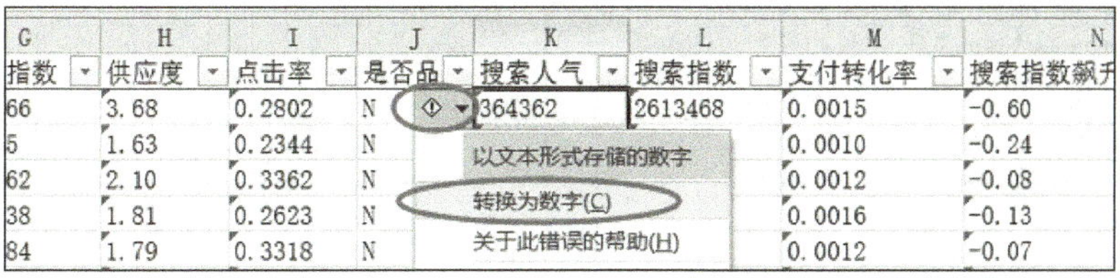

图 4-4

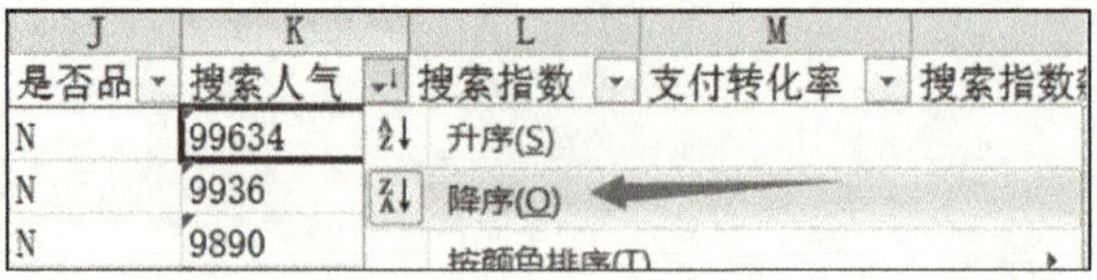

是否品	搜索人气	搜索指数	支付转化率	搜索指数
N	99634			
N	9936			
N	9890			

图 4-5

图 4-6 所示为删除重复的翻译词。卖家需要删除翻译词一列中的重复项，具体操作如下：在对搜索人气进行降序排列后，删除数值较小、排名比较靠后的重复翻译词。

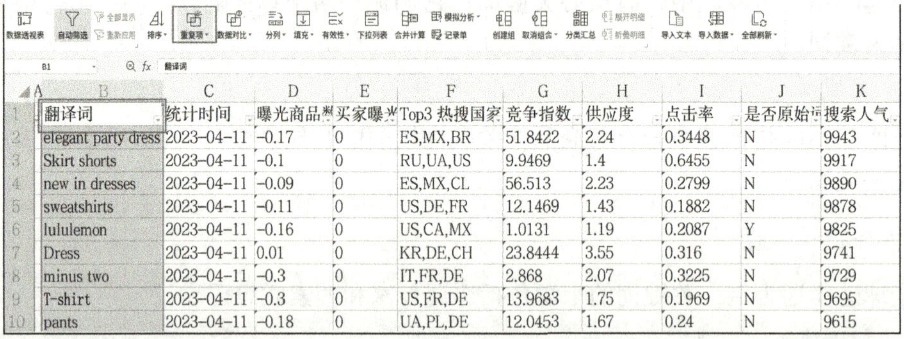

	翻译词	统计时间	曝光商品	买家曝光	Top3 热搜国家	竞争指数	供应度	点击率	是否原始	搜索人气
2	elegant party dress	2023-04-11	-0.17	0	ES,MX,BR	51.8422	2.24	0.3448	N	9943
3	Skirt shorts	2023-04-11	-0.1	0	RU,UA,US	9.9469	1.4	0.6455	N	9917
4	new in dresses	2023-04-11	-0.09	0	ES,MX,CL	56.513	2.23	0.2799	N	9890
5	sweatshirts	2023-04-11	-0.11	0	US,DE,FR	12.1469	1.43	0.1882	N	9878
6	lululemon	2023-04-11	-0.16	0	US,CA,MX	1.0131	1.19	0.2087	Y	9825
7	Dress	2023-04-11	0.01	0	KR,DE,CH	23.8444	3.55	0.316	N	9741
8	minus two	2023-04-11	-0.3	0	IT,FR,DE	2.868	2.07	0.3225	N	9729
9	T-shirt	2023-04-11	-0.3	0	US,FR,DE	13.9683	1.75	0.1969	N	9695
10	pants	2023-04-11	-0.18	0	UA,PL,DE	12.0453	1.67	0.24	N	9615

图 4-6

图 4-7 所示为女装类目关键词模板。在删除了重复的翻译词后，卖家需要新建一个关键词模板，并把筛选后的关键词整理到该模板中。在发布商品的时候，卖家可以直接使用该模板中的关键词。需要注意的是，该模板中的关键词是随着买家搜索热度的变化而变化的，卖家需要每隔 2～3 周更新一次该模板。

	关键词		产品词	属性词	同义词	类目词	万能词
2	elegant party dress for women 2023	优雅女性派对礼服2023	dress	short	dresses	dress	new
3	Skirt shorts	短裙短裤		new	skirt	women`s clothing	hot sale
4	new in dresses	新款连衣裙		Oversize	pants		2023 new
5	sweatshirts	运动衫		black			fashion
6	lululemon	瑜伽服		women			
7	Dress	连衣裙					
8	T-shirt	T恤					
9	pants	裤子					
10	Long dress	长款连衣裙					
11	the owl house	猫头鹰屋					
12	women pants	女式裤子					
13	skirts for women	女式裙子					
14	Oversize pants	大号裤子					
15	Top	上衣					
16	Women's summer suit	女式夏季套装					
17	Women pants	女式裤子					
18	elegant and pretty women's dresses	优雅漂亮的女式连衣裙					
19	fashion woman blouse 2023	时尚女士上衣2023					
20	tiki	提基					
21	black dress	黑色连衣裙					
22							

图 4-7

2. 搜索联想词

图 4-8 所示为全球速卖通的搜索联想词。

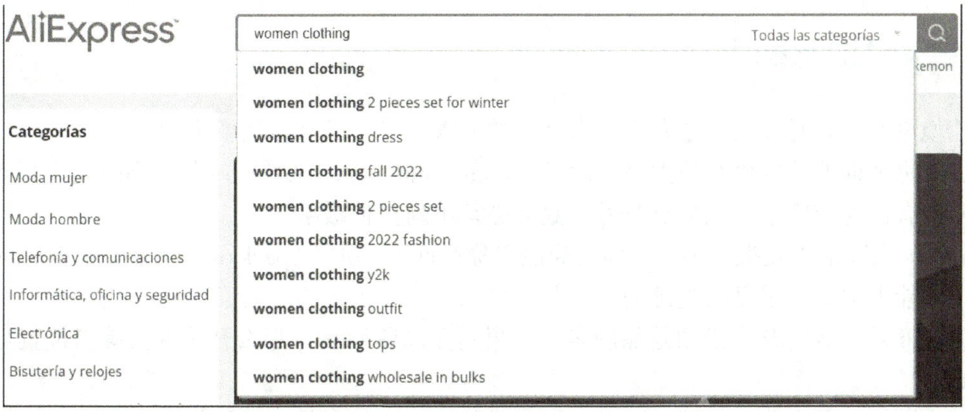

图 4-8

搜索联想词是指在搜索框中输入一个关键词时，搜索框下方自动关联的热词。卖家可以把这些词整理到关键词模板中。不过，卖家无法查看这些词的搜索指数，只能按照展示顺序整理它们。

通过选词专家和搜索联想词，卖家可以收集、整理、更新关键词模板，并基于该模板中的关键词确定商品标题。

知识点 2：商品标题表

一、商品标题认知

商品标题是买家搜索到商品并进入商品详情页的重要因素。商品标题通常由中心词和修饰词组成，其字数不应太多，应尽量准确、完整、简洁。商品标题支持站内外关键词搜索，优质的商品标题能够让商品从成千上万个商品中脱颖而出。这样的商品标题应该包含商品的名称、核心词和重要属性，突出商品的卖点。在全球速卖通等以搜索为主要机制的跨境电商平台中，商品标题是影响商品曝光的重要因素。

二、商品标题制作

以“Baby Girl Amice Blouse Pink Amice Coat with Black Lace /Suit Must Have Age Baby: 1～6 Months Sample Support”为例，制作商品标题。

制作方法：三段法，即“核心词+属性词+流量词”。

在制作商品标题时，首先，卖家应该把核心词（顶级热搜词）放在最前面，保证商品标题与商品有较强的相关性。然后，卖家要放置属性词（如商品的长度、颜色、材质、功能、配置、款式等），这也是为了增强商品标题与商品的相关性，使商品标题尽量完善一些。最后，卖家要放置流量词，也就是能够为商品带来流量的词。为了和核心词区分开，在放置流量词时，卖家可以参考热搜词中核心词以外的词，如“2023 new”“wholesale”“hot sale”“fashion”等。

在此基础上，卖家可以进一步完善商品标题中的相关内容，如销售方式、商品特点、品牌、状态、类型、对应买家群体等。

三、商品标题注意事项

跨境电商平台对商品标题有着非常严格的要求，其中亚马逊的要求如下：

（1）每个词的首字母必须大写（除了 a、an、and、or、the 等虚词），不能全大写或全小写；不能有任何特殊字符或标点符号，数字必须用阿拉伯数字。

（2）如果商品涉及批量销售，那么商品名称后面要添加“(pack of ××)”。商品名称应简明扼要，不能出现意思重复的关键词。

（3）商品标题的开头必须是品牌名。如果是无品牌商品，那么开头的品牌名位置可以写“Generic”。

（4）不能出现企业、促销、物流、运费或其他任何与商品本身无关的信息。

知识拓展

全球速卖通平台规则——禁止标题堆砌

很多跨境电商平台针对标题出台了一些规则和管理政策，如全球速卖通规定，如果标题中出现多个意思相同的关键词，就会被判定为标题堆砌，商品会受到搜索排名下降的处罚。

1. 定义

标题堆砌指的是在商品标题描述中出现关键词重复使用多次的情况。

2. 具体案例

某商品标题为“Cell Phone Mobile Phone Mobile Telephone OEM Cell”。该标题犯了标题堆砌的错误，该商品会受到搜索排名下降的处罚。

3. 如何避免标题堆砌

商品标题是吸引买家进入商品详情页的重要因素，其字数不应太多，应尽量准确、完整、简洁，用一句完整、通顺的话描述商品，如某婚纱的标题为“Ball Gown Sweetheart Chapel Train Lace Satin Wedding Dress”，不仅包含该婚纱的领型、轮廓外形、拖尾款式、材质等信息，还将“Wedding Dress”作为核心关键词，让买家一目了然。

4. 违反标题堆砌规则的处罚

对于违反标题堆砌规则的商品，平台会把该商品计入所在店铺的搜索作弊违规商品。在店铺的搜索作弊违规商品累计达到一定数量后，平台会给予店铺不同程度的搜索排名下降处罚；情节严重的，平台会屏蔽店铺；情节特别严重的，平台会冻结账户或直接关闭账户。

四、商品标题设计方法

（一）获取热搜词

图 4-9 所示为生意参谋的热搜词界面。卖家可以在该界面中下载并分析最近 7 天或最近 30 天的热搜词数据。

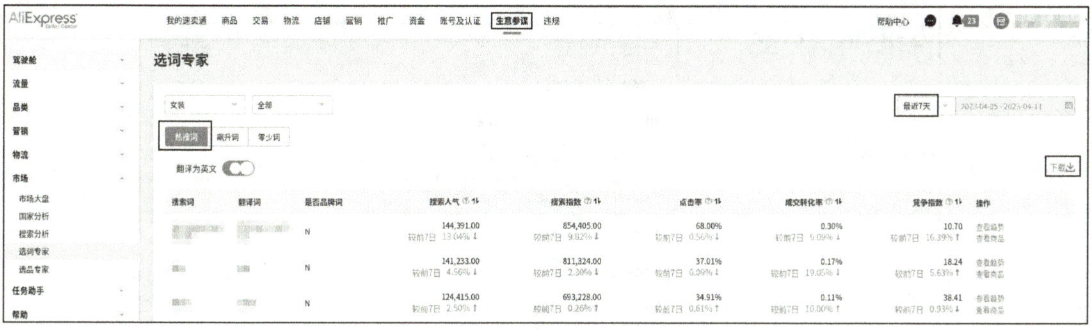

图 4-9

（二）筛选热搜词

（1）删除品牌原词：全球速卖通知识产权规则禁止卖家使用他人的品牌词。在删除品牌原词后，商品标题中可能还有品牌词，卖家需要在删除低热词后继续筛选。

（2）删除低热词：低热词指的是搜索指数低于 1000 的关键词和支付转化率低于 0.02%的关键词。卖家需要删除没有点击率的关键词，保留有一定点击率和支付转化率的精准词。

（3）选出热搜词：对于小语种热搜词，卖家可以将其翻译成英文，整理到关键词模板中，删除重复的关键词，并对关键词的支付转化率进行降序排列。

（三）设计商品标题

1. 布局热搜词

图 4-10 所示为在商品标题中布局热搜词。卖家可以从关键词模板中选择符合商品特征的 1～2 个热搜词，将其布局在商品标题中。

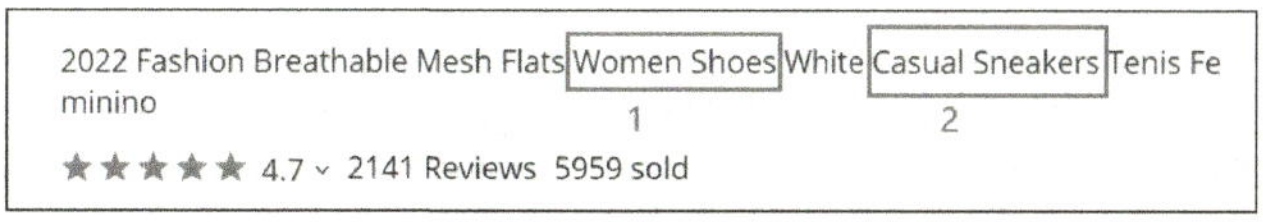

图 4-10

2. 整理长尾词

图 4-11 所示为在全球速卖通中搜索关键词出现的长尾词。卖家可以把选好的热搜词逐一输入到全球速卖通的搜索框里，收集并整理系统拓展的长尾词。

3. 组合关键词

对于商品标题中的其他关键词，卖家可以用热销属性、热搜属性来填充。例如，在由热搜词和长尾词组成的商品标题中，卖家可以选择一个商品精准定位词和两个热搜词，并根据商品特点填充一些属性词、营销词。组合关键词的目的是修饰商品精准定位词。在设计商品标题的过程中，卖家可以把选好的关键词都用上，不用担心顺序问题。

4. 找到小语种精准词

图 4-12 所示为从搜索词中找到小语种精准词，图 4-13 所示为设置多语言商品标题。卖家可以按照上文介绍的方法，从搜索词中找到小语种精准词，并把它们添加到小语种商品标题中。

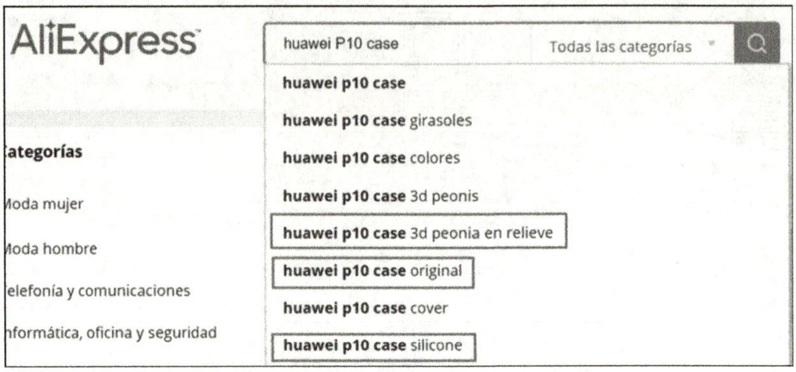

图 4-11

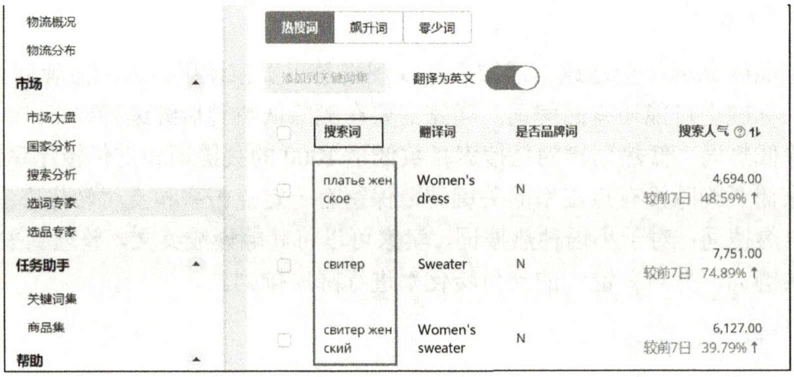

图 4-12

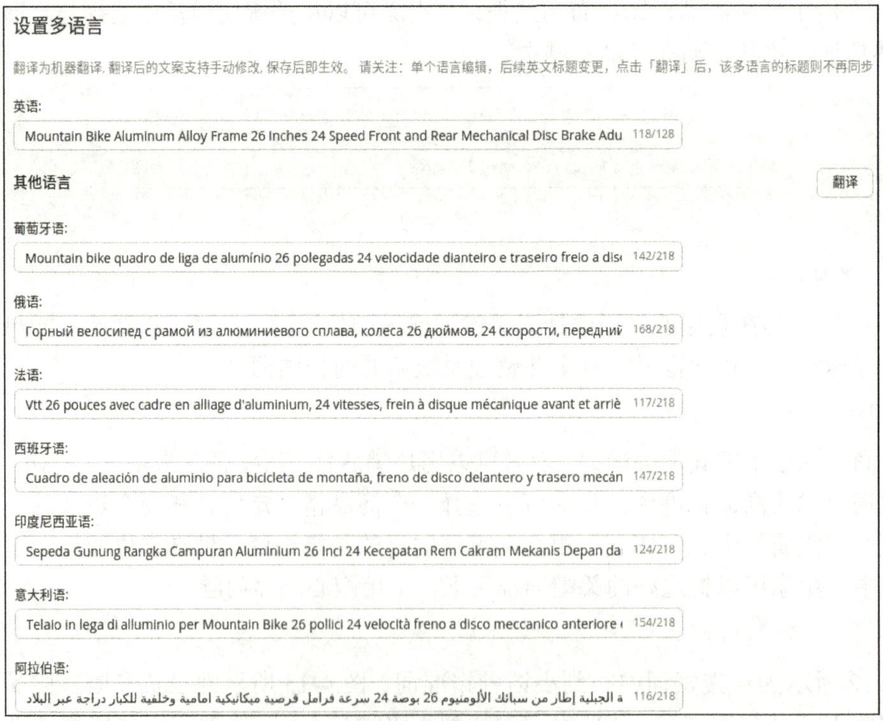

图 4-13

知识点 3：商品素材

一、商品图片

从一定程度上来说，网上购物购的不是“物”，而是“图片”，所以图片能否吸引买家是非常重要的。为了提升商品的转化率和买家的购物体验，跨境电商平台对商品图片做出了规范化要求。

（一）商品主图介绍

商品主图的要求主要有简洁、抢眼。简洁即要求图片为正方形，而且商品要占据图片 70%以上的空间；背景要干净，能够衬托出商品的特色。抢眼即要求图片吸引买家的眼球。首先，卖家应确保图片达到简洁的基本要求，然后深刻理解商品的卖点，并优化主图，避免商品主图同质化。

在品牌化时代，有自主品牌的卖家可以在商品主图的左上角添加品牌标志，以进行品牌宣传。

下文介绍全球速卖通对部分行业的商品图片的规范化要求。在全球速卖通中，服装、鞋包行业的卖家需要按照以下要求优化商品图片。符合平台要求、行业标准的优质图片可以得到更多的曝光和参与平台活动的机会。

（二）商品主图要求

（1）无杂乱背景，统一背景底色，最好是白色或浅色（注：除了有统一背景的品牌店铺且整个店铺的商品有明确的定位，呈现出一定的协调性）。图片尺寸必须大于 800px×800px，图片的横向和纵向比例建议在 1∶1～1∶1.3 之间，无边框和水印。品牌标志统一放在图片左上角。

（2）图片上除了英文标志统一放在左上角，不允许放置尺码、促销、文本等信息，而且严禁出现汉字。

（3）图片主体的比例要求占整张图片的 70%以上，禁止出现任何形式的拼图（注：对于多 SKU 商品，平台会用其他方式展示给买家）。

（4）建议商品主图不少于 5 张，第一张为商品正面图，第二张为商品侧面图。全球速卖通对配饰图片的要求和正确示例、错误示例的对比如图 4-14 所示。

（三）商品主图注意事项

（1）单色商品的主图中尽量不要含有两个以上的商品，以免误导买家；

（2）多色商品的主图需要注意商品的层次感，突出商品的卖点；

（3）非赠品等不要在商品主图中展示，以免引起售后纠纷。

（四）商品副图

商品主图侧重商品整体效果的展示。商品副图不仅要展示商品的整体效果，还要展示商品的细节，尤其是商品的卖点。商品副图一般包含商品整体图、效果图、场景图、描述图、细节图、对比图等。目前，跨境电商平台对商品副图没有太多特殊要求，卖家可操作的空间比较大。

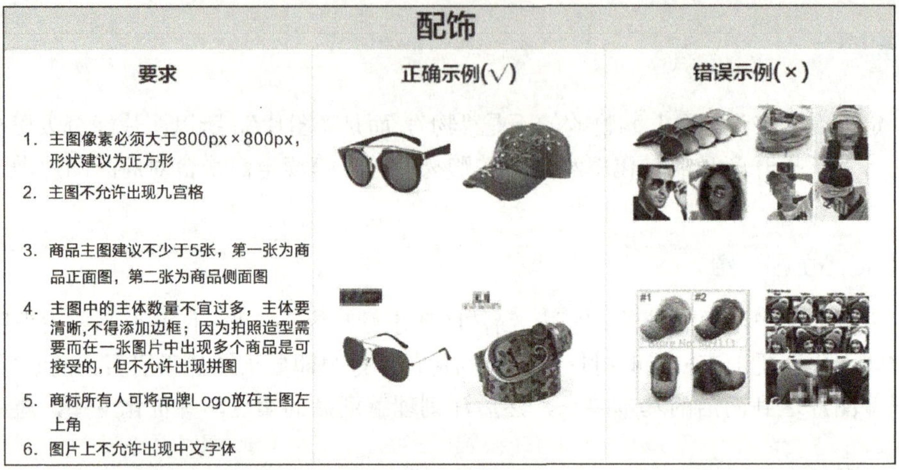

图 4-14

1. 商品副图的作用

从作用的角度来看，商品副图是对商品主图的补充。很多跨境电商平台对商品主图的数量有限制，对商品副图的数量没有太多限制。

此外，商品副图还有一点不同于商品主图，那就是商品副图可以添加文字。如果卖家有美工设计人员，那么可以在商品副图上设计品牌文化等文案；如果没有，那么建议卖家一切从简。

2. 优质图片的要求

优质图片要有较高的质量，避免模糊和尺寸过小等问题。例如，图片比例可以设置为 1∶1；图片格式应为 JPG、JPEG、PNG 等，画质要清晰；背景要干净、整洁，突出商品主体。

图 4-15 所示为两类展示效果不同的图片。其中，第一行图片展示的商品尺寸、功能、用途不明；第二行图片中的主图直接展示商品卖点，副图多角度展示商品细节。优质图片应清晰明了、一目了然，确保商品或模特是完整的，无论是拍摄还是截图，商品或模特都应在画面中心。另外，优质图片表达的内容还应指向明确，能够让买家快速抓住重点。

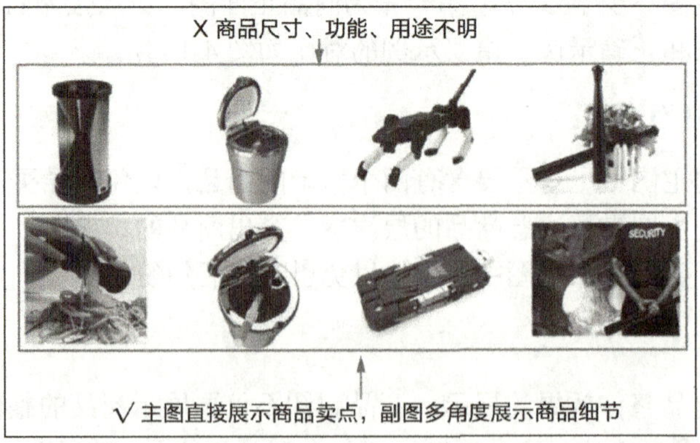

图 4-15

图 4-16 所示为通过图示展示商品特性的示例。图片中应包含买家想了解的信息，让买家产生购买欲望。

图 4-17 所示为添加优惠信息的示例。卖家可以把优惠信息放在醒目的位置。

图 4-16

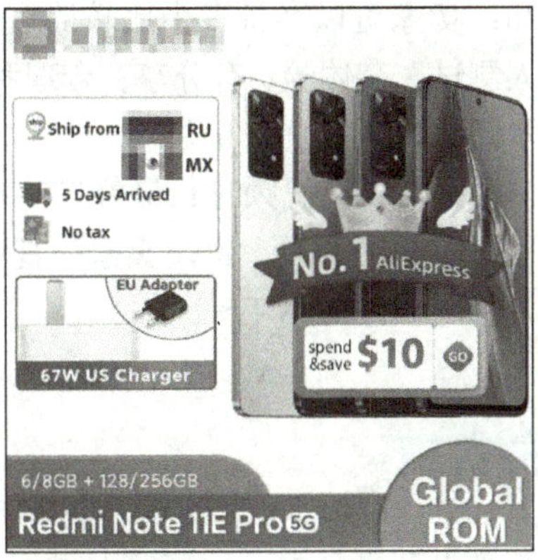

图 4-17

二、商品视频

（一）视频的作用

（1）降低沟通成本：视频这种表现形式可以更加高效、直观地传递商品信息，降低沟通成本。

（2）点击率高：带视频的商品的点击率往往高于不带视频的商品的点击率。

（3）互动效果好：与图片相比，视频的互动效果更好。

（二）制作视频

图 4-18 所示为优质视频和劣质视频的对比。优质视频往往具备以下特征：在特定的真实场景中展示商品；画面质感好、美观、突出应用场景。劣质视频往往存在以下问题：视频内容无意义；画面无美感、画质差；画面光线严重不足，主要展示物品不明确。在制作视频时，卖家应避免上述问题，并从以下 3 个方面入手，制作优质视频。

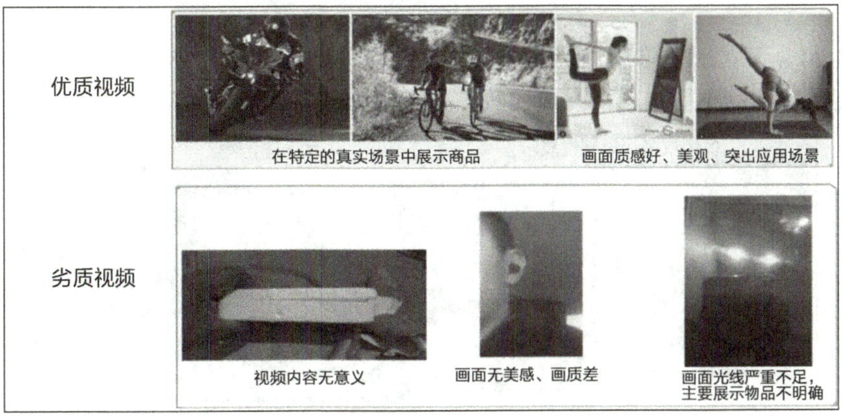

图 4-18

（1）视频参数：在制作视频时，卖家要发掘视频的创意点，可以采用长方形视频或正方形视频等形式（优先选择 1∶1 的比例）。

（2）视频内容：画面高清，商品主体居中、美观，封面与视频内容强相关的商品比较容易成为爆品；卖家可以准备多个比较简短的视频素材，在预热期进行投放和测试；测评类视频要有真人测试、有体验、有分享；合理利用字幕进行解说，注意解说节奏，字幕位置合理，多角度展示商品，添加优惠信息。

（3）视频时长：视频时长最好控制在 15 秒以内，这样既能确保商品展示的完整性，又能快速吸引买家的注意力。建议卖家在视频的前 3 秒展示最精彩的内容，可以将品牌 Logo、商标等作为结尾帧，展示 1～2 秒。

任务实施

在跨境电商平台中，卖家需要做好商品发布前的准备，即商品素材收集与整理工作，以便为顺利发布商品奠定坚实的基础。接下来进入商品素材收集与整理任务实施环节。

一、商品主图卖点展示

如图 4-19 所示，商品主图中可以直观地展示商品功能（特性）或加入应用场景，以展示卖点。对于手机、计算机等电子商品，商品主图在展示卖点时应聚焦具体功能；对于应用场景不太明确的商品，商品主图中应加入应用场景。

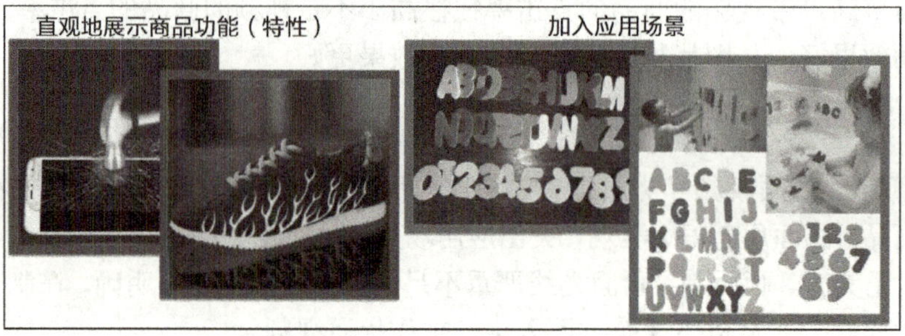

图 4-19

如图 4-20 所示，对于多属性商品，商品主图应进行多色或多变量属性展示；对于需要突出尺寸的商品，商品主图中应加入参照物，方便买家确认商品尺寸。

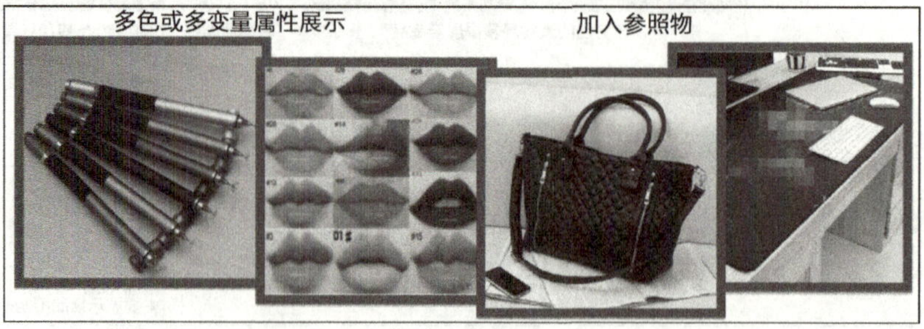

图 4-20

如图 4-21 所示，浅色商品应使用深色背景，深色商品应配以浅色背景，以形成差异，增强商品和背景的色彩对比。此外，卖家还可以增强商品和背景的视觉冲击力。

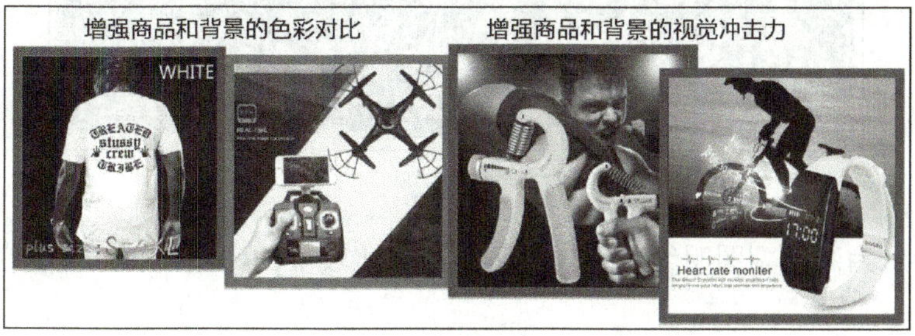

图 4-21

如图 4-22 所示，对于鞋子、服饰等商品，卖家可以通过模特来直观地展示商品的穿戴效果。

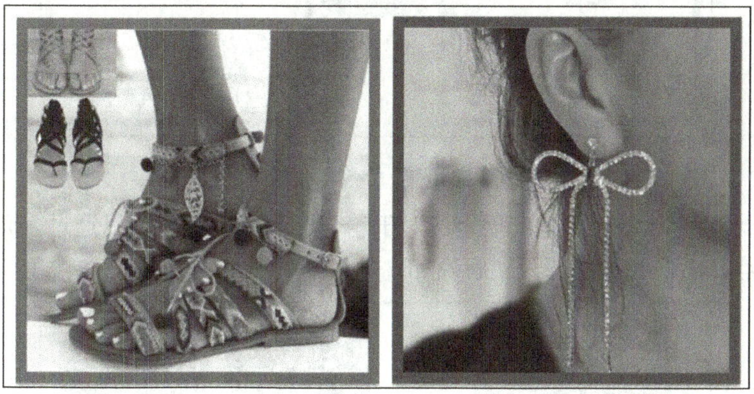

图 4-22

二、商品副图展示

图 4-23 所示为商品副图细节展示。对于多属性商品，卖家可以通过近距离拍摄展示商品的细节。

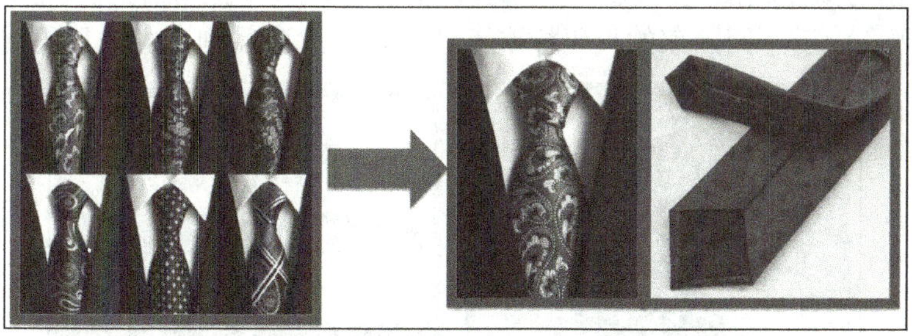

图 4-23

图 4-24 所示为商品副图功能展示。对于 3C 商品，卖家可以通过副图中的细节展示商品的具体功能。

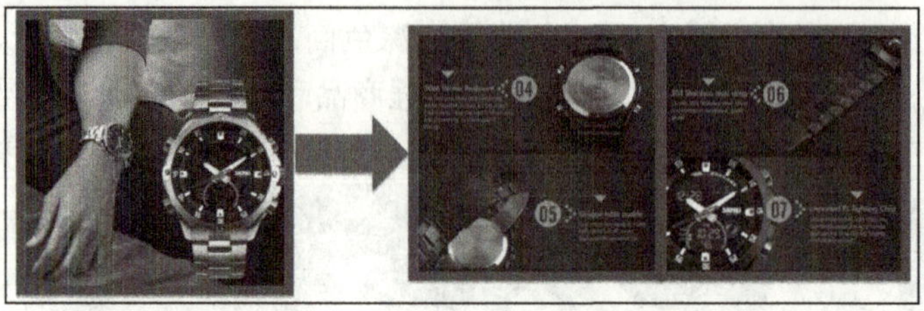

图 4-24

图 4-25 所示为商品副图明细展示。对于零部件比较多的商品，卖家需要在副图中展示商品明细。

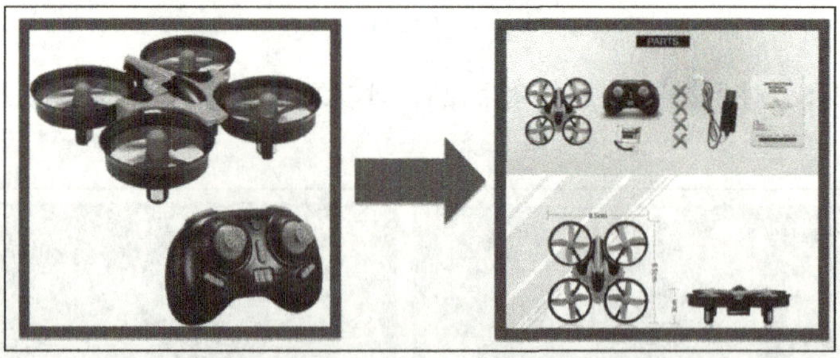

图 4-25

图 4-26 所示为商品副图多角度展示。对于箱包类商品，卖家可以通过多角度拍摄全方位展示商品的特点，以便让买家深入了解商品。

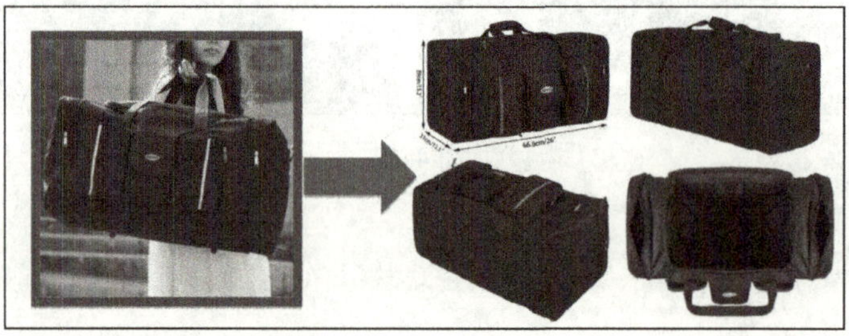

图 4-26

图 4-27 所示为商品副图尺码展示。在跨境电商平台中，对于鞋靴类商品，商品副图中需要提供商品尺码。由于不同国家的尺码标准不统一，因此商品副图中的尺码展示非常重要。

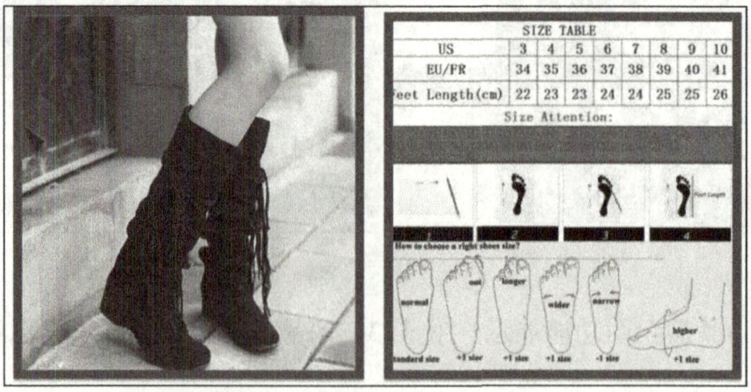

图 4-27

图 4-28 所示为商品副图使用方法展示。对于使用方法比较复杂的商品，商品副图中需要对商品的使用方法进行详细的描述，以便让买家了解如何使用商品。

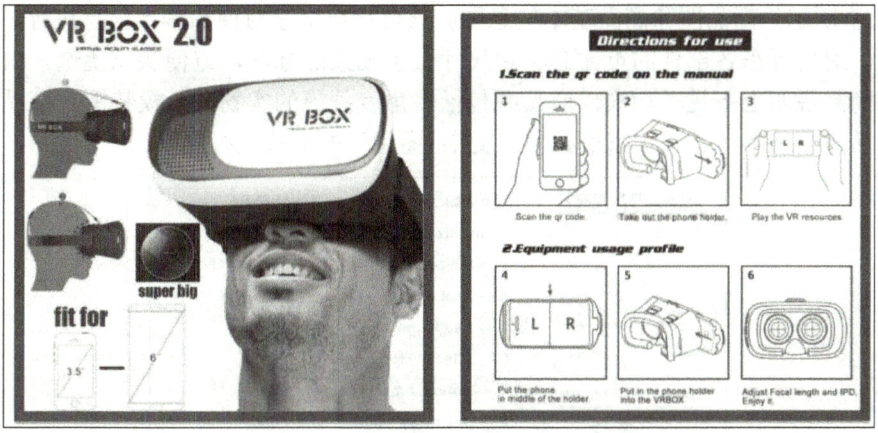

图 4-28

任务 2　商品详情页制作

任务描述

在本任务中，丹尼需要围绕商品详情页构成、商品详情页编辑等内容完成知识梳理和任务实施，以便顺利发布商品。

知识梳理

知识点 1：商品详情页构成

商品详情页是由文字、图片、视频构成的，其主要作用是向买家介绍商品属性、使用方法等详细情况。买家是否喜欢商品、是否愿意购买商品，往往是基于商品详情页做出判断的，绝大多数订单是在买家看过商品详情页后产生的。由此可见，商品详情页的主要作用是促使买家下单。

一、商品详情页的基本架构

商品详情页主要是指海报图。海报图需要突出商品的特点，并包含商品的使用效果和场景，即模特图和场景图。

（一）商品图和商品基本信息图

图 4-29 所示为商品图和商品基本信息图。该自行车卖家对商品基本信息进行了详细、准确的说明，对自行车各部件的英文名称和尺寸做了细致的标注，方便买家挑选。由此可见，该卖家在商品说明上下足了功夫。商品图包括多角度拍摄的实物图、模特图。商品基本信息图主要包括商品基本信息，卖家最好用“文字+图片”的形式进行展示。

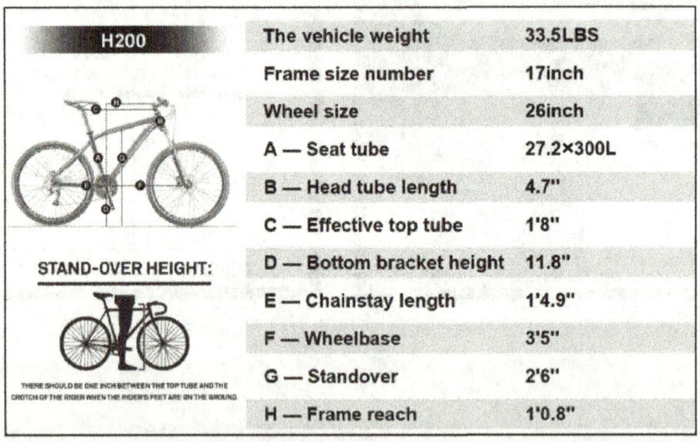

图 4-29

（二）商品细节图

图 4-30 所示为商品细节图。商品细节图中可以展示商品的工艺、做工、卖点、材质、配件等信息。

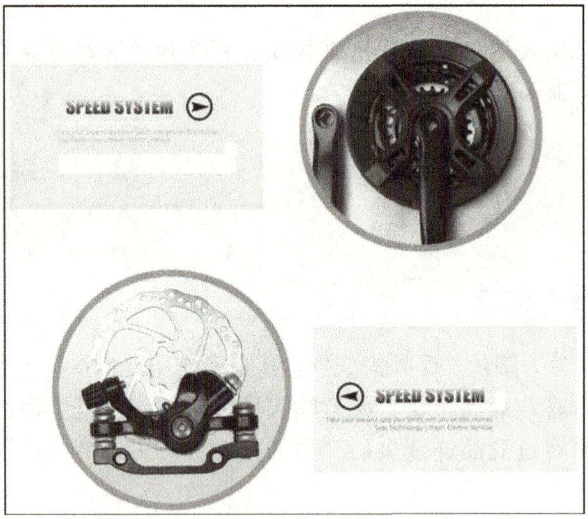

图 4-30

（三）商品尺寸说明图

图 4-31 所示为商品尺寸说明图，买家可据此对商品尺寸做出判断和选择。卖家一定要注意中国尺码和外国尺码的差异，并做好单位的换算，方便买家照着商品尺寸说明图挑选适合自己的商品。

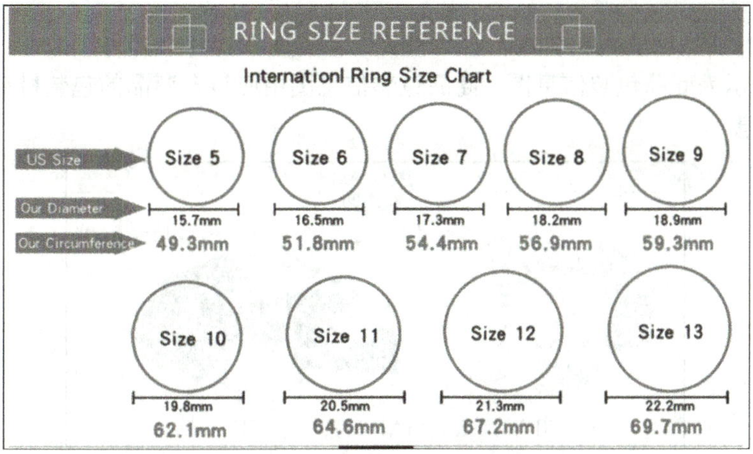

图 4-31

需要注意的是，很多外国买家习惯以英尺为长度单位，不太习惯使用毫米等长度单位。如果商品尺寸说明图中只有毫米等长度单位，那么外国买家很容易看不明白。如图 4-32 所示，卖家不但对商品尺寸进行了详细的说明，而且提供了尺寸数据。此外，卖家还用图片的形式说明了尺寸数据是如何测量的，并提醒买家尺寸可能有误差，以免发生纠纷。

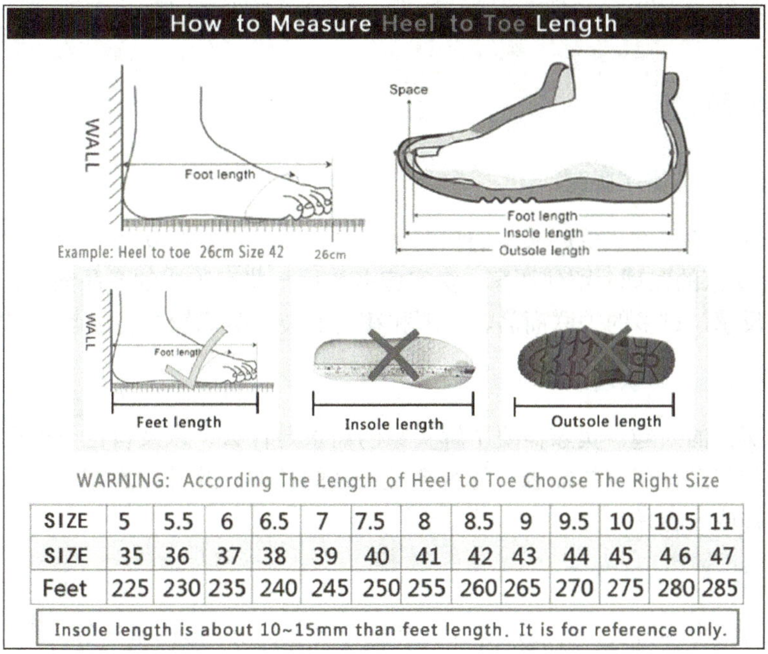

SIZE	5	5.5	6	6.5	7	7.5	8	8.5	9	9.5	10	10.5	11
SIZE	35	36	37	38	39	40	41	42	43	44	45	4 6	47
Feet	225	230	235	240	245	250	255	260	265	270	275	280	285

图 4-32

（四）品牌形象和资质认证等信息

该部分内容主要彰显品牌的背景和实力，介绍企业价值观或企业故事，展示商品获得的证书和资质认证等信息。

（五）包装信息

图 4-33 所示为商品包装信息图。商品包装信息图中应包含商品的包装材料、包装步骤和包装形象等信息。

图 4-33

（六）购物保障

该部分内容主要介绍邮费、快递、退换货说明、洗涤保养说明、售后服务等信息。

（七）尾部营销区

该部分内容主要介绍关联商品或相似商品，其作用是降低买家的流失率。

二、商品详情页的作用

（一）引起注意，留住买家

卖家需要通过各种方式引起买家的注意（如突出商品的独特卖点和价格优势，举行促销活动等），抓住买家的眼球，留住买家。卖家应多使用一些有美感的商品图片，千万不能让买家对商品产生反感，过多的关联商品、动图和花哨的装饰等比较容易引起买家的反感。

（二）增加兴趣，确认需求

要想增加买家的兴趣，卖家需要了解买家的需求是什么，以及自己能提供什么，从多个方面介绍商品如何满足买家的需求、能否超出买家的预期。此外，卖家还要思考怎么表述能让买家更感兴趣或更容易接受。

（三）建立信任，消除疑虑

建立信任有很多种方式，如展示好评、突出无风险购物、做出承诺等。此外，商品详情页中的品牌形象和资质认证等信息也是提高买家的信任度、消除疑虑的“良药”。

（四）促使下单，关联需求

要想促使买家下单，卖家需要营造紧迫感，给买家一个马上购买商品的理由，如限时、限量销售或承诺有赠品等。

三、如何制作商品详情页

（一）分析商品

分析商品即遵循 SWOT 法则，分析商品的优势、劣势、机会、威胁。商品是根本，卖家对商品特点的描述一定要明确，基于商品的实际信息介绍商品的性能，吸引买家购买商品。

（二）分析目标买家

分析内容主要包括目标买家是谁和目标买家的年龄、性别、消费水平、消费习惯、可能产生的顾虑，以及如何打消其顾虑、满足其需求等。

（三）分析买家浏览商品详情页的习惯

买家浏览商品详情页的时间大约是 1 分钟，大部分买家只浏览商品详情页的前 3 张图片，浏览商品详情页所有图片的买家比较少，所以商品详情页不能太冗长。在一般情况下，商品详情页的图片不能过多、过大，图片加载时间不能过长，否则可能导致买家直接关闭商品详情页。图片应该是高清大图，文案要精练，排版要有条理。

（四）确定商品详情页需要哪些模块和模块之间的顺序

在发布商品之前，卖家需要确定商品详情页的基本架构、各模块之间的顺序，以及如何排版能最大限度地发挥商品详情页的作用，实现转化。

以上内容抓住了商品详情页的一些比较普遍的特点，在原则上和方向上适用于大多数商品。原则通常是唯一的，方向可以有很多个。在经营店铺时，卖家应合理参考上述原则和方向。此外，要想优化商品详情页和商品，卖家还需要具备较强的审美能力，并深入了解买家的习惯。这不是一件通过简单模仿就能学会的事情，卖家要用心对待。

知识点 2：商品详情页编辑

一、商品详情页编辑基础

商品详情页的重要性毋庸置疑。优质的商品详情页不仅可以提高店铺的成交转化率，还可以提高买家的访问深度、商品搜索权重，降低买家的流失率等。在编辑商品详情页时，卖家需要准确把握以下 3 个方面。

（一）定位消费群体

卖家对消费群体的定位决定了其使用什么样的素材编辑商品详情页。例如，销售成人女装商品需要将成人女性作为模特，销售童装需要将儿童作为模特。在此基础上，卖家可以把消费群体定位得更加精准，因为不同年龄段的消费群体对颜色的喜好是不同的。在编辑商品详情页的时候，卖家可以针对不同的消费群体，选择合适的颜色。总之，卖家应根据商品的消费群体，选择合适的素材、颜色等，这样才能吸引他们。

（二）定位买家性质

对买家性质的定位会间接影响商品详情页。例如，对于同一个商品，学生可能更注重其是否好看，家长可能更注重其实用性。学生的购买力较低，通常是由家长购买商品的。因此，在编辑商品详情页的时候，卖家可以侧重表现商品的实用性，其他方面次之。根据不同买家的性质，有针对性地编辑商品详情页，可以达到更好的效果。

（三）定位商品

对卖家而言，定位商品适合哪些人群、场合是非常重要的。例如，同样是连衣裙，风格不同，适合的场合也不同。

二、商品详情页编辑工具

在编辑商品详情页时，有很多非常实用、方便的工具，它们可以提高商品详情页的专业度。如何利用这些工具呢？首先，卖家需要认真浏览商品详情页发布界面，如图 4-34 所示。

图 4-34

对于同一个商品，卖家最多可以上传 6 张图片。建议卖家上传 6 张图片，以更全面地展示商品详情页。在商品详情页发布界面中，“颜色”是一个经常被卖家忽略的板块。如果一个商品有很多种颜色，而主图需要突出使用场景、细节、尺码等信息，主图中就没有太多的空间可以展示多种颜色的效果了。在这种情况下，如果卖家能上传不同颜色的商品图片，商品详情页就会更加专业，如图 4-35 所示。

商品多颜色效果展示如图 4-36 所示。

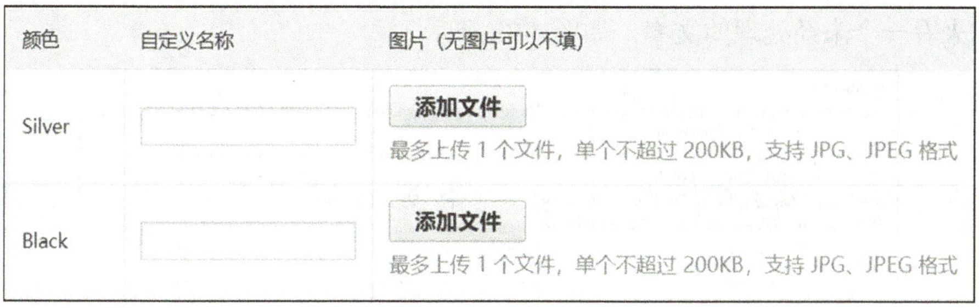

图 4-35

图 4-36

接下来是编辑商品详情页的主要部分，卖家需要使用很多工具。如果运用得当，那么不仅可以节省时间，还可以提高商品和买家搜索词的匹配度，进而提高商品的曝光率。

商品详情页的文本编辑工具如图 4-37 所示。文字是商品详情页中不可或缺的部分。不过，图片中的文字无法被系统抓取，不利于买家搜索。同时，图片中的小语种文字不容易被系统翻译出来。所以，商品详情中最好同时出现图片和文字这两种形式。

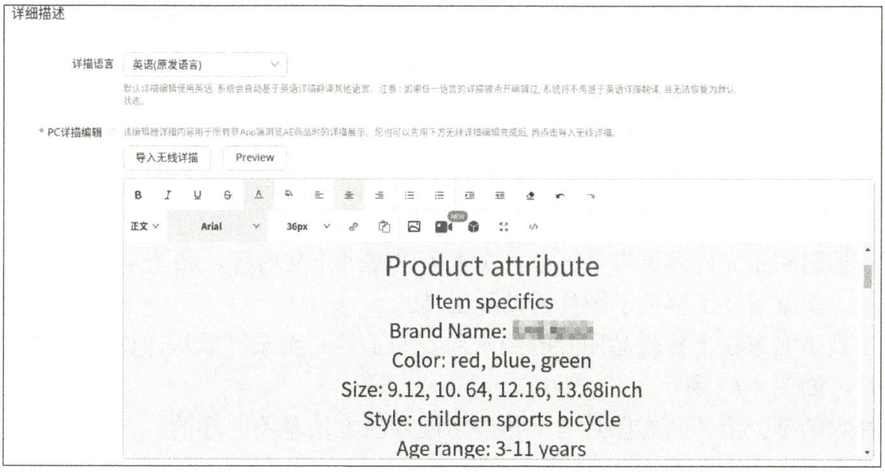

图 4-37

我们来看一个未经处理的文案，如图 4-38 所示。

Payment:
1)Before placing your order, please confirm details with us if you have request on items.2)please make payment within 3 days of order if possible.
3)We will just ship the goods to you according to the address that you writed in AliExpressif you want to change,you must notice me of it,
a)we accept Alipay (escrow),Credit Card, Western Union ,accepted.Shipping:
1)Your order will be processed in 7 days after your payment.
2)We are not responsible for any delay of orders if we have shipped them.Because the speed of shipping is out of our control.

图 4-38

图 4-38 中的文案是一片密密麻麻的文字，很难突出重点信息，难以吸引买家的注意力。这样造成的直接后果是买家流失。

如何处理文案？卖家需要先选中所有文字，把字号调整为合适的大小；再对重点信息进行加粗处理，如图 4-39 所示。

Payment:
1)Before placing your order, please confirm details with us **if you have request on** items.
2)please make payment within **3 days** of order if possible.
3)We will just ship the goods to you according to **the address** that you writed in AliExpress
if you want to change,you must notice me of it,
a)we accept **Alipay** (escrow),Credit Card, Western Union ,accepted.
Shipping:
1)Your order will be processed in **7 days** after your payment.
2)We are not responsible for any delay of orders **if we have shipped** them.Because the speed of shipping is out of our control.

图 4-39

图 4-39 中的文案突出了重点信息。此外，卖家还可以放大标题的字号，改变标题的颜色，把标题设置为斜体，如图 4-40 所示。

Payment:
1)Before placing your order, please confirm details with us if you have request on items.
2)please make payment within 3 days of order if possible.
3)We will just ship the goods to you according to the address that you writed in AliExpress
if you want to change,you must notice me of it,
a)we accept Alipay (escrow),Credit Card, Western Union ,accepted.
Shipping:
1)Your order will be processed in7 days after your payment.
2)We are not responsible for any delay of orders if we have shipped them.Because the speed of shipping is out of our control.
3)After send, as usual,China Post Air Mail will take about 15-40 days to arrive;EMS need 5-10 days; Fedex 4-8 days, DHL and ups will take 3-6 days to arrive,If the order is during the weekends,it will take 2 days longer.Thank you for yourunderstanding.
4)Any import charges or fees are the buyers responsibility.
5)Feel free to contact us with any question,we will offer you satisfying answer.Don't submit a dispute optionally.Thank you again!!

图 4-40

为了使标题和正文内容更容易区分，卖家可以缩进正文内容，如图 4-41 所示。

接下来，卖家需要了解关于图片的几种工具。

图像工具是卖家在上传商品图片时经常用到的工具。卖家可以从计算机中选择需要上传的商品图片，如图 4-42 所示。

需要注意的是，上传动态图片与上传静态图片的方法是不一样的。在上传静态图片时，卖家需要单击“点击选择图片”，选择图片地址。

在上传动态图片时，卖家需要先把图片存放在指定位置，再上传图片。动态图片不能存放在全球速卖通的媒体中心（原图片银行），卖家可以先将其上传到 1688 的图片空间，再把图片的 URL（Uniform Resource Locator，统一资源定位符）复制到 1688 的图片空间，从而达到动态展示的效果。

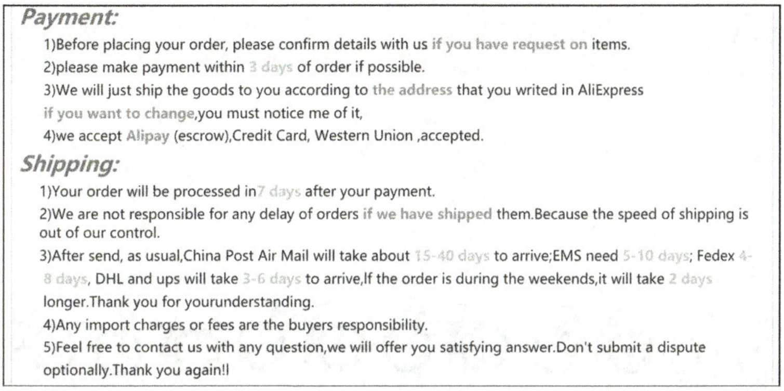

Payment:

1)Before placing your order, please confirm details with us if you have request on items.
2)please make payment within 3 days of order if possible.
3)We will just ship the goods to you according to the address that you writed in AliExpress
if you want to change,you must notice me of it,
4)we accept Alipay (escrow),Credit Card, Western Union ,accepted.

Shipping:

1)Your order will be processed in7 days after your payment.
2)We are not responsible for any delay of orders if we have shipped them.Because the speed of shipping is out of our control.
3)After send, as usual,China Post Air Mail will take about 15-40 days to arrive;EMS need 5-10 days; Fedex 4-8 days, DHL and ups will take 3-6 days to arrive,If the order is during the weekends,it will take 2 days longer.Thank you for yourunderstanding.
4)Any import charges or fees are the buyers responsibility.
5)Feel free to contact us with any question,we will offer you satisfying answer.Don't submit a dispute optionally.Thank you again!!

图 4-41

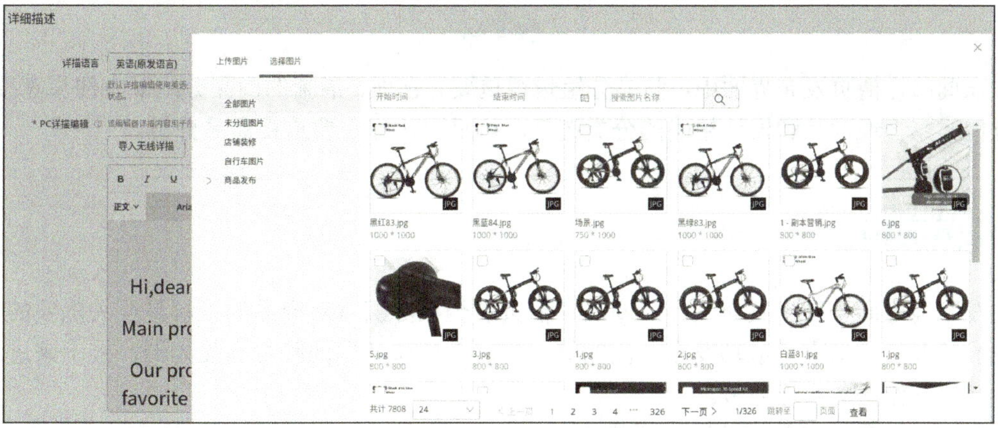

图 4-42

如果卖家需要在上传的图片或文字中插入超链接，就要先选中图片或文字，再单击“插入超链接”图标，从网站中复制并粘贴超链接，如图 4-43 所示。

图 4-43

对于经常用到的图片，卖家可以把它们存放在媒体中心的文件夹里，如在编辑商品详情页时需要插入图片，卖家只要打开媒体中心的相应文件夹，就可以找到并使用相应的图片，如图 4-44 所示。

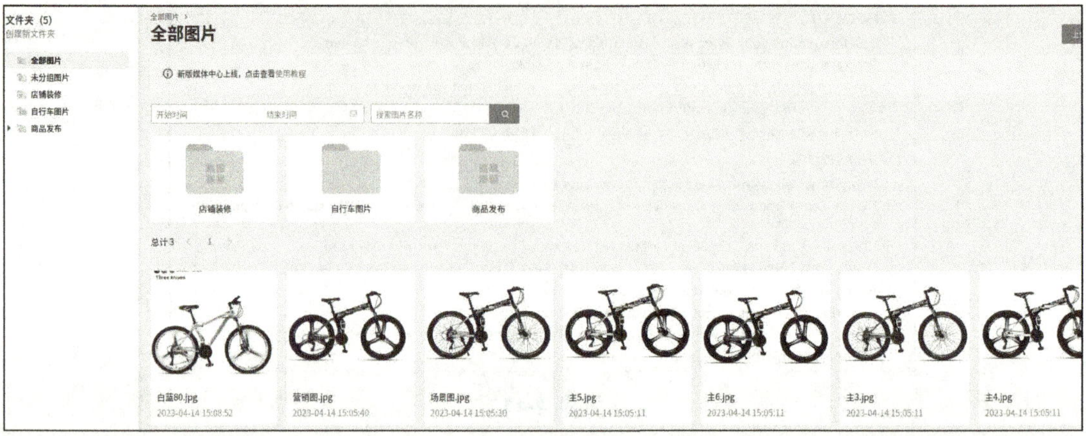

图 4-44

在商品详情页发布界面中，商品分组也很重要。合理、清晰的商品分组既方便买家搜索，又方便卖家管理商品和设计精确的分类链接。可见，卖家需要重视商品分组。

任务实施

在跨境电商平台中发布商品，商品详情页能否加深买家对商品的了解是至关重要的。制作优质的商品详情页是成功发布商品的第一步。以低碳环保的骑行商品为例，接下来进入商品详情页制作任务实施环节。

【step1】图 4-45 所示为商品详描界面。

图 4-45

图 4-46 所示为商品基本信息界面。

Frame	Aluminum	Speed Level	21-SPEED
Fork	Suspension Fork	Derailleur	Shimano TY21 Tourney
Crank	24×34×42T	Freewheel	14-28T

图 4-46

图 4-47 所示为商品尺寸信息界面。

Rim Size	20"	24"	26"	27.5"	28"	29"	700C
Tire	20*1.5-1.95	24*1.5-1.95	26*1.5-1.95	27.5*1.5-1.95	28*1.5-1.95	29*1.5-1.95	700C*1.5-1.95
Outside Diameter	419±0.5mm	521±0.5mm	572±0.5mm	593±0.5mm	633±0.5mm	633±0.5mm	633±0.5mm
Front Fork	100mm	100mm	100mm	100mm	100mm	100mm	100mm

图 4-47

【step2】图 4-48 所示包装信息填写界面。

包装信息

* 产品包装后的重量 0.00 公斤/件

自定义计重

* 产品包装后的尺寸 25 x 5 x 4 (单位：厘米，每 500cm³)

图 4-48

图 4-49 所示为商品包装信息界面。

图 4-49

【step3】图 4-50 所示为物流设置界面。

图 4-50

图 4-51 所示为商品物流设置效果界面。

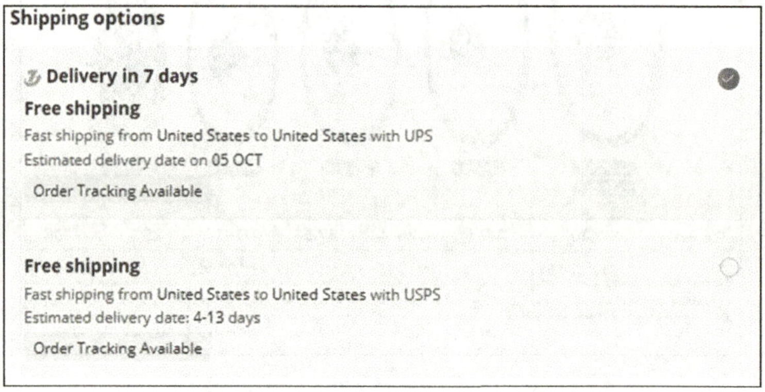

图 4-51

任务 3 商品发布与设置

任务描述

在本任务中，丹尼需要围绕商品发布规则、商品发布流程等内容完成知识梳理、任务实施和项目实训，以便顺利发布商品。

知识梳理

知识点 1：商品发布规则

全球速卖通为卖家制定了一系列商品发布规则。在发布商品的过程中，如果卖家违反了全球速卖通的规则，就会受到商品没有流量、曝光，甚至商品被下架等处罚。全球速卖通的商品发布规则是什么？全球速卖通卖家应该如何正确地发布商品？

一、图片规则

（一）图片规范

为了提升平台的整体商品品质，优化买家的购物体验，全球速卖通制定了以下图片规范。

（1）建议图片背景为白色或纯色，图片像素在 800px×800px 及以上，图片的横向和纵向比例建议在 1∶1 到 1∶1.3 之间。

（2）图片不能有边框和水印，不允许拼图。

（3）Logo 应统一放在图片左上角。

（4）如果卖家没有按照全球速卖通的条款和规定设置联系信息，就不能在文字或图片中留下任何联系信息。

经过全球速卖通系统测试，长图（第七张图）对商品点击率、转化率的提升作用得到了验证。为了提高服装行业的时尚度和商品图片的转化率，全球速卖通将长图全量应用于服装行业，并率先在搜索结果界面和“more to love”推荐模块适配提效。关于长图，全球速卖通做出了以下规范要求，具体要求详见全球速卖通平台规则。

1. 图片尺寸要求

长图的比例是固定的（宽∶高=3∶4），建议像素为 750px×1000px。

2. 图片拍摄要求

（1）模特图。

图 4-52 所示为模特图示例。单人模特图（情侣装除外）要求模特居中、展示正脸、尽量展示全身：裤装、半身裙模特图展示从腰到脚或从头到脚；上装、连衣裙模特图展示从头到脚或从头到膝盖；套装模特图展示从头到脚。

（2）非模特图。

图 4-53 所示为非模特图示例。如果卖家拍摄的是非模特图，那么商品应平铺、不折叠。

3. 图片质量要求

图 4-54 所示为图片的正确示例与错误示例。全球速卖通要求卖家的图片为实拍图片，无“牛皮癣”，不拼图，修图自然，不得出现水印，不得包含促销、夸大描述等文字说明（包括但不限于秒杀、限时折扣、包邮、×折、满×送×）。

图 4-52

图 4-53

图 4-54

（二）盗图规则

盗图即摄影作品侵权，一般指未经允许将他人的摄影作品作为自己的商品图片等进行展示。对于盗图行为，全球速卖通的规则是首次盗图不扣分（首次盗图后 5 天内算第二次盗图），之后每次盗图扣 6 分。卖家在一天内被多次投诉盗图，平台只扣一次分，具体扣分时间以投诉结案时间为准。

二、类目规则

有些卖家为了获得更多的流量，经常把商品归入错误的类目。例如，有些卖家故意把手机配件归入包装和支架类目，以增加流量，因为手机配件的价格通常低于包装和支架的价格。若以价格为依据，由低到高进行筛选，则手机配件会排在靠前的位置。如果卖家这样做，全球速卖通就会处罚卖家，因为这样做会影响买家的购物体验和消费速度。

三、商品与描述不符

例如，卖家想发布一件 U 领 T 恤，在发布之前误把商品属性描述成 V 领 T 恤。由于该卖家对商品属性的描述有误，因此全球速卖通不允许其发布该商品。卖家应准确描述所售商品的每一种属性，包括适销市场的特点、颜色、尺寸、材质等。另外，卖家还要清楚地理解商品分类。

除了商品属性与描述不符，商品图片与描述的主题不符也会误导买家进入错误的商品详情页，进而导致卖家受到全球速卖通的处罚。描述的主题是吸引买家进入商品详情页的重要因素。为了避免出错，卖家应尽量使用简单、完整的句子描述商品。

四、关键词堆砌

为了使商品在搜索引擎中获得比较靠前的排名，一些卖家把许多关键词放在一起，甚至使用意思重复的关键词。一旦发现这种行为，平台就会对卖家予以处罚。在全球速卖通中，同一个单词的单数形式和复数形式会被认定为一个单词。

以上是全球速卖通的商品发布规则，卖家必须遵守相关规则。全球速卖通会不定期更改某些规则，卖家需要持续关注。

知识点 2：商品发布流程

完善的商品描述能够有效提升成交量，加快买家做出下单决定的速度。什么样的商品描述是完善的商品描述呢？在通常情况下，完善的商品描述应符合标题准确、图片丰富、内容详尽、属性完整、价格合理等要求。下面我们来了解在全球速卖通中发布商品的步骤、技巧和流程。

要想发布商品，卖家需要登录全球速卖通，依次单击“商品”—“发布商品”—“商品管理”，进入如图 4-55 所示的商品管理界面。在发布商品时，卖家需要完善商品的所属类目、属性、标题、关键词、主图、销售属性、尺码、价格、详情描述、详情页图片、售后服务、包装和物流等信息。

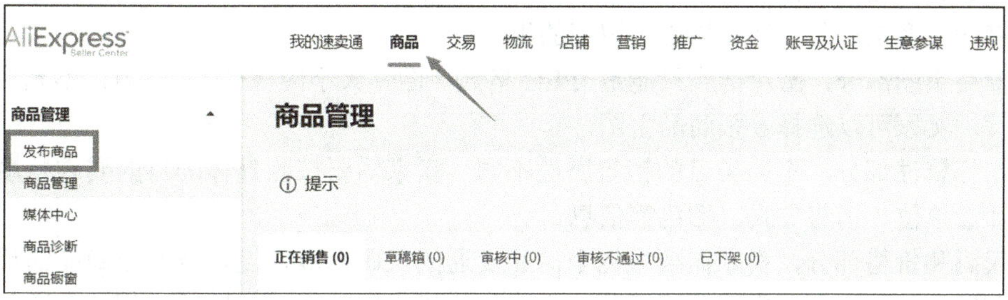

图 4-55

在选择商品的所属类目时，卖家既可以直接选择待发布商品的所属类目，也可以采用导入类似商品的方法，如图 4-56 所示。

选择类目的 4 种方法如下。

①从类目列表中手动选择。

②搜索类目名称/拼音首字母。

③输入英文关键词。

④从最近使用的 10 个类目中选择。

接下来，卖家需要填写产品属性，如图 4-57 所示。全球速卖通要求产品的属性填写率在 78%以上。除了填写系统给定的产品属性，卖家也可以添加自定义属性。自定义属性非常重要，能够起到很好的引流作用，如“for Christmas”等节日属性。

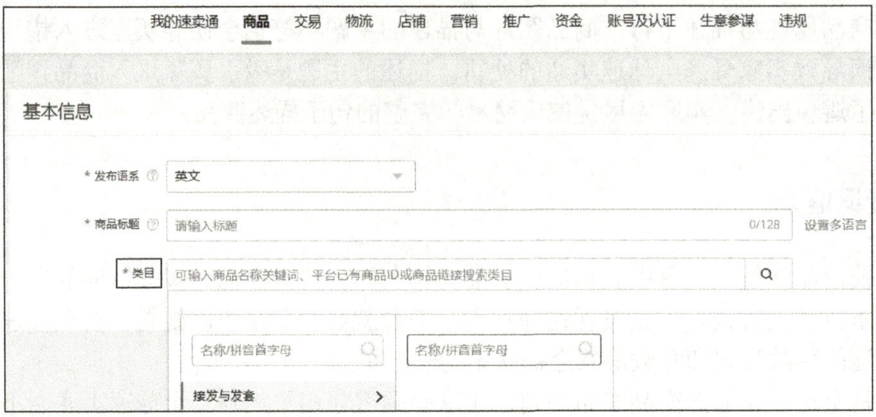

图 4-56

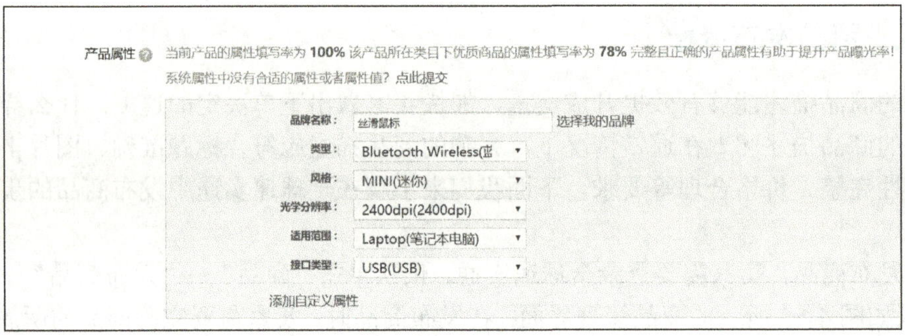

图 4-57

在标题和关键词部分，卖家要尽可能填满 128 个字符，标星号的关键词是核心关键词，其他关键词大多是产品属性和核心关键词的组合。

在商品主图部分，图片格式只能是 JPEG 格式，图片大小应在 5MB 以内，不允许盗用他人的图片，卖家可以选择 6 张商品主图。

在销售属性部分，不同类目的销售属性不同，卖家需要按照具体类目的要求，填写商品的最小计量单位、销售方式、颜色等信息。

在尺码和价格部分，卖家需要根据全球速卖通的尺码标准，设定待发布商品的尺码，并根据不同国家的标准，对常规尺码进行改良，如常规中国款式和外国款式相比，通常小一个尺码。

在发货期部分，卖家可以将发货期设定为 7 天，以免因为实际发货时间超出发货期导致店铺美誉度下降。

在商品详情描述部分，卖家需要完善商品功能、商品细节图片、支付、物流、售后服务、企业实力等信息。

在详情页图片部分，卖家每次可以插入 8 张图片，图片尺寸为 1000px×5000px。对于详情页图片，卖家应考虑移动端的展示效果，图片尺寸建议在 700px×750px 以上。图片格式可以是 JPG 格式或 JPEG 格式，图片大小不能超过 5MB。为了保证美观度，图片的宽度最好保持一致。

在商品详细描述部分，相关商品图片后应紧跟一段描述，卖家可以对营销、服务、团队等进行宣传。

在填写完商品详细描述后，卖家需要继续填写商品的包装、物流等信息。在物流设置部分，卖家可以选择以前设置的运费模板，如图 4-58 所示。

图 4-58

最后，卖家需要填写售后服务和其他信息。在确认所有信息填写无误后，卖家只要单击“提交”，就能成功提交产品信息了，如图 4-59 所示。

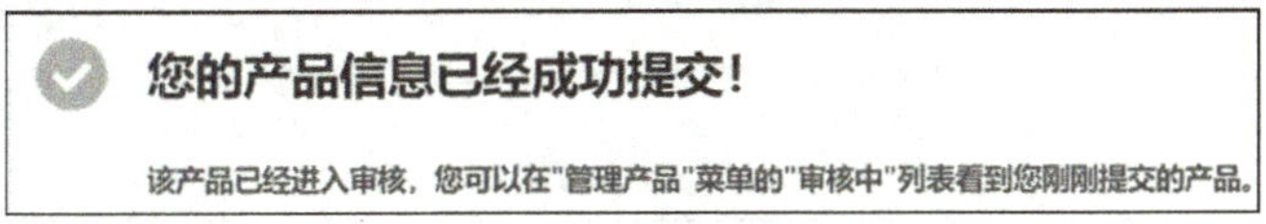

图 4-59

任务实施

在跨境电商平台中发布商品时，卖家需要完成商品素材收集与整理、商品详情页制作等准备工作，并熟悉商品发布与设置的相关规则、流程。接下来进入商品发布与设置任务实施环节。

一、进入商品发布界面

如图 4-60 所示，卖家需要进入全球速卖通卖家后台，单击界面上方的“商品”，进入商品发布界面。

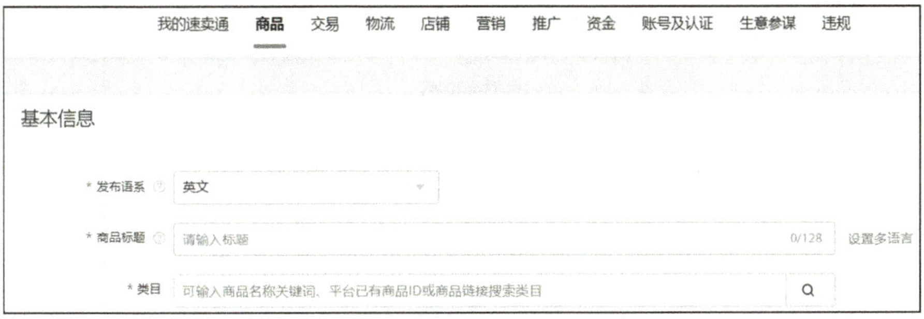

图 4-60

二、填写基本信息

图 4-61 所示为产品基本属性填写界面，包括产品属性、产品标题、产品图片、产品视频等部分。

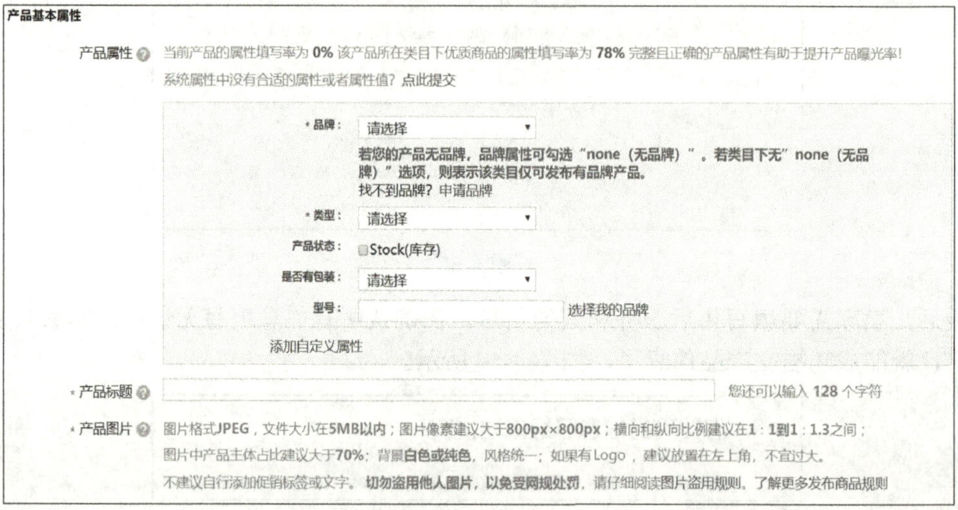

图 4-61

三、填写包装与物流信息

图 4-62 所示为包装与物流信息填写界面。

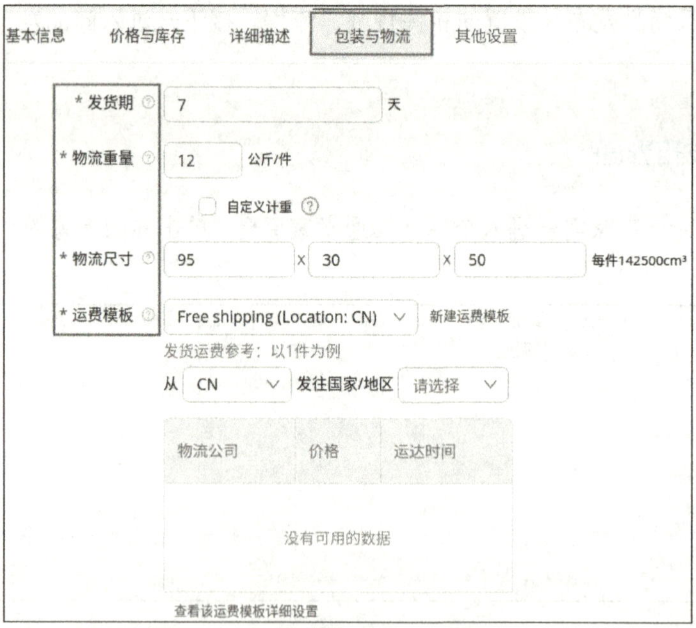

图 4-62

【项目评价】

单位：分

类别	序号	考核项目	考核内容	分值	学生自评	学生互评	教师测评	分数
技术考评（80 分）	1	技能操作	制作商品关键词表	15				
	2		制作商品标题表	15				
	3		收集商品素材	20				
	4		制作商品详情页	15				
	5		商品发布与设置	15				
非技术考评（20 分）	6	职业素养	态度端正	5				
	7		遵守纪律	5				
	8		团队合作	5				
	9		细致认真	5				
总分：								

【项目实训】

项目实训 1　3C 商品素材收集与整理

实训名称	3C 商品素材收集与整理	序号	1
实训目标	（1）通过实训，制作商品关键词表； （2）熟练制作商品标题表； （3）完成 3C 商品素材收集与整理		
实训要求	（1）完成 3C 商品关键词表、标题表的制作； （2）完成 3C 商品图片、视频等素材的收集与整理		
实训标准	全球速卖通标准		
实训条件	全球速卖通仿真实训平台		
实训流程			
制作商品关键词表；制作商品标题表；收集并整理图片、视频等商品素材			
考核标准			
完成 3C 商品关键词表、标题表的制作；完成 3C 商品图片、视频等素材的收集与整理			
过程记录			
（学生填写实训过程中的重要记录，如数据记录及相关分析等）			
遇到的问题及解决措施			
（学生填写）			

续表

实训成果
（学生填写实训成果的最终表现形式）
实训考核
（教师综合实训过程及实训成果，对照考核项目评分）

项目实训 2　3C 商品详情页制作

<table>
<tr><td>实训名称</td><td>3C 商品详情页制作</td><td>序号</td><td>2</td></tr>
<tr><td>实训目标</td><td colspan="3">（1）通过实训，熟悉商品详情页制作流程；
（2）熟练制作 3C 商品详情页</td></tr>
<tr><td>实训要求</td><td colspan="3">成功制作 3C 商品详情页</td></tr>
<tr><td>实训标准</td><td colspan="3">全球速卖通标准</td></tr>
<tr><td>实训条件</td><td colspan="3">全球速卖通仿真实训平台</td></tr>
<tr><td colspan="4">实训流程</td></tr>
<tr><td colspan="4">编辑商品详情页基本信息；编辑包装、物流信息；编辑其他信息</td></tr>
<tr><td colspan="4">考核标准</td></tr>
<tr><td colspan="4">成功制作 3C 商品详情页</td></tr>
<tr><td colspan="4">过程记录</td></tr>
<tr><td colspan="4">（学生填写实训过程中的重要记录，如数据记录及相关分析等）
扫一扫
查看全球速卖通商品发布微课</td></tr>
<tr><td colspan="4">遇到的问题及解决措施</td></tr>
<tr><td colspan="4">（学生填写）</td></tr>
<tr><td colspan="4">实训成果</td></tr>
<tr><td colspan="4">（学生填写实训成果的最终表现形式）</td></tr>
<tr><td colspan="4">实训考核</td></tr>
<tr><td colspan="4">（教师综合实训过程及实训成果，对照考核项目评分）</td></tr>
</table>

项目实训 3　阿里巴巴国际站商品发布

<table>
<tr><td>实训名称</td><td>阿里巴巴国际站商品发布</td><td>序号</td><td>3</td></tr>
<tr><td>实训目标</td><td colspan="3">（1）通过实训，熟悉阿里巴巴国际站商品发布流程；
（2）熟悉阿里巴巴国际站商品发布规则；
（3）通过实训，提升举一反三的能力</td></tr>
<tr><td>实训要求</td><td colspan="3">（1）完成阿里巴巴国际站商品发布的前期准备工作；
（2）在阿里巴巴国际站中成功发布商品</td></tr>
<tr><td>实训标准</td><td colspan="3">阿里巴巴国际站平台标准</td></tr>
<tr><td>实训条件</td><td colspan="3">阿里巴巴国际站平台</td></tr>
<tr><td colspan="4">实训流程</td></tr>
<tr><td colspan="4">收集与整理商品素材；制作商品详情页；熟悉阿里巴巴国际站商品发布规则；发布商品</td></tr>
<tr><td colspan="4">考核标准</td></tr>
<tr><td colspan="4">完成阿里巴巴国际站商品发布的前期准备工作；在阿里巴巴国际站中成功发布商品</td></tr>
<tr><td colspan="4">过程记录</td></tr>
<tr><td colspan="4">（学生填写实训过程中的重要记录，如数据记录及相关分析等）
扫一扫
查看阿里巴巴国际站商品发布微课</td></tr>
<tr><td colspan="4">遇到的问题及解决措施</td></tr>
<tr><td colspan="4">（学生填写）</td></tr>
<tr><td colspan="4">实训成果</td></tr>
<tr><td colspan="4">（学生填写实训成果的最终表现形式）</td></tr>
<tr><td colspan="4">实训考核</td></tr>
<tr><td colspan="4">（教师综合实训过程及实训成果，对照考核项目评分）</td></tr>
</table>

项目 5

跨境电商营销推广

【项目导入】

在完成跨境电商店铺装修和数据选品后，丹尼顺利完成了商品素材收集与整理、商品详情页制作、商品发布与设置等任务。现在，所有的准备工作基本就绪，丹尼开心地等待出单。见状，刘老师肯定了丹尼前期的准备工作，同时告诉他，在进行跨境电商运营时，他需要主动对发布的商品进行营销推广，这样才能获得更多的流量和订单。丹尼恍然大悟，决定接下来根据商品定位，通过不同的渠道开展营销推广活动，以获得更多订单。

【任务拆解】

图 5-1 所示为跨境电商营销推广任务拆解图。

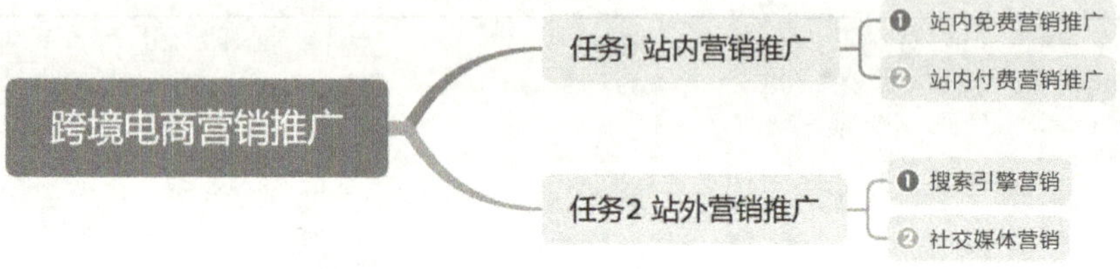

图 5-1

任务 1　站内营销推广

任务描述

在本任务中，丹尼需要围绕站内免费营销推广、站内付费营销推广等内容完成知识梳理和任务实施，以便顺利地对店铺内的商品进行营销推广，获得海外订单。

知识梳理

扫一扫
查看全球速卖通平台营销推广微课

扫一扫
查看阿里巴巴国际站营销推广微课

知识点 1：站内免费营销推广

一、店铺活动

（一）单品折扣活动

在全球速卖通的店铺活动中，如图 5-2 所示的单品折扣活动居所有营销工具之首，在店铺活动中最为常见。设置单品折扣活动有利于为新品引流，以及提高买家的下单转化率。在把商品添加到购物车或收藏夹后，只要商品有折扣，买家就会立刻收到系统的提示，这有助于提高买家的购买率。

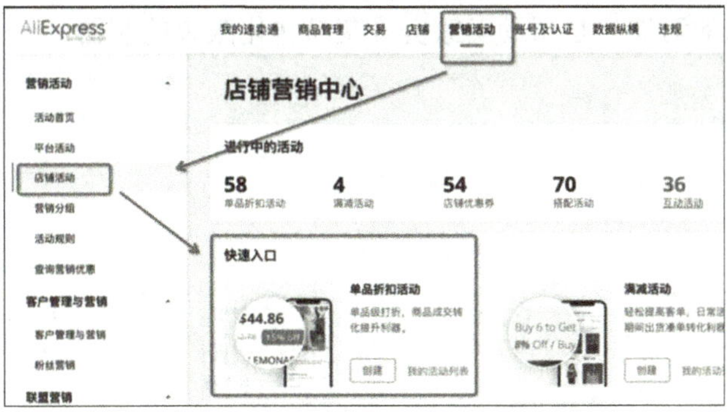

图 5-2

（二）满减活动

如图 5-3 所示，满减活动是全球速卖通店铺的自主营销工具，包括“满立减”“满件折”“满包邮”。

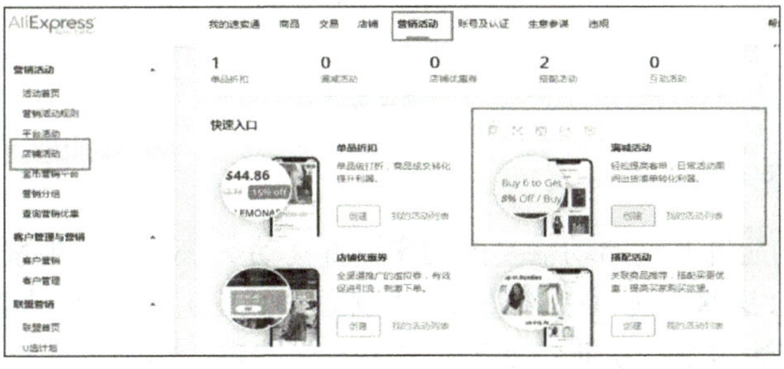

图 5-3

（1）“满立减”是指订单达到一定金额时予以减价的优惠活动。卖家可以根据自身店铺的经营情况，设置“满 *X* 元减 *Y* 元”的促销规则，即订单金额满 *X* 元，买家在付款时可以享受 *Y* 元的优惠。

（2）“满件折”是指卖家根据自身店铺的经营情况，设置“满 *X* 件打 *Y* 折”的促销规则，即订单的商品数量满 *X* 件，买家在付款时可以自动享受打 *Y* 折的优惠，卖家无须修改商品价格。

需要注意的是，“满立减/满件折”活动的优惠可以与店铺其他活动的优惠叠加使用。在买家付款时，已经参加折扣活动的商品按打折后的价格计算“满立减/满件折”活动的优惠。所以，对于同时参加折扣活动和“满立减/满件折”活动的商品，卖家一定要计算好利润。

“满立减/满件折”活动分为 4 种类型，分别是全店铺“满立减”（全店铺商品参加活动）、商品“满立减”（部分商品参加活动）、全店铺“满件折”、商品“满件折”。

（3）“满包邮”是指将包邮作为利益点，以此提升客单价。卖家可以根据自身店铺的经营情况，设置“满 *N* 元/*N* 件包邮”的促销规则，在买家付款时，若订单的金额/商品数量超过卖家设置的“*N* 元/*N* 件”，则系统自动减免邮费。

（三）店铺 code

如图 5-4 所示的店铺 code（优惠券）是一种新型营销工具，卖家可以为商品设置一串优惠码，买家在付款时输入优惠码即可享受相应的优惠。店铺优惠券在海外市场广受买家欢迎，它比较符合海外买家的习惯，是帮助卖家提升交易转化效果的利器。

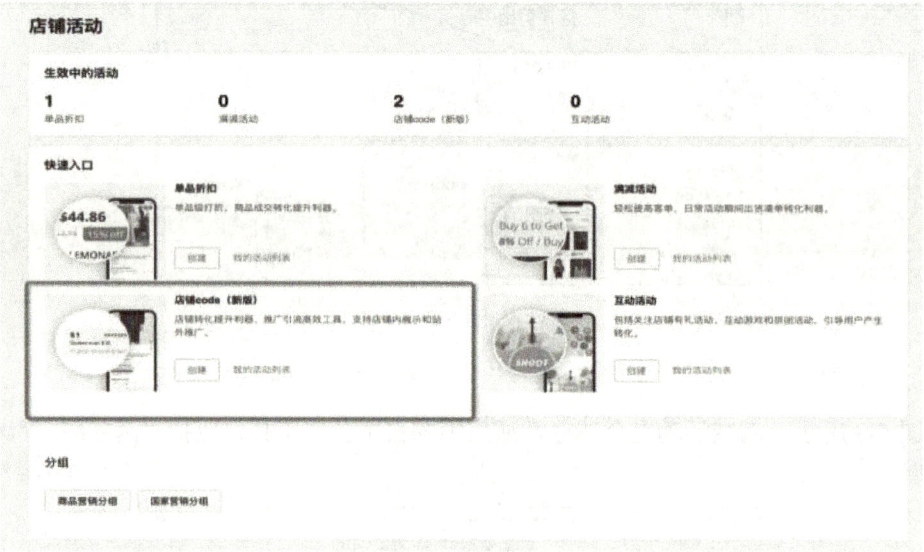

图 5-4

（四）店铺互动活动

如图 5-5 所示的店铺互动活动需要由卖家设置互动玩法，吸引买家持续到店铺中进行游戏互动，并获得奖励（这些奖励可以带来后续的转化和成交）。店铺互动活动既能让买家获益，又能刺激买家持续回访店铺，从而实现买卖双方互利双赢。店铺互动活动的奖励由卖家根据自身店铺的经营情况来设置，合理开展店铺互动活动可以吸引更多的流量，刺激买家回访店铺，从而提升销售额和转化率。

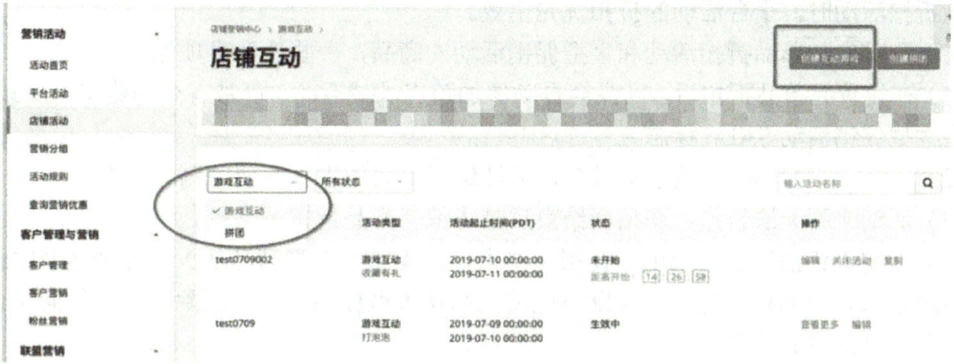

图 5-5

店铺互动活动包括“翻牌子”“打泡泡”“收藏有礼”。卖家可以自行设置活动时间、买家互动次数和奖品，快速吸引流量到店。

二、平台活动

平台活动和店铺活动是两个完全不同的概念。平台活动是全球速卖通面向卖家推出的免费营销推广服务，主要包括促销活动和频道活动。平台活动是流量的集中地，卖家可以通过高曝光、高流量、高转化获得更多的订单。

（一）促销活动

促销活动通过促销来突出品牌的特色，提高品牌的知名度，从而大规模吸引流量。促销类型选择界面如图 5-6 所示。

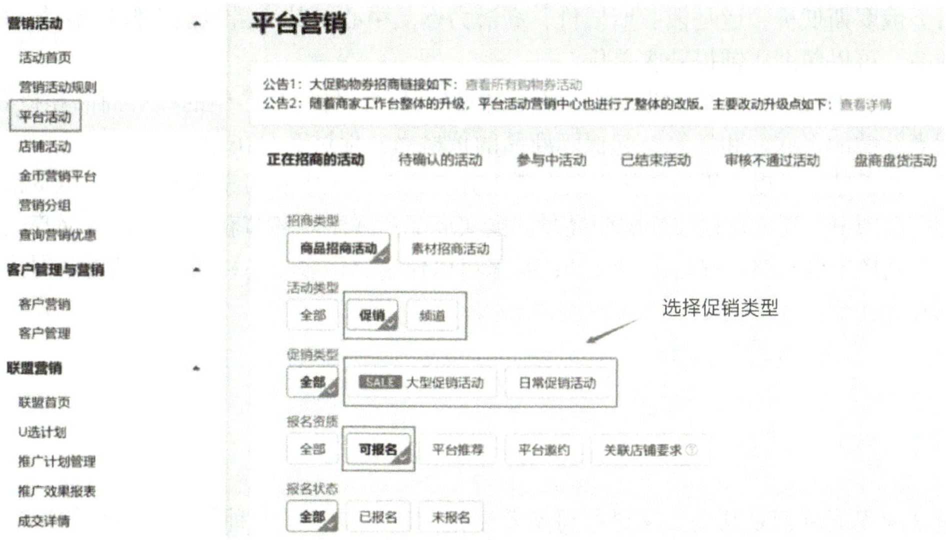

图 5-6

商品可以参加同一个时间段内的平台活动、大型促销活动和单品折扣活动，优先级顺序为“平台活动>大型促销活动>单品折扣活动”，即当商品同时参加平台活动、大型促销活动和单品折扣活动时，平台活动的折扣优先生效。

对于同时参加单品折扣活动和大型促销活动的商品，一些注意事项如下。

（1）在设置完单品折扣后，商品会自动参加跨店满减活动，可带有全链路跨店满减标志，不带有大型促销活动 SALE 标志。

（2）商品一旦参加活动就会被锁定，无法编辑，只能进行下架、删除操作。

（3）活动全程无法暂停，在招商结束后禁止编辑商品折扣等信息。

（4）大型促销活动退出规则：在招商结束前，卖家可以将商品从大型促销活动中删除；在招商结束后，商品被锁定，卖家既不能将商品从大型促销活动中删除，也不能向平台申请退出活动，只能将商品直接下架。

（二）频道活动

频道活动主要是一些固定的活动，包括俄罗斯低价频道、SuperDeals（超级交易）、金币频道等，如图 5-7 所示。

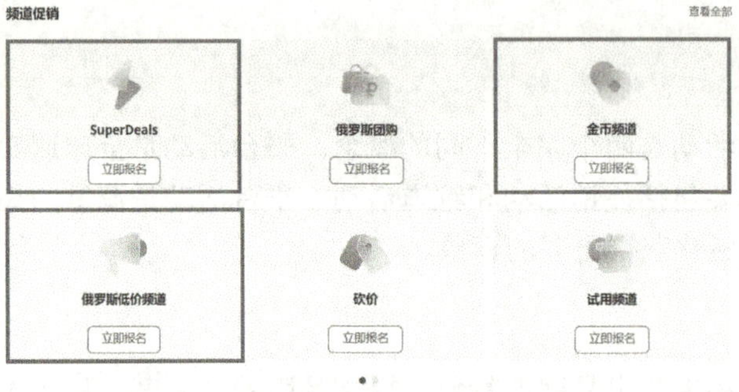

图 5-7

（1）俄罗斯低价频道是俄罗斯低价、高潜力爆品中心，其流量聚焦于低价格带（0～5 美元）商品，可以帮助店铺提升客单价。

（2）SuperDeals 是全球速卖通推出的全球推广品牌，针对平台中的核心商品和核心卖家，通过适当补贴的形式，和卖家一起保障商品的价格力，促进商品出单。

（3）金币频道是以金币为载体，致力于提升卖家运营效率和买家活跃度的虚拟货币流通体系。在金币频道，买家可以在加购商品时、购买商品后或游戏环节获得金币，从而享受金币下单折扣、兑换平台权益、参与各类互动；卖家可以使用金币参与各种活动，从而获得流量。

知识点 2：站内付费营销推广

一、全球速卖通联盟

全球速卖通联盟是帮助卖家进行付费营销推广的工具，是一种按成交付费的营销推广方式。卖家通过全球速卖通联盟营销推广渠道获得订单，按照事先设定的比例支付佣金，按成交付费。当买家通过全球速卖通联盟营销推广渠道进入店铺、购买商品并交易成功时，卖家需要向联盟支付佣金。全球速卖通联盟界面如图 5-8 所示。

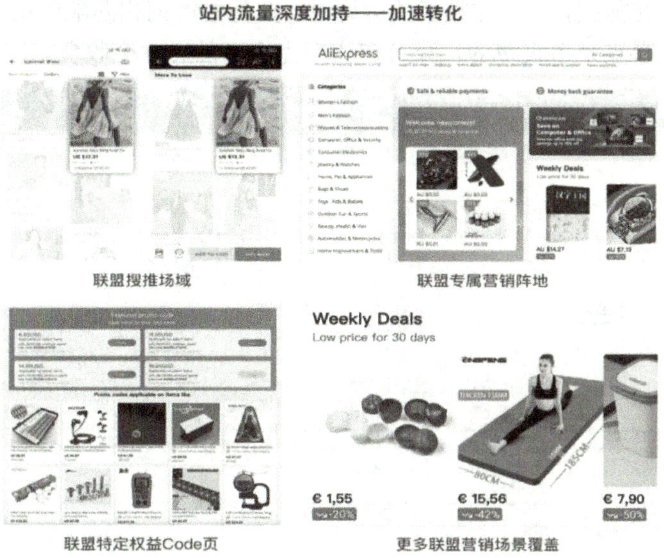

图 5-8

（一）全球速卖通联盟的优势

1. 免费曝光，按成交付费

全球速卖通联盟是按成交付费的营销推广方式，只有在买家购买商品时，卖家才需要付费，既不需要提前充值，也不需要提前投入资金。

2. 费用可控，效果可见

卖家可以自主选择营销推广的商品，并设定不同的佣金率，灵活控制费用。营销推广效果清晰可见，全球速卖通联盟给店铺带来的流量、转化的订单、预计需要支付的费用等都有据可查。

3. 海量买家，精准覆盖

加入全球速卖通联盟的卖家可以触达不同国家、不同 App、不同社交网站或购物网站等站外渠道的海量买家，提升店铺的销量和市场占有率。

（二）加入全球速卖通联盟的路径

全球速卖通联盟既支持站内付费营销推广，也支持站外付费营销推广（如网红推广、网站推广、营销邮件推广、弹窗广告推广、浮动广告推广等）。

加入全球速卖通联盟的路径如下：进入全球速卖通卖家后台，依次单击“推广”—“联盟营销”—“快速入口”—“单品营销计划”—“手动添加商品”，批量设置佣金率；在设置完毕后，单击“确认添加”，正式加入全球速卖通联盟。

二、直通车

直通车是全球速卖通支持卖家自主设置多维度关键词，免费展示商品信息，通过大量曝光商品吸引买家，并按点击付费的营销推广方式（见图 5-9）。通俗地讲，直通车可以把参与营销推广的商品排在前面，当买家搜索关键词时，把与关键词相匹配的商品展现在买家眼前。在直通车中，商品曝光是不收费的，只有在买家点击商品时才会收费。

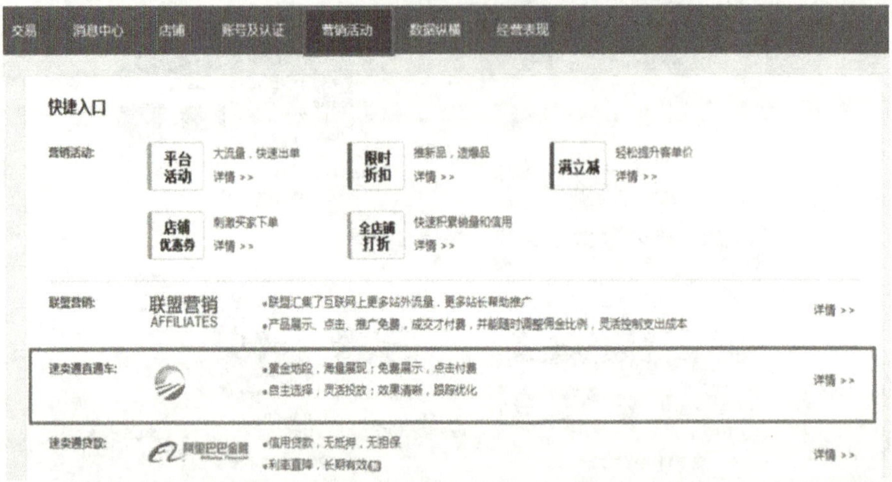

图 5-9

（一）直通车的作用

直通车具有增加店铺流量，帮助卖家完成选品和测款，快速为新品引流，快速打造爆品，稳定商品自然排名，以及增加店铺订单量和交易额等作用。

（二）直通车的推广计划

1. 重点推广计划

重点推广计划的目的是重点推广某个商品，将其打造成爆品。卖家最多可以创建 10 个重点推广计划，每个重点推广计划最多可以包含 100 个单元，每个单元最多可以容纳 1 个商品，把 200 个关键词匹配给 1 个商品。这样做的目的是吸引精准流量，提高商品的转化率，优化投入产出比。

2. 快捷推广计划

在直通车中，1 个商品最多可以匹配 200 个关键词。在重点推广商品有限的情况下，卖家可以利用快捷推广计划增加商品数量和关键词数量，以便更快、更迅速、更方便地覆盖更多流量。此外，快捷推广计划还可以用于测试新品，帮助卖家将潜力爆款作为后续的营销推广重点。

（三）直通车的优势

1. 黄金位置、海量展现

直通车会把参与营销推广的商品展现在搜索结果界面的左侧和下方。同时，商品推荐投放功能会把参与营销推广的商品展现在买家搜索结果首页的商品推荐位置和商品详情页下方的推荐位置。这些位置是平台中最吸引买家眼球的位置，而且它们存在于很多界面中。也就是说，直通车会采用海量的多元化展现方式，使参与营销推广的商品尽可能多地占据平台中最吸引买家眼球的黄金位置。

2. 精准点击、扣费合理

直通车的海量引流、曝光是免费的，只有在买家点击商品时才会产生费用。同时，直通车会屏蔽所有无效点击，如重复性的人工点击。因此，产生点击费用的来源是有购买意愿的精准买家。直通车采用针对性扣费模式，关键词出价会在一定程度上影响点击费用。不过，出价金额是为一次点击付费的最高金额，实际扣费小于或等于出价金额。

任务实施

丹尼根据已发布的商品，结合全球速卖通的促销规则，准备开展两种营销推广活动。一种是站内免费营销推广活动，丹尼决定开展最基础的、引流效果最好的单品折扣活动，因为单品折扣信息会在搜索结果界面、商品详情页、购物车等买家路径中展示，这样可以提高买家的购买转化率，快速出单。另一种是站内付费营销推广活动，丹尼决定开展比较便利的、引流效果不错的直通车营销推广活动。接下来进入站内营销推广任务实施环节。

一、站内免费营销推广活动

【step1】如图 5-10 所示，进入全球速卖通卖家后台，依次单击“营销活动”—“店铺活动”—“单品折扣活动”。

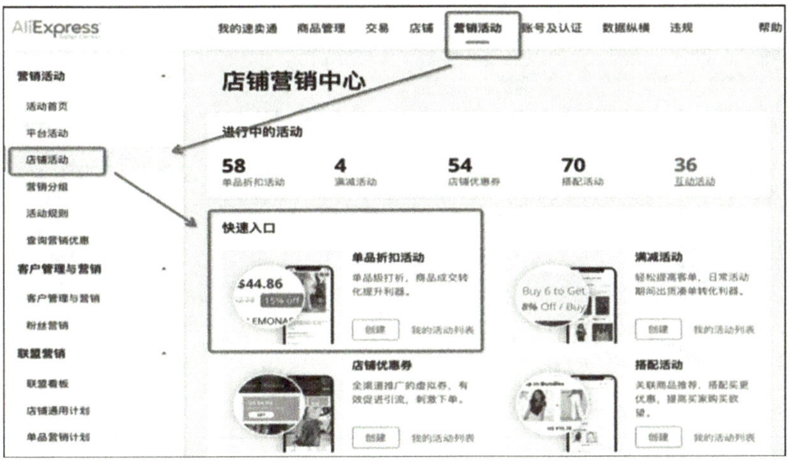

图 5-10

【step2】如图 5-11 所示，单击“创建”，创建单品折扣活动。

图 5-11

【step3】如图 5-12 所示，设置活动基本信息。

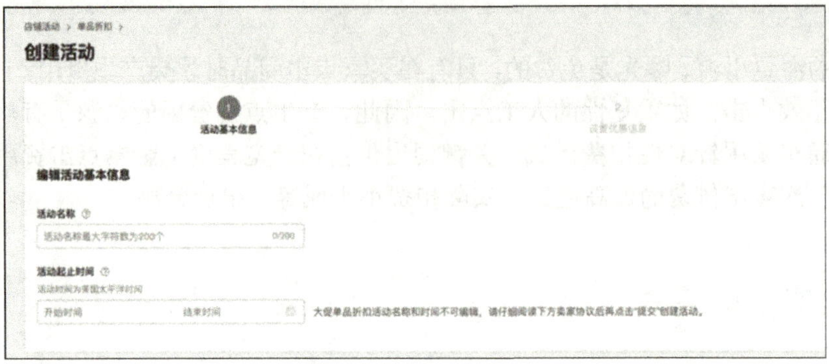

图 5-12

首先，设置活动名称（不超过 200 个字符）。活动名称只供卖家查看，不展示给买家。

其次，设置活动起止时间（美国太平洋时间）。卖家最多可以设置时长为 180 天的活动，并取消每月活动时长和次数的限制。在活动开始后，活动立即生效。需要注意的是，若在设置过程中赶上活动开始，则活动立即生效。

最后，单击“提交”，进入设置优惠信息界面。

【step4】设置优惠信息。

（1）全球速卖通支持选择单个商品、按营销分组设置折扣、批量导入等形式设置优惠信息。

（2）筛选全部已选商品和未设置优惠商品（支持搜索商品 ID），如图 5-13 所示。

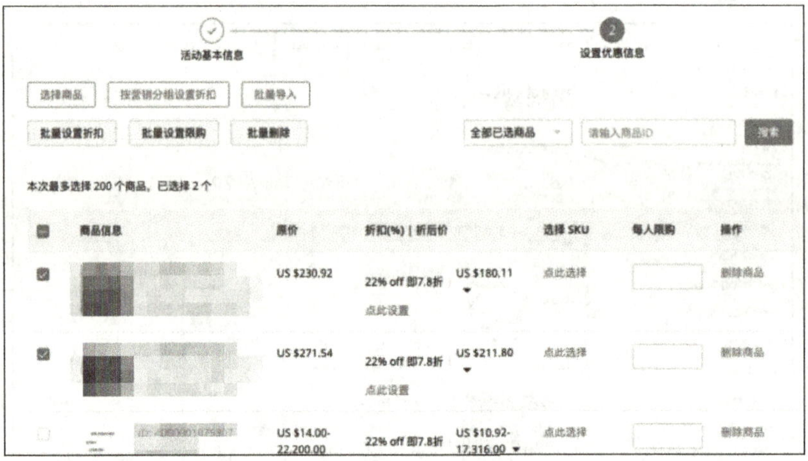

图 5-13

（3）全球速卖通支持批量设置折扣（见图 5-14，默认全部 SKU 参加活动）、批量设置限购、批量删除。

（4）如图 5-15 所示，全球速卖通默认全部 SKU 参加活动，参与活动的库存数同步使用商品普通库存数。如果部分 SKU 不参与活动，那么卖家需要将商品普通库存数修改为 0。

店铺粉丝/新买家折扣价的计算公式为“[1-(全站折扣+定向人群额外折扣)]×商品原价”。若商品原价为 100 元，全站折扣为 10%，新买家额外折扣为 5%，则非新买家折扣价和新买家折扣价的计算公式如下：

非新买家折扣价=（1-10%）×100= 90（元）

新买家折扣价=［1-（10%+5%）］×100=85（元）

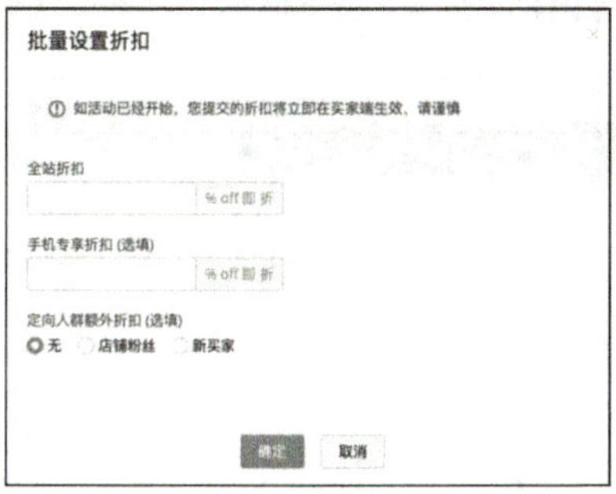

图 5-14

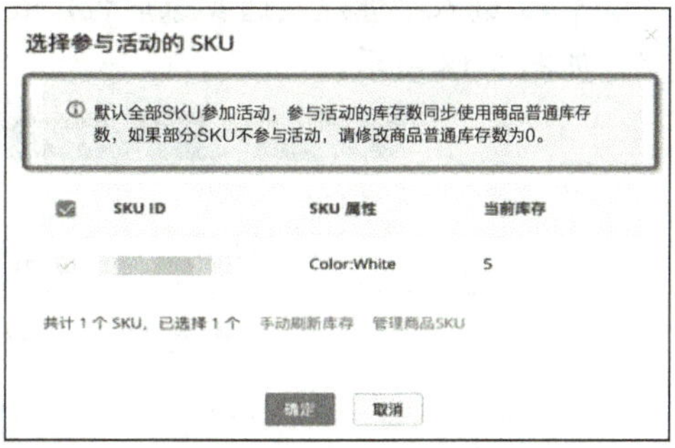

图 5-15

（5）全球速卖通支持对单个商品设置店铺粉丝/新买家折扣价。

（6）全球速卖通支持批量导入，如图 5-16 所示。

图 5-16

① 模板文件中最多包含 30 000 个商品。如果多次提交失败，那么卖家应适当减少商品数量。

② 在模板文件中，“Product ID”和“Discount”为必填项，其余皆为选填项。

③ “store_fans”是指额外设置粉丝价，“fresh_member”是指额外设置新人价，二者只能选择一项进行设置。

④ 在导入历史界面中，卖家可以下载错误报告，如图 5-17 所示。

图 5-17

（7）单击“保存并返回”，单品折扣活动创建完毕。在活动开始后，活动立即生效。

二、站内付费营销推广活动

【step1】进入全球速卖通卖家后台，依次单击“营销活动”—“快捷入口”—“速卖通直通车”，如图 5-18 所示。

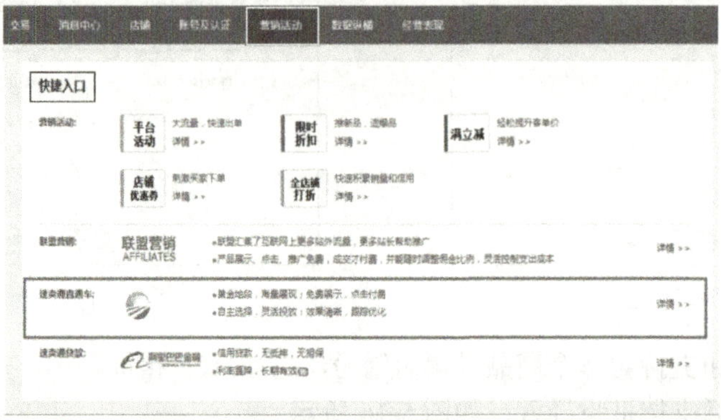

图 5-18

【step2】在没有开通直通车账户时，账户状态为“已欠费”，充值后可恢复正常推广。如图 5-19 所示，卖家单击界面左上角的“我要推广”，选择推广计划。

图 5-19

【step3】选择“重点推广计划”，填写推广计划的名称，单击“开始新建”，如图 5-20 所示。

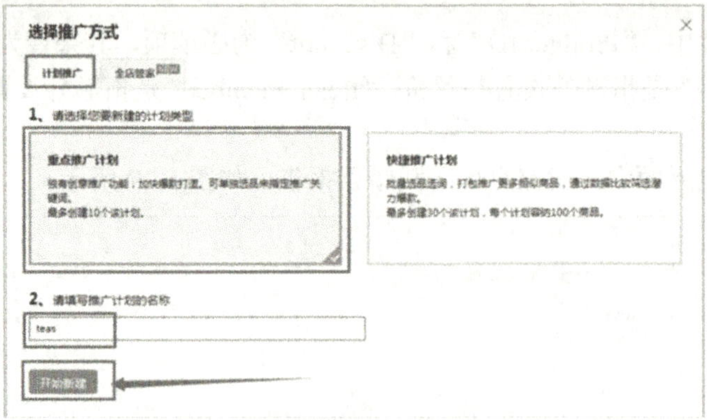

图 5-20

【step4】新建重点推广计划的第一步是添加关键词。如图 5-21 所示，卖家可以添加推广评分为优、30 天搜索热度高、竞争度低、市场平均价低的关键词，最多可以添加 200 个关键词。

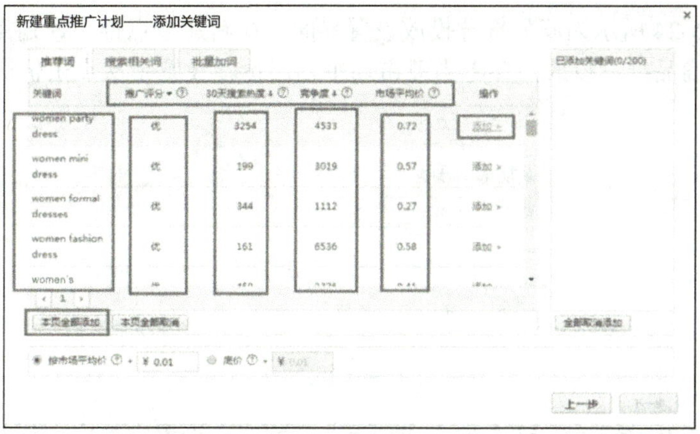

图 5-21

【step5】卖家既可以按市场平均价定价，也可以自定义价格，在设置好价格后，单击“下一步”，如图 5-22 所示。

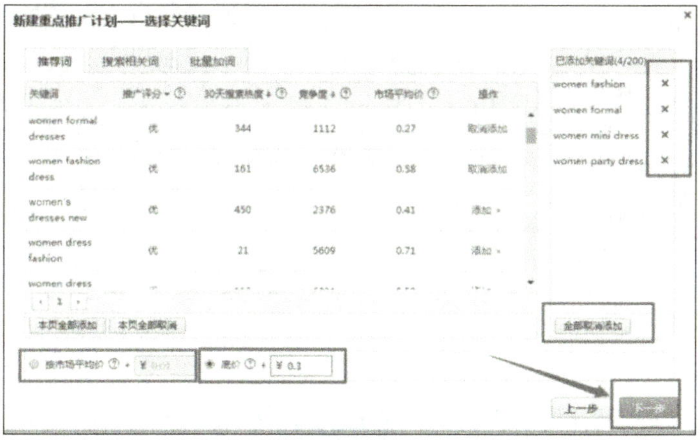

图 5-22

【step6】至此，新建重点推广计划完成，如图 5-23 所示。

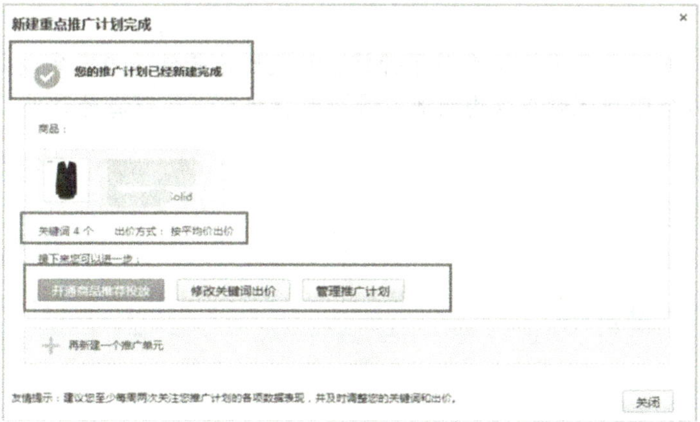

图 5-23

【step7】图 5-24 所示为商品推荐投放设置界面。在新建重点推广计划完成后，卖家可以进一步选择开通商品推荐投放，参考当前市场平均出价，设置单次点击价格，确认无误后，单击“确认”。

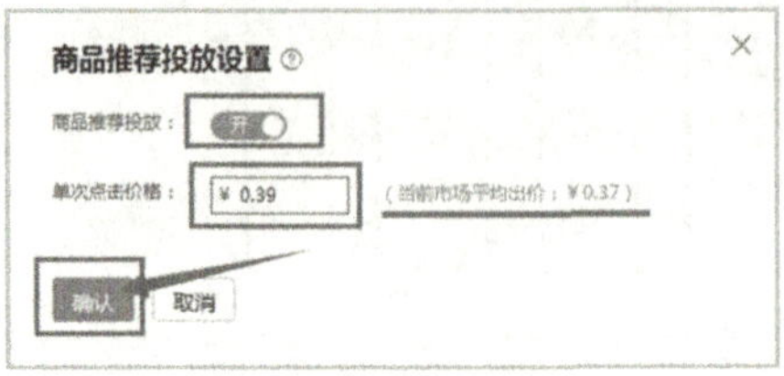

图 5-24

【step8】图 5-25 所示为直通车推广计划运营界面。在设置完推广计划的相关信息后，直通车账户状态会变为“推广在正常运营中”。

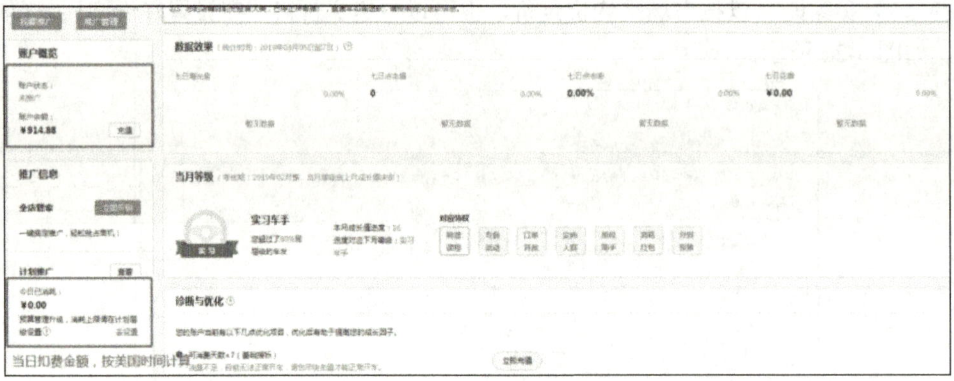

图 5-25

任务 2　站外营销推广

任务描述

在本任务中，丹尼需要围绕搜索引擎营销、社交媒体营销等内容完成知识梳理、任务实施和项目实训，以便顺利地对店铺内的商品进行营销推广，获得海外订单。

知识梳理

知识点 1：搜索引擎营销

一、认识搜索引擎营销

搜索引擎营销（Search Engine Marketing，SEM）是指根据用户使用搜索引擎的方式，利用用户检索信息的机会，尽可能地把营销信息传递给目标用户。简单来说，搜索引擎营销是基于搜索引擎的网络营销，根据用户使用搜索引擎的习惯，在用户检索信息的时候，尽可能地把营销信息传递给目标用户。搜索引擎营销追求高性价比，即以较小的投入获得来自搜索引擎的较大访问量，并创造商业价值。

搜索引擎营销的优点包括灵活性和准确性，它对目标用户的定位比较准确，而且不受地域和时间的限制，可以在短时间内快速提高转化率。

搜索引擎营销有助于实现以下 4 个层次的营销目标。

（1）网站被搜索引擎收录。

（2）网站在搜索结果中排名靠前。

（3）提高用户的点击率。

（4）将浏览者转化为购买者。

在以上 4 个层次的营销目标中，前 3 个层次的营销目标可以理解为搜索引擎营销的过程，将浏览者转化为购买者是搜索引擎营销的最终目的。在一般的搜索引擎营销中，通过设计网页标题、META 标签中的描述标签、关键词标签等，卖家通常可以实现前两个层次的营销目标。若卖家想实现更高层次的营销目标，则需要在设计网站时考虑网站是否容易被搜索引擎收录，或者对搜索引擎进行进一步的优化设计。

二、影响搜索排名的因素

影响搜索排名的因素可以概括为以下 5 类。

（一）商品描述的质量

1. 如实描述商品

如实描述商品是最基本的要求。卖家销售的是什么样的商品，一定要在描述商品的时候真实、准确地告诉买家，帮助买家快速做出购买决策。由虚假的商品描述引起的纠纷会严重影响卖家的排名，甚至会让卖家受到平台的处罚。

2. 商品描述应尽量准确、完整

商品的标题、类目、属性、详细描述等信息对买家快速做出购买决策非常重要，卖家务必准确、详细地填写它们。

3. 展示高质量的图片

全球速卖通提倡卖家拍摄所售商品的实物，从多个角度展示所售商品的重点和细节。清晰、美观的图片有利于买家快速了解商品，从而做出购买决策。

（二）商品与买家需求的相关性

判断商品与买家需求的相关性是搜索引擎营销中一套非常复杂的算法。简单来说，在买家输入关键词进行搜索或浏览类目的时候，平台需要判断商品与买家需求的相关性。相关性越强的商品，搜索排名越靠前。

例如，全球速卖通在判断商品与买家需求的相关性时，最主要的参考指标是商品的标题，其次是商品的类目、属性、详细描述。

以下建议有助于商品获得更多的曝光机会。

（1）标题是重中之重，应真实、准确地概括商品，符合海外买家的语法习惯，没有错别字和语法错误。

（2）标题中应避免堆砌关键词，如“MP3, MP3 player, music MP3 player”，这样的标题不但无法帮助商品提升搜索排名，反而会使商品受到搜索排名下降的处罚。

（3）标题中切忌虚假描述，如卖家销售的商品是 MP3，为了获得更高的曝光度，卖家在标题中添加“MP4/MP5”。全球速卖通的算法可以监测此类作弊行为，同时，虚假描述会影响商品的转化情况，得不偿失。

（4）商品的类目选择一定要正确，这有助于买家通过浏览或筛选类目，快速定位自己需要的商品。错误的类目选择可能减少商品的曝光机会，甚至让卖家受到平台的处罚。

（5）商品属性应完整、准确，这有助于买家通过搜索关键词、筛选属性，快速定位自己需要的商品。

（三）商品的交易转化能力

全球速卖通看重商品的交易转化能力，只有满足买家需求、价格/运费设置合理、售后服务有保障的商品，才是买家想购买的商品。全球速卖通根据商品的曝光次数和成交量来衡量商品的交易转化能力。交易转化能力高的商品代表买家需求旺盛，有市场竞争优势，因而搜索排名靠前；交易转化能力低的商品搜索排名靠后，甚至没有曝光的机会，会逐步被市场淘汰。

此外，商品的累计成交量和好评也有助于买家快速做出购买决策。如果商品的评价不好，就会严重影响商品的搜索排名。

（四）卖家的服务能力

卖家的服务能力是直接影响买家是否做出购买决策的因素之一。在搜索排名方面，全球速卖通非常看重卖家的服务能力，提供优质服务的卖家排名靠前，服务能力差、买家投诉多的卖家排名会严重靠后，甚至可能受到不参与排名或平台的其他处罚。

全球速卖通会重点考察卖家以下 4 个方面的表现。

1. 卖家的服务响应能力

在使用阿里旺旺和 ContactNow（立即联系）邮件时，保持合理的在线时间和及时解答买家的疑问有助于提升卖家在服务响应能力方面的评分。

2. 订单的执行情况

卖家销售商品，如果承诺了发货时间，就应该按时发货。在买家付款后，卖家应按时发货，无货空挂、拍而不卖的行为不仅会对买家的购物体验造成严重的影响，还会影响卖家销售的所有商品的排名情况；情节严重的，卖家销售的所有商品都将不能参与排序（全球速卖通会排除非卖家责任的订单取消情况）。此外，为了规避拍而不卖进行虚假发货的行为会被视为欺诈，卖家会受到平台更加严厉的处罚。

3. 订单的纠纷、退款情况

在发布和销售商品时，卖家应如实描述，向买家诚实地介绍自己的商品，同时保证商品的质量，避免在买家收到商品后发生纠纷、退款的情况。如果买家对商品有不满意的地方，那么卖家应积极主动地与买家沟通、协商，避免发生纠纷，特别是避免纠纷发展到需要平台介入的程度。纠纷少的卖家会得到平台的鼓励，纠纷多的卖家会受到搜索排名严重靠后甚至不参与排名的处罚。同样地，全球速卖通也会排除非卖家责任的订单纠纷、退款情况。

4. 卖家的 DSR 评分情况

卖家的 DSR（Detail Seller Rating，卖家服务评级系统）评分代表买家在交易结束后对商品和卖家服务能力的评价，是买家满意与否的直接体现。全球速卖通会优先推荐 DSR 评分高的商品和卖家，给予这些商品和卖家更多的曝光机会、推广资源。DSR 评分低的卖家会受到搜索排名严重靠后甚至不参与排名的处罚。

在订单的执行、纠纷、退款情况这 3 个方面，全球速卖通会同时考察个别商品和卖家整体的表现：个别商品表现差，会影响个别商品的排名；卖家整体表现差，会影响卖家销售的所有商品的排名。

（五）搜索作弊行为

对于搜索作弊行为，全球速卖通会进行日常监控和处理，及时清理存在作弊行为的商品，处罚手段包括商品的搜索排名靠后、不参与排名和隐藏商品。作弊行为严重或屡教不改的卖家会受到店铺整体在一段时间内排名靠后或不参与排名的处罚；作弊行为特别严重的卖家会受到关闭店铺、清退账号等处罚。常见的搜索作弊行为包括以下 10 种。

（1）乱放“黑五类”商品：将订单链接、运费补差价链接、赠品、定金、新品预告等作为特殊商品，没有按规定把它们放在指定的特殊类目中。

（2）重复铺货骗曝光：把同一个商品恶意发布为多个商品进行销售。

（3）重复开小号抢曝光：恶意注册多个账号，发布相同的商品进行销售。

（4）商品标题、关键词等滥用：在商品的标题、关键词、简要描述、详细描述中使用与商品不相关的品牌名称、描述用语，吸引更多买家的注意力或误导买家浏览商品。

（5）商品类目不合适：把商品发布在不合适的类目中或设置错误的属性，会影响平台的商品类目列表和属性筛选的准确性，进而影响买家的购物体验。

（6）商品超低价骗曝光：以远低于商品正常价格的超低价发布商品，在买家按价格浏览商品时吸引买家的注意力，骗取曝光。

（7）商品价格与运费倒挂：以超低价发布商品，同时调高运费，吸引买家的注意力，骗取曝光。

（8）发布广告商品：以宣传店铺或其他商品为目的，发布带有广告性质的商品，吸引买家访问，但不进行真实销售。

（9）商品销量炒作：以提升商品的累计销量为目的，利用先卖低价商品，再卖高价商品和虚假交易的方式，提升商品的累计销量，误导买家。

（10）卖家信用炒作：卖家信用评价并非基于真实的交易体验，而是为了提升店铺的信誉，引导买家做出评价。

三、搜索引擎营销的方法

搜索引擎营销主要有 3 种方法，分别是竞价排名、购买关键词广告、搜索引擎优化（Search Engine Optimization，SEO）。

竞价排名指的是网站只有在付费后才能被搜索到，并出现在搜索结果界面中，付费越高，排名越靠前。其实质是网站运营者为自身网站购买关键词排名，并按点击付费的服务。网站运营者可以通过调整每次点击的付费，控制自身网站在特定关键词搜索结果中的排名，并通过设定不同的关键词，捕捉不同类型的目标访问者。需要注意的是，即使采用了竞价排名的方法，网站运营者也应该对网站进行搜索引擎优化。

购买关键词广告，即购买在搜索结果界面中显示的广告，以实现高级定位投放。网站运营者可以根据自身需要更换关键词，这样相当于在不同界面中轮换投放广告。

搜索引擎优化指的是对网站进行优化设计，使网站在搜索结果中排名靠前，获得较大的免费流量，吸引更多的潜在访问者进入网站，从而达到营销、宣传等目的。搜索引擎优化包括网站内容优化、关键词优化、外部链接优化、内部链接优化、代码优化、图片优化、搜索引擎登录优化等。

四、搜索引擎营销的流程

（1）了解商品针对的是哪些目标群体，如 25～35 岁的男性群体，规模为 50～100 人的贸易企业等。

（2）了解目标群体的搜索习惯，如目标群体习惯用什么关键词搜索商品。

（3）了解目标群体经常访问哪些类型的网站。

（4）分析目标群体最关注商品的哪些特性，如商品的品牌、价格、性能、可扩展性、服务优势等。

（5）设置竞价广告账户和广告组，如创建百度的广告系列和广告组，需要考虑管理的便捷性，以及广告文案与广告组中关键词的相关性。

（6）选择关键词，可以借助关键词分析工具，如百度竞价的关键词分析工具以用户搜索数据为基础，具有很高的参考价值。

（7）撰写有吸引力的广告文案。

（8）设计广告界面。

（9）投放广告。

（10）基于关键绩效指标，评估广告的转化效果。

知识点 2：社交媒体营销

社交媒体营销是一种利用社交网络、在线社区或其他互联网协作平台，开展营销、公关和客服维护的方式，其最终目的是增加咨询量和订单量。在进行社交媒体营销时，我们要淡化营销色彩，把营销变成一件经常向他人分享生活趣事、偶尔分享商品的事情，这样更容易被用户接受。

在跨境电商运营中开展社交媒体营销有一个难点，那就是如何正确理解用户的真实需求。国内外的文化有所差异，媒体环境也不同。在这种背景下，对卖家而言，社交媒体是一个窗口和渠道，卖家可以通过内容测试，初步了解用户的真实需求、想法，以及用户对商品的意见、建议。

Facebook、Instagram、LinkedIn、YouTube、Twitter、TikTok 是比较适合进行社交媒体营销的平台，它们拥有比较成熟和活跃的用户。

一、Facebook 营销

Facebook 是世界领先的分享网站，用户可以在其中分享照片、兴趣爱好、生活碎片等。除了可以与好友互动，Facebook 中还可以进行在线交易。2021 年 10 月，Facebook 宣布将部分品牌更名为“Meta”。Meta 是一种全新的、功能更多元的互联网社交媒体模式，一些媒体把这种模式称为“元宇宙”(Metaverse)，即借助 VR(Virtual Reality，虚拟现实)、AR(Augmented Reality，增强现实）技术及设备，吸引用户建立一个类似于现实生活的，可以进行人机互动的，能够满足工作、交流、娱乐需求的空间。

Facebook 拥有超过 30 亿个用户，每天约有 18 亿个活跃用户。这意味着 Facebook 是一个巨大的流量池，全世界超过 1/3 的人聚集在 Facebook 中，这使 Facebook 成为获取流量的重要渠道之一。Facebook 不仅是一个社交平台，还是跨境电商卖家必须熟练掌握的成单工具。在 Facebook 中，卖家可以通过发布帖子、创建主页等方式积累粉丝，并通过投放广告为独立站引流，快速扩大业务规模。

（一）Facebook 营销策略

1. 自然社交

自然社交是一种长期、免费的营销策略，包括发布帖子、创建主页、(通过评论和聊天）与粉丝互动等，目的是通过增加账号的曝光量吸引更多粉丝的关注，以及在与粉丝互动的过程中为独立站引流。

2. 付费推广

付费推广包括 Facebook Ads Manager（广告经理）和优化广告活动，是一种快速接触目标受众的短期营销策略。

自然社交可以帮助卖家打造品牌、与粉丝互动；付费推广可以吸引受众的注意力，帮助卖家宣传商品、服务、促销活动等。建议卖家采用自然社交和付费推广相结合的营销策略。

（二）Facebook 营销渠道

Facebook 有大量针对商业的营销渠道，主要包括以下 5 种：Facebook Business Page（商业界面)、创建 Facebook 广告、参与 Facebook 群组、在 Facebook Marketplace（市场）中销售商品，以及联合营销。

1. Facebook Business Page

Facebook Business Page 是个人资料界面的商业版本，包含位置、时间、服务和用户评论，以及添加自定义选项卡和 CTA（Call to Action，行动号召）选项卡，如 Book Now（立即预订）或 Facebook Shop（商店)。要想创建 Facebook 广告，卖家必须有 Facebook Business Page。Facebook Business Page 不仅存在于 Facebook 中，还存在于一些搜索引擎中。Facebook Business Page 通常用来提高品牌的知名度、与目标受众建立联系、进行宣传促销等，同时，它也是卖家使用 Facebook 广告和 Facebook 群组等营销工具的前提条件之一。

Facebook Business Page 适用于与目标受众建立联系。

2. 创建 Facebook 广告

Facebook 广告为卖家提供了一种通过特定信息接触目标受众的方式，目标受众不一定能通过帖子接触这些特定信息。Facebook 广告是一种按点击付费的广告，卖家根据受众的点击次数、广告的观看次数和转化率等互动情况付费。Facebook 广告的独特之处在于为卖家提供了一种接触目标受众的方式。换句话说，卖家可以精确地找到他们想把广告展现给哪些目标受众。除了接触目标受众，Facebook 广告还可以帮助卖家实现特定的营销目标，如让目标受众产生购物欲望、锁定消费群体等。

Facebook 广告适用于向目标受众快速传递特定信息。

3. 参与 Facebook 群组

Facebook 群组是用户因为共同的兴趣或业务而建立的社区。卖家既可以积极参与现有的群组，也可以创建和管理自己的群组，以获得关注、开展社交媒体营销，并接触积极参与群组的目标受众。Facebook 群组不是一种直接的广告形式或推广平台，其重点是群组中的成员，以及围绕他们共同的兴趣、目标、业务建立社区。

Facebook 群组适用于提高品牌的知名度和接触目标受众。

4. 在 Facebook Marketplace 中销售商品

Facebook Marketplace 类似于分类信息网站 Craigslist 和 Gumtree。虽然在 Facebook Marketplace 中销售商品的大部分群体是个人，但是企业也可以在其中销售商品。Facebook Marketplace 不是卖家的主要营销渠道，其主要作用是使商品获得额外的曝光，进而转化为更多的订单。

Facebook Marketplace 适用于拓展营销渠道。

5. 联合营销

联合营销是指两个卖家合作推广和交叉销售彼此的商品或服务。这是一种免费的营销策略，可以帮助卖家提升信誉和知名度。在社交媒体营销中，比较常见的形式是卖家与网红开展联合营销。当然，卖家也可以与其他卖家开展联合营销，交叉销售彼此的商品或服务，并使自身的商品或服务在其他卖家的目标受众中获得曝光。

联合营销适用于口碑营销和提高品牌的知名度。

（三）Facebook 营销技巧

1. 在网站中发布已有的社交渠道

卖家可以在网站中比较显眼的位置发布已有的社交渠道，这样，受众就能直接点击链接，跳转到相应的社交平台中，更方便、更直接地进行互动。

2. 在邮件中添加社交图标

如果卖家采用邮件营销的营销方法或经常用邮件联系用户，那么建议卖家在邮件中添加社交图标，这样可以提高用户的关注度。

例如，卖家在 Facebook 中举办活动，可以在邮件中添加活动链接“Want to receive a gift from us? Link us on Facebook!”（想收到我们的礼物吗？在 Facebook 上联系我们！），同时大范围发送邮件，进行广泛的宣传。

3. 在正确的时间发布帖子

在正确的时间发布帖子，能够让更多人看到帖子的内容。卖家需要观察在哪个时间段发布帖子的效果最好，可以利用 Facebook Insights（洞察）等工具进行查询。

4. 了解受众

在利用 Facebook 主页吸引受众的关注后，卖家可以通过数据收集工具了解受众，根据相关数据对受众进行分组。例如，在浏览 Facebook 主页的受众中，中年女性受众较多，以后发布帖子时，卖家可以多发布与该受众群体相关的信息，以吸引该受众群体的注意力。另外，卖家还可以通过发布帖子吸引其他受众群体，挖掘未开发的市场。

二、Instagram 营销

Instagram 鼓励用户以一种快速、有趣的方式分享随手抓拍的照片，它融入了建立好友关系、回复、分享、收藏等社交元素。Instagram 每月的活跃用户在 7 亿个左右，约 4 亿个用户每天都会登录 Instagram。

在 Instagram 中，68%的用户经常和企业账号、品牌账号互动；在 Facebook 中，这个比例只有 32%。咨询公司的数据显示，Instagram 中的用户互动率至少是其他平台的 8 倍。在 Instagram 中，电商订单的平均价格是 65 美元，远远超过谷歌、Facebook 等平台。

（一）Instagram 引流的三大法则

1. 拍摄精美的商品图片，让图片“说话”

Instagram 用户期待的是吸引眼球的精美图片，而不是普通的商品陈列。卖家可以通过拍摄商品的使用场景和细节、幕后花絮，在图片中加入故事、生活的元素，让图片“说话”。

2. 巧用标签功能，方便用户搜索

Instagram 的特色之一是标签功能。在 Instagram 中，帖子的更新速度非常快，一眨眼的工夫，帖子就可能石沉大海。标签功能可以帮助用户在茫茫“图海”中搜索到自己需要的品牌。卖家可以从品牌关键词中挑选一些受欢迎、搜索量大的关键词，将它们作为图片标签（3～5 个即可，数量太多反而会弄巧成拙）。

3. 增加互动，提高用户参与度

Instagram 的一大亮点是极高的用户参与度。要想吸引更多用户的关注，帖子的标题要有趣，内容要符合大众的口味。卖家要经常与用户互动，如果评论的用户较多，就挑选部分用户重点回复；如果评论的用户较少，就逐一回复用户。这样，参与互动的用户会越来越多，用户参与度也会越来越高。

（二）Instagram 营销策略

1. 绑定 Instagram 账号和其他社交媒体账号

如果将 Instagram 账号和 Twitter 账号、Facebook 账号互相绑定，在 Instagram 中分享的图片就会自动发布到 Twitter 账号和 Facebook 账号中。

2. 重视视频

Instagram 允许用户上传视频。视频应简短、有趣，因为用户集中注意力的时间通常不会超过一分钟。

3. 使用标签功能

Instagram 是根据标签排列图片的。卖家可以使用标签功能标记图片，从而使商品获得更多的关注。在标签中，“#”后面的文字不能包含空格，如“#weddingdress”不能写成“#wedding dress”。

4. 回复评论

用户往往喜欢会回复他们的评论和意见的卖家。在提出某个观点后，卖家需要在一周内有规律地查看和回复用户的评论。在用户关注自己以后，卖家也可以关注他们，并尝试与他们在其他社交媒体中进行联系。

5. 塑造品牌内涵

例如，一家销售婚纱的企业可以上传美好、温馨的婚礼照片，展示买家对其婚纱的喜爱，这比只上传商品图片更能获得用户的关注。在很多时候，讲述关于企业的故事会让企业收获更多的关注。

6. 统计图片的“喜欢”数

关注被用户点击过“喜欢”按钮的图片，可以帮助卖家更好地了解用户的喜好。这不仅可以帮助卖家决定以后应该发布什么类型的图片，还可以为营销推广的商品做一个小规模的市场调研。

7. 坚持有规律地更新

与其他社交媒体一样，在 Instagram 中，坚持有规律地更新是成功的关键，这会让用户知道应该在什么时候关注卖家发布的新内容。

（三）Instagram 营销工具

1. Instagram Shoppable Posts

Instagram 推出了 Shoppable Posts（可购买帖子），用户可以直接在 Instagram 中标记和购买商品。要想在 Instagram 中销售商品，卖家的 Instagram 账号必须是企业账号，并连接 Facebook 目录，在 Business Manager（商务管理）平台中添加和管理商品。

2. Instagram Stories Shoppable Stickers

Shoppable Stickers（可购买贴纸）是一款让卖家更轻松地通过 Instagram Stories（快拍）销售商品的工具。卖家既可以将 Sticker（标签）应用于实体商品，也可以将其放在图片和视频中。

3. Curalate Like2Buy

Like2Buy（喜欢买）是一款由图像识别公司 Curalate 推出的工具，它可以在 Instagram 的个人账号资料中生成链接。当用户点击链接时，可以跳转到 Like2Buy 图库中购买相应的商品。

4. Shop Social

Shop Social（商店社交）能够帮助用户在 Instagram 图片中找到并购买卖家的商品。Shop Social 可以在用户发布的帖子中标记多个商品，并把帖子的所有访客引导至卖家的商品链接，或者把用户的粉丝整合到卖家的网站中。卖家可以通过管理后台查看访客点击次数和销售效果。

5. Postcard

Postcard（明信片）可以把 Instagram 中的帖子转换为可购买的商品，或者把 Instagram 的推送界面转换为可购买商品的网络商店。

6. InstaOrders

InstaOrders（Instagram 订单）是一款易于使用的工具，它可以快速地把卖家的推送界面转换为网络商店。卖家登录 Instagram 账号上传图片，商店中会同步相应的图片。只要卖家输入图片中商品的价格，图片就可以转换为商品。此外，卖家还可以向用户分享商店。每当有新订单时，InstaOrders 都会向卖家发送电子邮件。

7. Inselly

Inselly 是 Instagram 推出的一个平台，它汇集了 Instagram 中所有有优惠的商品，供用户搜索、排序和购买。卖家可以在 Inselly 中开设自己的商店，并销售商品。

8. Soldsie

通过 Soldsie，卖家可以采用两种方式在 Instagram 中向粉丝销售商品。一种方式是卖家把图片和描述上传到 Soldsie dashboard（仪表盘）中，并发布到 Instagram 或 Facebook 等社交媒体中，粉丝评论“sold”即可购买商品。另一种方式与 Like2Buy 功能类似，Soldsie 会使用一种名为“Have2Have.it”的工具，在社交资料中生成购物链接，粉丝点击链接可以直接访问商品图库。

三、LinkedIn 营销

LinkedIn 启动于 2003 年，是一个面向商业用户的社交网络服务网站。该网站的宗旨是帮助用户维护他们在商业交往中认识并信任的联系人（俗称“人脉”）。LinkedIn 是分享企业信息、行业新闻和市场活动的平台，用户可以在该平台中接触业内人士和待挖掘的潜在客户，因而 LinkedIn 是外贸商务人士使用较多的一款工具。

LinkedIn 聚焦职场社交，该平台中最多的人群是高端白领人群，以及企业的高层管理人员。对跨境电商卖家而言，他们有机会通过 LinkedIn 接触买方企业的决策管理层，这是 LinkedIn 的核心竞争力。

要想提升 LinkedIn 营销效果，卖家可以尝试以下营销策略。

（一）避免推送空洞的内容

LinkedIn 的高端特性决定了卖家在该平台中推送的内容必须是优秀的、有价值的干货。职场人士的空闲时间相对较少，没有实质性意义的推送内容很容易引起他们的反感，进而缩短他们查看推送内容的时间。虽然创作高价值的推送内容需要花费一定的时间和精力，但是卖家可以得到相应的回报。通过在 LinkedIn 中推送高价值的内容，卖家可以在所在领域获得良好的声誉，从而使自己的品牌更容易得到用户的青睐。

（二）为帖子添加主题标签

在 LinkedIn 中发布帖子时，每个帖子使用 3～4 个主题标签比较合适。帖子中使用的主题标签不仅应符合品牌调性，还应贴合帖子的内容，因为用户一般不在 LinkedIn 中搜索品牌的标签，而是搜索与他们所在的行业或兴趣相关的标签。例如，卖家为帖子添加“marketing”（市场营销）的主题标签，表明该帖子包含与市场营销相关的内容，而市场营销涉及的行业非常广泛，这样，“marketing”标签覆盖的用户范围就会非常广；卖家为帖子添加“job post”（工作岗位）或“opportunity”（机会）的主题标签，表明该帖子包含与工作职位相关的内容。

（三）持续更新 LinkedIn 界面

卖家应尽量每天更新 LinkedIn 界面，确保用户能够从中看到他们需要的信息。如果没有时间持续更新，那么卖家可以借助一些社交媒体管理工具，确保 LinkedIn 界面处于持续更新的状态。例如，卖家可以借助相关的社交媒体管理工具，将 LinkedIn 界面中发布信息的时间设置为每周的固定时间，以保证 LinkedIn 界面一直处于活跃状态，增强该界面在 LinkedIn 中的可见性。

（四）建立关系至关重要

跨境电商卖家面对的不仅是个人用户，可能还有一些潜在的合作客户、供应商等。对跨境电商卖家而言，建立关系至关重要，这种关系主要体现在对用户的情感化管理上。卖家应该做问题的解决者，而不是商品的推销者，在 LinkedIn 中少打广告、多提建议，这样才能彰显自身的价值。

（五）提高用户关注度

要想提高用户对企业的 LinkedIn 界面的关注度，团队需要发挥重要的作用。企业要鼓励员工积极参与 LinkedIn 界面中的讨论，提高讨论的活跃度。此外，企业还可以让员工在电子邮件签名中添加企业的 LinkedIn 界面链接，这样可以给企业的 LinkedIn 界面带来更多的关注，吸引更多的用户。

四、YouTube 营销

YouTube 是全球著名的视频网站之一，每天都有成千上万个用户在其中上传、浏览和分享视频。与其他社交媒体相比，YouTube 更容易形成“病毒式”的营销推广效果，这使其成为跨境电商卖家开展社交媒体营销不可或缺的工具之一。

（一）YouTube 的优势

YouTube 的主要优势是根据用户的购买状态分阶段地推送视频。YouTube 是品牌出口推广不可错过的站外引流渠道之一，卖家应该针对用户在不同购买状态下的不同需求制作视频，而不是随意地制作视频。全球著名的管理咨询公司麦肯锡将 YouTube 用户的购买状态分为 5

个阶段，分别是树立品牌印象阶段、推广品牌阶段、购物参考阶段、购买决策阶段、建立品牌忠诚度阶段。

（二）YouTube 营销策略

在 YouTube 中，“内容为王”。要想让自己发布的视频获得靠前的排名，视频的内容一定要优秀。在 YouTube 中发布视频需要注意以下 7 个方面。

1. 使用合适的关键词

在 YouTube 中，开头带有关键词的视频往往会取得更好的营销效果。与谷歌的搜索引擎优化一样，在创作视频之前，卖家必须清楚视频的关键词是什么，并将其贯穿于视频的始终。

2. 撰写引人注目的标题

标题既是 YouTube 判断视频排序的重要因素之一，也是影响用户是否浏览视频的关键因素。衡量标题是否引人注目的标准是当用户看到标题时会不会立刻对视频内容感到好奇或清楚视频能够帮助他们解决什么问题。

3. 使用精准的标签

标签不仅有助于 YouTube 算法了解视频内容，还有助于卖家关联自身视频和类似视频，从而扩大自身视频的曝光范围。视频使用的标签一定要精准，与视频内容高度匹配。在一般情况下，卖家可以将商品关键词、与商品的使用场景相关的词语、商品所属的行业词等作为视频的标签。以关于雪地靴的视频为例，卖家可以将标签设置为“××”（商品关键词）、“雪地”（商品的使用场景）、“鞋子”（商品所属的行业词）。此外，卖家还可以参考竞争对手在视频中使用的标签，适当地借鉴竞争对手的思路，关联自身视频和竞争对手的类似视频。

4. 做好视频缩略图设计

视频缩略图是用户在 YouTube 的视频列表中看到的主要图像，它在一定程度上决定了视频的成败。优质的视频缩略图可以让用户一眼就能明白视频的主题，并且带有一定的号召性。视频缩略图支持自定义，在设计视频缩略图时，卖家可以采用以下两种方法：一种方法是在视频缩略图中使用比较吸睛的文字；另一种方法是多尝试几种不同形式的视频缩略图（如商品图片、视频截图、制作插图等），分析哪种形式的视频缩略图点击率较高。无论采用哪种方法设计视频缩略图，卖家都要确保视频缩略图与视频的主题密切相关。

5. 为视频添加字幕

字幕既可以帮助用户更好地理解视频内容，又可以通过突出关键词来提高视频的搜索排名。此外，字幕还可以让用户在不方便听到视频声音的情况下观看视频，这增加了用户观看视频的机会。

6. 提供真实可信的视频内容

真实可信的视频内容不仅能让用户觉得商品或品牌更贴近他们，还能把偶尔观看视频的用户转化为长期的忠诚用户。卖家可以采用以下 3 种方法来提供真实可信的视频内容。

（1）邀请行业专家参与视频录制。

（2）将用户使用商品的真实经历作为视频题材。

（3）在品牌频道或特辑中讲述品牌的发展过程，展示品牌“接地气”的一面，缩短品牌与用户之间的距离。

7. 增加用户与视频的互动数

用户与视频的互动数是 YouTube 判断视频质量的关键指标之一。在视频的结尾部分，卖家可以鼓励用户与视频互动。视频的结束语不能过于死板，其独特性、参与性越强，用户越有可能与视频互动。

任务实施

丹尼设置了单品折扣活动和直通车活动，店铺开始出单。不过，丹尼发现店铺的出单量很少，商品的曝光量和流量也很少，于是向刘老师咨询。刘老师建议丹尼开展社交媒体营销，它不仅具有用户众多、自发传播的特点，还能引起用户的情感共鸣，营销效果非常不错。刘老师向丹尼推荐了一款提供社交媒体分享数据的工具 Buzzsumo，希望丹尼先利用 Buzzsumo 找到符合自身商品特点的内容，再分析相关内容和竞争对手，追踪各大社交媒体中提到丹尼的品牌的内容，从而增加店铺和商品的曝光量。丹尼接受了刘老师的建议，开始利用 Buzzsumo 寻找适合开展社交媒体营销的内容。接下来进入站外营销推广任务实施环节。

【step1】登录 Buzzsumo（Buzzsumo 是付费工具，用户可以在注册后免费使用 30 天）。图 5-26 所示为 Buzzsumo 的导航界面，从该界面中可以看出，Buzzsumo 主要分为三大板块，分别是 Content Research（内容研究）、Influencers（网红）、Monitoring（监控）。

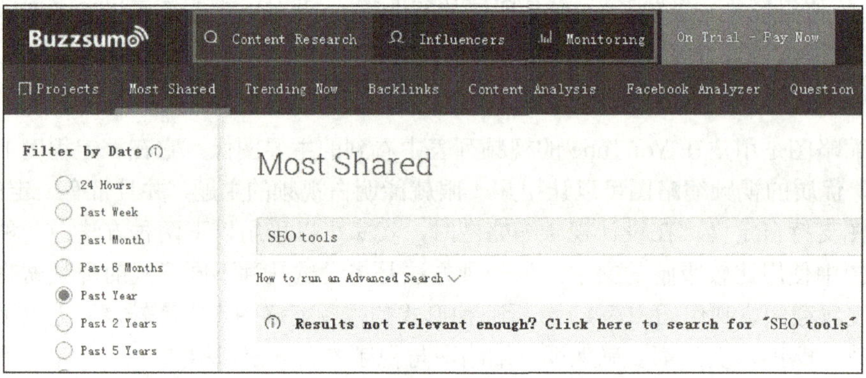

图 5-26

【step2】利用 Buzzsumo 寻找内容。

（1）搜索关键词（见图 5-27）。确定了文章主题之后，丹尼在搜索框中输入关键词“SEO tools”（搜索引擎优化工具），寻找互联网中围绕该主题最火的文章。通过这些被用户热捧的文章，丹尼可以了解潜在用户关心什么、对什么内容更感兴趣，同时参考这些文章的写作方式。

（2）查询内容来源（见图 5-28）。Buzzsumo 中不仅有高质量的内容，还有内容来源和分享这些内容的人。发布、分享这些内容的人，以及愿意提供这些内容的外链的人，是丹尼通过邮件联系获取高质量外链的绝佳选择。

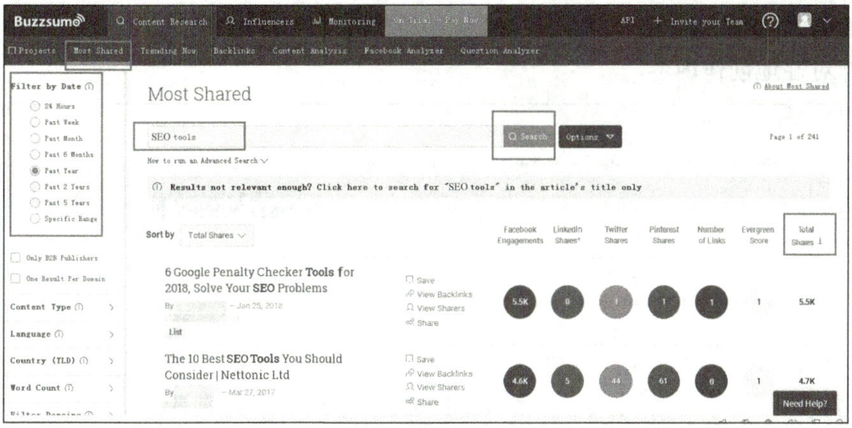

图 5-27

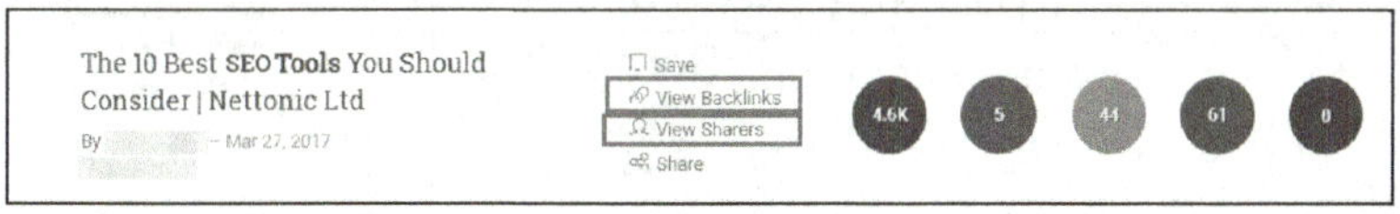

图 5-28

（3）了解趋势（见图 5-29）。丹尼单击界面顶部的“Trending Now”，对内容进行过滤，寻找当下最火的内容（不限范围）。

图 5-29

（4）查看话题（见图 5-30）。丹尼利用 Facebook Analyzer（Facebook 分析）功能，单独查看某个话题在 Facebook 中被分享、点赞、评论最多的内容，寻找最容易在 Facebook 中推广成功的内容。更重要的是，这些内容的发布者往往是 Facebook 中对相关话题很有影响力的人。

图 5-30

（5）如图 5-31 所示，丹尼利用 Question Analyzer（问题分析）功能寻找话题，在搜索框中输入关键词“SEO tools”，寻找与关键词相关的各种问题，了解潜在用户最关心什么问题，以便更有针对性地创作内容。

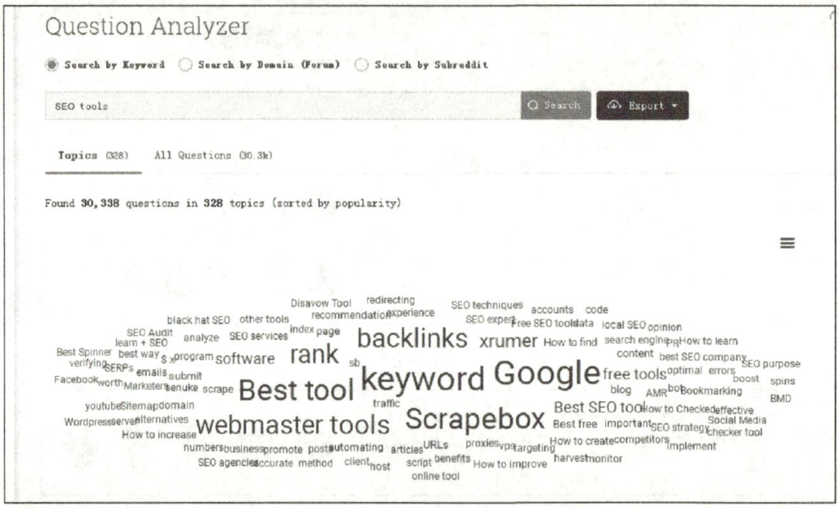

图 5-31

【step3】利用 Buzzsumo 分析内容。

（1）图 5-32 所示为 Content Analysis（内容分析）模块，它可以对内容进行深入的分析。丹尼在搜索框中输入想了解的内容“SEO tools”，单击“Search”。

图 5-32

（2）图 5-33 所示为内容发布和分享对比图。从图 5-33 中可以看出，在发布量少、发布趋势上升的时候发布内容，既能最大限度地避免竞争，又能获得较多的分享。

（3）图 5-34 所示为发布内容分析图，从图 5-34 中可以看到发布内容在其他社交媒体中被转载、分享的次数。

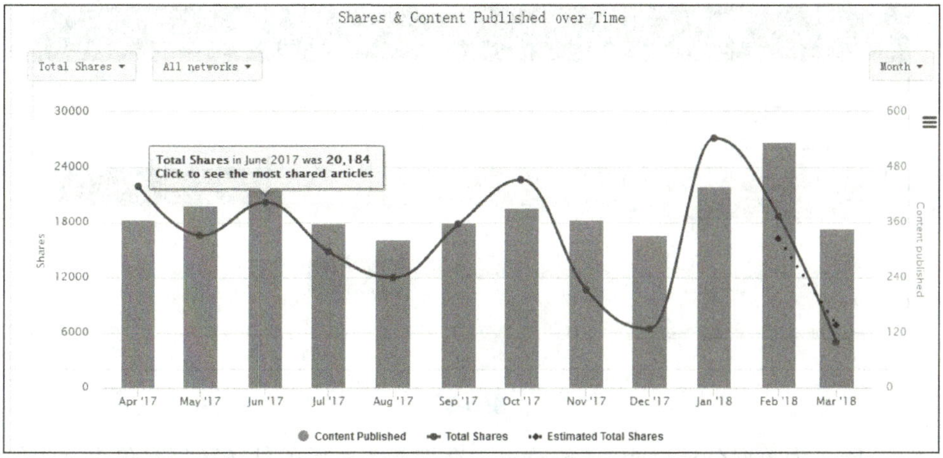

图 5-33

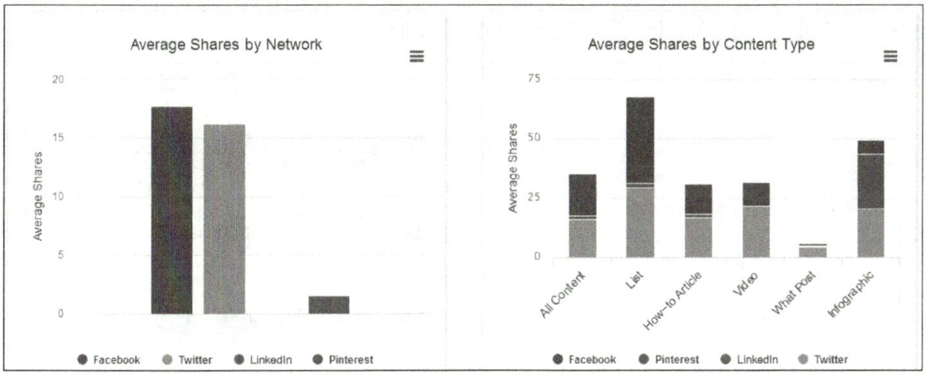

图 5-34

（4）图 5-35 所示为分享来源分析图，从图 5-35 中可以看到分享次数最多的内容来自哪些网站和博主。如果丹尼想推广自己的店铺和商品，那么这些网站和博主显然是最好的选择。

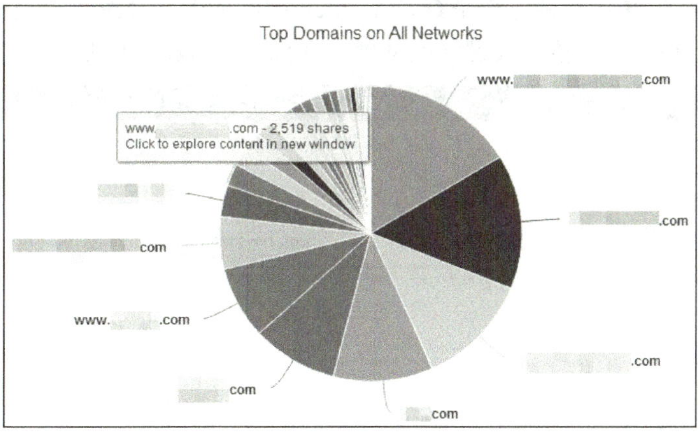

图 5-35

【step4】图 5-36 所示为 Backlinks（外链）模块。丹尼在搜索框中输入竞争对手的域名，单击“Search”，可以分析竞争对手的外链数据和分享数据。

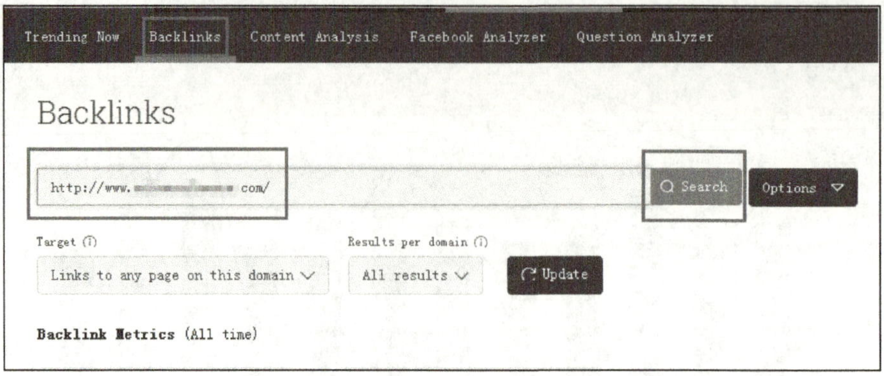

图 5-36

图 5-37 所示为数据分析界面。Buzzsumo 会把竞争对手的外链数据和包含这些外链的内容呈现出来，丹尼可以根据这些信息分析竞争对手的外链和营销手段。此外，丹尼还可以寻找社交网络中愿意分享内容的网红，并与他们建立联系。

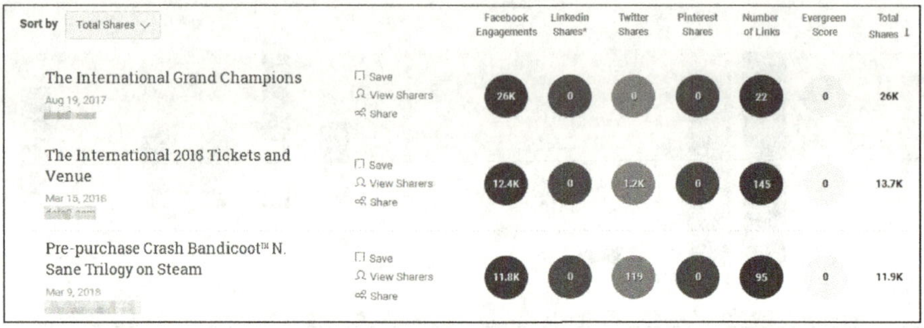

图 5-37

【step5】图 5-38 所示为 Influencers 板块，这是 Buzzsumo 的核心板块之一。除了上文提到的寻找网红的方法，丹尼还可以利用 Influencers 板块寻找网红（该板块只能寻找 Twitter 网红），具体包括两种方法：一种方法是查看 Twitter 网红的个人介绍，寻找个人介绍中包含关键词的网红；另一种方法是搜索关键词或网址，寻找分享过相关内容的网红。

图 5-38

【step6】图 5-39 所示为 Monitoring 板块，它可以监控互联网中提到某个品牌的内容。丹尼在搜索框中输入品牌词，Monitoring 板块会不断检测提到相关品牌词的最新内容，并提醒丹尼。这样，丹尼就可以找到提到自身品牌的人了。Monitoring 板块还有一个很重要的功能，那就是监控竞争对手的内容，帮助卖家了解竞争对手使用了哪些营销手段。

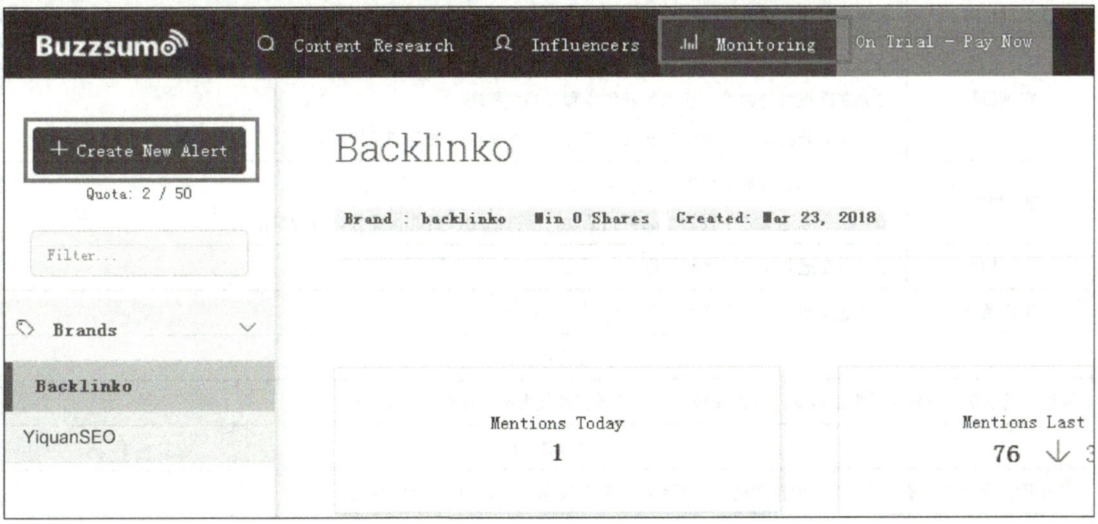

图 5-39

【项目评价】

单位：分

类别	序号	考核项目	考核内容	分值	学生自评	学生互评	教师测评	分数
技术考评（80 分）	1	技能操作	设置单品折扣活动	10				
	2		设置满减活动	10				
	3		设置店铺优惠券	10				
	4		设置店铺互动活动	10				
	5		设置全球速卖通联盟营销	10				
	6		设置直通车活动	10				
	7		开展社交媒体营销	20				
非技术考评（20 分）	8	职业素养	态度端正	5				
	9		遵守纪律	5				
	10		团队合作	5				
	11		清理场所	5				
总分：								

【项目实训】

项目实训　设置全球速卖通营销推广活动

<table>
<tr><td>实训名称</td><td>设置全球速卖通营销推广活动</td></tr>
<tr><td>实训目标</td><td>（1）了解全球速卖通平台规则和营销推广活动规则；
（2）掌握设置营销推广活动的操作步骤和相关技巧；
（3）能够分析自身店铺中的商品，选择合适的平台开展营销推广活动</td></tr>
<tr><td>实训要求</td><td>（1）在全球速卖通中设置促销活动；
（2）在全球速卖通中设置单品折扣活动、满减活动、店铺优惠券、直通车活动</td></tr>
<tr><td>实训标准</td><td>全球速卖通营销推广活动规则</td></tr>
<tr><td>实训条件</td><td>全球速卖通仿真实训平台</td></tr>
<tr><td colspan="2">实训流程</td></tr>
<tr><td colspan="2">设置促销活动；设置单品折扣活动；设置满减活动；设置店铺优惠券；设置直通车活动</td></tr>
<tr><td colspan="2">考核标准</td></tr>
<tr><td colspan="2">完成促销活动的设置；完成单品折扣活动、满减活动、店铺优惠券、直通车活动的设置</td></tr>
<tr><td colspan="2">过程记录</td></tr>
<tr><td colspan="2">（学生填写实训过程中的重要记录，如数据记录及相关分析等）</td></tr>
<tr><td colspan="2">遇到的问题及解决措施</td></tr>
<tr><td colspan="2">（学生填写）</td></tr>
<tr><td colspan="2">实训成果</td></tr>
<tr><td colspan="2">（学生填写实训成果的最终表现形式）</td></tr>
<tr><td colspan="2">实训考核</td></tr>
<tr><td colspan="2">（教师综合实训过程及实训成果，对照考核项目评分）</td></tr>
</table>

项目 6

跨境电商直播

【项目导入】

随着直播行业的兴起，通过直播带货方式成交的订单量与日俱增，丹尼意识到应该使用新的营销手段捕捉商业机会。刘老师建议丹尼在进行跨境电商直播之前，了解站内直播和社交媒体直播的具体操作流程。

【任务拆解】

图 6-1 所示为跨境电商直播任务拆解图。

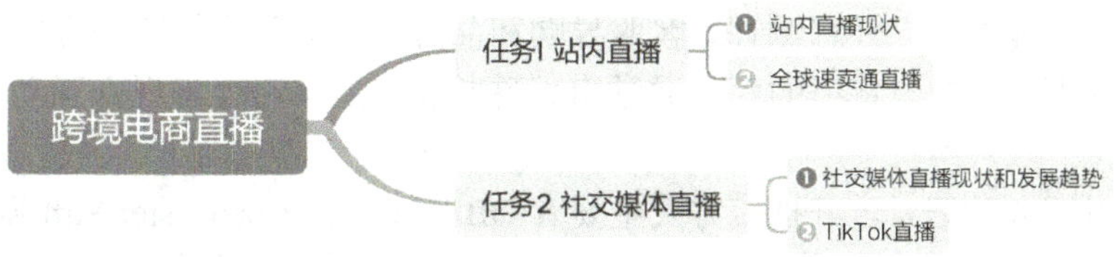

图 6-1

任务 1　站内直播

任务描述

在本任务中，丹尼需要围绕站内直播现状、全球速卖通直播等内容完成知识梳理和任务实施，以便顺利进行站内直播。

知识梳理

知识点 1：站内直播现状

从 2020 年开始，直播电商模式全面爆发，“直播+电商”的新零售业态加速兴起。这不仅影响了人们的消费方式，还助推了企业拓展国内外市场。无论是在国内还是在国外，直播都已成为炙手可热的流量新风口。

2020—2021 年，国内外著名的社交平台、电商平台、短视频平台纷纷加入跨境电商直播行业，将跨境电商直播的发展推向了一个新高度。我国的跨境电商直播行业发展潜力大，应充分利用完善的工业生产制造体系和人才优势，发展跨境电商直播行业。

一、全球速卖通直播业务发展现状

全球速卖通于 2017 年推出了直播业务“AELive”。2020 年，全球速卖通开启了全球网红孵化计划，目标是在 3 年内孵化百万名网红和达人。全球速卖通的直播业务发展迅速，吸引了来自不同国家的卖家和网红开通直播频道。2020 年“双 11”期间，全球速卖通直播近 100 万场。

全球速卖通是阿里巴巴旗下的 B2C 跨境电商出口平台，其直播模式、风格与淘宝类似。入驻全球速卖通的金银牌卖家可以直接开通直播权限；非金银牌卖家需要填写申请，审核通过后，平台会在 2～5 个工作日内为其开通直播权限。目前，AELive 的形式主要分为潮流穿搭、微距展示、功能演示、开箱测评、客服导购和品牌秀场。常见的直播方式是主播现场展示商品、与观众互动。参与直播的商品通常有特殊折扣，主播通过与观众互动的方式发放优惠券。

AELive 支持 18 种语言，其推流方式主要有 OBS（Open Broadcaster Software，开源直播软件）推流和手机推流。OBS 是一款互联网流媒体直播内容输入软件。OBS 推流需要专业的计算机设备，卖家既可以设置不同的直播场景，也可以根据需要切屏，进行多区域展示。OBS 直播技术不仅可以使直播更加专业，还可以使直播环境更加多元化。

与 OBS 推流相比，手机推流的操作更加简单，但受技术因素的影响，直播会有 15 秒左右的延迟，画面质量受设备的影响较大。总的来看，手机推流不受时间、地点的限制，操作便捷，适合对场景要求不高的商品。

二、直播营销模式的主要特点

直播是跨境电商营销的潜力渠道，在未来发展中将呈现多平台、重社交、重知识产权等特点。同时，直播搭配短视频将成为跨境电商内容营销的“主战场”。目前，无论是在国内还是在国外，直播基本上都分为铺货式直播和品牌化直播。未来，直播的发展趋势应该是以品牌塑造为最终目的的概念植入式直播。在过去十几年的跨境电商发展历程中，铺货模式逐渐淡出跨境电商市场，国内新兴品牌开始进入海外市场。在跨境电商直播领域，POP MART、

Anker 等国产品牌的表现非常活跃，全球速卖通、TikTok、来赞达等平台也针对品牌卖家推出了一系列扶持政策。

直播营销模式的主要特点如下。

（一）低成本

跨境电商平台直播基本上是审核制，只对店铺的资质和指定时间段内的销量进行审核，不需要其他成本。不同的卖家可以同台竞争，这给了新品牌卖家进入市场的大量机会。

（二）精准营销

卖家可以通过直播获得订阅和粉丝，根据直播数据，对订阅和粉丝进行分类，搭配平台的其他营销方式，定期推送，从而进行二次营销。

（三）快速测款

传统的测款方式大多是平台推出新品试卖活动，根据销售周期确定用户对商品的喜好程度。通过直播推出新品，可以快速确定用户喜欢的元素，达到测款的目的，进而反馈给供应链端，增强市场推广的时效性。跨境电商直播的发展使销售行业更加扁平化，买家购买商品的时间也逐渐缩短。在电商链条中，商品展示、物流、支付等环节都是围绕“信任”问题来展开和优化的。例如，商品展示由过去的文字、图片、短视频过渡到直播，其目的始终是在最短的时间内使商品获得最高的关注度，并刺激买家的消费欲望，而直播是获取买家信任的高效途径。跨境电商直播既解决了买家对跨境消费的不信任问题，也提高了跨境电商在全球化中的活跃度。

随着社交平台纷纷布局跨境电商，该领域内的平台联动成为刺激流量的主要动力。作为我国较为成功的出海社交平台，TikTok 的定位由最初的短视频营销转变为“短视频+直播”互动营销。2021 年，TikTok 与电商平台 Shopify 联动，进一步实现社交平台与电商平台的绑定。

三、跨境电商直播的发展趋势

（一）短视频+直播

卖家可以通过多渠道发布短视频，渗透商品概念和品牌形象，进而将流量引入直播间，完成转化。Facebook、Instagram、YouTube、TikTok 是跨境电商直播的主要平台。

（二）网红带货模式

经历了试水期后，跨境电商直播的门槛逐渐提高，未来将逐步淘汰不专业的直播模式，更加注重直播场景和观众体验。网红将占据先机，率先形成成熟的带货模式。

（三）小语种直播

随着俄罗斯、西班牙、法国等跨境电商市场的崛起，市场对小语种直播的需求越来越大。虽然翻译软件可以解决一部分沟通问题，但是，对商品的理解和对品牌的共情是翻译软件做不到的。因此，对精细化运作的品牌卖家而言，形成成熟的小语种直播模式将成为未来的趋势。

知识点 2：全球速卖通直播

一、开通直播权限

第一步，申请开通直播权限。对于金银牌卖家，全球速卖通已经在 2019 年 10 月统一开通了直播权限（店铺中销售成人用品的卖家除外）。非金银牌卖家需要填写申请，平台会在审核通过后为其开通直播权限。没有开通直播权限的金银牌卖家也可以申请开通。

第二步，测试是否成功开通直播权限。卖家可以进入直播间，检查自己能否创建链接，据此判断是否成功开通直播权限。

二、创建直播间，开始直播

第一步，在开通直播权限后，打开全球速卖通 App，依次点击“Feed”—“LIVE”，可以在界面右下角看到创建直播间的加号图标。

第二步，填写基本信息（包括直播标题、直播内容简要介绍、直播开始的日期和时间、直播语言、直播目标国家），上传封面，添加商品，并将直播同步到店铺首页。

如果卖家需要更多流量，那么最好不要在创建直播间后马上开播，可以根据实际情况预热一段时间，为直播造势。

知识拓展

流量推送条件

（1）卖家需要在开播前 10 天创建直播间，并选择合适的直播语言（平台只向与直播语言相匹配的粉丝推送观看提醒）。

（2）卖家可以申请获得更多流量，大约一周后会得知审核结果。

（3）在开播后，平台会自动向卖家的粉丝推送观看提醒。

第三步，开始直播。

三、选择推流方式

全球速卖通直播的推流方式主要有以下两种。

（一）OBS 推流

OBS 推流的流程如下：在全球速卖通 App 中点击“使用 OBS 直播”，在弹出的提示框中查看服务器地址和密钥；打开 OBS，依次单击“设置”—“串流”，选择“自定义”服务，把全球速卖通 App 中的服务器地址和密钥分别复制到 OBS 的“服务器”和“串流密钥”文本框中，单击“确认”，横屏直播的分辨率要求为 1920px×1080 px，竖屏直播的分辨率要求为 1080px×1920 px（依次单击“设置”—“视频”可以修改基础分辨率）；单击“开始推流”，画面会通过 OBS 推送到全球速卖通 App 的中控台监播里；在中控台监播里看到画面后，点击“正式开播”，观众就能看到直播画面了。

（二）手机推流

手机推流的流程如下：在全球速卖通 App 中点击“使用手机直播”，弹出推流二维码（推流地址），用最新版的 iOS 客户端扫描二维码，预览画面；在看到画面后，点击屏幕上的红色按钮，在屏幕左下角的提示变为“Started”后开始推流；在中控台监播里看到画面后，点击“正式开播”，观众就能看到直播画面了。

在结束直播时，卖家一定要注意操作顺序：先在全球速卖通 App 中点击“结束直播”，再结束 OBS 推流或手机推流，最后编辑直播进行发布或回放。

四、全球速卖通直播的相关问题

（一）直播审核

在直播间创建完毕后，不需要审核，卖家按时直播即可。全球速卖通的直播团队会对直播进行实时监控审核，直播中不得出现违法违规内容，一旦发现，平台就会做出关闭账号和店铺的处罚。

精选频道直播审核：若卖家计划在直播中推出赠品、发起互动或邀请达人直播，则可以申请成为精品直播。卖家可以在每个工作日的规定时间内点击中控台中的“申请”，提交审核申请。

平台会在每个工作日处理未来 5 天内的直播申请，如在 1 月 1 日处理 1 月 6 日 0 点前的直播申请。

（二）直播类型

（1）卖家直播：在开通直播权限后，卖家可以自己创建直播间，但不能用中文直播，需要根据选择的直播目标国家，用相应的语言直播。

（2）达人直播：卖家如果没有用外语直播的能力，那么可以在任务平台中发起直播任务，邀请平台中有直播权限和直播能力的达人帮自己直播。进行这种类型的直播，卖家需要向海外的达人寄送样品。

（3）合作网红直播：经常在站外与网红合作的卖家可以把网红引入全球速卖通 Connect（连接）平台，让其注册为达人，平台会为达人开通直播权限。这样一来，网红既可以在站外直播，又可以在全球速卖通中直播。

（三）直播封面

直播封面分为长方形封面和正方形封面。长方形封面中可以包含一些与直播相关的信息。正方形封面中不能包含任何文字信息，可以包含商品或主播图片。两种直播封面各自的要求如下：

1. 长方形封面

（1）可以包含商品或主播图片，突出直播内容。

（2）色彩要鲜亮，但不能过于花哨（最好不要把白色作为背景色），封面中的元素应体现直播内容。

（3）可以包含直播时间、直播特色等信息。

2. 正方形封面

（1）可以是商品的特写或主播的近照。

（2）不能包含文字信息，可以包含少量的商品亮点、折扣图片等。

每场直播必须使用单独的封面，封面重复的直播会被平台驳回。

（四）可以把一场直播同步到多个店铺中吗

达人直播不支持直接同步到店铺中，卖家可以在店铺中添加以图片或文字为载体的板块，并将其链接到直播间。如果达人直播涉及多个店铺的多个商品，那么卖家可以通过以上方式把达人直播同步到多个店铺中。若是卖家直播，则不建议把一场直播同步到多个店铺中。

（五）如何让用户看到直播频道

卖家可以把直播同步到自身店铺中，用户只要进入店铺，就可以看到直播的相关信息。有资质的优质直播可以进入全球速卖通 App 的 Feed 界面，用户可以在该界面中的 LIVE 频道看到直播回放、进行中的直播、即将开始的直播等直播列表。

任务实施

接下来进入站内直播任务实施环节。

【step1】全球速卖通卖家申请开通直播权限的界面如图 6-2 所示。

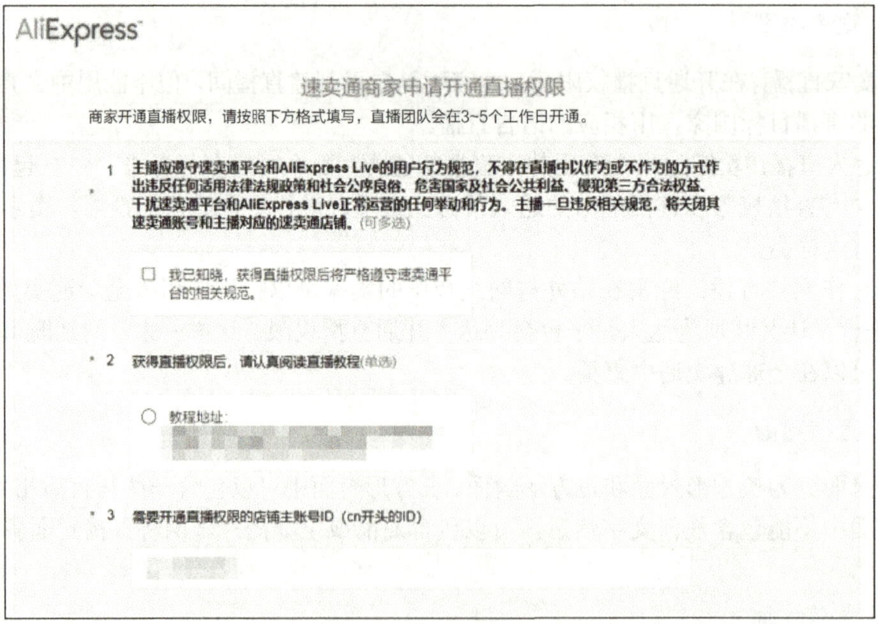

图 6-2

【step2】测试是否成功开通直播权限。卖家可以进入直播间，检查自己能否创建链接，据此判断是否成功开通直播权限。

【step3】图 6-3 所示为创建直播间信息设置界面 1，具体说明如下。

（1）直播标题：直播标题中最好包含品牌信息和直播利益点，主播和观众都可以看到直播标题，吸引人的直播标题更易被观众记住和找到。

（2）直播内容简要介绍：简要介绍直播的大概内容、利益点和主播的信息等。

（3）直播开始的日期和时间：直播时长应大于 45 分钟、小于 12 小时（超过 12 小时将无法回放直播），可以在直播开始前修改直播时间。

（4）直播语言：直播语言应与直播目标国家的观众相匹配，可以在直播开始前修改直播语言。

（5）直播目标国家：直播目标国家应与直播语言相匹配。

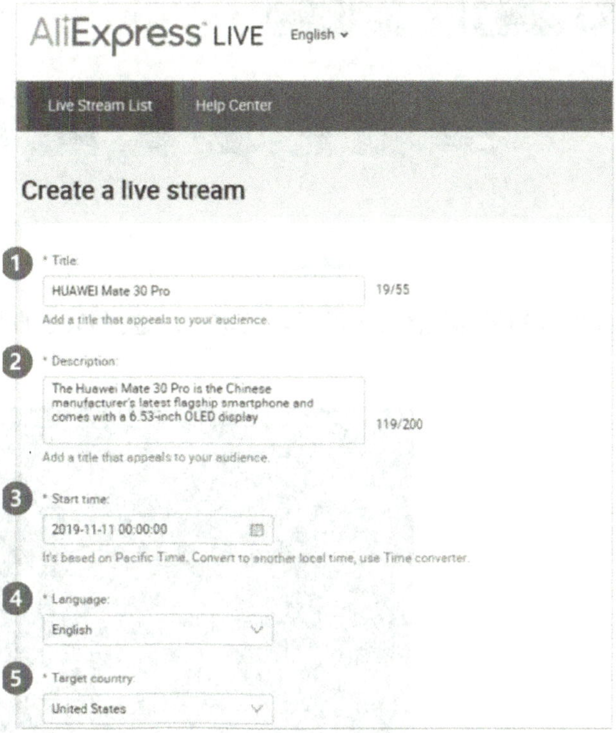

图 6-3

【step4】图 6-4 所示为创建直播间信息设置界面 2，具体说明如下。

（1）上传封面：正方形封面的分辨率要求为 800px×800px，长方形封面的分辨率要求为 800px×450px，卖家可以在上传时裁剪图片。平台仅支持 JPEG 文件，文件必须小于 3MB。封面中可以包含直播标题和直播时间。

（2）预览封面效果：上传封面后，卖家可以预览封面在 Following（关注）、Inspiration（发现）、Banner（通栏横幅）中的效果。

（3）添加商品：卖家可以批量添加直播中的商品，具体操作是在文本框中用逗号分隔多个商品 ID。建议提前添加直播中的商品，这样不仅可以获得个性化的推送流量，还可以在直播精选频道中展示商品信息或把商品推送给特定用户，从而提高用户的点击率和转化率。

（4）创建直播间：在设置完所有信息之后，点击“Create”，创建直播间。

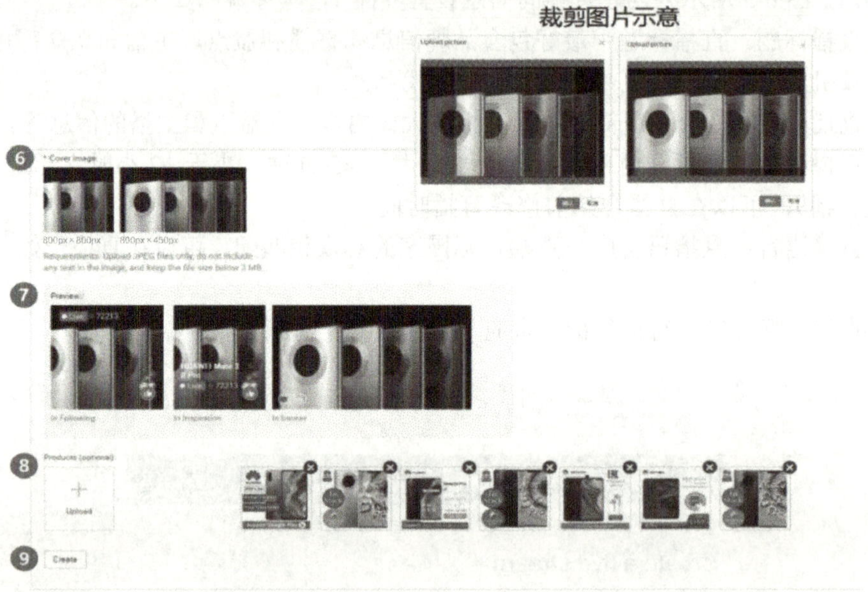

图 6-4

【step5】选择直播方式的界面如图 6-5 所示。卖家可以选择 OBS 直播、手机直播或其他直播方式。

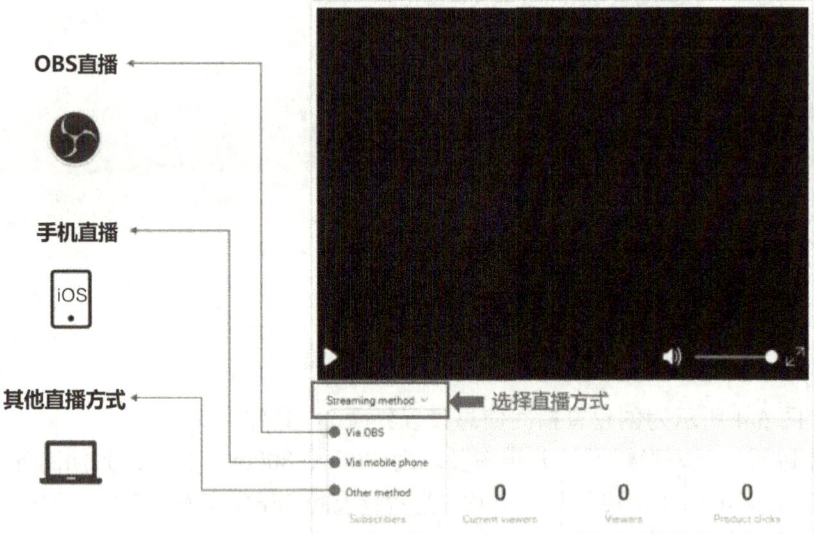

图 6-5

1. OBS 直播

填写推流地址：在全球速卖通 App 中点击“使用 OBS 直播”，在弹出的提示框中查看服务器地址和密钥；打开 OBS，依次单击“设置”—“串流”，选择“自定义”服务，把全球速卖通 App 中的服务器地址和密钥分别复制到 OBS 的“服务器”和“串流密钥”文本框中，单击“确认”。

开始推流：单击“开始推流”，画面会通过 OBS 推送到全球速卖通 App 的中控台监播里。

开始直播：在中控台监播里看到画面后，点击“正式开播”，观众就能看到直播画面了。

设置分辨率：横屏直播的分辨率要求为 1920px×1080px，竖屏直播的分辨率要求为 1080px×1920px。

2. 手机直播

获取推流地址：在全球速卖通 App 中点击“使用手机直播”，弹出推流二维码，用最新版的 iOS 客户端扫描二维码，预览画面。

开始推流：在看到画面后，点击屏幕上的红色按钮（见图 6-6），在屏幕左下角的提示变为“Started”后开始推流。

图 6-6

开始直播：在中控台监播里看到画面后，点击“正式开播”，观众就能看到直播画面了。

3. 其他直播方式

（1）图 6-7 所示为 XSplit 直播开启界面。

图 6-7

（2）图 6-8 所示为 Wirecast Play 直播开启界面。

图 6-8

任务 2　社交媒体直播

任务描述

在本任务中，丹尼需要围绕社交媒体直播现状和发展趋势、TikTok 直播等内容完成知识梳理、任务实施和项目实训，以便顺利进行社交媒体直播。

知识梳理

知识点 1：社交媒体直播现状和发展趋势

一、社交媒体直播现状

在众多社交媒体中，Facebook、Instagram、YouTube、TikTok 是全球用户数量较多的平台。随着科技的发展，直播几乎遍布所有领域。根据不同的内容，可以将直播分为日常生活直播、企业直播、商业直播、政务直播、大型活动直播、媒体直播等。

近年来，在跨境电商直播领域，Facebook 和 Instagram 相继下线了直播购物功能，YouTube 则在积极地布局直播。YouTube 是一个长视频平台，其用户的浏览习惯与直播观众相近，因而 YouTube 用户更容易接受直播购物这种形式。此外，YouTube 对直播的支持力度也比其他平台更大，它不仅支持移动端直播，还在界面中突出直播区域，以增加直播的吸引力。

在上述背景下，TikTok 直播成为跨境电商卖家获取新流量的绝佳赛道和机会。TikTok 是字节跳动推出的一个面向国际市场的短视频社交平台，是承载字节跳动国际化战略的核心产品。自 2017 年在全球范围内上线以来，TikTok 的用户已经覆盖了超过 150 个国家和地区。在“宅经济”、数字经济逆势上扬的情况下，TikTok 迎来了下载高峰。截至 2022 年年底，TikTok

在全球 Google Play 和 App Store 中的总下载量已经突破 40 亿次。为了使 TikTok 更好地在海外发展，字节跳动通过投资和并购的方式，获取海外用户数据，优化海外推荐系统。

二、社交媒体直播发展趋势

（一）优化直播监管机制

开展直播业务的社交媒体要建立完善的监管机制，对违法违规、销售假货的卖家进行严厉的处罚；通过买家评价、店铺信誉等综合测评方式，给予买家正向反馈，净化网络环境，让不良卖家无处遁形。这意味着对电商团队的要求会越来越高。之所以是“电商团队”，而不是“电商卖家”，是因为选择优质的商品、确定合适的价格、创作高质量的视频、做好宣传推广、处理售后问题等不是一个人能完成的工作。未来，电商团体的分工会更加专业化，社交媒体必须优化直播监管机制，这样才能吸引优秀的电商团队。

（二）官方团队专业化

在处理售后问题时，以 TikTok 为代表的社交媒体应更具专业性。面对不良卖家的不道德行为，官方团队应该旗帜鲜明地站在买家这边，帮助买家维权，增强买家的黏性。此外，官方团队还应具备较强的风险控制能力和公关能力。在社交媒体上，一件微不足道的小事很可能发酵成一件大事，引发蝴蝶效应。官方团体需要及时锁定风险源头，大事化小、小事化了，以免对平台造成不良影响。

（三）不断创新，培养多元化人才

在电商竞争中，创新是决定性因素，而人才是打赢创新之战的关键因素。在跨境电商中，有口才、会卖货的人才不一定能胜任主播的工作。主播需要用英文准确地向观众描述商品的品牌、价格、属性、物流服务等重要信息，吸引观众的眼球，获得观众的支持。与通用英语相比，跨境电商英语更科学、更严谨、更专业。跨境电商直播属于跨文化沟通，观众往往拥有不同的文化背景，沟通方式、沟通过程和沟通效果存在一定的差异，而且主播在直播过程中很难观察观众的微表情，这提高了跨文化沟通的难度。为了解决这些问题，社交媒体应引进、培养并留住多元化人才。

知识点 2：TikTok 直播

一、TikTok 直播流程

（一）开通直播账号，完成账号设置

卖家需要在 TikTok 中开通直播账号，并完成以下账号设置。

（1）账号头像：账号头像要与商品类目相关或符合商品定位，以彰显专业性。

（2）账号名称：账号名称也要符合商品定位，并带有相关关键词。简单好记的账号名称能够让观众印象深刻。

（3）账号简介：主要介绍账号内容（定期开播的卖家可以把开播时间写在账号简介里），

通过直播间活动和引导观众关注的内容，突出账号的价值。

（4）账号日常运维：发布原创视频、搬运授权视频，并对账号进行维护。

在 TikTok 中开通直播账号的要求如下：粉丝数量大于或等于 1000 人的卖家可以自动开通直播账号；想在直播间悬挂 TikTok Shop 商品的卖家可以联系客户经理，申请开通直播账号。

（二）了解直播机制

在直播之前，卖家需要了解 TikTok 的直播机制，以便顺利地完成直播。

1. 直播条件

（1）账号类别不影响直播功能，无论是个人号、创作者号还是企业号，只要符合粉丝数量要求，都可以使用直播功能。

（2）主播必须年满 16 周岁。

2. 直播回放

TikTok 支持直播回放，该功能的有效期是 90 天。卖家可以使用该功能下载直播内容，将其剪辑成短视频，发布到其他社交媒体中，在扩大传播范围的同时增加收入。

（三）直播界面设置

（1）卖家可以拍摄照片或从相册中选择照片，将其作为直播封面（吸引观众进入直播间），并设置直播标题。

（2）直播界面设置中的必填项包括商品英文名称、商品英文类目、商品主图、商品描述、商品尺寸及重量、商品 SKU、本地完税价和本地展示价。

（3）直播界面设置中的选填项包括视频、服务期限、服务条款和相关证书。

（四）直播功能设置

TikTok 账号分为个人账号和商业账号，新注册的账号默认为个人账号，需要切换为商业账号的卖家可以在账号管理界面中进行切换（个人账号和商业账号可以随时切换）。在开通商业账号后，卖家不仅可以分析账号的播放量、粉丝来源、粉丝分布、粉丝性别等，还可以添加商品链接。

在 TikTok App 的创作者工具界面中，卖家可以点击“数据分析”，查看账号的粉丝数量、总浏览数、点赞数、评论数等数据。

（五）添加商品链接

卖家可以把商品链接添加到直播间中，若店铺内还未上架商品，则点击“Get started”上架商品；若店铺内已有商品，则点击“Manage Shop”添加商品链接。

在添加 TikTok 店铺或其他平台中的商品链接时，卖家最多可以输入 30 个字符的商品名称（可包含空格，不可包含表情和标点符号）。在添加商品链接时，平台会自动校验链接是否有效，只有通过校验的链接才能被观众点击。

（六）分享直播

在完成上述工作后，卖家可以点击“Share”分享直播，如把直播分享到 Facebook、WhatsApp、Twitter 等社交媒体中。

二、直播场景搭建

（一）直播设备

1. 基础直播设备

图 6-9 所示为基础直播设备，主要包括移动端设备（如智能手机）、PC 端设备（如个人计算机）、OBS 和高清摄像头。

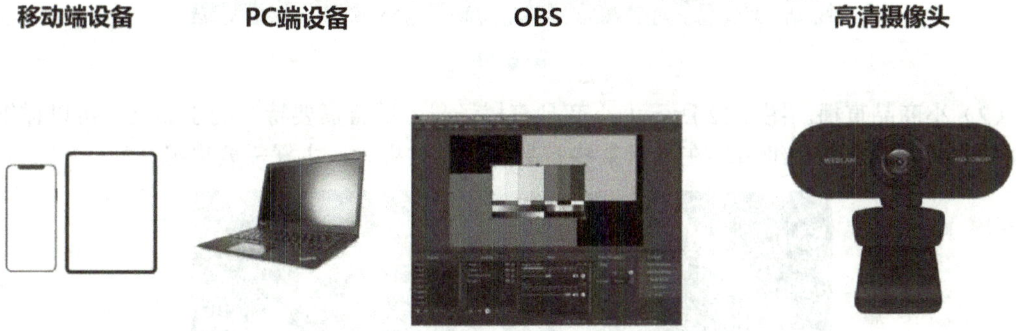

图 6-9

2. 进阶直播设备

图 6-10 所示为进阶直播设备，主要包括视频采集器、麦克风和补光灯。

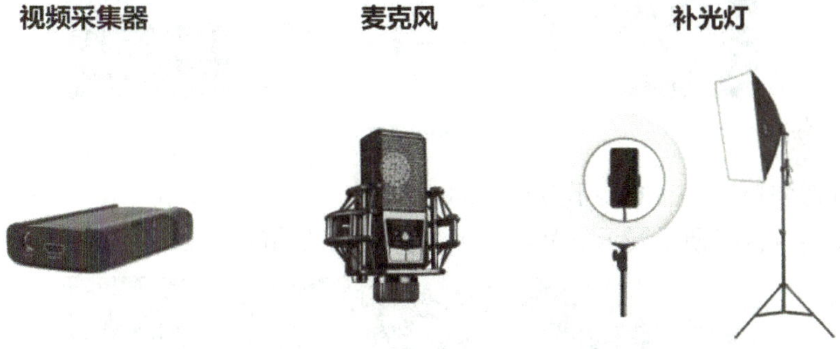

图 6-10

（二）直播场景布局

直播场景布局分为不同的比例，如上部留白占屏幕的 1/4，放置品牌名称、标语或商品图片；中部占屏幕的 1/2，主播上半身出镜、平视镜头；下部的前景操作台占屏幕的 1/4，放置主要商品。

不同的直播场景布局具有不同的特点。

（1）工厂/仓库直播。图 6-11 所示为仓库直播场景，以仓库为背景，突出商品是从工厂直销的，让观众产生“捡漏”成功的心理，促使观众下单。

图 6-11

（2）小商品直播。图 6-12 所示为小商品直播场景，适合需要特写的小商品，可以详细展示商品的材质、做工和细节。在展示某些商品的上身效果时，主播需要出镜。

图 6-12

不同的直播姿势对商品的展示效果不同。

（1）坐姿半身直播便于展示商品，以及主播使用商品的过程和效果，如图 6-13 所示。

图 6-13

（2）站姿半身直播便于展示商品和整体场景，特别是图书、家纺类商品。图 6-14 所示为某图书直播间的场景，主播采用站姿半身直播的姿势，在屏幕中展示各种图书。

图 6-14

（3）站姿全身直播便于完整地展示商品的全身效果，特别是下半身的服饰等商品。如图 6-15 所示，主播采用站姿全身直播的姿势，向观众展示自己身上的服装，这样能够更好地展示服装的精美设计及其包含的文化。

图 6-15

三、直播话术

（一）欢迎话术

（1）Hello everyone. I'm a new anchor. Today is the first day of my live broadcast. Thank you for your support.

大家好，我是一名新主播。今天是我第一天直播，感谢大家对我的支持。

（2）Welcome to our live broadcast room. Today, our live broadcast room will show an unprecedented product with huge discount. Don't miss it!

欢迎大家来到我们的直播间。今天，我们的直播间会展示一款史无前例的、有超大折扣的商品。千万不要错过！

（3）Hello everyone. We are live broadcast by the manufacturer. Without a middleman making the difference, we will give you unimaginable discount.

大家好，我们是厂家直播。没有中间商赚差价，我们会给你们难以想象的折扣。

（4）We will have a lottery right away and 10 fans will be drawn. I will give you the product in my hand!

我们马上要进行抽奖，将有 10 个粉丝中奖。我会直接送出我手中的这个商品！

（二）留人话术

（1）Welcome friends who have just arrived, click to follow the anchor. When the following reaches 100 people, I will send a red envelope.

欢迎刚来的朋友，点击关注主播。在关注人数达到 100 人的时候，我会发红包。

（2）Welcome ×× to the live broadcast room!

欢迎××来到直播间！

（3）Everyone, we have a red envelope activity at 8:00, and we have a 10 *yuan* spike activity at 9:00!

各位，我们在 8 点有红包活动，在 9 点有 10 元秒杀活动哦！

（4）Thank you very much to all the fans who are still staying in my live broadcast room. My live broadcast time is from ×× to ×× everyday. If you don't click to follow the anchor, remember to click on it. If you click on it, remember to come on time everyday.

非常感谢所有还留在我直播间的粉丝们。我每天的直播时间是××—××。如果你没有点击关注主播，记得关注。如果你关注了主播，记得每天准时来看直播。

（三）互动话术

Let me see your enthusiasm, the higher the enthusiasm, the lower the spike price I will give!

让我看到你们的热情，你们的热情越高涨，我给的秒杀价越低！

（四）促单话术

（1）We have already sold 100 000 of this product before!

这件商品我们之前已经卖了 100 000 件！

（2）I use it myself. I have already used 10 of them, and I take it everytime on business trips! It's really easy to use!

我自己也用这件商品。我已经用了 10 个了，而且我每次出差都带着它！它真的很好用！

（3）It's really the last two items. Friends who like them should hurry up, because this series will not be done in the future.

这真的是最后两件商品了。喜欢它们的朋友要抓紧了，因为这个系列以后不做了。

（五）下播话术

（1）Today's live broadcast is coming to an end. It will be broadcast at the same time tomorrow night.

今天的直播接近尾声了。明天晚上同一时间开播。

（2）Tomorrow will be broadcast a little earlier at 7:00. You can click to follow the anchor and tell others!

明天会提早一点在 7 点开播。大家可以关注一下主播，各位奔走相告吧！

（3）Take a day off tomorrow! The normal broadcast will start the day after tomorrow!

明天休息一天！后天正常开播！

（4）The broadcast will be over soon. I hope you all have a sweet dream, and work hard in the new day. See you next time.

直播马上就要结束了。希望大家做个好梦，新的一天努力工作。我们下次见。

任务实施

在 TikTok 中直播可以给店铺带来更多的流量和转化。接下来进入 TikTok 直播任务实施环节。

【step1】准备直播。

图 6-16 所示为 TikTok App 主界面，卖家需要点击右下角的“Me”图标，进入店铺。

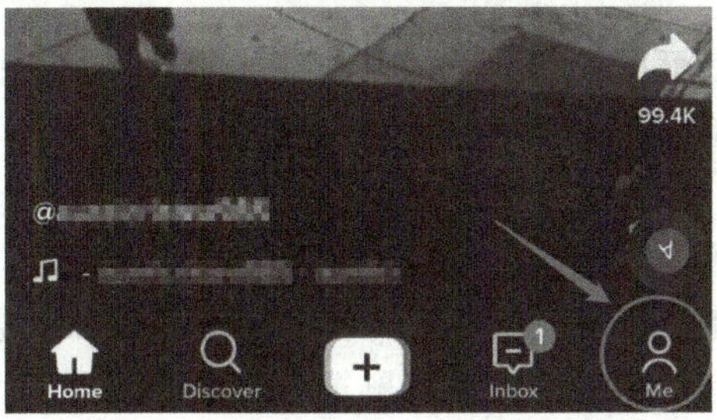

图 6-16

图 6-17 所示为添加商品界面。如果在该界面中没有商品，那么卖家需要点击“Get started”上架商品；如果在该界面中有商品，那么卖家可以点击“Manage Shop”添加商品，如图 6-18 所示。

图 6-17

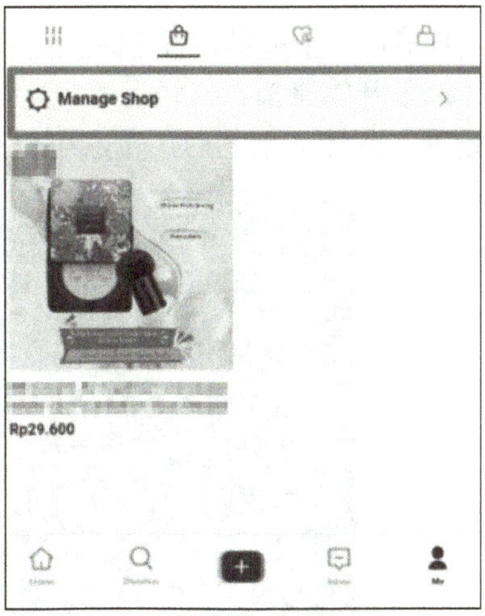

图 6-18

【step2】设置直播信息。

图 6-19 所示为进入直播间的界面。在添加完商品后，卖家需要点击屏幕下方的“+”图标，进入直播间。

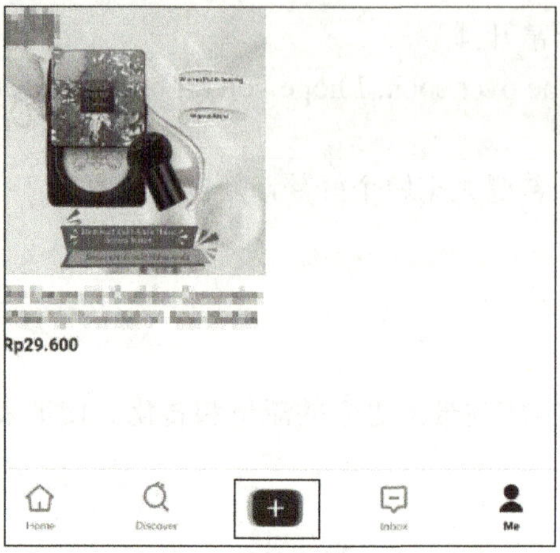

图 6-19

在进入直播间后，卖家可以拍摄照片或从相册中选择照片，将其作为直播封面。直播封面应与商品或直播主题联系紧密，以吸引观众进入直播间。

在设置完直播封面后，卖家需要设置直播标题（不能超过 32 个字符），相关注意事项如下。

（1）直播标题中可以包含流行词或关键词标签。

（2）直播标题应与直播内容相关。如果关于化妆品的直播标题是“电子产品”，那么这种与直播内容不相关的、具有欺骗性的直播标题很容易引起观众的反感，不利于提升直播间的人气。

（3）直播标题中可以包含表情、标点符号（如感叹号等）。

（4）直播标题应突出主播的特征，如“名人”“美妆博主”等。

（5）直播标题中可以包含群体标签，用一些关键词把直播与特定的群体联系起来，如“男装专场”等。

（6）直播标题中可以包含营销词汇，如“专场”“盛宴”“福利”“折扣”“限量”“限时”等。

【step3】开始直播。

在设置完直播信息之后，卖家可以点击“Go LIVE”，开始直播，如图 6-20 所示。

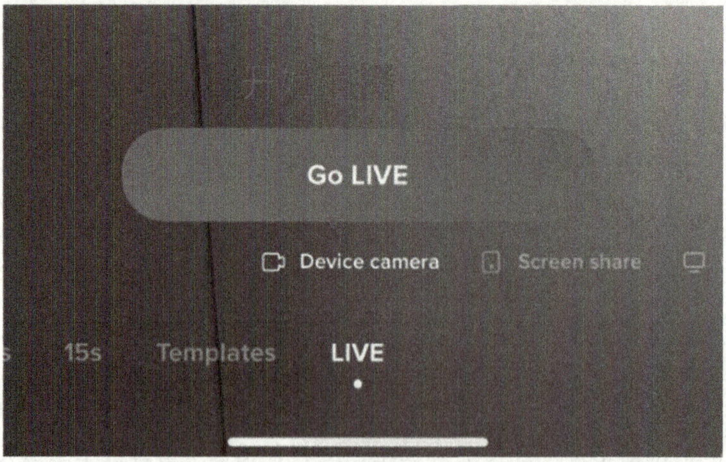

图 6-20

【项目评价】

单位：分

类别	序号	考核项目	考核内容	分值	学生自评	学生互评	教师测评	分数
技术考评（80 分）	1	技能操作	注册账号	10				
	2		开通直播权限	10				
	3		设置界面	15				
	4		添加商品	15				
	5		开始直播	10				
	6		分享直播	20				
非技术考评（20 分）	7	职业素养	态度端正	5				
	8		遵守纪律	5				
	9		团队合作	5				
	10		文化自信	5				
总分：								

【项目实训】

项目实训 1　全球速卖通站内直播

实训名称	全球速卖通站内直播	序号	1
实训目标	（1）通过实训，掌握全球速卖通站内直播流程； （2）熟练掌握全球速卖通站内直播账号的注册及运营方法； （3）通过实训，提升举一反三的能力		
实训要求	（1）成功注册全球速卖通站内直播账号； （2）完成全球速卖通站内直播任务		
实训标准	全球速卖通标准		
实训条件	全球速卖通仿真实训平台		
实训流程			
开通直播账号；创建直播；选择推流方式；完成直播			
考核标准			
完成全球速卖通站内直播申请；创建并分享直播；完成直播			
过程记录			
（学生填写实训过程中的重要记录，如数据记录及相关分析等）			
遇到的问题及解决措施			
（学生填写）			

续表

实训成果
（学生填写实训成果的最终表现形式）
实训考核
（教师综合实训过程及实训成果，对照考核项目评分）

项目实训 2　TikTok 直播

实训名称	TikTok 直播	序号	2
实训目标	（1）通过实训，掌握 TikTok 直播流程； （2）熟练掌握 TikTok 直播账号的注册及运营方法； （3）通过实训，提升举一反三的能力		
实训要求	（1）成功注册 TikTok 直播账号； （2）完成 TikTok 直播任务		
实训标准	TikTok 平台标准		
实训条件	TikTok 平台		
实训流程			
开通直播账号；创建直播；选择推流方式；完成直播			
考核标准			
完成 TikTok 直播申请；创建并分享直播；完成直播			
过程记录			
（学生填写实训过程中的重要记录，如数据记录及相关分析等）			
遇到的问题及解决措施			
（学生填写）			
实训成果			
（学生填写实训成果的最终表现形式）			
实训考核			
（教师综合实训过程及实训成果，对照考核项目评分）			

项目 7

跨境电商运营数据分析

【项目导入】

面对陌生、情况复杂的海外市场，丹尼采取了一系列营销推广方式，这对店铺效益的提升起到了一定的作用。不过，究竟是哪一种营销推广方式起了作用呢？是关键词广告、站内付费营销推广，还是其他方式？这些方式分别为店铺带来了多少回报呢？这些问题困扰着丹尼，他向刘老师请教。刘老师耐心地回答道："运营店铺需要对店铺数据和商品数据进行分析，发现运营中的问题，并找到问题的根源，这样才能正确应对并解决问题。"丹尼听后点点头，开始分析相关数据。

【任务拆解】

图 7-1 所示为跨境电商运营数据分析任务拆解图。

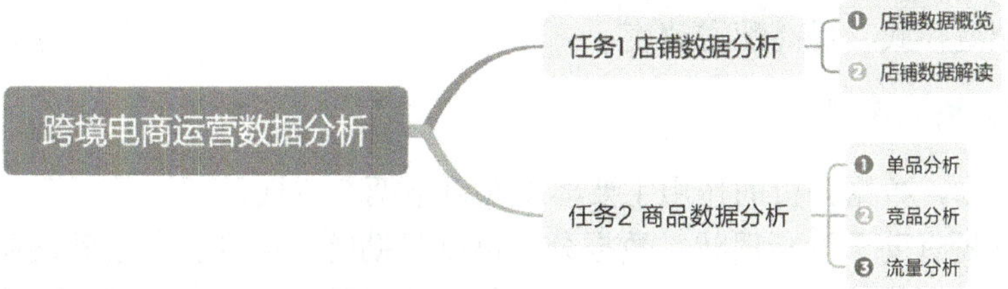

图 7-1

任务 1　店铺数据分析

任务描述

在本任务中，丹尼需要围绕店铺数据概览、店铺数据解读等内容完成知识梳理和任务实施，以便顺利运营店铺。

知识梳理

扫一扫
查看全球速卖通数据分析与优化微课

知识点 1：店铺数据概览

随着大数据时代的到来，信息技术的飞速发展深刻地影响着人们生活的方方面面，海量数据蕴藏的巨大商业价值亟待人们挖掘。无论是跨国企业还是网上店铺，要想了解自身的经营现状，发现并解决运营中的问题，以及制定合理的营销策略，都需要进行数据分析。在大数据时代，对数据的合理分析和利用成为商业竞争的关键。

一、数据分析概要

（一）数据分析的概念

数据分析是指为了达到特定的目的，运用适当的统计分析方法，对收集的大量数据进行汇总处理、详细研究和概括总结，从中提取有价值的信息，以指导决策或行动的过程。

跨境电商运营数据分析是指跨境电商企业在运营过程中，通过使用数字工具、技术和方法，对运营过程中产生的数据进行科学的分析，为决策或行动提供专业、精准的信息支持，以便适应不断变化的环境，从而降低成本、提高效益。

跨境电商的运营离不开互联网的支持，运营过程中会产生体量巨大的数据，包括平台运营数据、消费行为数据、行业数据等。首先，跨境电商可通过数据分析实现科学选品，如亚马逊应用大数据技术建立选品库，协助卖家打造热销爆款。其次，跨境电商可通过数据分析洞察消费者的消费习惯、消费意图，绘制消费者画像，从而实现精准营销和个性化定制。再次，跨境电商可通过数据分析采集全球消费者的信息，制定有针对性的营销方案，优化引流推广效果。最后，数据分析对跨境电商的物流环节具有至关重要的作用，可帮助跨境电商优化配送方案、更新配送模式、提高配送速度。

（二）数据分析的作用

在跨境电商中，数据分析的作用主要体现在以下两个方面。

一是数据分析有助于诊断现状。数据分析可以帮助跨境电商企业了解现阶段的整体运营情况、各项业务的开展情况和变动情况、财务管理情况等。此外，跨境电商企业还可以对数据分析结果进行深刻的剖析。例如，数据分析结果显示店铺本月的销售额环比上升 20%，而卖家在本月采取了两种推广方式，销售额上升究竟是哪种推广方式起了作用呢？每种推广方式对销售额上升的贡献是多少呢？卖家可以通过对数据分析结果进行深刻的剖析，找到这些问题的答案。

二是数据分析有助于制定策略。跨境电商企业不仅可以通过数据分析判断商品的潜力、绘制精准的消费者画像、把握销售额变动趋势、探索流量分配规律等，还可以对行业形势、发展趋势进行预测，从而为制定运营目标和策略提供有效的支持。例如，跨境电商企业可以根据数据分析结果，挑选不同国家、不同文化背景的消费者所需的商品，基于销售额变动趋势，预测相关商品未来的销售额，并制定相应的运营目标和员工考核指标。

（三）数据分析的流程

在跨境电商中，数据分析的流程主要包括以下 6 个环节。

1. 明确分析目的

明确分析目的是指确定数据分析的目的是什么，这个环节在整个流程中起着导向作用，用以指引后续工作如何开展，是确保数据分析有效性的前提。分析目的既可以是长期的，也可以是短期的，不过必须是可以达到的。在明确了分析目的后，我们需要将其细化为若干个具体目的，即从哪几个角度进行分析、分析哪几个指标。

2. 数据采集

数据采集又被称为数据获取，是指使用适当的方法采集达到分析目的所需的数据，这个环节是数据分析有效开展的基础。常用的数据采集工具包括各类跨境电商平台的数据采集工具、第三方数据采集工具、网页数据采集工具等。

3. 数据处理

数据处理是指对采集的数据进行清洗、加工，使数据适用于分析工具，这个环节往往是数据分析全流程中占用时间最长的环节。在数据处理环节，我们可以合理地把数据分为不同的组别，并分组处理数据，从而有效地把杂乱无章的数据整理成有价值的数据。数据处理的质量会在一定程度上影响数据分析的质量。

4. 数据分析

在这个环节，我们需要采用适当的统计方法，结合业务活动的实际情况，对处理后的数据进行分析，提取数据中蕴含的有价值的信息。此外，我们还可以借助图表工具，对数据进行可视化分析。

5. 优化运营

通过对有价值的信息进行剖析，我们可以找到运营中的问题和问题的根源，进而优化运营手段和方式，提升效益。

6. 持续追踪

在优化运营手段和方式后的一段时间内，我们需要持续追踪相关数据。这样做，一方面可以验证对运营手段和方式的优化是否正确，另一方面可以为后续开展常态化数据分析工作提供支持。

二、数据概览

全球速卖通为跨境电商卖家提供了生意参谋这一基础性的数据分析工具，卖家可以通过该工具掌握店铺的整体运营情况。

（一）实时概况

在生意参谋首页，卖家可以查看店铺运营的实时概况。

如图 7-2 所示，卖家可以直观地查看店铺运营的支付金额、访客数、支付买家数、税费、浏览量、支付订单数这 6 个指标和店铺层级信息。实时概况有助于卖家了解店铺昨日与今日主要数据的变化，以及 App 的数据占比情况等信息，为进一步分析店铺的各种数据提供参考。

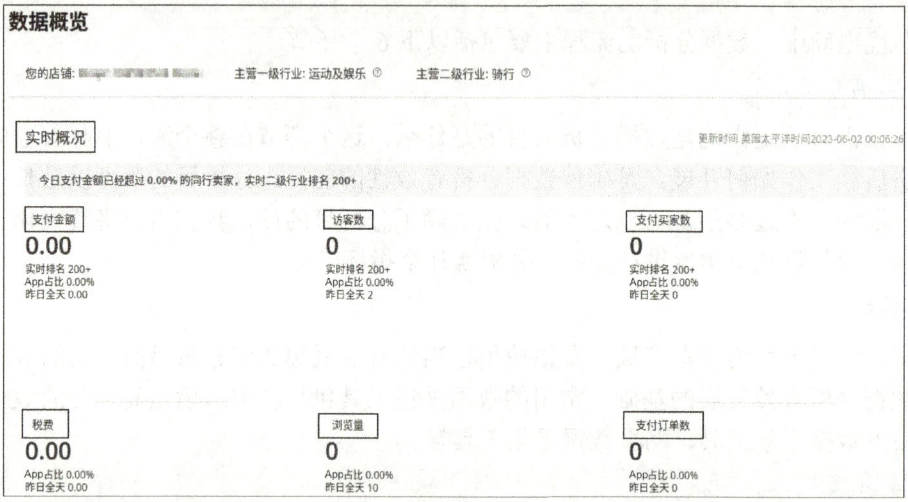

图 7-2

实时概况中各个指标的含义如下。

（1）支付金额：在美国太平洋时间内支付成功的订单金额，包含之前下单、当天支付成功的订单，不包含当天下单、未支付成功的订单。预售付款在付清当天计入支付金额。

特别说明：①支付金额包含平台根据买家所在地的法规要求代收代缴的税费；②由于汇率的原因，实时数据可能与历史数据有误差；③平台按照创建订单的设备区分 App 端和非 App 端的数据。

（2）访客数：美国太平洋时间当天访问店铺界面（含商品详情页）的去重人数。一个人在统计时间内多次访问店铺界面，算一个访客。

（3）支付买家数：在统计时间内，通过某个渠道进入店铺且下单并付款的去重买家数。

（4）税费：平台根据买家所在地的法规要求代收代缴的税费。

（5）浏览量：在美国太平洋时间当天店铺所有界面被访问的次数。一个人在统计时间内多次访问店铺界面，算多个浏览量。所有终端的浏览量等于 App 端浏览量和非 App 端浏览量的和。

（6）支付订单数：在统计时间内店铺中的订单数。一个支付订单对应唯一的订单号。

店铺层级中各个指标的含义如下。

主营二级行业排名是指店铺的实时支付金额在店铺主营二级行业中的排名。主营二级行业近 30 天支付金额排名是指店铺近 30 天的支付金额在同行同层店铺中的排名（同行是指主营二级行业相同）。实时排名是指店铺近 30 天的支付金额在所有二级行业中的排名，不划分是否同层。当店铺排名在 200 名后时，平台会用“200+”表示。全球速卖通把卖家的月销售额分为 5 个层级：第一层级，月销售额为 0～1000 美元；第二层级，月销售额为 1000～5000 美元；第三层级，月销售额为 5000～10 000 美元；第四层级，月销售额为 10 000～50 000 美元；第五层级，月销售额为 50 000 美元以上。在全球速卖通中，店铺层级会影响店铺流量分配机制，店铺层级越高，流量权重越高。卖家可以通过店铺层级数据，判断店铺所处层级的变化和店铺在所处层级中的排名变化，根据近 30 天支付金额排名和支付金额的变化趋势，判断店铺近 30 天的销量变化情况。若店铺近 30 天的支付金额呈上升趋势，但近 30 天支付金额排名没有同步上升，甚至有所下降，则说明有强势店铺进入了市场，或者原来比自身店铺销量低的店铺超过了自身店铺，卖家需要优化店铺运营、提高店铺销量。

（二）核心指标

在生意参谋首页，卖家可以查看核心指标，如图 7-3 所示。

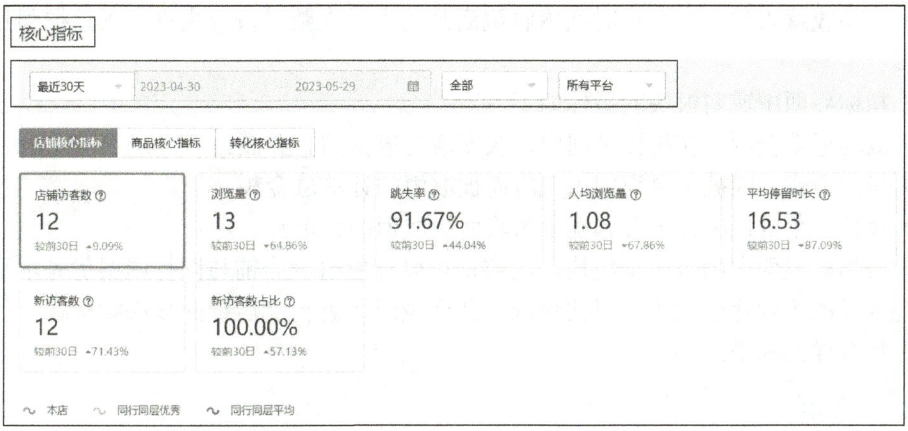

图 7-3

在核心指标界面中，卖家可以查看不同的时间维度、前后时间节点、国家、平台。核心指标界面中提供汇总数据下载和明细数据下载功能。此外，卖家还可以切换查看支付、下单、流量、加购收藏、逆向板块。

核心指标界面中的支付板块展示了多个与买家支付行为有关的指标，包括支付金额、税费、支付买家数、支付转化率（访客转化为支付买家的比例，其计算公式为“支付转化率=支付买家数/访客数×100%”）、客单价（平均每个支付买家的支付金额，其计算公式为“客单价=总支付金额/支付买家数”）、支付老买家占比（支付老买家数占支付买家数的比例，其计算公式为“支付老买家占比=支付老买家数/支付买家数×100%”）、支付订单数、支付件数。

核心指标界面中下单板块的指标如下。

（1）下单金额：在统计时间内下单的订单总金额。

特别说明：①下单金额包含平台根据买家所在地的法规要求代收代缴的税费；②由于汇率的原因，实时数据可能与历史数据有误差；③平台按照创建订单的设备区分 App 端和非 App 端的数据。

（2）下单买家数：在美国太平洋时间当天下单的去重买家数（按天去重，周数据和月数据按日累加）。

（3）下单转化率：访客转化为下单买家的比例，其计算公式为“下单转化率=下单买家数/访客数×100%”。

（4）下单订单数：在美国太平洋时间当天下单的去重订单数（按天去重，周数据和月数据按日累加）。

核心指标界面中流量板块的指标包括访客数、浏览量、搜索曝光量（店铺商品在网站搜索结果界面中的曝光次数，不含直通车中的曝光次数）、UV（Unique Visitor，独立访客）价值

（平均每个独立访客的支付金额，即在统计时间内，某商品的支付金额和该商品的独立访客数的比值，其计算公式为“UV价值=某商品的支付金额/该商品的独立访客数”）。

核心指标界面中加购收藏板块的指标如下。

（1）商品加购人数：在统计时间内加购成功的去重人数（按天去重，周数据和月数据按日累加）。

（2）加购件数：在统计时间内被加购的商品件数。如果同款商品被加购了两次或其数量被调整为两个，那么加购件数为两件。

（3）商品收藏人数：在统计时间内收藏商品的去重人数（按天去重，周数据和月数据按日累加）。

核心指标界面中逆向板块的指标如下。

（1）成功退款金额：在统计时间内，买家成功退款的总金额。

（2）风控金额：因被平台识别出风险而被取消的订单总金额。

（3）风控订单数：因被平台识别出风险而被取消的订单数。

在核心指标界面中的每一个板块，卖家都可以查看自身店铺与同行同层优秀水平、同行同层平均水平的可视化变化趋势对比情况，从而及时了解自身店铺的核心指标在同行同层店铺中处于什么样的水平。

（三）流量看板

如图7-4所示，卖家可以在流量看板界面中查看店铺数据。

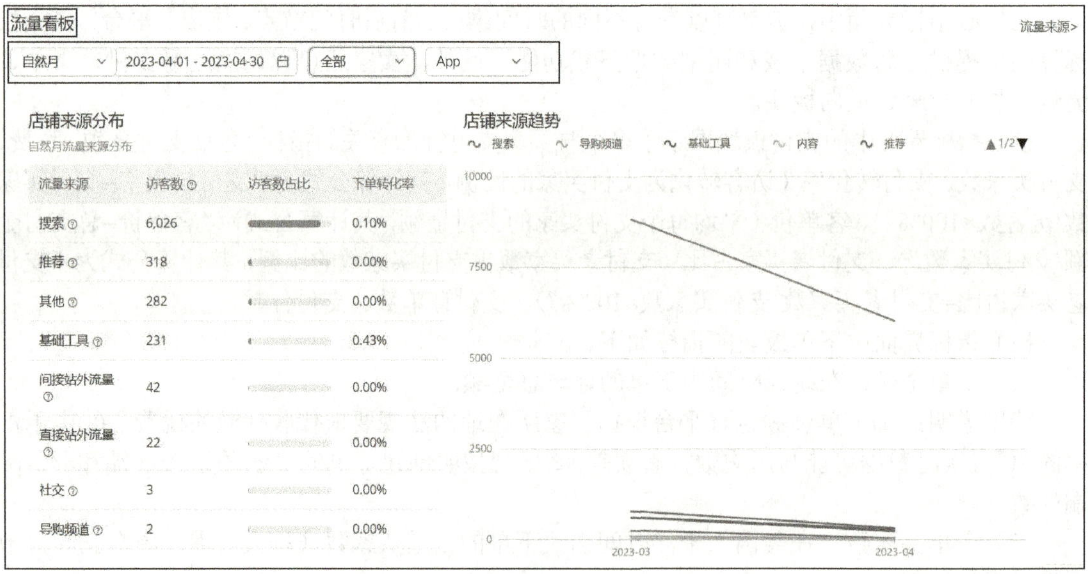

图7-4

在流量看板界面中，卖家可以查看不同的时间维度、前后时间节点、国家和平台。店铺来源分布板块展示了流量来源、访客数、访客数占比和下单转化率指标。店铺来源趋势板块展示了搜索、导购频道、基础工具、内容、推荐等流量来源的流量变化趋势。

图7-5所示为店铺访问行为数据界面，其中的搜索词排行板块会根据排名规则展示通过搜索词产生交易行为的买家数据。

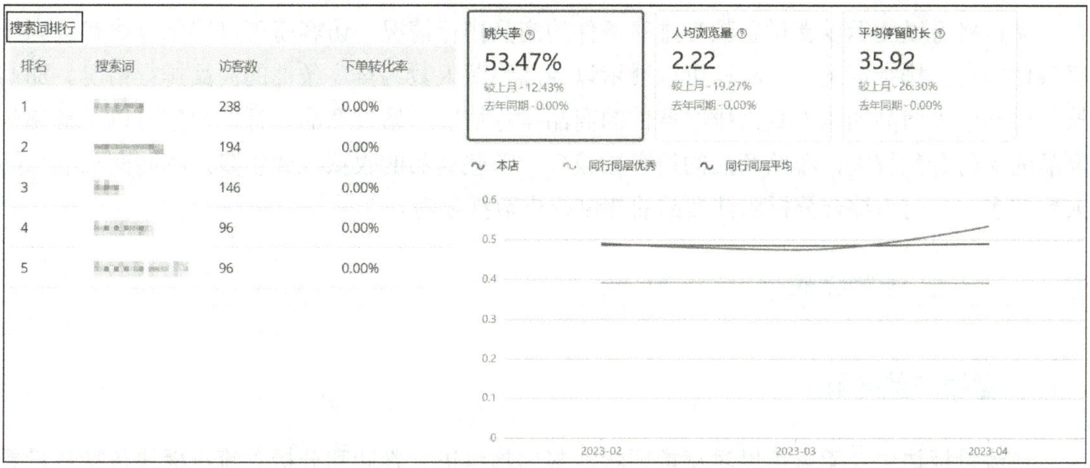

图 7-5

（1）跳失率：进入界面后没有任何点击动作就退出界面的跳失访客数占访客数的比例，其计算公式为“跳失率=跳失访客数/访客数×100%”。

（2）人均浏览量：其计算公式为“人均浏览量=浏览量/访客数”。多天的人均浏览量为各天的人均浏览量的日均值。

（3）平均停留时长：店铺所有访客的总停留时长和访客数的比值，其计算公式为“平均停留时长=店铺所有访客的总停留时长/访客数”，单位为秒。多天的平均停留时长为各天的平均停留时长的日均值。

上述 3 个指标下方展示了店铺与同行同层优秀水平、同行同层平均水平在这 3 个指标上的可视化变化趋势对比情况。

（四）商品排行

如图 7-6 所示，商品排行展示了商品在支付金额、访客数、商品收藏人数、商品加购人数方面的排行情况。

图 7-6

支付榜可以展示以支付金额为排序条件的商品排行情况。访客榜可以展示以访客数为排序条件的商品排行情况。收藏榜可以展示以商品收藏人数为排序条件的商品排行情况。加购榜可以展示以商品加购人数为排序条件的商品排行情况。通过商品排行，卖家可以了解哪些商品的支付金额较大，哪些商品的访客数较多，哪些商品的收藏人数较多，哪些商品的加购人数较多，从而为综合分析店铺商品的热度提供数据参考。

知识点 2：店铺数据解读

一、流量板块数据解读

在流量板块中，卖家可以对流量现状、整体趋势进行判断和分析。流量板块包括流量看板（知识点 1 中已经进行了详细说明）、店铺来源和商品来源。

（一）店铺来源

图 7-7 所示为流量板块中的店铺来源承接界面，卖家可以选择不同的国家、客户端、新老访客、时间维度和前后时间节点，查看不同维度的店铺来源承接数据。来源明细、入店页面排行界面中可以显示访客数、访客数占比、下单买家数、下单转化率、跳失率等指标的数据，卖家可以通过这些数据了解哪些流量来源有助于店铺运营，或者哪些流量来源的流量转化效果较差，据此优化不同的流量来源。图 7-8 所示为离店页面排行界面，其与入店页面排行界面不同的指标是平均访问深度。平均访问深度是指访客浏览某个网站页数的平均值，其数值越大，表明访客的体验度越高，网站的黏性越强。离店页面排行为卖家需要对哪些页面进行优化提供了数据参考。

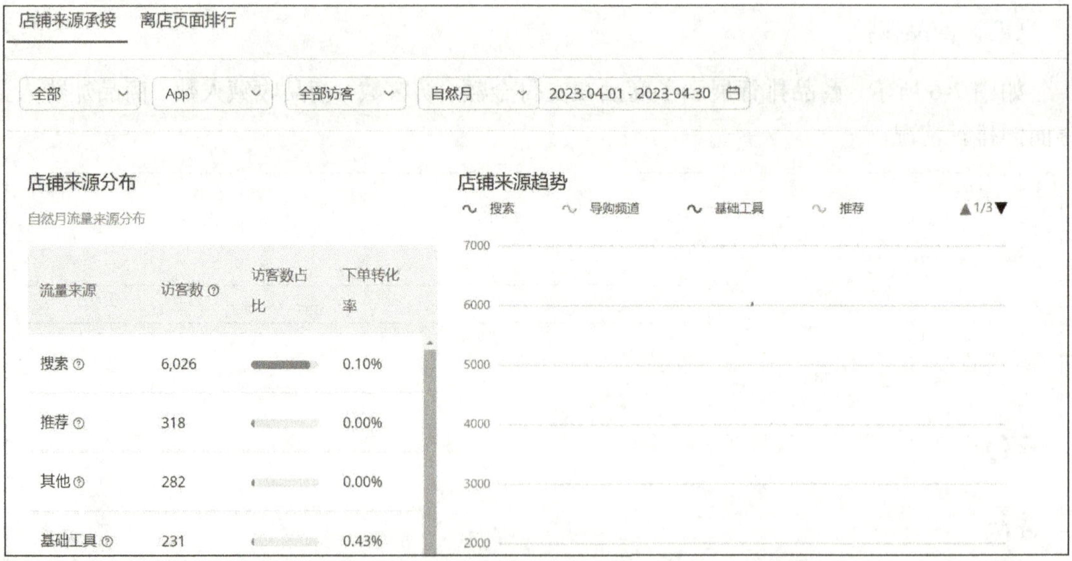

图 7-7

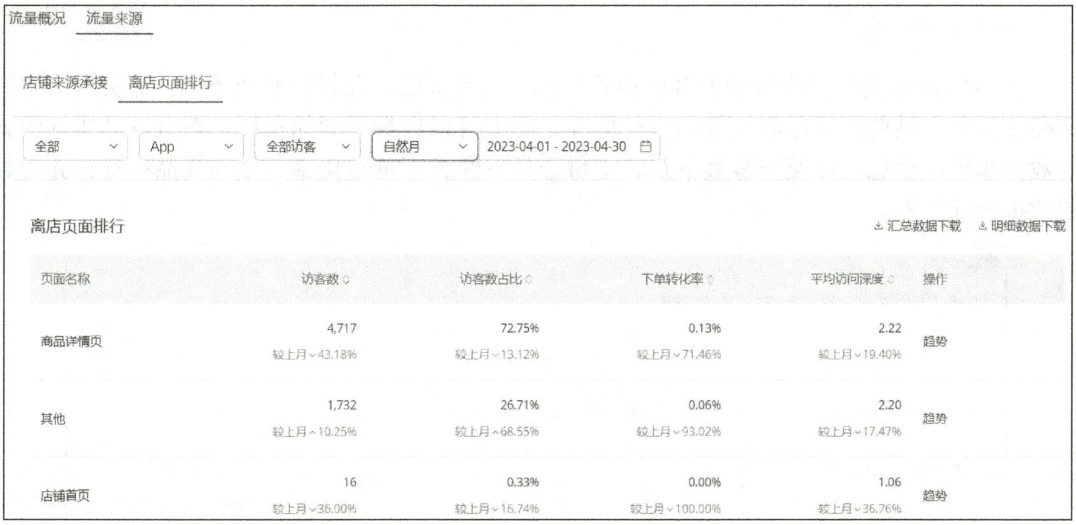

图 7-8

（二）商品来源

图 7-9 所示为流量板块中的商品来源界面。在该界面中，卖家既可以最近 3 天为统计时间，查看商品来源健康度和不同国家、客户端的商品流量情况；也可输入商品 ID 进行搜索，查看具体商品的流量情况，从而直观地了解访客访问商品的具体来源和不同来源所占的比例。

图 7-9

二、品类板块数据解读

品类板块中展示了店铺内各种品类的排行数据，有助于卖家了解店铺内的商品销售情况，并推断哪些商品适合被打造成爆款，哪些商品可以通过促销带来更多的利润，以及哪些商品需要调整或退出销售计划等。品类板块包括商品排行、单品分析。

（一）商品排行

图 7-10 所示为品类板块中的商品排行界面。与首页的商品排行有所不同，品类板块中的商品排行还提供前台透标商品等的排行情况。卖家可以选择不同的指标，查看商品排行的详细数据和统计信息，以及访客数下跌、支付金额下跌、下单转化率下跌的商品排行，并对异常数据进行监控。

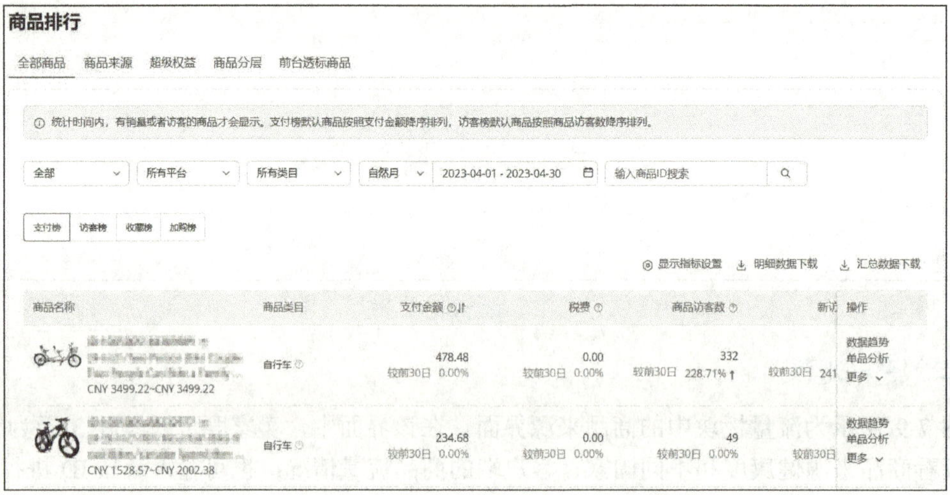

图 7-10

（二）单品分析

图 7-11 所示为品类板块中单品分析的核心指标界面。卖家既可以通过搜索商品 ID 进入相应的单品分析界面；也可以单击商品排行界面中的具体商品信息，进入单品分析界面。

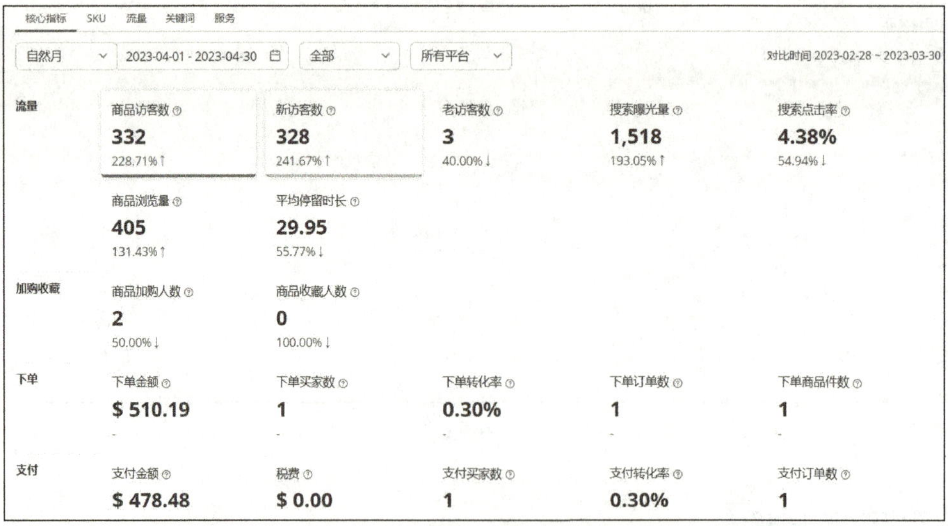

图 7-11

单品分析界面中提供某个商品不同时间维度的相关数据和变化趋势。卖家可以进入详细模式，查看单个商品的流量、新访客数、加购收藏数、支付金额、支付买家数、支付转化率、支付订单数等核心指标，并选择不超过 6 个指标，指标下方会生成相应数据的变化趋势图表，直观地呈现单个商品的核心指标变化情况。

图 7-12 所示为品类板块中单品分析的关键词界面。该界面中提供流量维度和支付维度共 8 个指标的关键词数据，卖家可以通过相关数据分析商品标题是否合理，商品标题中的哪些关键词带来了可观的曝光量、访问量，以及商品标题需要进行怎样的调整。

图 7-12

图 7-13 所示为品类板块中单品分析的服务界面。该界面中主要展示单品享受的平台权益或约束服务，以及近 30 天的纠纷和发生纠纷的原因。卖家可以通过该界面中的数据，对商品进行维护和管理。

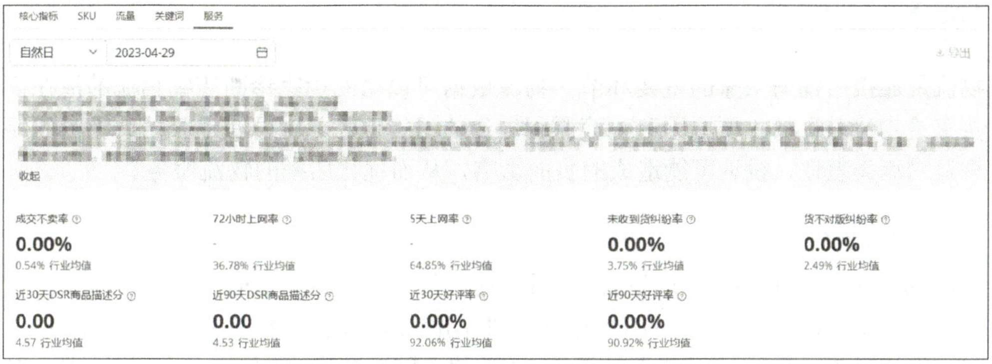

图 7-13

三、营销板块数据解读

为了更好地应对平台大促活动，助力卖家更精准地运营店铺，2022 年 3 月，生意参谋对活动大屏进行升级，以便为卖家提供更加稳定的数据服务。通过活动大屏，卖家可以监控活动期间的成交、访客、转化和不同国家的榜单等核心数据的变化，从而调整活动运营策略，提升大促活动的 GMV。

图 7-14 所示为营销板块中的活动大屏界面。该界面中可以展示大促活动的累计支付金额和每日支付金额，相应的访客数、支付转化率、支付买家数、支付订单、支付件数等核心指标，以及活动累计国家榜和活动累计商品榜的支付金额排名、访客数排名。卖家可以单击“活动大屏”，查看相关数据的实时变动情况。活动大屏为卖家提供了活动期间的核心指标数据情况，卖家可以据此分析活动效果，根据分析结果优化后续的促销活动和运营手段。

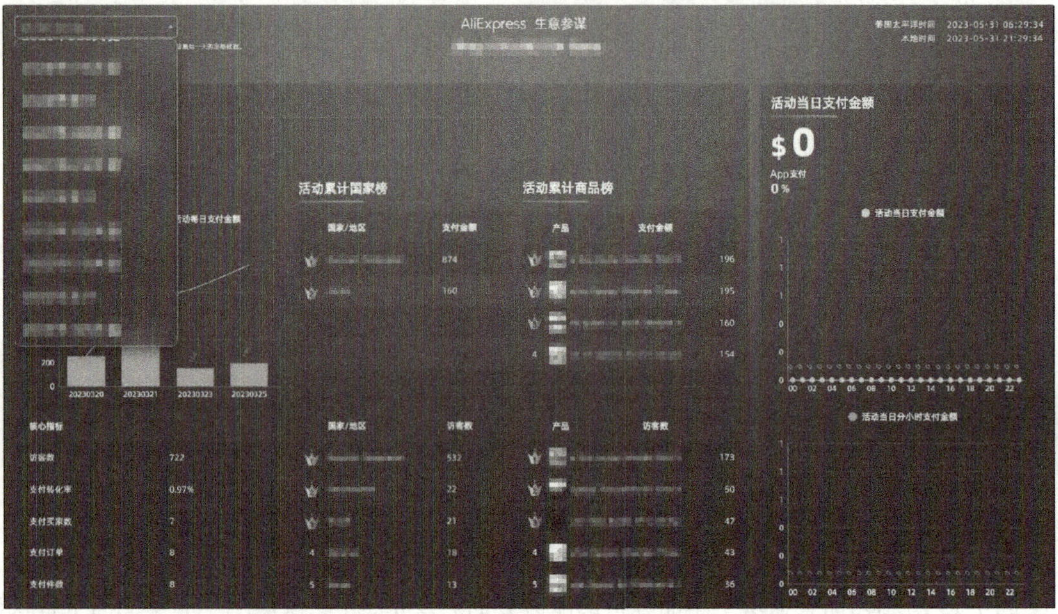

图 7-14

四、物流板块数据解读

物流是连接店铺与买家的重要环节。物流数据可以帮助卖家诊断店铺物流的潜在问题，分析买家给物流差评的主要原因和物流原因导致的退货退款，定位快递公司或物流线路的问题，规避物流类差评、投诉可能造成的负面影响，从而优化店铺的物流服务。

（一）物流概况

物流概况界面中可以展示统计时间（日、周、月）内的相关指标。

（1）物流单量：买家支付日期至最近更新时间的物流履行数据。

（2）物流时效：统计时间 7 天前累计 30 天的上网率情况（同行表现为相同主营二级行业的大盘情况）。48 小时上网率/72 小时上网率/5 天上网率分别是指过去 30 天全部发货且物流上网时间减去支付成功（风控审核成功）时间小于或等于 48 小时/72 小时/5 天的订单数与过去 30 天支付成功（风控审核成功）的订单数减去成功取消订单数、超期取消订单数的比率。

图 7-15 所示为物流概况中的物流时效界面。该界面中提供下载明细功能，可以帮助卖家了解店铺的订单物流、商品的物流时效和服务动态总体情况。

（3）物流体验指标。

①物流 DSR：近 30 天 DSR 物品运送时间合理性平均分（含线上发货）。

②未收到货纠纷提起率：在近 30 天内的完结订单中，买家因未收到货物提起退款（剔除主动撤销退款）的订单的比例。

图 7-15

（二）物流分布

图 7-16 所示为物流分布中的物流服务商分布界面。卖家最多可以在该界面中选择 4 个指标，并查看相应的物流数据。

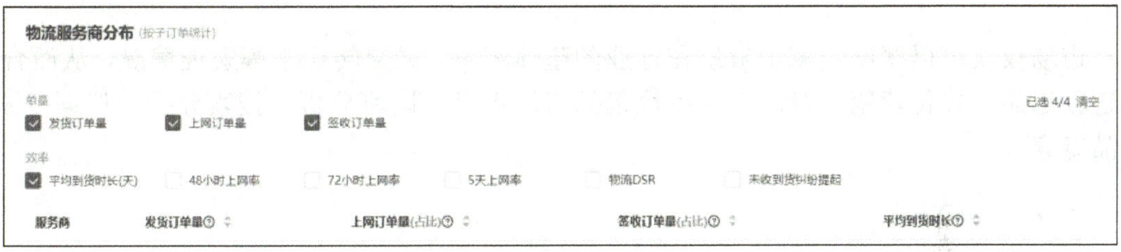

图 7-16

统计时间（日、周、月）内的物流单量指标如下。

（1）发货订单量：在统计时间内的支付订单中，截至最近更新时间已申明发货的订单量。

（2）上网订单量：在统计时间内的发货包裹中，截至最近更新时间已上网的订单量。

（3）签收订单量：在统计时间内的发货包裹中，截至最近更新时间已签收的订单量。

图 7-17 所示为物流分布中的商品类目分布界面。

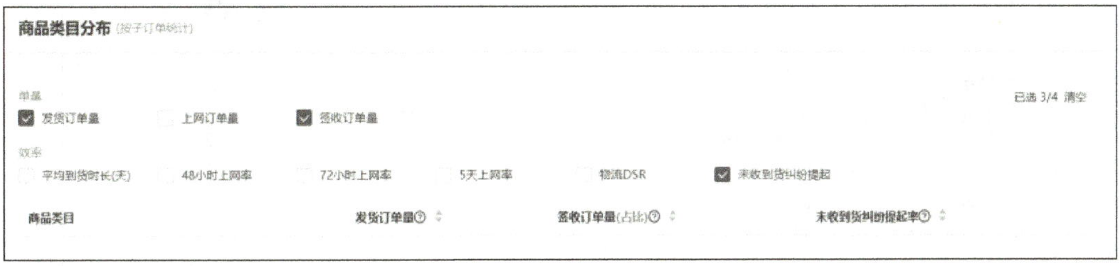

图 7-17

统计时间（日、周、月）内的物流时效指标如下。

（1）平均到货时长：其计算公式为“平均到货时长=（订单上网–物流妥投的总时长）/统计时间内的物流妥投包裹总数”，单位为天。

（2）48 小时上网率。

（3）72 小时上网率。

（4）5 天上网率。

统计时间（日、周、月）内的物流体验指标包括物流 DSR 和未收到货纠纷提起率。

图 7-18 所示为物流分布中的国家（地区）分布界面。在该界面中，卖家可以了解物流服务商存在的问题，哪些商品的物流服务问题和未到货纠纷较多，以及哪些国家或地区的物流

单量纠纷、物流时效纠纷较多，以便进行重点优化。

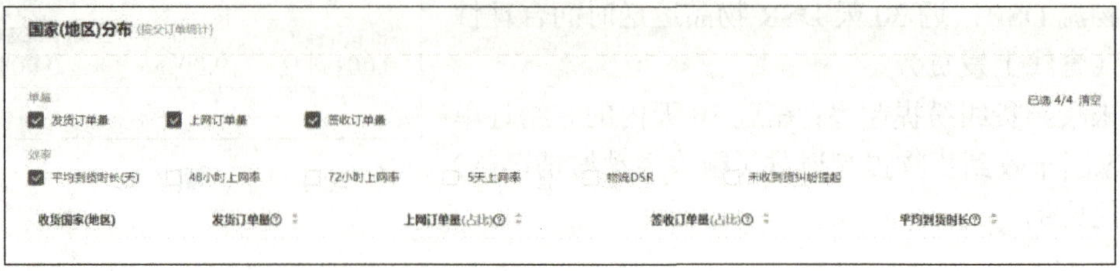

图 7-18

五、市场板块数据解读

市场板块可以帮助卖家了解所在行业的整体流量、成交转化率等宏观情况，从而合理地进行选品，优化营销手段。市场板块包括市场大盘、国家分析、搜索分析、选词专家、选品专家。

（一）市场大盘

在市场大盘界面中，卖家可以设定不同的统计时间，选择不同的国家、平台，并查看特定行业的流量、成交转化、市场规模变化数据和趋势图。图 7-19 所示为市场大盘中的行业趋势界面。该界面中可以展示特定行业的访客指数、浏览商品数、商品浏览率、供需指数、客单价、商品加购人数和加收藏人数等指标的数据，卖家可以单击具体指标，查看对比同周期和对比不同行业的趋势变化情况。

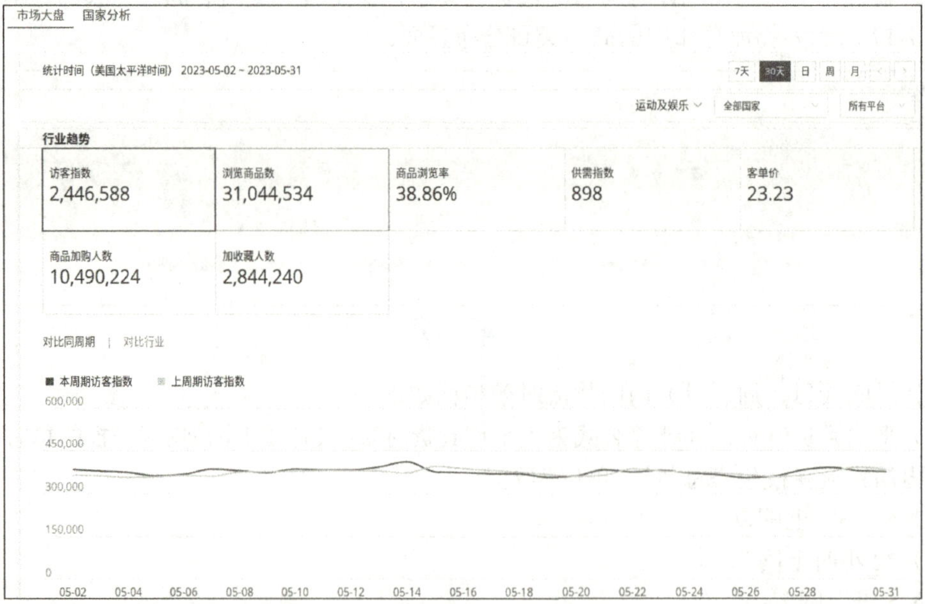

图 7-19

（二）国家分析

国家分析包括机会国家、单国家分析、商品研究。

图 7-20 所示为国家分析中的机会国家界面。该界面中可以展示卖家所选行业在不同国家&地区的 GMV 及上升指数，包括高 GMV 高增速、高 GMV 低增速、低 GMV 高增速、低 GMV 低增速 4 个类别的国家&地区排名。卖家可据此了解所选行业在不同国家&地区的行情，判断哪些国家&地区的购买力较强，所选行业在哪些国家&地区的发展前景更好。

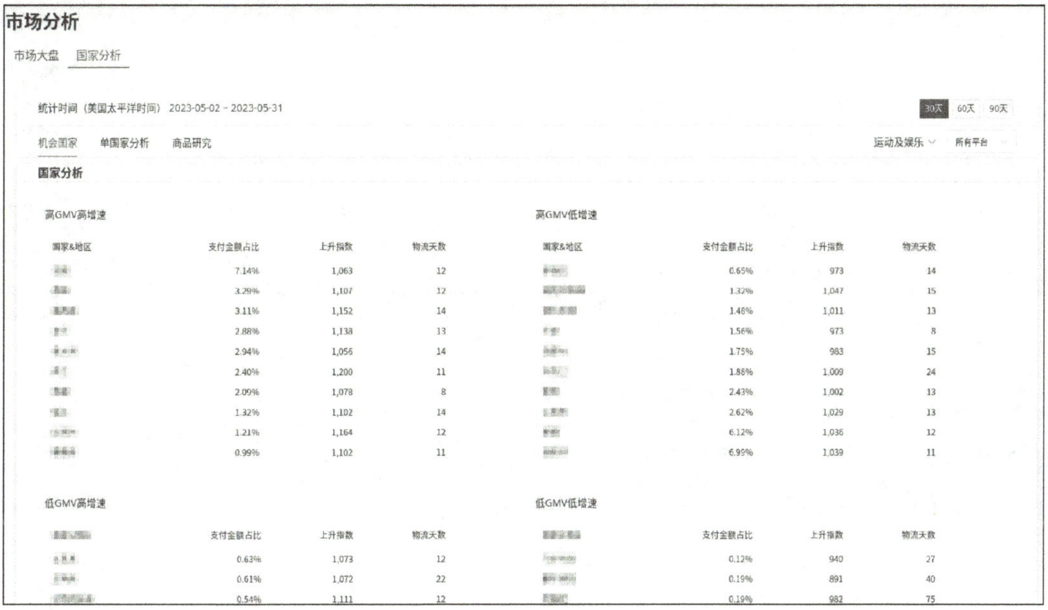

图 7-20

图 7-21 所示为国家分析中的单国家分析界面。该界面中可以展示卖家所选行业在某个国家的相关指标（包括支付金额占比、访客数占比、支付买家占比、上升指数）和各指标相应的趋势变化情况。

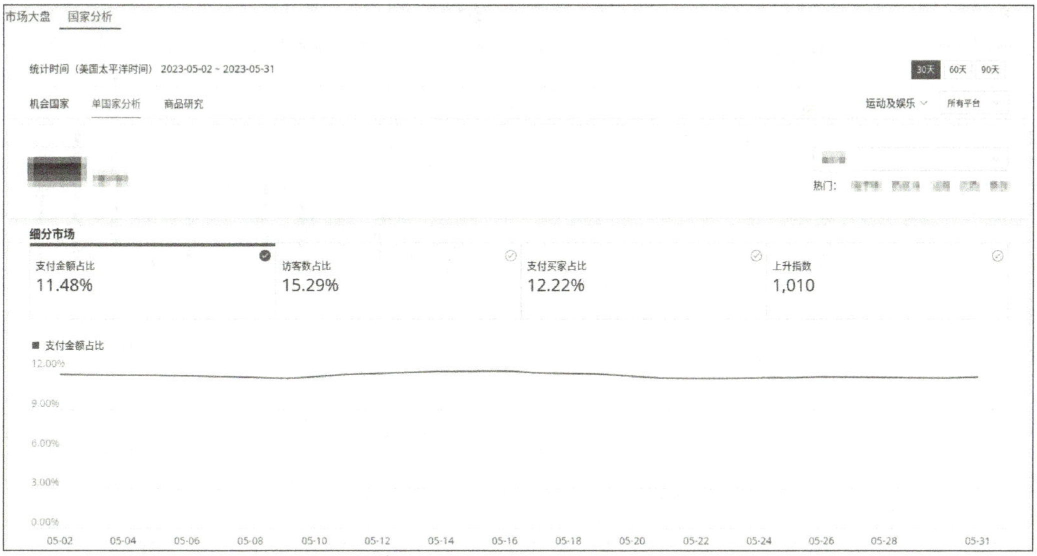

图 7-21

图 7-22 所示为国家分析中单国家分析的买家属性界面。该界面中可以展示卖家所选国家的支付买家的城市分布、子订单均价分布、购买次数分布、年龄分布和性别分布，卖家可据此绘制所选国家的支付买家的初步画像。

买家属性

城市分布

城市	支付买家占比
[illegible]	12.40%
[illegible]	6.14%
[illegible]	1.68%
[illegible]	1.45%
[illegible]	1.34%
[illegible]	1.29%
[illegible]	1.17%
[illegible]	1.16%
[illegible]	1.04%
[illegible]	0.93%

子订单均价分布

笔单价	支付买家占比
0~1.2	16.12%
1.2~3.5	30.97%
3.5~10.4	21.87%
10.4~45.97	21.30%
45.97~999999.99	9.73%

购买次数分布

购买次数	支付买家占比
1	75.73%
2	14.85%
3	5.01%
4	2.09%
5	1.01%
6~10	1.10%
10+	0.21%

年龄分布

年龄	支付买家占比
未知	0.19%
18~24	3.97%
25~34	34.65%
35~44	44.89%
45~54	11.97%
55~64	3.74%
65~100	0.59%

图 7-22

图 7-23 所示为国家分析中单国家分析的汇率界面、温度与降水(预测)界面、节日界面。这些界面中可以展示卖家所选国家的汇率、温度与降水、节日信息，供卖家参考。

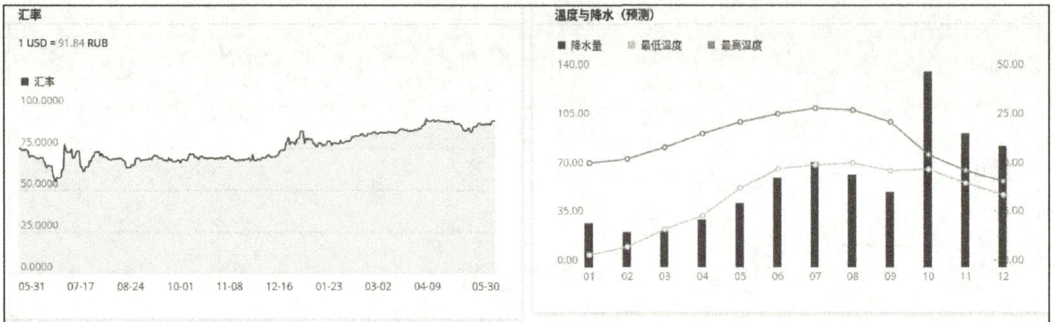

节日

2023

节假日日期	星期	节假日名称	节假日类型
20230101	Sunday	New Year's Day	National holiday
20230102	Monday	New Year Holiday Week	National holiday
20230102	Monday	New Year Holiday	National holiday
20230103	Tuesday	New Year Holiday Week	National holiday
20230103	Tuesday	New Year Holiday	National holiday

图 7-23

图 7-24 所示为国家分析中单国家分析的买家行为特征界面，包括买家等级分布、购买次

数分布、网购偏好、行业偏好、品牌偏好、下单支付时间分布。卖家可以在该界面中选择特定买家的性别、年龄、子订单均价和所在的国家或地区等选项，了解特定买家的行为特征，从而判断特定买家的行为偏好，并实施有针对性的营销策略。

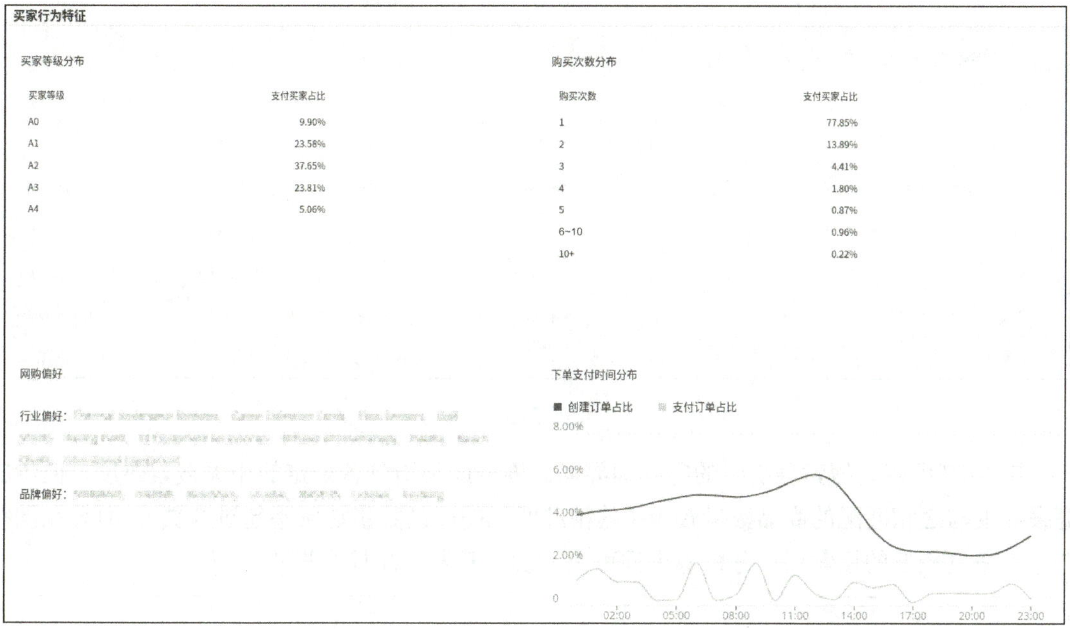

图 7-24

（三）搜索分析

在全球速卖通中，商品标题与买家搜索的关键词高度匹配，可以有效提高商品的曝光度和卖家的可信度。搜索分析能够为卖家提供丰富的搜索词分析数据，帮助其优化商品标题。

图 7-25 所示为搜索分析中的热搜词界面。该界面中可以展示统计时间内的热搜词排名和相关指标，卖家可以分析该界面中的信息，找出适合作为商品标题关键词的热搜词。卖家单击“查看商品”，可以查看与热搜词相匹配的商品；单击具体商品，可以跳转至商品详情页。

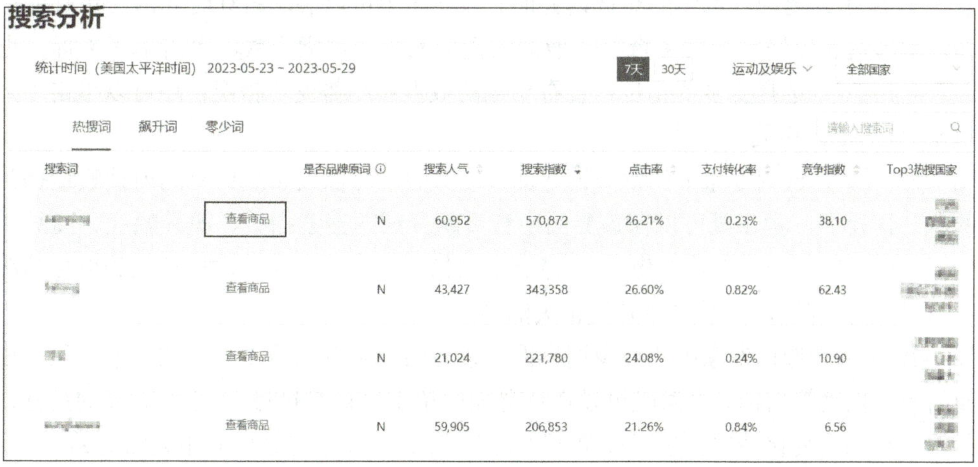

图 7-25

图 7-26 所示为搜索分析中的飙升词界面。该界面中可以展示统计时间内搜索量提升速度较快的飙升词排名，帮助卖家优化商品标题，使商品标题符合买家的搜索习惯。

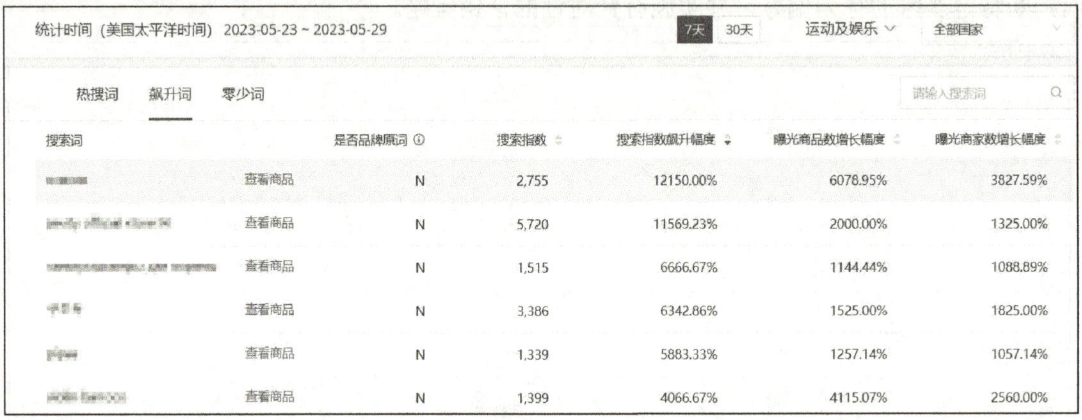

图 7-26

图 7-27 所示为搜索分析中的零少词界面。零少词是指具备一定的相关搜索热度，但供应商发布的与之相匹配的商品数量较少（其精准匹配的商品数量通常不超过 3 页），而且在同行业中竞争度较低的搜索词。分析零少词可以为卖家开发商品提供思路。

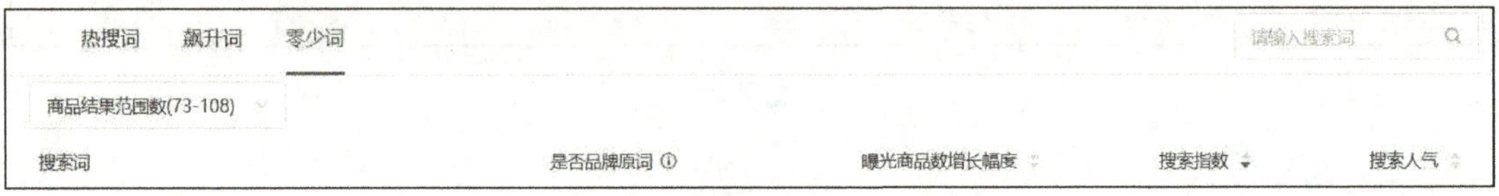

图 7-27

（四）选词专家

选词专家为卖家提供了设计商品标题的专业工具，卖家可以选择特定的行业、国家和时间维度，查看热搜词、飙升词、零少词排名。

图 7-28 所示为选词专家中的热搜词界面。该界面中可以展示统计时间内特定行业的热搜词排名。卖家既可以在该界面中查看热搜词的搜索人气、搜索指数、点击率等指标；也可以单击“查看趋势”，选择更多的指标，查看相应的数据和趋势变化情况；还可以单击“查看商品”，查看与热搜词相关的商品。

图 7-29 所示为选词专家中的飙升词界面。该界面中可以展示统计时间内搜索量提升速度较快的飙升词排名。卖家既可以在该界面中查看飙升词的搜索指数、飙升幅度、商品增长幅度等指标；也可以单击“查看趋势”，选择更多的指标，查看相应的数据和趋势变化情况；还可以单击“查看商品”，查看与飙升词相关的商品。

图 7-30 所示为选词专家中的零少词界面。该界面中可以展示零少词的搜索人气、搜索指数、商品增长幅度等指标。卖家既可以在该界面中单击“查看趋势”，选择更多的指标，查看相应的数据和趋势变化情况；也可以单击“查看商品”，查看与零少词相关的商品。

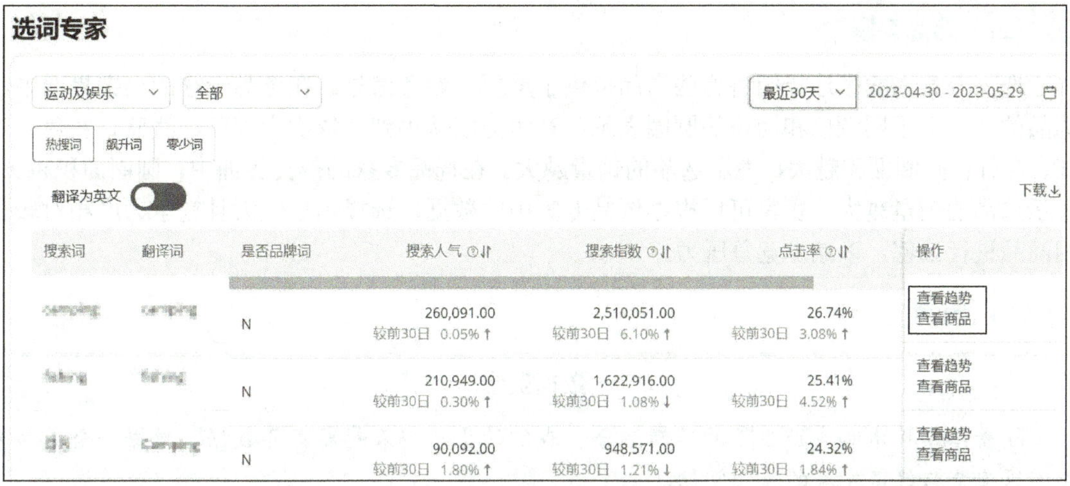

图 7-28

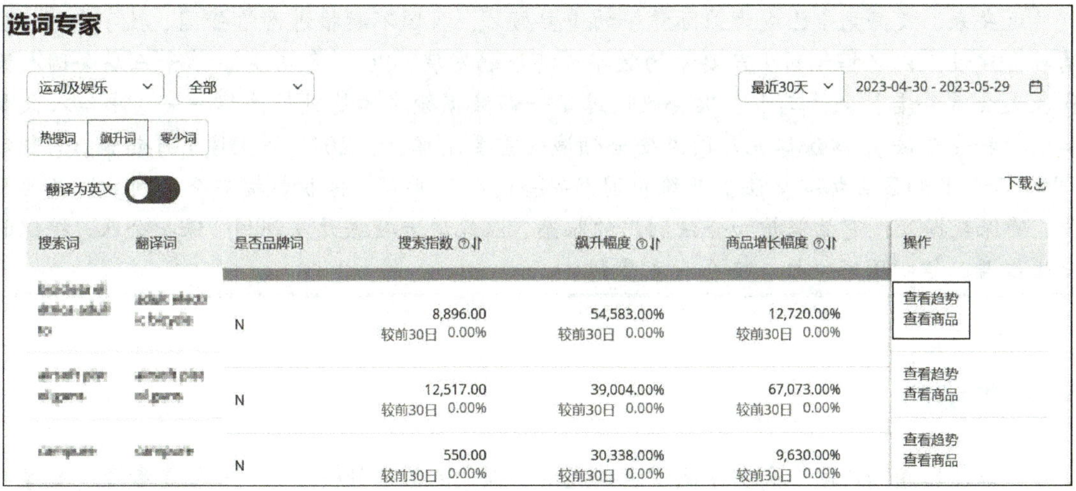

图 7-29

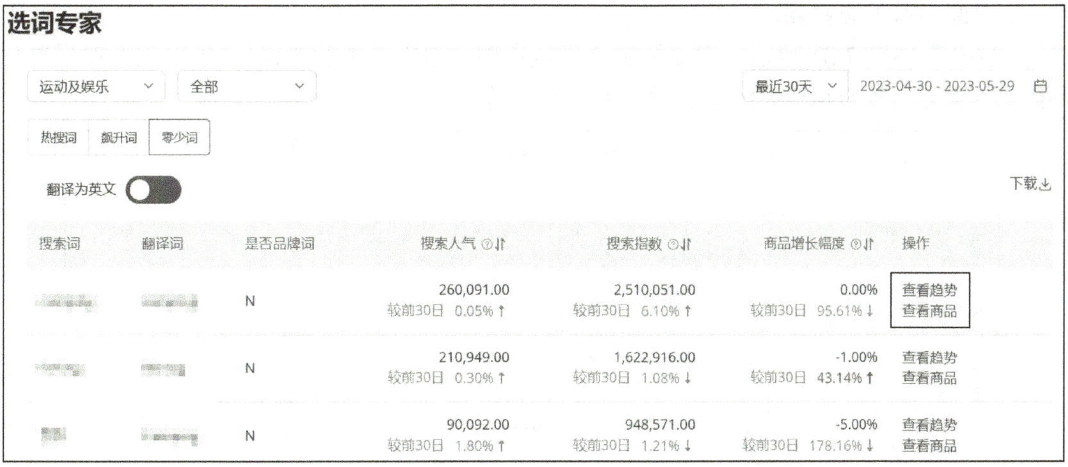

图 7-30

（五）选品专家

选品专家为卖家选择销售哪些商品提供了重要的参考信息。在选品专家的热销界面中，选品的热度用不同颜色和面积的圆圈表示：竞争力度从小到大依次为深蓝、浅蓝、灰色、浅红、深红；圆圈面积越大，表示选品的销量越大。在选品专家的热搜界面中，圆圈面积越大，表示选品的销量越大。卖家可以根据选品专家中的数据，选择销量较大且竞争力度相对较小的商品进行销售，以减少竞争压力。

知识拓展

数据安全

随着信息技术和生产生活的不断融合，我们的生活越来越离不开数据。数据安全成为事关国家安全与经济发展的重大问题。

你知道数据安全的重要性吗？你了解《中华人民共和国数据安全法》吗？

近年来，数据竞争已成为国际竞争的重要领域。我国不断推进网络强国、数字中国、智慧社会建设，以数据为新生产要素的数字经济蓬勃发展，2021 年 6 月，第十三届全国人民代表大会常务委员会第二十九次会议通过了一部数据领域的基础性法律——《中华人民共和国数据安全法》，该法律也是国家安全领域的重要法律，于 2021 年 9 月 1 日起施行。制定《中华人民共和国数据安全法》是维护国家安全的必然要求。保护数据安全必须采取必要措施，确保数据处于有效保护和合法利用的状态，以此促进数据开发利用，保护个人、组织的合法权益，维护国家主权、安全和发展利益。

任务实施

全球速卖通为跨境电商卖家运营店铺提供了强大的数据分析工具——生意参谋。卖家可以利用该工具科学运营店铺，使店铺实现良性发展。如何高效利用生意参谋，为店铺运营服务，是电商卖家的必修课。

【step1】如图 7-31 所示，卖家登录全球速卖通，单击“生意参谋”，进入生意参谋首页，查看实时概况、核心指标、流量看板、商品排行等。

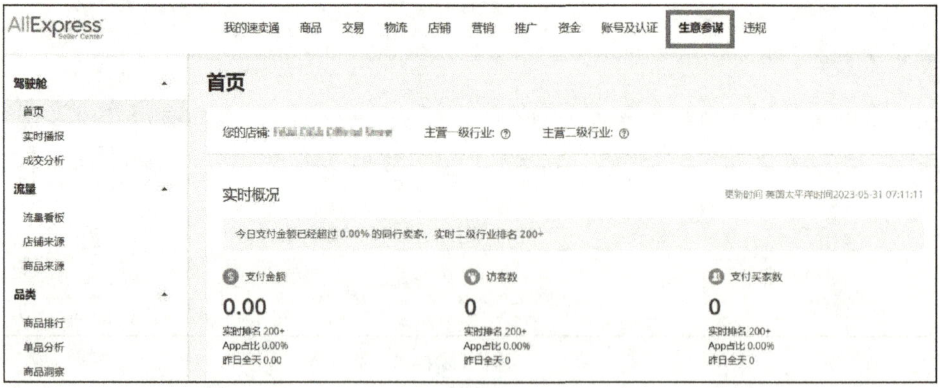

图 7-31

【step2】如图 7-32 所示，在生意参谋首页，❶指的是不同的板块，❷指的是不同的栏目。

图 7-32

图 7-33 所示为生意参谋中的国家分析界面。在该界面中，卖家可以单击“单国家分析”，查看相关数据，根据店铺运营的需要，尽可能全面地获取数据。

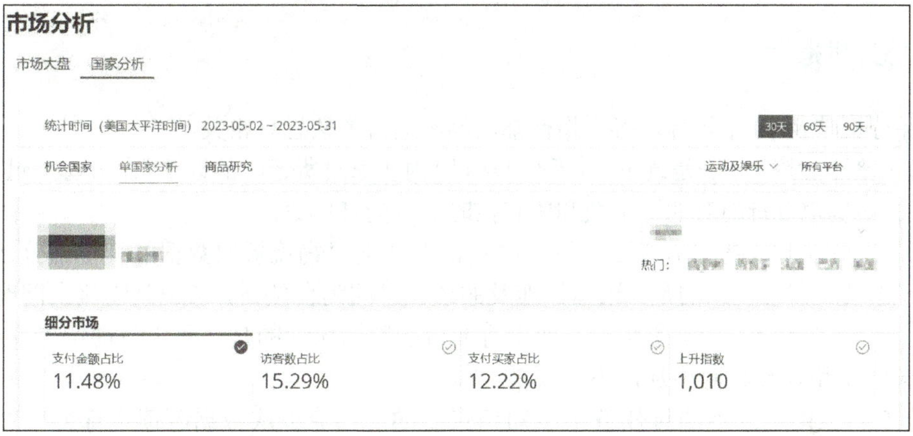

图 7-33

【step3】通过梳理生意参谋中的数据，卖家可以分析店铺运营过程中可能出现的问题和出现问题的原因，采取相应的运营手段和措施，优化店铺运营。

【step4】在进行店铺数据分析时，卖家不能等到出现问题了才查看数据、分析原因，而应该把店铺数据分析当成一项常态化的工作，持续跟踪店铺数据，一方面要及时调整店铺运营策略，另一方面要从数据中提炼有用信息，从而提高销量、挖掘新市场。

任务 2　商品数据分析

任务描述

全球速卖通为跨境电商卖家提供了强大的数据分析工具——生意参谋。不过，只获取生意参谋提供的数据是远远不够的，跨境电商卖家还应对生意参谋提供的数据展开深层分析，以诊断店铺运营的情况，优化店铺运营。在本任务中，丹尼需要围绕单品分析、竞品分析、流量分析等内容完成知识梳理、任务实施和项目实训，以便顺利运营店铺。

知识梳理

知识点 1：单品分析

以丹尼选择的全球速卖通为例，单品分析的步骤如下：卖家登录全球速卖通，进入生意参谋首页，单击左侧的“单品分析”，搜索商品 ID，进行详细的数据分析。单品分析一直受到很多卖家的特别关注，因为全球速卖通对商品粒度的考核要求越来越严格，无论是在流量方面，还是在营销方面，都有很严格的要求，相对而言，店铺的得分、权重等要求不太严格。也就是说，全球速卖通倾向于把卖家的注意力引导到商品上，而不是整个店铺。

一、单品分析指标

单品分析涉及 10 个指标，每个指标都与品类运营考核息息相关。

（1）成交不卖率：分子是过去 30 天（自然日）内卖家发货超时的订单数；分母是过去 30 天（自然日）内卖家发货超时的订单数和所有按时发货的订单数。

（2）72 小时上网率：本项目任务 1 中知识点 2 的“物流板块数据解读”部分已对该指标进行了解释。需要注意的是，该指标涉及的统计时间为自然日，考虑到物流上网时间可能有延迟，因而平台会统一预留 7 天，如 1 月 8 日的数据统计的是 1 月 1 日前倒推 30 天的数据。国庆假期和春节假期顺延，不计入 72 小时。

（3）5 天上网率：本项目任务 1 中知识点 2 的“物流板块数据解读”部分已对该指标进行了解释。

（4）未收到货纠纷率：分子是过去 30 天（自然日）内，买家因未收到货物提起退款的订单数减去买家主动撤销退款的订单数；分母是过去 30 天（自然日）内，买家确认收货、确认收货超时、提起退款的订单数之和。

（5）货不对版纠纷率：分子是过去 30 天（自然日）内，买家因货不对版提起退款的订单数减去买家主动撤销退款的订单数；分母是过去 30 天（自然日）内，买家确认收货、确认收货超时、提起退款的订单数之和。

（6）近 30 天 DSR 商品描述分：过去 30 天（自然日）内，买家在 DSR 板块对商品描述项评分的平均分。

（7）近 90 天 DSR 商品描述分：过去 90 天（自然日）内，买家在 DSR 板块对商品描述项评分的平均分。

（8）近 30 天好评率：分子是过去 30 天（自然日）内，买家对商品描述项的评分为 4 分、5 分的数量；分母是过去 30 天（自然日）内，买家对商品描述项的评分为 1 分、2 分、4 分、5 分的数量。

（9）近 90 天好评率：分子是过去 90 天（自然日）内，买家对商品描述项的评分为 4 分、

5 分的数量；分母是过去 90 天（自然日）内，买家对商品描述项的评分为 1 分、2 分、4 分、5 分的数量。

（10）行业均值：商品所属子行业的平均水平。

二、单品分析流程

（一）商品流量少、转化率高

如果某商品流量少、转化率高，而且该商品的转化率一直处于上升状态，但访客数在下降，那么，卖家需要找出访客数下降幅度较大的时间段。假设该时间段在“6·18”大促之后，卖家便可以确定，之所以该时间段内的访客数下降幅度较大，是因为平台在“6·18”大促期间把流量分给了参加活动的大卖家。每当举办大型活动时，平台往往会把一定的流量向大卖家倾斜。对此，卖家可以利用直通车，在平台大促期间稳定自身商品的流量。如果商品流量少不是平台调整流量权重导致的，卖家就要进一步分析商品的流量来源。通过单品分析，卖家得知商品的主要流量来源是推荐和搜索。若卖家发现搜索流量减少，则可以确定搜索流量减少是商品流量少的主要原因。

（二）商品流量多、转化率低

在一般情况下，流量多往往代表某些关键词的搜索权重较高、推荐流量较好；转化率低通常是因为商品的运费模板设计得不合理、当前的商品订单量不足以打破买家的信任壁垒、商品没有任何好评等。除了第一个原因，后两个原因可以进行人为干预。在商品流量多、转化率低的情况下，不建议卖家利用直通车强行推广，以免进一步降低商品的 UV 价值，导致商品排名下滑。卖家应在转化率上升到一定程度后推广商品。

知识点 2：竞品分析

为了增加自身商品的流量和曝光，并进一步了解市场动态和竞争对手的情况，卖家需要对竞争对手的商品进行多维度的分析，也就是竞品分析。竞品是商品在同领域的竞争对手。竞品分析是基于“更好地满足买家需求”这个目标，通过对比自身商品和竞争商品在各个维度上的指标，了解竞品的价格、属性、销量、营销活动、评价等信息，明确自身商品的优势、劣势、机会和威胁，为商品设计、运营活动、战略规划等提供市场参考和行动建议。

竞品分析的内容包括两个方面，分别是客观竞品分析和主观竞品分析。客观竞品分析是指从竞争对手或市场中的相关商品入手，圈定竞品，选择一些需要考察的维度，考察真实的情况（不需要加入任何主观判断，用事实说话）。主观竞品分析是指从普通买家视角、忠实买家视角、商品设计视角完整地体验竞品，对竞品形成基本的认知，从而找出竞品的优点和自身商品的缺点。

总的来看，竞品分析结果只能作为参考依据。由于信息挖掘渠道和关注点有一定的主观性，因此在得到竞品分析结果后，卖家需要有意识地关注并及时调整相关目标，不能一味地以竞品为目标。

下面以某生活日用品电商店铺选定的竞品为例，介绍如何开展竞品分析。

一、开展竞品分析

（一）主图和标题分析

竞品的主图可以直观地体现竞品的款式和优点，竞品的标题可以体现竞品的属性和特性。通过分析竞品的主图和标题，卖家不仅可以了解竞品的款式特点、商品属性和优势，还可以确认竞品与描述是否一致。商品的标题与图片的匹配度越高，越能增加买家下单的信心，提高下单转化率。如果标题展示的属性与商品不符，就会影响商品的下单转化率。如图 7-34 所示，卖家需要分析竞品的主图和其他 5 张图片展示的主要信息，从而在上架自身商品的时候，通过图片更好地突出自身商品的卖点，并进行图片布局。

图 7-34

同时，卖家需要对自身商品的主图和标题进行分析、优化，确保自身商品的标题展示的属性与主图展示的信息相匹配。另外，卖家还可以参考竞品标题中的热搜词、长尾词和一些属性热词。

（二）价格分析

对大部分买家而言，商品的价格是下单时一个非常重要的参考因素。在选购商品前，大多数买家的心里已经有了一个预期价格。卖家需要对比分析自身商品与竞品的价格差异，如果自身商品的价格远高于竞品的价格，自身商品的竞争力就会下降。在这种情况下，卖家需要分析竞品的价格，看一看自身商品的价格能否和竞品的价格一致，并分析竞品价格较低的原因，思考哪些卖点能赋予自身商品更高的价值。在很多时候，卖家需要权衡是要更高的单个商品利润，还是要更高的总利润：单个商品利润高，订单量少；单个商品利润低，订单量多。在完成价格分析之后，卖家可以结合目标买家群体，对自身商品的价格进行调整和优化，提高自身商品的转化率，从而增强自身商品和店铺的市场竞争力。

（三）收藏数分析

如图 7-35 所示，收藏数指的是收藏商品的买家数，它在一定程度上反映了商品受买家喜爱的程度。在进行收藏数分析时，卖家可以进入竞品详情页，观察竞品的收藏数，并与自身商品的收藏数进行对比，找出差距。卖家可以周为统计时间，统计竞品和自身商品的收藏数，并将该数据制作成折线图，观察竞品和自身商品的收藏数变化趋势。

图 7-35

如果卖家通过收藏数折线图发现竞品的收藏数在统计时间内呈逐渐上涨的趋势，就说明竞品比较受买家欢迎。如果自身商品在统计时间内的收藏数过少，那么卖家可以尝试开展店铺活动（如收藏有礼活动）或参加平台活动（如试用活动）。此外，卖家还可以采用优化商品主图、详情页或拍摄商品视频等方式，增加自身商品的收藏数。如果卖家发现竞品的收藏数在统计时间内出现了一个小高峰，随后呈逐渐下跌的趋势，那么竞品可能在统计时间内参加了营销活动，随着活动结束，竞品的吸引力下降，所以出现收藏数逐渐下跌的情况。此时，卖家需要分析竞品参加了什么营销活动，以及自身商品能否参加类似的营销活动。

（四）活动和优惠分析

如图 7-36 所示，活动和优惠分析指的是分析竞品有没有参加优惠活动（如赠送店铺优惠券或参加满减活动、平台活动等），了解优惠活动的力度和时间安排。同时，卖家可以观察竞品是否加入了平台权益计划，如西法跨境十日达、AE PLUS 计划等。优惠活动可以提高商品的转化率，加入平台权益计划可以获得额外的星标、曝光等权益。活动和优惠分析可以为卖家运营自身商品提供开展优惠活动方面的参考。此外，在优惠方式的设置上，卖家还可以把自身商品与竞品区分开，使自身商品获得更多的展示机会。

图 7-36

（五）订单量分析

订单量分析是竞品分析的重点。如图 7-37 所示，在竞品详情页，卖家可以看到竞品近 6 个月的订单量。经过计算，卖家可以得出竞品每天的订单量大概是多少，为制定自身商品每天的订单量目标提供参考。同时，卖家要注意竞争对手有没有刷单。如果买家全部来自俄罗斯，评价内容却是英语或中式英语，买家秀的图片拍摄角度也差不多，那么订单中很可能有一部分是刷单。

图 7-37

在结合竞品的订单量制定自身商品的订单量目标时，卖家需要考虑实现该目标的前提：①自身商品的尺码、颜色要齐全，如果尺码、颜色不齐全，买家数就会减少，自身商品的转化率也会受影响；②自身商品的价格要与竞品的价格接近，如果自身商品的价格远高于竞品的价格，自身商品的市场竞争力就会下降；③自身商品的运费模板要与竞品的运费模板相似，如果自身商品的物流方式不全、主流销售国家不包邮或运费较高，就会影响自身商品的转化率。

（六）运费模板分析

如图 7-38 所示，在竞品的运费模板中，卖家可以查看竞品支持哪些物流方式、是否包邮、是否需要补运费差价等，这样既可以为选择自身商品的物流方式、设置运费模板提供参考，也可以为设置补运费差价提供思路。为了更快地收到商品，有些买家愿意额外付费，卖家可以考虑设置补运费差价。

（七）商品规格分析

如图 7-39 所示，竞争对手在发布商品时需要填写商品规格。在查看竞品的规格时，一方面，卖家可以了解竞品的功能、材质、卖点等信息，从而找到自身商品和竞品的差异；另一方面，在填写自身商品的规格时，卖家可以参考竞品的系统规格和自定义规格，不用一模一样，可以有选择性地参考。

图 7-38

DESCRIPTION　CUSTOMER REVIEWS (97)　**SPECIFICATIONS**

Is Smart Device: no	Feature: Eco-Friendly,Stocked
Structure: Standing	Shape: Rectangular
Style: Rolling Cover Type	Type: Rolling Cover Type
Material: Plastic	Origin: Mainland China
CN: Zhejiang	Material: Plastic
Weight: 0.25(kg)	Plastic new material proportion: 100% new material
Capacity: less than 4L	Function: shou na tong
opening and closing mode: Rolling cover formula	Shape: cylinder type
Color: White, Gray, khaki	Usage scenarios: Work desk, kitchen, bathroom

图 7-39

（八）详情页分析

对于竞品详情页，卖家主要应分析关联营销模块、商品基本信息、详情页布局这 3 个部分。关联营销模块可以为买家提供更多的选择，从而降低买家的跳失率。卖家可以将店铺内的优势商品或主推商品作为关联营销商品，给客户更大的选择空间，成交的概率也会更大。通过分析竞品详情页中的关联营销模块，买家可以了解竞争对手店铺内的优势商品或主推商品，为自身店铺设置关联营销商品提供思路。此外，在分析竞品详情页时，卖家还可以参考竞争对手的详情页布局，找出竞品详情页中突出的重点和卖点，为自身商品的详情页布局提供参考。在设计自身商品的详情页布局时，卖家需要注意以下 3 点。

第一，卖家可以将商品尺码等重要信息制作成表格，直观地进行展示；对于一些重要信息，直接用文字说明，不要用图片，以免英文不好的买家无法翻译。

第二，在详情页中展示买家秀需要注意视觉效果、色差等问题。

第三，对于涉及使用说明的详情页，卖家可以用图文的形式进行展示，更加形象。

（九）订单评价分析

在分析竞品的订单评价时，卖家不仅要分析竞品的好评，还要分析竞品的差评和买家秀。从好评中，卖家可以了解买家满意竞品的地方，提炼竞品的卖点，从而取长补短，优化自身商品；从差评中，卖家可以了解买家不满意竞品的地方，从而在上架自身商品的时候规避可能产生差评的风险点；从买家秀中，卖家可以了解竞品的包装信息、是否有赠品等，从而确定自己在发货的时候应该怎么做。对比分析竞品和自身商品的订单评价，可以为卖家优化自身商品或店铺服务提供新思路。

如图 7-40 所示，通过对竞品的订单评价进行分析，卖家发现部分买家满意竞品的地方是物流迅速。在了解了该信息之后，卖家可以先总结竞品买家的需求，再反观自身商品，分析自身商品的哪些地方是买家满意的，需要继续保持；自身商品的哪些地方不够优秀，需要向竞品学习。

图 7-40

二、制作竞争对手数据监控表

对于竞争对手的相关数据，卖家需要长期监控，确保数据的有效性，为打造自身商品提供更多的思路和参考。竞争对手数据监控表如表 7-1 所示。

表 7-1　竞争对手数据监控表

店铺 ID	店铺名称	店铺链接	开店时间	是否为金银牌卖家	主营商品	商品数量	最佳商品的订单量

三、竞品分析的应用

分析竞品是为了更好地定位自身商品，找到并满足买家的需求。卖家既不能盲目锁定竞争对手和竞品，也不能在完成竞品分析后盲目效仿竞品的运营策略。在选择竞品和分析竞品时，卖家需要考虑以下 7 个问题。

（一）竞品的价格和利润是否有优势

价格是影响买家下单转化的重要因素。如果竞品的价格略高于自身商品的价格，就说明自身商品在价格上有一定的优势；反之，则说明自身商品没有价格优势。卖家不能盲目效仿竞品的价格，和竞争对手打“价格战”。如果自身商品无法效仿竞品的价格，卖家就不应盲目降价，而应换个角度思考：如何让买家为更高的价格买单？自身商品的哪些地方优于竞品？如何展示自身商品的优势？卖家不能盲目效仿竞品的价格，这样不仅容易导致自身利润受损，还容易陷入“价格战”的恶性循环。

（二）自身商品的尺码、颜色是否齐全

如果自身商品的尺码为均码、颜色单一，竞品有清晰的尺码区分、颜色较多，也就是说，与自身商品相比，竞品可供买家选择的尺码、颜色更多，竞品的转化率更高，自身商品可供买家选择的尺码、颜色较少，无法满足买家更多的需求，就会影响自身商品的转化率。

（三）主流销售国家是否包邮

包邮商品与不包邮商品的转化率是不一样的，在商品相同或类似的情况下，包邮商品的转化率通常高于不包邮商品。如果竞品对主流销售国家包邮，自身商品不包邮，自身商品的市场竞争力就会小于竞品。

（四）关联营销怎么做能更吸引买家

关联营销会在一定程度上影响店铺的转化率和客单价。如果竞品的关联营销做得很好，能够有效提高客单价，自身商品没有做关联营销或关联营销做得不够好，就会影响自身商品的市场竞争力。

（五）自身商品的卖点是否有特色

有特色的商品更容易被市场和买家接受。如果自身商品没有提炼卖点或没有提炼有特色的卖点，就很可能被埋没在大量的同类商品中，无法获得买家的青睐。在关注竞品卖点的同时，卖家要注意对自身商品特色卖点的提炼。

（六）竞品的订单量是否真实

在分析竞品时，卖家通常比较关注竞品的订单量，有时还会将竞品的订单量作为自身商品的订单量目标。在分析竞品的订单量时，卖家需要分辨竞品的订单量是否真实。如果竞品的订单量不是真实的订单量，或者是通过某些店铺活动、平台活动在短时间内积累的订单量，那么，卖家需要结合自己的实际情况和资金实力，判断自身商品能否达到竞品的订单量。在

制定订单量目标时，卖家不能盲目地将竞品的订单量作为自身商品的订单量目标。

（七）自身商品的主要信息应该如何展示

商品详情页是卖家与买家沟通，以及促使买家下单的重要环节。如果商品详情页无法解答买家的疑问、抓住买家的心理、刺激买家购买商品，就很有可能造成买家流失。卖家可以适当地参考竞品的详情页布局和展示信息，学习竞品详情页的设计技巧，为自身商品的详情页设计提供借鉴和参考。

例如，整个平台中只有一个卖家销售某款拖鞋，即使售价为 100 元/双，可能也卖得出去。当出现竞争对手的时候，如果对方的售价为 99 元/双，其他条件完全一致，那么该卖家的生意很可能受到“威胁”，甚至出现危机。如果又出现了一个竞争对手，对方的售价为 70 元/双，其他条件完全一致，那么该卖家的生意很可能被彻底抢走。在遇到竞争对手时，卖家不能盲目比价，应该具体情况具体分析，取长补短，凸显自身商品的优势，这样才能在竞争中抓住生存的机会。在销售某个商品之前，卖家一定要了解所在平台中同类商品售价的大致区间，先找到竞争对手，再通过竞争对手找到有效的信息。同类商品的功能往往是同质化的，而买家的需求是多样化、个性化的。在这种情况下，“差异化”成为重要的营销法宝，只有找准并满足买家的需求，卖家的商品才能在众多同质化商品中脱颖而出。

知识点 3：流量分析

一、流量分析的维度和路径

在全球速卖通中，流量分析可以从以下 3 个维度着手。

（1）店铺维度的流量分析：主要关注店铺流量变化趋势。

（2）来源维度的流量分析：具体分析流量来源、占比和变化情况。

（3）商品维度的流量分析：主要分析哪些商品的流量变化比较明显，以及这些商品的流量变化的具体情况。

流量分析应按照以下路径进行：首先，分析店铺流量变化趋势，确认这种趋势是平台整体的趋势，还是自身店铺的趋势；其次，分析流量来源的变化，了解具体是哪个来源的流量发生了变化，以及变化的程度如何；再次，分析商品流量，找到流量减少的商品及其原因；最后，制定增加商品流量的改进措施。

二、全球速卖通店铺流量分析

图 7-41 所示为某全球速卖通店铺最近 30 天的店铺来源分布和流量分析情况。从图 7-41 中可以看出，搜索来源和推荐来源的流量（访客数）较多，基础工具来源的下单转化率最高。根据计算公式“订单数=访客数×下单转化率”，搜索来源的订单数最多，基础工具来源的订单数较多，推荐来源没有订单数。基于此，该店铺的卖家需要思考如何提高搜索来源和推荐来源的下单转化率，从而增加这两个来源的订单数。

店铺来源分布

自然月流量来源分布

流量来源	访客数	访客数占比	下单转化率
搜索	6,026		0.10%
推荐	318		0.00%
其他	282		0.00%
基础工具	231		0.43%
间接站外流量	42		0.00%
直接站外流量	22		0.00%
社交	3		0.00%
导购频道	2		0.00%

流量来源	访客数/个	下单转化率
搜索	6026	0.10%
推荐	318	0.00%
其他	282	0.00%
基础工具	231	0.43%
间接站外流量	42	0.00%
直接站外流量	22	0.00%
社交	3	0.00%
导购频道	2	0.00%

图 7-41

（一）分析主要流量来源的关键词

在确定该店铺的主要流量来源之一是搜索来源后，卖家进一步分析了细分流量来源。如图 7-42 所示，在搜索来源的具体数据界面中，卖家对关键词进行了分析，寻找哪些关键词给该店铺带来了较多的访客，发现第一个关键词给该店铺带来了 6026 个访客。

来源	访客数	访客数占比	下单买家数	下单转化率	跳失率	操作
› 搜索	6,026 较上月 -0.00%	87.01% 较上月 -0.00%	6 较上月 -0.00%	0.10% 较上月 -0.00%	52.34% 较上月 -0.00%	趋势

图 7-42

（二）分析访客数较多的商品

如图 7-43 所示，卖家查看了最近 30 天的访客榜，分析哪些商品带来了较多的访客，以及哪些商品带来了显著的流量变化，发现排名第一的商品的访客数增长幅度最大。

（三）分析商品核心指标

商品核心指标包括搜索曝光量、曝光点击率、收藏/加购率、支付转化率。

（1）搜索曝光量：商品通过某关键词在网站搜索结果界面中曝光的次数。

（2）曝光点击率：商品某关键词的点击次数和搜索曝光量的比率。

（3）收藏/加购率：在统计时间内，把商品加入收藏夹的人数为商品收藏人数，把商品加入购物车的人数为商品加购人数。收藏/加购率是指商品收藏/加购人数和访客数的比率。

（4）支付转化率：商品的支付买家数和访客数的比率。

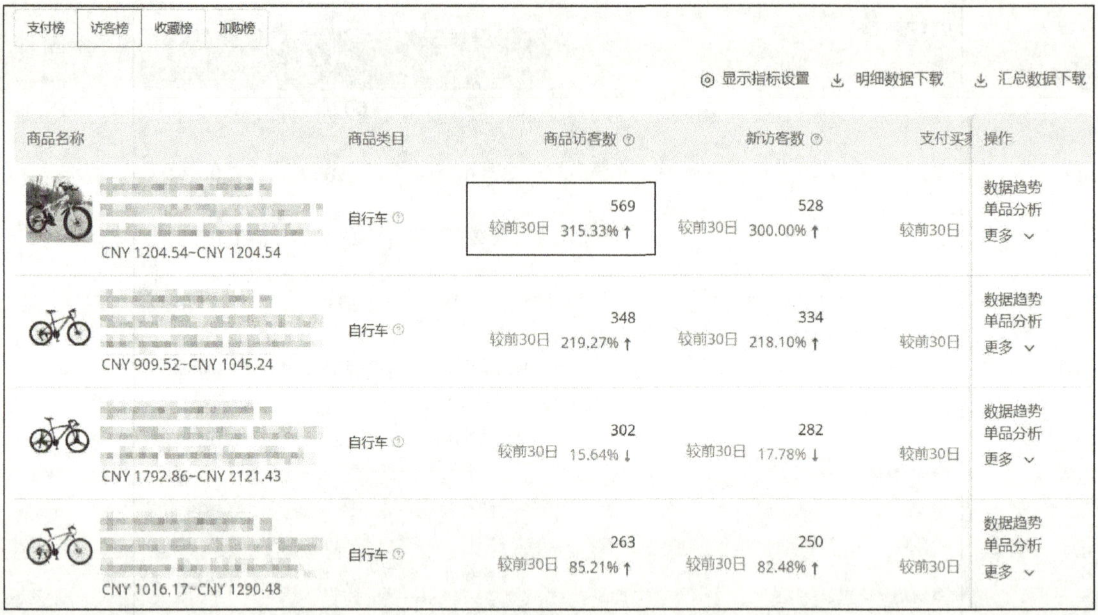

图 7-43

流量分析最终要落到商品分析上。通过分析搜索曝光量、曝光点击率、收藏/加购率、支付转化率等商品核心指标，卖家可以找到自身商品存在的问题（如搜索曝光量太少、收藏/加购率太低等），并分析产生问题的原因（如商品关键词没有选好、对买家收藏/加购商品的引导不够等）。

任务实施

在大数据时代，数据的价值不言而喻。在了解了生意参谋的基本用法后，怎么从中发现店铺运营存在的具体问题，并准确分析产生问题的原因，值得卖家认真学习和探究。接下来进入商品数据分析任务实施环节。

【step1】在全球速卖通中依次单击“流量看板”—“来源分布”，结合平台整体的流量情况，分析店铺各流量来源的数据有无异常。

【step2】查看商品排行中所有商品的流量数据，选择商品访客数、商品收藏人数、商品加购人数、搜索点击率等指标，分析哪些商品的访客数较多，以及哪些商品带来了显著的流量变化。

【step3】分析访客数较多和带来了显著流量变化的商品的搜索曝光量、曝光点击率、收藏/加购率、支付转化率。

【step4】在完成上述 3 个步骤后，制作如表 7-2 所示的商品数据分析表，进一步分析商品存在的问题及其原因，并提出优化措施。

表 7-2　商品数据分析表

商品 ID	搜索曝光量	曝光点击率	收藏率	加购率	支付转化率	流量来源	优化措施

【项目评价】

单位：分

类别	序号	考核项目	考核内容	分值	学生自评	学生互评	教师测评	分数
技术考评（80 分）	1	技能操作	分析需求	15				
	2		选择指标	15				
	3		查看数据	20				
	4		分析原因	15				
	5		优化措施	15				
非技术考评（20 分）	6	职业素养	态度端正	5				
	7		遵守纪律	5				
	8		团队合作	5				
	9		清理场所	5				
总分：								

【项目实训】

项目实训 1　生意参谋店铺数据分析

实训名称	生意参谋店铺数据分析	序号	1
实训目标	（1）通过实训，熟悉生意参谋各板块的指标和数据； （2）熟练获取生意参谋各板块的指标和数据； （3）根据生意参谋各板块的指标和数据，分析店铺运营情况		
实训要求	（1）获取生意参谋各板块的指标和数据； （2）解读店铺数据，分析店铺运营情况		
实训标准	全球速卖通标准		
实训条件	全球速卖通仿真实训平台		
实训流程			
进入生意参谋；查看各板块的界面；获取各板块的指标和数据；根据相关数据，分析店铺运营情况			

续表

考核标准
正确查看各板块的界面；正确获取各板块的指标和数据；正确分析店铺运营情况，撰写分析报告
过程记录
（学生填写实训过程中的重要记录，如数据记录及相关分析等）
遇到的问题及解决措施
（学生填写）
实训成果
（学生填写实训成果的最终表现形式）
实训考核
（教师综合实训过程及实训成果，对照考核项目评分）

项目实训 2　阿里巴巴国际站店铺和商品流量数据分析

<table>
<tr><td>实训名称</td><td>阿里巴巴国际站店铺和商品流量数据分析</td><td>序号</td><td>2</td></tr>
<tr><td>实训目标</td><td colspan="3">正确解读、分析阿里巴巴国际站店铺和商品流量数据</td></tr>
<tr><td>实训要求</td><td colspan="3">（1）判断店铺和商品流量异常数据；
（2）分析店铺和商品流量数据异常的原因</td></tr>
<tr><td>实训标准</td><td colspan="3">数据分析结果合理</td></tr>
<tr><td>实训条件</td><td colspan="3">阿里巴巴国际站平台</td></tr>
<tr><td colspan="4">实训流程</td></tr>
<tr><td colspan="4">解读阿里巴巴国际站店铺和商品流量数据；分析店铺运营存在的问题及其原因</td></tr>
<tr><td colspan="4">考核标准</td></tr>
<tr><td colspan="4">准确判断店铺和商品流量异常数据；正确分析店铺和商品流量数据异常的原因</td></tr>
<tr><td colspan="4">过程记录</td></tr>
<tr><td colspan="4">（学生填写实训过程中的重要记录，如数据记录及相关分析等）
扫一扫
查看阿里巴巴国际站数据分析与优化微课</td></tr>
</table>

续表

遇到的问题及解决措施
（学生填写）
实训成果
（学生填写实训成果的最终表现形式）
实训考核
（教师综合实训过程及实训成果，对照考核项目评分）

项目 8

跨境电商物流与支付

【项目导入】

丹尼的店铺在全球速卖通中的订单逐渐增多，要想顺利完成每一笔交易，可靠、快捷的跨境电商物流与支付是必不可少的。跨境电商物流与支付方式有哪些？应该如何选择适合自身店铺的跨境电商物流与支付方式？这些问题让丹尼很伤脑筋。刘老师提议各个击破它们，先了解跨境电商的重要保障——物流，再分析跨境电商支付方式。丹尼豁然开朗，立刻展开相关工作。

【任务拆解】

图 8-1 所示为跨境电商物流与支付任务拆解图。

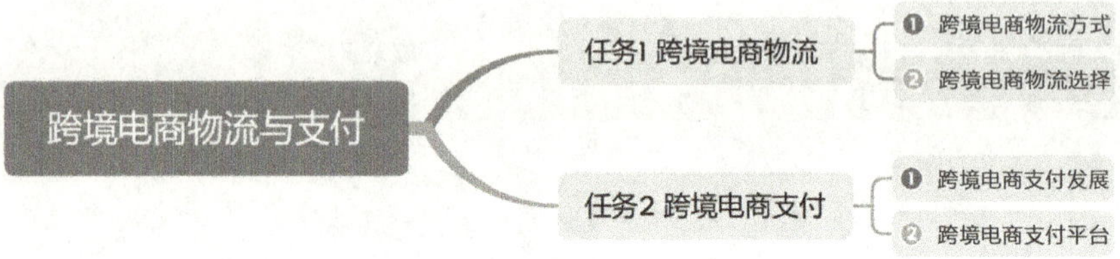

图 8-1

任务 1　跨境电商物流

任务描述

在本任务中，丹尼需要围绕跨境电商物流方式、跨境电商物流选择等内容完成知识梳理和任务实施，以便顺利发货。

扫一扫

查看全球速卖通物流服务介绍微课

知识梳理

知识点 1：跨境电商物流方式

跨境电商物流是指物品从一个国家或地区的供应地向另一个国家或地区的接收地的实体流动过程。由于不同国家或地区的法律法规政策和科技发展水平不同，因此跨境电商物流的复杂性较强。

全球速卖通支持的跨境电商物流方式主要有 3 种，分别是官方物流（菜鸟无忧物流）、邮政类物流、商业快递类物流。根据不同的物流服务等级，可以将它们分为经济类物流、简易类物流、标准类物流、快速类物流，如表 8-1 所示。

表 8-1　全球速卖通支持的跨境电商物流方式

物流服务等级	主要特点	跨境电商物流方式及名称	
经济类物流	物流成本低，不可查询目的国包裹妥投信息，适合运送货值低、重量轻的商品，只允许通过线上发货	菜鸟超级经济 Global	威海优选仓韩国经济
		菜鸟专线经济	菜鸟超级经济-顺友
		菜鸟特货专线-超级经济	菜鸟超级经济-燕文
		菜鸟超级经济	中国邮政平常小包+
简易类物流	提供邮政简易挂号服务，可查询包括包裹妥投和买家签收在内的关键环节物流追踪信息	菜鸟无忧物流-简易	菜鸟特货专线-简易
标准类物流	提供邮政挂号服务和专线类服务，可查询全程物流追踪信息	菜鸟无忧物流-标准	4PX 新邮挂号小包
		菜鸟大包专线	中国邮政挂号小包
		菜鸟特货专线-标准	e 邮宝
		燕文航空挂号小包	威海优选仓无忧标准
快速类物流	提供商业快递和邮政快递服务，速度快，可查询全程物流追踪信息，适合运送高货值商品	菜鸟无忧物流-优先	E 特快
		菜鸟特货专线-标快	FedEx IE
		DHL	FedEx IP
		DPEX	顺丰速运
		EMS	UPS 全球快捷
		UPS 全球速快	

一、全球速卖通官方物流——菜鸟无忧物流

菜鸟无忧物流是全球速卖通和菜鸟网络联合推出的全球速卖通官方物流，能够为全球速卖通卖家提供包括国内揽收、国际配送、物流详情追踪、物流纠纷处理、售后赔付等在内的一站式物流解决方案，降低物流不可控因素对卖家造成的影响，让卖家放心地在全球速卖通中经营。

（一）菜鸟无忧物流与线上发货、货运代理发货的对比

一方面，菜鸟无忧物流的发货流程和线上发货的发货流程类似，在买家下单后，卖家需要先创建物流订单，再通过上门揽收或自寄的方式把货物交给国内集货仓。另一方面，菜鸟无忧物流具有渠道稳定、时效性强、运费优惠、操作简单、平台承担售后赔付等优势，与线上发货、货运代理（以下简称货代）发货相比，菜鸟无忧物流能够大大缓解物流给卖家带来的压力。菜鸟无忧物流与线上发货、货代发货的对比如表 8-2 所示。

表 8-2 菜鸟无忧物流与线上发货、货代发货的对比

对比项	菜鸟无忧物流	线上发货	货代发货
物流服务	稳定：官方物流，由菜鸟网络提供，覆盖全球优质物流网络	稳定：由第三方优质物流商合作平台作为监管方	不稳定：货代市场鱼龙混杂，物流服务不可控
人力成本	低：在发生物流纠纷时，卖家无须响应，由平台进行全流程处理	高：卖家需要花费大量的时间、精力和人力，处理物流咨询、投诉	高：卖家需要花费大量的时间、精力和人力，处理物流咨询、投诉
资金风险	低：因为物流问题导致订单超出限时达时间未妥投，由平台承担赔款	低：对于物流问题导致的损失，卖家可在线向物流商申请索赔	高：对于物流问题导致的损失，卖家需要自己承担，难以向物流商申请索赔
卖家保护	有：因为物流问题导致的纠纷、DSR 低分、仲裁提起率、卖家责任裁决率均不计入考核	有：因为物流问题导致的纠纷、DSR 低分不计入考核	无：因为物流问题导致的纠纷会影响卖家服务等级的考核

（二）菜鸟无忧物流的物流服务类型

菜鸟无忧物流主要提供简易服务、标准服务、优先服务，它们都通过菜鸟网络与多家优质物流商合作搭建的全球物流网络进行配送，菜鸟智能分单系统会根据目的国、品类、重量选择最优的物流方案。

1. 菜鸟无忧物流-简易服务

表 8-3 所示为菜鸟无忧物流-简易服务的具体介绍。菜鸟无忧物流-简易服务是专门针对全球速卖通卖家运送至俄罗斯的重量≤2 千克的包裹、运送至乌克兰的重量≤2 千克的包裹、运送至西班牙的重量≤0.5 千克的包裹，以及订单成交金额≤5 美元的小包货物推出的简易挂号类物流服务。

表 8-3 菜鸟无忧物流-简易服务的具体介绍

项目	具体介绍
运送范围	俄罗斯、西班牙、乌克兰全境
重量、体积限制	（1）俄罗斯：包裹形状不限，包裹重量≤2 千克，14 厘米≤包裹单边长度≤60 厘米，包裹长+宽+高≤90 厘米。 （2）西班牙：包裹形状不限，包裹重量≤0.5 千克，14 厘米≤包裹单边长度≤60 厘米，包裹长+宽+高≤90 厘米。 （3）乌克兰：包裹形状不限，包裹重量≤2 千克，14 厘米≤包裹单边长度≤60 厘米，包裹长+宽+高≤90 厘米

续表

项目	具体介绍
计费方式	运送至俄罗斯、乌克兰的运费根据包裹重量按克计费，1 克起重，单件包裹限重 2 千克。运送至西班牙的运费也根据包裹重量按克计费，1 克起重，单件包裹限重 0.5 千克
配送服务费原价	按人民币计算，运送至俄罗斯为 92 元/千克，运送至西班牙为 89 元/千克，运送至乌克兰为 100 元/千克
挂号服务费	按人民币计算，运送至俄罗斯为 4.5 元/包裹，运送至西班牙为 4.3 元/包裹，运送至乌克兰为 4.5 元/包裹
预估时效	正常情况下，在 15～20 天内，运送至俄罗斯、乌克兰的大部分地区可妥投，运送至个别偏远地区需要 20～35 天。运送至西班牙的包裹自物流商揽收或签收成功起 21 天内可派送给买家，特殊情况除外（包括但不限于不可抗力、海关查验、政策调整、节假日等）
承诺时效	60 天
物流详情	全程可跟踪（部分国家及地区除外）
赔付上限	物流原因导致的纠纷和退款由平台承担，赔付上限为 70 元
寄送限制	（1）收货人的邮政编码必须准确，否则无法派送。 （2）品名限制：由于进口为邮政清关，因此申报品名应详细、准确，不要填写笼统的泛指品名，如 sample、gift、parts、others 等。 （3）支持寄送的锂电池带电设备应申报带电。 （4）地区限制：智利、俄罗斯、西班牙支持寄送普通货物、内置电池，不支持寄送外电、纯电、磁性物质和化工品（含化妆品）

2. 菜鸟无忧物流-标准服务

菜鸟无忧物流-标准服务是全球速卖通推出的标准类物流服务，其具体介绍如表 8-4 所示。

表 8-4　菜鸟无忧物流-标准服务的具体介绍

项目	具体介绍
运送范围	全球 254 个国家及地区
重量、体积限制	包裹重量≤30 千克，寄往孟加拉国的包裹重量≤20 千克，寄往阿富汗、阿根廷等国家或地区的包裹重量≤2 千克。 最小体积限制：方形包裹的表面尺码≥9 厘米×14 厘米；圆柱形包裹的 2 倍直径及高度之和≥17 厘米，高度≥10 厘米
计费方式	小包 1 克起重，按克计费；大包 0.5 千克起重，按 0.5 千克计费，不足 0.5 千克的按 0.5 千克计费，部分国家和地区不支持寄送大包货物。 （1）小包计费：包裹重量≤2 千克，单边长度≤60 厘米，长+宽+高≤90 厘米。 （2）大包计费：包裹重量>2 千克，或者单边长度≥60 厘米，或者长+宽+高≥90 厘米
目的地无法投递的退件收费标准	（1）选择销毁的物流不产生费用，选择退回的物流每单收取 0.6 元退件附加费。 （2）选择退回的物流一旦发生无法投递的情况，就会免费退回给卖家，不单独收取退回运费
预估时效	（1）正常情况：16～35 天。 （2）特殊情况除外（包括但不限于不可抗力、海关查验、政策调整、节假日等）
承诺时效	运送至巴西为 90 天，运送至其他国家及地区为 60 天
物流详情	全程可跟踪（部分国家及地区除外）

续表

项目	具体介绍
赔付上限	物流原因导致的纠纷和退款由平台承担，赔付上限为 800 元
寄送限制	（1）只支持寄送普通货物、带电货物、非液体化妆品，不支持寄送纯电货物、液体、粉末，以及配套电池和纯电池。化妆品（如眼影、胭脂、唇膏、睫毛膏）、护肤品（如面霜、面膜）等包装完好的商品可以正常寄送（指甲油属于易燃物品，无法寄送；油状、液体化妆品无法寄送）。 （2）支持寄送内置电池类带电商品，内置电池必须是安装在电子设备内的电池，而且要做好绝缘处理，以免发生短路现象。 （3）不支持寄送的内置电池商品如下：电动单车电池、电动轮椅电池、小型发电机、自动体外心脏除颤器，其他超功率的散置或内置电池等。 （4）澳大利亚、意大利、德国、老挝、伊朗、越南、南苏丹、埃及限重 2～30 千克（包括超体积包裹），不支持寄送任何电池（包括内置电池和配套电池）。所有手表（包括但不限于电子表、机械表、石英表等）及键盘、鼠标都必须走带电渠道。 （5）每个包裹的内置电池数量不能超过 2 块锂电池或 4 块锂纽扣电池

3. 菜鸟无忧物流-优先服务

菜鸟无忧物流-优先服务是全球速卖通推出的快速类物流服务，其具体介绍如表 8-5 所示。

表 8-5 菜鸟无忧物流-优先服务的具体介绍

项目	具体介绍
运送范围	全球 176 个国家及地区
寄送票件限制	仅支持一票一件。例如，某个物流订单包括 3 个包裹，卖家需要用纸箱或其他包装把它们打包为一个包裹
重量、体积限制	俄罗斯：包裹重量≤30 千克；包裹任意单边长度≤120 厘米，三边长度之和≤270 厘米，最小面周长≥14 厘米。 其他国家及地区：包裹重量≤70 千克；包裹任意单边长度≤120 厘米
计费方式	俄罗斯：首重 100 克，续重 100 克，最重不超过 30 千克，按实际重量计费（不收取燃油费）。 其他国家及地区：≤30 千克，首重 500 克，续重 500 克；>30 千克、<70 千克，按千克计费；以体积重和实际重量中的较大者为计费重量，体积重的计算公式为“体积重=长（厘米）×宽（厘米）×高（厘米）/5000”，单位为千克（另外收取燃油费）
目的地无法投递的退件收费标准	（1）选择销毁的物流不产生费用，选择退回的物流每单收取 0.6 元退件附加费。 （2）选择退回的物流一旦发生无法投递的情况，就会免费退回给卖家，不单独收取退回运费
预估时效	重点国家及地区为 4～10 天，偏远国家及地区为 8～15 天
承诺时效	重点国家及地区为 20 天，偏远国家及地区为 35 天
物流详情	全程可跟踪（部分国家及地区除外）
赔付上限	物流原因导致的纠纷和退款由平台承担，赔付上限为 1200 元
寄送限制	只支持寄送普通货物，不支持寄送带电货物、纯电货物及化妆品

在某些情况下，菜鸟无忧物流-优先服务会收取一定的附加费，其附加费收取标准如表 8-6 所示。

表 8-6　菜鸟无忧物流-优先服务的附加费收取标准

序号	附加费	收取标准
1	超尺寸附加费	优先服务暂不接受超尺寸货物。 俄罗斯：包裹任意单边长度≤120 厘米，三边长度之和≤270 厘米，最小面周长≥14 厘米。 美国：包裹任意单边长度≤55 厘米，三边长度之和≤90 厘米。 其他国家和地区：包裹任意单边长度≤120 厘米
2	偏远地区附加费	暂不收取
3	目的国海关税金	平台先向买家收取目的国海关税金，若买家拒付税金，则由卖家承担
4	周末派送费	暂不收取
5	地址修改费	暂不收取
6	退回运费及进口关税	暂不收取退回运费，进口关税由卖家承担

二、邮政类物流

（一）邮政体系的基本介绍

在国际上，邮政行业中有一个组织叫作万国邮政联盟（Universal Postal Union，UPU），简称万国邮联或邮联，它是商定国际邮政事务的政府间国际组织，旨在保障各国通信的权利。由于价格低、运送范围广，能够覆盖大多数国家和地区，因此邮政体系成为跨境电商物流的主要渠道。

（二）中国邮政物流的分类与特点

根据包裹重量、运送时效和跨境电商平台政策，中国邮政物流分为多种不同的类型，每种类型具有不同的特点，如表 8-7 所示。

表 8-7　中国邮政物流的分类与特点

分类	简介	特点
中国邮政大包	中国邮政大包适合寄送重量较重（超过 2 千克）、体积较大的包裹，可寄送 200 多个国家和地区。该渠道全程采用航空运输，可寄送世界各地的邮政网点。中国邮政大包分为普通空邮和挂号。前者费率较低，中国邮政不提供跟踪查询服务；后者费率较高，用户可在网上查询	优点：成本相对较低，不计算体积重，不收取偏远地区附加费和燃油附加费；送达率高；运单操作简单。 缺点：投递速度慢；信息更新速度慢
中国邮政小包	中国邮政小包适合寄送重量在 2 千克以内，而且外包装的长、宽、高之和<90 厘米、最长边<60 厘米，通过中国邮政空邮服务寄往境外的小包裹。中国邮政小包包含挂号、平邮两种服务，可寄送世界各地的邮政网点	优点：运费低；通关手续简单；邮递物品种类多。 缺点：邮递重量有限制；运送时间相对较长；平邮不支持全程跟踪

续表

分类	简介	特点
EMS 国际快递	EMS 国际快递是各国邮政开办的一项特殊邮政业务。该业务在各国的邮政、海关、航空等部门均享有优先处理权。 卖家不提供商业发票也可以通关，而且有优先通关的权利，即使有无法通关的货物，卖家也可以免费运回发出地。其他物流在这种情况下通常会收费。 以高速度、高质量为用户寄送国际紧急信函、文件资料、金融票据、商品货样等各类文件资料和物品，同时提供多种形式的邮件跟踪查询服务	优点：投递网络覆盖面广；价格比较合理；适合寄送小件且对时效要求不高的货物；不容易产生关税问题。 缺点：查询网站信息滞后，一旦出现问题，用户只能进行书面查询，查询时间较长；不支持一票多件，寄送大宗货物的价格偏高
e 邮宝	e 邮宝又被称为 ePacket，是中国邮政为满足跨境电商轻小件物品寄送市场的需求而推出的经济型国际速递业务	单件包裹限重 2 千克，7～10 个工作日内可妥投，价格实惠，非常受中小型跨境电商卖家的欢迎

除了上述物流，中国邮政还推出了以下 3 种常用的航空小包。

（1）新加坡小包：价格适中，服务质量高于中国邮政小包的平均水平，是寄送手机、平板电脑等含锂电池商品的常用渠道。

（2）瑞士小包：欧洲线路的速度较快、价格较高。

（3）瑞典小包：欧洲线路的速度较快，从俄罗斯通关后投递速度较快，而且价格较低。

三、商业快递类物流

商业快递类物流的典型代表是 UPS、DHL、FedEx、TNT 四大国际快递巨头。全球速卖通线上发货的主流国际快递公司的对比如表 8-8 所示。

表 8-8 全球速卖通线上发货的主流国际快递公司的对比

主流国际快递公司	简介	运费	主要线路的运送时间	特点
UPS	全球较大的快递公司，优势线路是美洲线路和日本线路	高	2～5 天	在亚洲、北美洲和中美洲有优势，运送至墨西哥非常方便；对托运物品的限制比较多
DHL	欧洲较大的快递公司，在欧洲和西亚、中东有较大的优势	高	2～5 天	欧洲主流快递公司，对托运物品有很多限制，实行有条件通关，按体积重计费，退货运费比较高
FedEx	隶属于美国联邦快递集团，提供隔夜快递、地面快递、重型货物运送、文件复印及物流服务	高	2～5 天（优先型）；2～8 天（经济型）	主要线路包括亚洲线路和北美洲线路，涉及美国、加拿大、印度尼西亚、以色列等国家，通关能力相对较强
TNT	荷兰较大的快递公司，为用户提供从定时的“门到门”快递服务、供应链管理服务到直邮服务的整合业务解决方案，能够为用户提供国际快递公司中相对快捷的服务	高	2～4 天	提供全球范围内的货到付款、报关代理服务，运送速度快、通关能力强；不仅收取燃油附加费，还收取偏远地区附加费和加强安全附加费

续表

主流国际快递公司	简介	运费	主要线路的运送时间	特点
DPEX	总部位于澳大利亚，专注于传统 B2B 商业快件业务和电商 B2C 快件业务，主要在亚太地区开展业务	中等	3～6 天	优势线路是到达新加坡、印度尼西亚、菲律宾、泰国，科威特、沙特阿拉伯、南非、澳大利亚、新西兰等国家和地区的线路
顺丰	主要经营国内、国际快递和相关业务的服务性快递公司	中等	2～3 天	运送至韩国、新加坡不收取燃油附加费

知识拓展

全球速卖通海外仓和优选仓

2015 年 2 月，全球速卖通开通海外仓。海外仓突破了航空禁运、重量、体积等物流限制，卖家可拓展电子产品、汽车配件、家居用品、运动用品等优势品类。此外，海外仓还提供了更加灵活的退换货服务和完善的售后服务，为买家提供了高质量的购物体验，买家在 2～7 天内即可收到货物，缩短了卖家的回款周期，减少了物流纠纷。

截至 2022 年 4 月，全球速卖通已经在 9 个国家建设了 28 个海外仓，国内优选仓的数量达到了 10 个。未来，全球速卖通将继续加大跨境电商物流基础设施建设力度，特别是增加对海外仓和优选仓的投入，目标是实现平台中 90%的卖家的订单在 72 小时内发货。

知识点 2：跨境电商物流选择

要想选择适合自己的跨境电商物流，卖家可以从运费、安全性、运送速度和买家的实际需要等方面进行考虑。物流选择涉及买卖双方，卖家可以设置多种物流方式的组合，以满足买家对物流的需求。图 8-2 所示为全球速卖通中某商品的物流选择界面。

图 8-2

全球速卖通的新手卖家需要设置物流模板，根据商品订单和买家需求选择物流。图 8-3 所示为全球速卖通的物流中心主界面，在实际操作中，卖家可以按照以下流程，轻松、快速地完成物流模板设置。

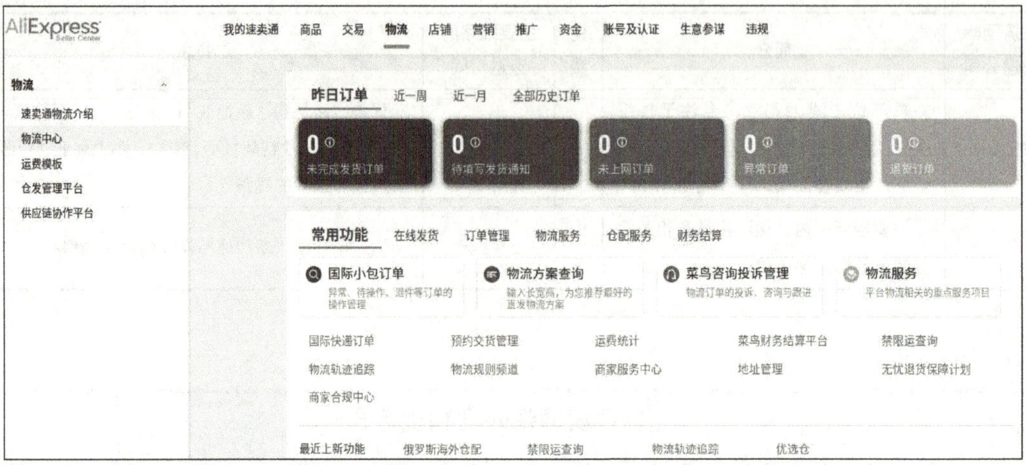

图 8-3

一、全球速卖通物流模板设置流程

（1）登录平台：登录全球速卖通，从卖家入口进入卖家后台。

（2）获取物流信息：依次单击“物流”—“物流中心”—“物流方案查询”，查看平台支持和推荐的物流线路。

（3）新增运费模板：依次单击“物流”—“运费模板”—“新增运费模板”。

（4）选择物流线路：查看物流方案中各物流线路的价格，结合自身商品，选择合适的物流线路。

（5）设置物流运费：设置各物流线路的运费（注意：卖家需要确定相关物流线路的运费是否由卖家承担，以及由卖家承担的比例）。

（6）查询运费设置：依次单击“物流”—“运费模板”—“运费问题查询工具”，查询运费设置情况。

（7）使用物流方案：在设置完物流方案后，返回物流中心主界面，单击“按订单发货”，使用物流方案。

二、注意事项

（1）关于运费设置：合理的运费设置应该采用包邮物流和付费物流相结合的方式，卖家可参考以下运费设置。

①经济类商品：经济类物流包邮+标准类物流付费+快速类物流付费更多。

②标准类商品：标准类物流包邮+快速类物流付费。

（2）关于物流政策：在设置和选择物流方案时，卖家应充分了解各物流线路的寄送限制和注意事项，及时查询最新的物流政策。

（3）关于运费表：需要完整的物流运费报价的卖家可以根据无忧物流和线上发货运费报价、线下物流方式的运费规则，制作适合自身店铺的运费表。

（4）关于线上物流：为了让买家在商品界面中轻松选择物流方式，建议卖家优先设置菜鸟无忧物流-标准服务等物流，使买家需要承担的运费和预计送达时间具有参考性。

任务实施

接下来进入跨境电商物流任务实施环节，具体操作步骤如下。

【step1】图 8-4 所示为全球速卖通的物流主界面，卖家可以在“物流介绍”区域查看热门物流线路等信息。

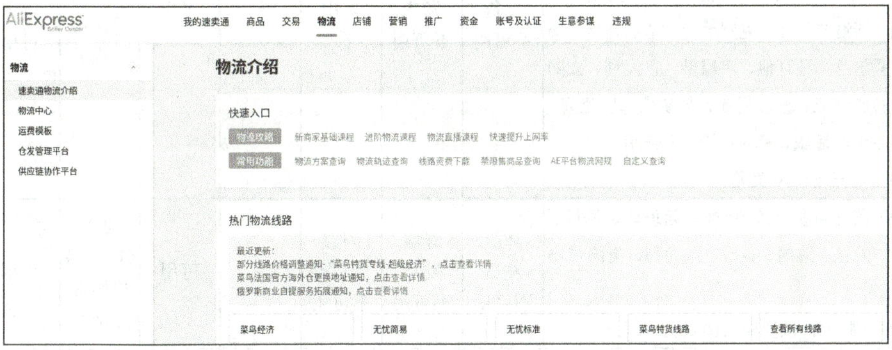

图 8-4

新手卖家一定要查看物流中心的“菜鸟物流公告”（见图 8-5），及时掌握全球速卖通的物流政策，如表 8-9 所示。

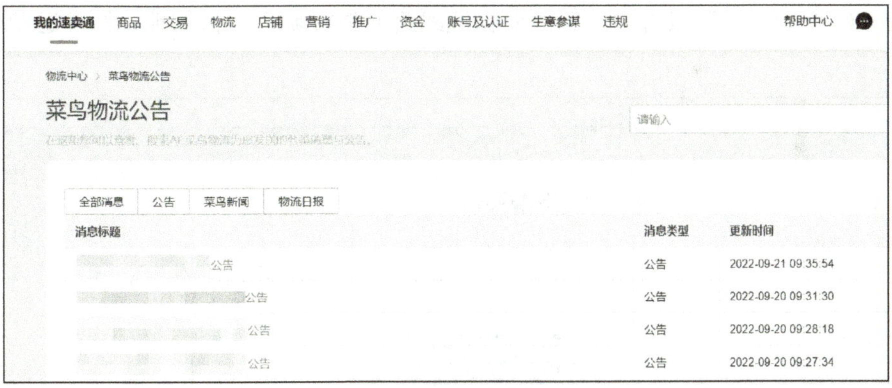

图 8-5

表 8-9　全球速卖通的物流政策

买家可选择的物流方案		卖家寄送一般类目可使用的物流方案							
物流等级	国家/交易金额（交易金额以买家单个商品下单金额为准，不包含税金、平台补贴、卖家手动调整价格等）	经济类物流		简易类物流		标准类物流		快速类物流	
		线上发货	线下发货	线上发货	线下发货	线上发货	线下发货	线上发货	线下发货
经济类物流	（1）西班牙、俄罗斯、乌克兰、白俄罗斯≤2 美元。 （2）其余国家≤5 美元	可用	不可用	可用	无	可用	可用（以线路可达性为准）	不可用	不可用

续表

买家可选择的物流方案		卖家寄送一般类目可使用的物流方案							
物流等级	国家/交易金额（交易金额以买家单个商品下单金额为准，不包含税金、平台补贴、卖家手动调整价格等）	经济类物流		简易类物流		标准类物流		快速类物流	
		线上发货	线下发货	线上发货	线下发货	线上发货	线下发货	线上发货	线下发货
简易类物流	（1）俄罗斯、乌克兰、白俄罗斯、韩国≤5 美元。 （2）英国、波兰、荷兰、比利时、德国、葡萄牙、捷克、智利、法国、斯洛伐克、匈牙利、罗马尼亚、保加利亚、希腊、芬兰、丹麦、奥地利、斯洛文尼亚、克罗地亚、塞浦路斯、瑞典、爱尔兰、马耳他、卢森堡、意大利、立陶宛、拉脱维亚、爱沙尼亚、加拿大、以色列、斯里兰卡、挪威、塞尔维亚≤8 美元。 （3）西班牙≤10 美元	降级发货不可用	降级发货不可用	可用	无	可用	可用（以线路可达性为准）	8 美元以上可用	8 美元以上可用
标准类物流	（1）菜鸟特货专线-标准、西班牙、法国、荷兰、波兰、德国、英国、意大利、美国≤15 美元。 （2）e 邮宝，俄罗斯≤10 美元	降级发货不可用	降级发货不可用	降级发货不可用	无	可用	可用（以线路可达性为准）	可用	可用
快速类物流	（1）巴西>20 美元。 （2）其他国家>8 美元	降级发货不可用	降级发货不可用	降级发货不可用	无	降级发货不可用	降级发货不可用	可用	可用

【step2】图 8-6 所示为全球速卖通的物流运费报价界面。卖家可以在该界面中下载最新的无忧物流和线上发货运费报价，了解主要物流线路的揽收城市、目的地、标准运费的计费方式等信息。

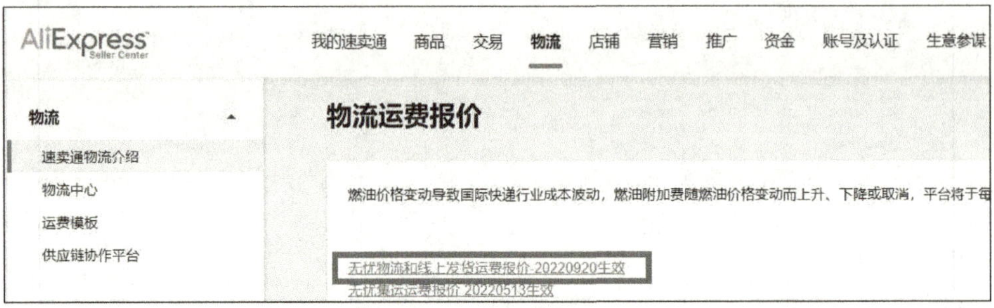

图 8-6

【step3】图 8-7 所示为全球速卖通的物流方案查询界面。卖家可以在该界面中输入相关信息，查询物流方案。下面以从中国发往俄罗斯，价值 10 美元，包裹重量为 1 千克，包装长度、宽度、高度为 20 厘米×20 厘米×20 厘米的普通货物为例，介绍如何查询平台支持的所有物流方案（菜鸟无忧物流-标准和 EMS 提供试算运费，其他邮政类物流和商业快递类物流的试算运费需要卖家自行咨询物流商）。

【step4】图 8-8 所示为在新增运费模板界面中选择物流线路。

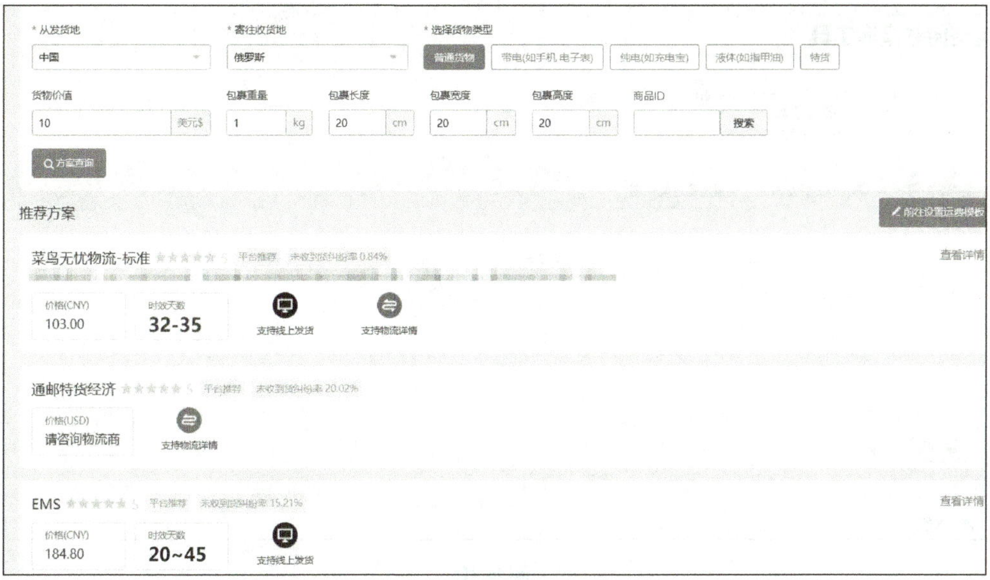

图 8-7

【step5】卖家需要为每一条物流线路设置运费，可以选择标准运费、卖家承担、自定义运费 3 种计费方式。

标准运费是指买家承担运费，卖家可以设置标准运费的减免百分比。

卖家承担是指卖家包邮，如卖家将经济类物流或简易类物流设置为卖家承担，将要求更高的标准类物流和快速类物流设置为自定义运费。

自定义运费是指卖家可以设置到达不同国家或地区的计费方式和运费计费规则。

图 8-9 所示为各物流线路的运费设置界面。卖家可以将“中国邮政平常小包+”的计费方式设置为标准运费，将菜鸟无忧物流-标准的计费方式设置为按标准运费的 9 折计费。

图 8-8

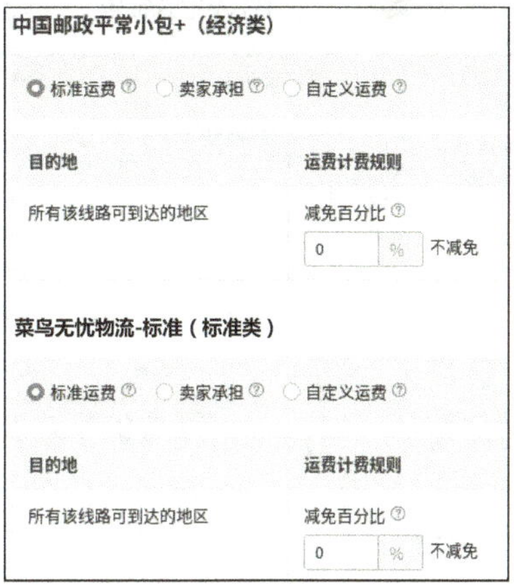

图 8-9

【step6】图 8-10 所示为运费问题查询工具界面。卖家可以依次单击“物流”—“运费模板”—“常用链接”，查看“运费提前试算&线路展示”的详情，单击“运费问题查询工具”，选择通过订单、商品 ID 查询运费，或者输入运费模板、运达国/地区、产品数量、产品价格、包装重量、包装尺寸等信息，计算买家需要承担的运费。

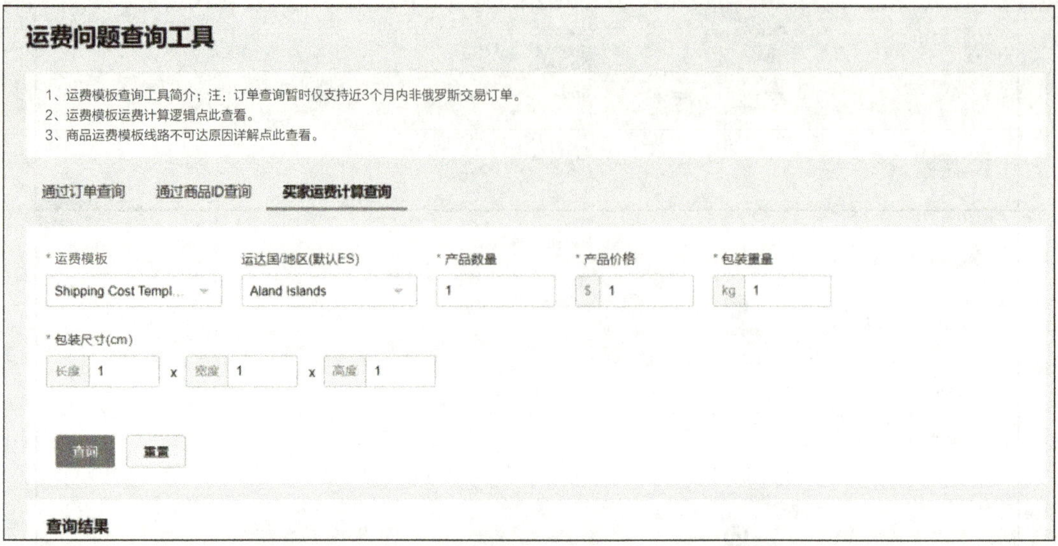

图 8-10

【step7】图 8-11 所示为订单界面。卖家可以依次单击“物流”—“物流中心”—“按订单发货”，进入该界面，单击“去发货”。

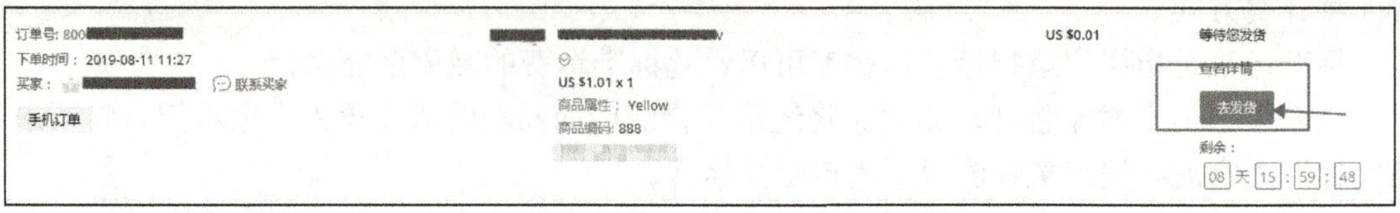

图 8-11

【step8】图 8-12 所示为全球速卖通卖家发货流程。卖家可以依次单击“线上发货”—“选择物流方案”—“创建物流单”，完成发货流程。

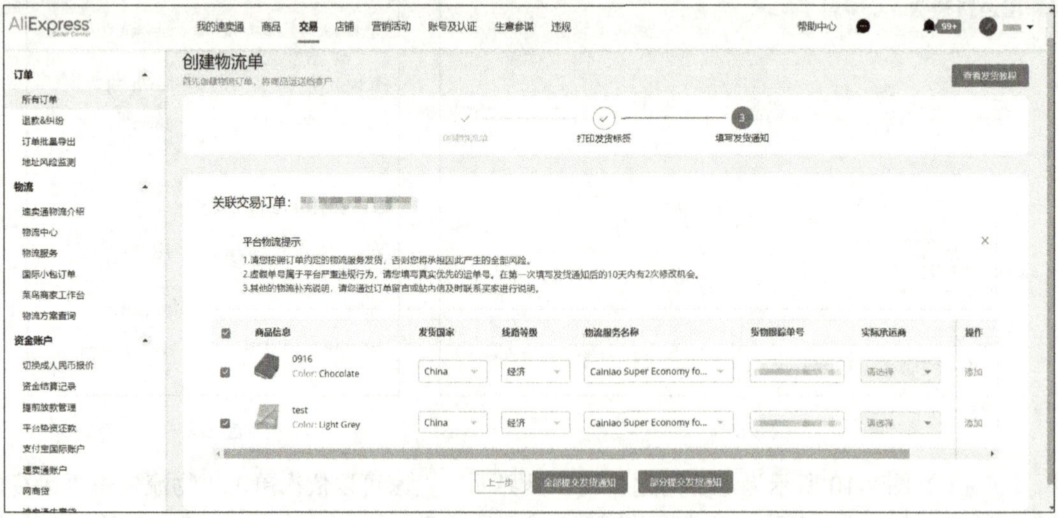

图 8-12

任务 2　跨境电商支付

任务描述

在本任务中，丹尼需要围绕跨境电商支付发展、跨境电商支付平台等内容完成知识梳理、任务实施和项目实训，以便顺利收到货款。

知识梳理

扫一扫

查看跨境电商收款微课

知识点 1：跨境电商支付发展

一、跨境电商支付概述

（一）跨境电商支付发展历程

2011 年 6 月，中国银联基于延伸全球的银联网络和先进的“银联在线支付”平台，推出了银联互联网跨境支付业务——跨境支付。跨境电商支付模式是对传统电商支付模式的改进，可以解决传统电商支付模式的痛点，打破传统电商支付模式的限制，其创新性在于凭借技术手段降低金融服务的成本和门槛，提高服务频率，扩大金融服务的受众群体，同时推动信息技术的全面发展。如图 8-13 所示，跨境电商支付经历了 3 个发展阶段，从基础支付通道服务阶段到跨境贸易在线交易平台阶段，目前正在迈向一站式跨境贸易解决方案的商业操作系统阶段。

图 8-13

（资料来源：德勤研究）

（二）跨境电商支付现状

从跨境电商支付市场规模来看，全球跨境电商支付市场规模保持稳定增长态势。据国际清算银行统计，2019 年全球跨境电商支付市场规模超过 29 万亿美元，2022 年达到 39 万亿美元。其中，跨境电商支付业务利润保持同步增长态势。波士顿咨询集团的《2021 年全球支付报告》显示，2020 年全球支付行业收入总额达到 1.9 万亿美元，预计 2020—2030 年保持 7.3%的增速，并于 2030 年达到 2.9 万亿美元。从支付区域分布来看，北美洲和亚洲之间的跨境电商支付活跃度最高，美国在全球支付清算体系中占据重要地位。如图 8-14 所示，自 2015 年以来，全球跨境电商支付的区域分布主要集中在北美洲、亚洲和欧洲之间，尤其是北美洲与亚洲。其中，在亚洲，中国已成为仅次于美国和欧元区的第三大全球跨境电商支付市场。

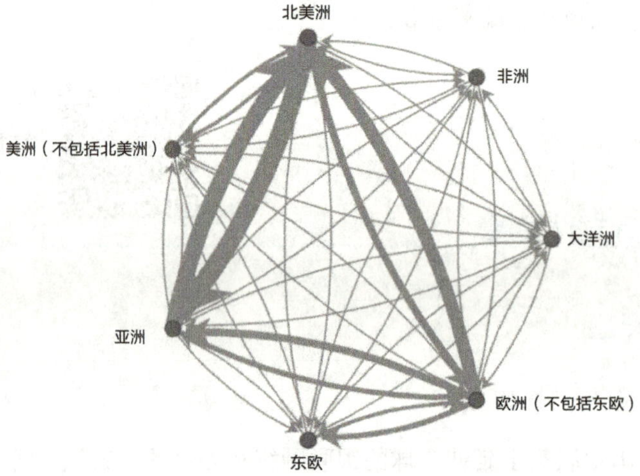

图 8-14

（资料来源：德意志联邦银行，环球银行金融电信协会观察）

（三）跨境电商支付外汇管理现状

电商这种以互联网为基础、以买卖双方为主体、以银行电子支付和结算为手段、以客户数据为依托的商务模式促进了支付行业的快速发展。跨境电商的发展刺激了跨境支付业务的蓬勃发展和跨境支付市场的巨大需求。同时，跨境电商的资金转移不可避免地涉及支付机构对跨境支付的外汇管理。国家外汇管理部门通过严格规范跨境支付业务行为来保证其持续、健康发展。2013 年 8 月 21 日，国务院办公厅转发的《关于实施支持跨境电子商务零售出口有关政策的意见》明确提出："鼓励银行机构和支付机构为跨境电子商务提供支付服务。支付机构办理电子商务外汇资金或人民币资金跨境支付业务，应分别向国家外汇管理局和中国人民银行申请并按照支付机构有关管理政策执行。完善跨境电子支付、清算、结算服务体系，切实加强对银行机构和支付机构跨境支付业务的监管力度。"此外，跨境电商支付的虚拟化、电子化等特点还会在一定程度上带来交易欺诈、资金非法流动和洗钱等风险，第三方支付机构的资金沉淀也存在一定的资金安全隐患和支付风险。要想保证和促进跨境电商健康发展，有关部门需要在创新金融服务的同时，完善针对第三方支付机构的金融监管措施，以防范金融风险。跨境电商的发展推动了跨境电子支付市场的发展，进而加速了第三方支付的发展。第三方支付在跨境电商中占据着越来越重要的地位，这促使有关部门在监管过程中不断进行完善与创新。

外汇管理在广义上是指一国政府授权国家的货币金融当局或其他机构，对外汇的收支、买卖、借贷、转移，以及国际间结算、外汇汇率、外汇市场等实行的控制和管制行为；在狭义上是指对本国货币与外国货币的兑换实行一定的限制。《中华人民共和国外汇管理条例》由国务院于 1996 年 1 月 29 日发布，自 1996 年 4 月 1 日起实施，根据 1997 年 1 月 14 日《国务院关于修改〈中华人民共和国外汇管理条例〉的决定》进行修订，经 2008 年 8 月 1 日国务院第二十次常务会议修订通过。《中华人民共和国外汇管理条例》是我国外汇管理的基本行政法规，主要规定了外汇管理的基本原则与制度。我国的外汇管理体制属于部分型外汇管制：对经常项目实行可兑换；对资本项目实行一定的管制；对金融机构的外汇业务实行监管；禁止外币境内计价结算流通；保税区实行有区别的外汇管理；等等。这种外汇管理体制基本上可以满足我国市场经济的发展要求，也符合国际惯例。为积极支持跨境电商发展，防范互联网渠道外汇支付风险，国家外汇管理局在总结前期经验的基础上，于 2015 年 1 月 20 日发布了《支付机构跨境外汇支付业务试点指导意见》，在全国范围内开展支付机构跨境外汇支付业务试点。总的来看，跨境电商和跨境电子支付属于新兴事物，涉及的参与方众多，相关的法律法规和政策正在逐步完善中。

二、全球跨境支付面临的主要问题

跨境支付快捷、便宜、透明、应用范围广泛，不仅可以方便个人、企业的国际支付往来，还可以进一步促进全球贸易与经济增长，增强金融体系的包容性和普惠性。近年来，全球跨境支付虽然发展迅速，但是仍然面临诸多问题，主要表现在以下 4 个方面。

（一）成本高

在需求端，全球跨境支付价格高昂。这不仅限制了国际支付往来，还在一定程度上助长了资金地下非法流转，影响了支付体系的合法合规运行和金融体系的稳定性。大型企业（特别是跨国企业）虽然拥有较强的议价能力和遍布全球的机构网络，可以降低跨境支付成本，但是仍然面临资金流动性和外汇转换成本问题。

（二）时效性差

全球跨境支付涉及的链条比较长，而且可能面临一系列争端，核算、清算、筹资、撤资等需要一定的时间，对参与方而言，可能出现付款延迟的情况，进而产生一系列资金流动性和信用风险。同时，全球跨境支付涉及不同的代理商系统，不同系统之间缺乏统一协调，加之并非 24 小时不间断运行，因而难以避免支付时滞。

（三）覆盖面有限

一方面，个人和中小型企业的全球跨境支付渠道相对狭窄，在某些情况下不得不转向成本高、效率低、不受监管的第三方机构，容易扰乱金融秩序，增加非法融资风险。另一方面，全球跨境支付门槛较高，大部分银行和金融代理机构无法直接连接全球跨境支付系统，不得不高度依赖代理商，容易缩小全球跨境支付的覆盖面。此外，“去风险化”也导致全球跨境支付渠道进一步收窄。

（四）透明度低

全球跨境支付速度存在不确定性，费率差异和汇率波动可能影响支付金额，提高对冲成本和保险成本。同时，全球跨境支付流程较为复杂，付款跟踪状态的透明度有限，这在一定程度上影响了用户体验。全球跨境支付的透明度低，致使洗钱等风险较高。

全球跨境支付面临的上述问题会随着支付类型、交易对手和支付渠道的不同而有所不同。总的来看，个人、中小型金融机构、新兴市场和发展中经济体面临的全球跨境支付问题难度更大、成本更高。

三、全球跨境支付发展路径与前景

面对成本高、时效性差、覆盖面有限、透明度低等全球跨境支付的主要问题，二十国集团积极推进全球跨境支付改革。2020 年 4 月，金融稳定委员会向二十国集团提交了评估报告，指出了导致全球跨境支付在成本、时效性、覆盖面、透明度方面面临挑战的影响因素，并审视了全球跨境支付的现有安排。

（一）政府部门、私人企业部门的支付愿景与目标将走向统一

全球跨境支付摩擦主要来源于利益相关方中的政府部门和私人企业部门。全球跨境支付摩擦问题日渐凸显，政府部门和私人企业部门应共同推动全球范围内有意义的、协调的、可持续的变革，以减少全球跨境支付摩擦。基于此，严格执行有关跨境支付清算的最终性规则等国际指南和原则成为趋势，这有助于减少全球跨境支付在政治、监管和操作等方面的摩擦。

（二）监管协调和监督框架优化是全球跨境支付的必然趋势

消除全球跨境支付摩擦的重点通常是技术和操作。然而，各司法管辖区不同的监管、立法、监督和监察框架会限制相关举措可能带来的好处。基于这种背景，在不影响个别司法管辖区的自由裁量权或不降低标准的情况下，监管协调和监督框架优化成为全球跨境支付的必然趋势。

（三）完善现有的国际支付基础设施将更受重视

对全球跨境支付依赖的现有国际支付基础设施进行技术和运营方面的完善，能够有效解决不同的工作时间、冗长的交易链、高昂的资金成本、严格的准入制度和激烈的竞争造成的全球跨境支付摩擦问题。

四、我国跨境支付发展建议

近年来，我国跨境支付不断发展，以代理行模式为主，前端机构日趋多元化。随着人民币国际化的推进，我国基本建成以人民币跨境支付系统为核心、清算行并行的人民币跨境支付体系。未来，我国将积极参与国际合作，加快完善跨境支付基础设施建设，保障金融体系安全、健康运行。

（一）打造“跨境+国内”一体化便捷支付方式

打造“跨境+国内”一体化便捷支付方式，推动跨境电商等新业态发展；以结算便利性为主要出发点，提升跨境支付水平，服务我国经济贸易发展；总结国内支付经验，鼓励领先案例向跨境支付领域拓展；积极适应跨境电商、自由贸易区等新业态、新模式，打造“跨境+国内”一体化便捷支付方式；实施人民币优先战略，鼓励人民币跨境支付结算，规避汇率风险，节省汇兑成本。

（二）加强跨境支付国际合作与监管协同

深化与国际清算银行、各国监管机构的交流合作，推动我国与贸易投资往来密切国家（特别是《区域全面经济伙伴关系协定》成员国、“一带一路”倡议沿线国家）实现监管规则互认，促进我国跨境支付系统与全球基础设施互联互通；以支付标准化为重要突破口，加强规则、标准融合与监管协同，减少跨境支付摩擦。

（三）推动跨境支付数字化探索

区块链等新技术具有分布式账本、共识机制、智能合约、多层加密等特征，可以有效消除传统跨境支付的弊端，提高跨境支付效率。全球约 2/3 的央行和金融监管机构正在推进法定数字货币试验，跨境支付多边央行数字货币成为重要的探索方向。我国应积极推进数字化研究与试点，深化国际合作，以银行间交易、经常项目为起点，在技术、平台、数据、标准等方面深化与周边重点区域的合作，推动监管与政策协调，提升跨境支付结算的便捷性、安全性和话语权。

知识点 2：跨境电商支付平台

根据交易双方是否需要去柜台办理业务，我国跨境电商支付分为线下支付和线上支付。线下支付主要通过商业银行或专业汇款公司来完成。线上支付主要通过境内或境外第三方支付平台来完成。其中，第三方支付平台和商业银行的使用频率比较高，特别是第三方支付平台，其支付成本低、支付操作方便快捷，逐渐成为首选支付方式。

扫一扫
查看认识财务预算微课

一、商业银行与国际信用卡收款

（一）商业银行

以我国跨境电商收汇支付为例，在境外买家通过跨境电商平台挑选中意的商品，下单并完成付款后，境内卖家使用国际快递发货。如果选择通过商业银行完成线下支付，那么境外买家需要去银行柜台，采用传统的国际贸易结算方式（如汇款、托收、信用证）完成支付。

（二）国际信用卡收款

国际信用卡收款通常指的是国际信用卡在线支付，采用支付网关对支付网关模式（类似于网银支付）。信用卡消费是一种非常流行的消费方式，很多人习惯用信用卡提前消费，在购物时用信用卡在线支付已成为主流。跨境电商平台可以与 Visa、万事达卡等国际信用卡组织合作，或者直接与海外银行合作，开通支持海外银行信用卡支付的端口。

二、专业汇款公司

除了商业银行与国际信用卡收款，跨境资金转移还可以通过专业汇款公司来完成。西联国际汇款公司（以下简称西联汇款）和国际速汇金公司（以下简称速汇金）是规模较大的国际汇款公司。

（一）西联汇款

西联汇款是全球领先的特快汇款公司，拥有较大、较先进的电子汇兑金融网络，代理网点遍布近 200 个国家和地区。中国建设银行、中国农业银行、中国光大银行、中国邮政储蓄银行、浦发银行等多家银行是西联汇款的中国合作伙伴。

（二）速汇金

速汇金国际汇款是速汇金推出的国际汇款方式，是一项通过其全球网络办理的境外快速汇款业务，旨在为个人用户提供快捷简单、安全可靠、方便高效的国际汇款服务。速汇金在 197 个国家和地区拥有超过 30 万个网点，是一家与西联汇款相似的汇款公司。在我国，中国银行、中国工商银行、交通银行、中信银行代理速汇金的收付款服务。

（三）电汇

电汇（Telegraphic Transfer，TT）是一种汇款人将一定款项交存汇款银行，汇款银行通过电报或电话传给目的地的分行或代理行（汇入行），指示汇入行向收款人支付一定金额的汇款方式。跨境电汇是指汇款人通过所在地的银行，将所汇款以电报、电传的形式划转境内各指定外汇银行，同时由境内银行通知收款人就近存取款项。与信用证、托收等传统的国际贸易结算方式相比，电汇的适用范围广、手续简单易操作、中间程序少、灵活方便，因而是应用范围比较广泛的汇款方式。

（四）离岸账户

在金融学上，离岸账户指的是存款人在其居住国家（地区）以外开设的银行账户。相反，位于存款人居住国家（地区）内的银行账户被称为在岸银行账户或境内银行账户。境外机构按规定在依法取得离岸银行业务经营资格的境内银行离岸业务部开立的账户属于境外账户，如内地企业在香港开立的账户即为香港离岸账户，境内卖家可以通过香港离岸账户接收境外买家的汇款，并将汇款从香港离岸账户转入内地账户。离岸账户只支持企业开户，不支持个人开户。与境内外汇账户相比，离岸账户受到的外汇管制更少，从资金安全性的角度来看，离岸账户更加安全。

三、第三方支付平台

第三方支付是指具备一定实力和信誉保障的独立机构，通过与银联或网联对接而促成交易双方进行交易的网络支付模式。

（一）第三方支付概述

传统支付方式是简单的即时性直接付转。在当面现货交易中，钞票结算和票据结算可实现同步交换。电汇和网上直转面临的情况通常不是当面现货交易，若无信用保障或法律支持，则可能导致异步交换，容易引发非等价交换风险。在现实的有形市场中，异步交换可以通过附加信用保障或法律支持来进行。在虚拟的无形市场（如电商市场）中，支付问题一度成为市场发展的瓶颈之一。为了满足市场对同步交换的需求，第三方支付应运而生。第三方指的是在买卖双方缺乏信用保障或法律支持的情况下支付资金的中间平台。第三方支付的流程是在银行的直接支付环节中增加中介环节，当买卖双方通过第三方支付平台进行交易时，买家选购商品，不直接把款项支付给卖家，而是支付给中介，由中介通知卖家发货；买家在收到商品后通知中介付款，中介把款项转入卖家的账户。其运作实质是在收款人和付款人之间设立中间过渡账户，使汇转款项实现可控性停顿，只有双方意见达成一致，才能决定资金的去向。第三方承担中介保管及监督的职能，不承担风险。确切地说，第三方支付是一种支付托管行为，通过支付托管保证支付行为的安全性。

第三方支付有效保障了交易各方的利益，为交易的顺利进行提供了支持。从卖家的角度来看，第三方支付既可以规避无法收到买家货款的风险，也可以为买家提供多样化的支付工具，尤其是为无法与银行建立网关接口的中小型企业提供了便捷的支付平台。从买家的角度来看，第三方支付可以规避无法收到货物的风险，并在一定程度上保证货物的质量，增强买家网上交易的信心。从银行的角度来看，其既可以通过第三方支付平台扩展业务范畴，又可以节省为大量中小型企业提供网关接口的开发和维护费用。

在肯定第三方支付带来的各种便利的同时，其可能带来的风险也不容忽视。在第三方支付流程的运作过程中，资金会在第三方支付服务商处滞留，可能出现资金沉淀问题。资金沉淀的时间从短期的 1～2 天到长期的数月不等，如果缺乏有效的资金流动性管理，就容易产生资金安全问题和支付风险。

（二）第三方支付平台介绍

1. PayPal

PayPal 的总部位于美国的加利福尼亚州。PayPal 与许多跨境电商平台合作，是跨境电商平台主要的线上支付方式。PayPal 采用账户模式，买卖双方都需要注册 PayPal 账户，买家必须在 PayPal 账户中绑定信用卡，并用信用卡向 PayPal 账户中充值，这样才可以付款。PayPal 是使用范围较为广泛的网上交易工具，能够帮助买卖双方进行便捷的外贸收款、提现与交易跟踪，开展安全的国际采购与消费。PayPal 支持快捷支付，可接收美元、加元、欧元、英镑和日元等 26 种国际主要流通货币。无论是通过信用卡、借记卡，还是 PayPal 余额来付款，买家都不需要支付任何手续费。手续费通常是由卖家支付的，在售出商品或服务并收到付款后，卖家需要支付手续费。PayPal 的手续费包括交易手续费、提现手续费和货币兑换手续费。在用 PayPal 转账时，用户需要支付一定的手续费。

2. Secure Payment

Secure Payment［安全支付，原 Escrow（代收付）服务］是阿里巴巴国际站为国际贸易提供的在线交易资金安全保障服务，其联合第三方支付平台 Alipay 提供在线交易资金安全保障，同时为买卖双方的在线交易保驾护航，并解决在线交易中的资金纠纷问题。为了让买卖双方更清晰地了解在线交易中的资金安全保障流程、支付方式和纠纷问题处理方法等，阿里巴巴国际站对原 Escrow 服务进行了升级优化，将其名称更改为 Secure Payment。

3. Payoneer

Payoneer（派安盈）成立于 2005 年，其总部设在美国纽约，是万事达卡组织授权的具有发卡资格的机构。Payoneer 为支付人群分布范围较广的联盟提供简单、安全、快捷的转款服务。Payoneer 的合作伙伴涉及的领域众多，其服务遍布 200 多个国家和地区。Payoneer 分为有卡账户和无卡账户。Payoneer 无卡账户支持企业和个人注册，在 48 小时内完成账户审核，随账户自动签发美元、欧元、英镑收款账户，可即刻用于收取欧美企业的资金。用户可以在注册时添加国内银行信息，资金入账后即可提款至国内的银行卡，无须等待邮寄和激活 Payoneer 卡。Payoneer 卡只在提款和入账时按百分比收取费用，无卡片相关费用。需要注意的是，Payoneer 无卡账户里的钱只能通过网银提现至国内银行，无 Payoneer 卡的用户既不能在国内外网站中购物，也不能在 ATM 机上刷卡。

4. 全球速卖通资金管理方式

全球速卖通为跨境电商企业提供了两种资金管理方式：一种是转账，另一种是提现。转账是指将支付宝国际账户中的可用余额转入关联的银行账户或万里汇账户中（关联的银行账户可以是同名公司、供应商公司账户或法定代表人、董事、股东个人账户；美元转账即转出资金是美元，收到的也是美元），到账时效为 1～7 个工作日，单笔手续费为 15 美元（中转银行可能有额外收费）。提现是指将支付宝国际账户中的可用余额转入法定代表人的支付宝个人账户或和公司同名的支付宝内地企业账户中，单笔手续费为提现金额的 0.3%，每笔最低收费 8 美元。

知识拓展

阿里巴巴跨境支付升级：资金跨境时间从 5 天缩短至 1 秒

据《电商报》报道，由环球银行金融电信协会主办的 Sibos 会议于 2019 年 9 月 23 日在伦敦开幕，以“在超级互联的世界里快速发展”为主题展开交流。阿里巴巴跨境供应链负责人王添天受邀出席，并于 2019 年 9 月 26 日与华为前财务副总裁大卫·布莱尔、花旗银行支付和贸易解决方案全球主管埃布鲁·帕坎同台，挖掘跨境支付的发展潜力。

传统的跨境线下大额美金支付主要通过银行来完成，平均 TT 转账时间为 3～5 个工作日，转账成本为 30～50 美元，此外还有高额的汇损。阿里巴巴跨境供应链通过搭建本地 TT 网络，成功地将资金跨境时间从 5 天缩短至 1 秒，使转账成本下降至 1 美元，同时避免了高额的汇损。

公开资料显示，Sibos 始于 1978 年的银行业务研讨会，现已发展为全球金融界在支付、证券、现金管理、贸易领域进行辩论和合作的重要商业论坛。Sibos 每年都会召集约 8000 名来自金融机构、市场工程机构、跨国企业、技术合作伙伴的商业领袖、决策者和专家，讨论商业战略，建立金融网络，共同开创金融业的未来。

任务实施

在全球速卖通中，RU（俄罗斯）订单资金管理可为卖家提供优质的资金服务。RU 订单资金管理由万里汇提供服务。在使用该服务前，卖家需要签约授权万里汇提供资金服务，以保障资金结算业务顺利进行。接下来进入跨境电商支付任务实施环节。

一、实施前的准备

在开通 RU 订单资金管理账户，以便顺利完成跨境电商支付任务之前，卖家需要做好以下准备。

（一）待开户实体的身份证

开户需要提供待开户实体（企业法定代表人）的身份证，并对企业法定代表人进行真人验证。

（二）手机号

卖家需要为开户准备一个手机号，该手机号必须满足以下条件：之前未注册过万里汇；处于已激活状态，可接收验证码。

（三）支付宝国际账户

在开户前，卖家应确保支付宝国际账户的企业信息审核已完成，以便顺利开户。

二、开户流程

【step1】如图 8-15 所示，卖家登录全球速卖通，进入支付宝国际账户；如图 8-16 所示，单击“RU 订单资金管理”，进入万里汇授权协议界面，如图 8-17 所示。

图 8-15

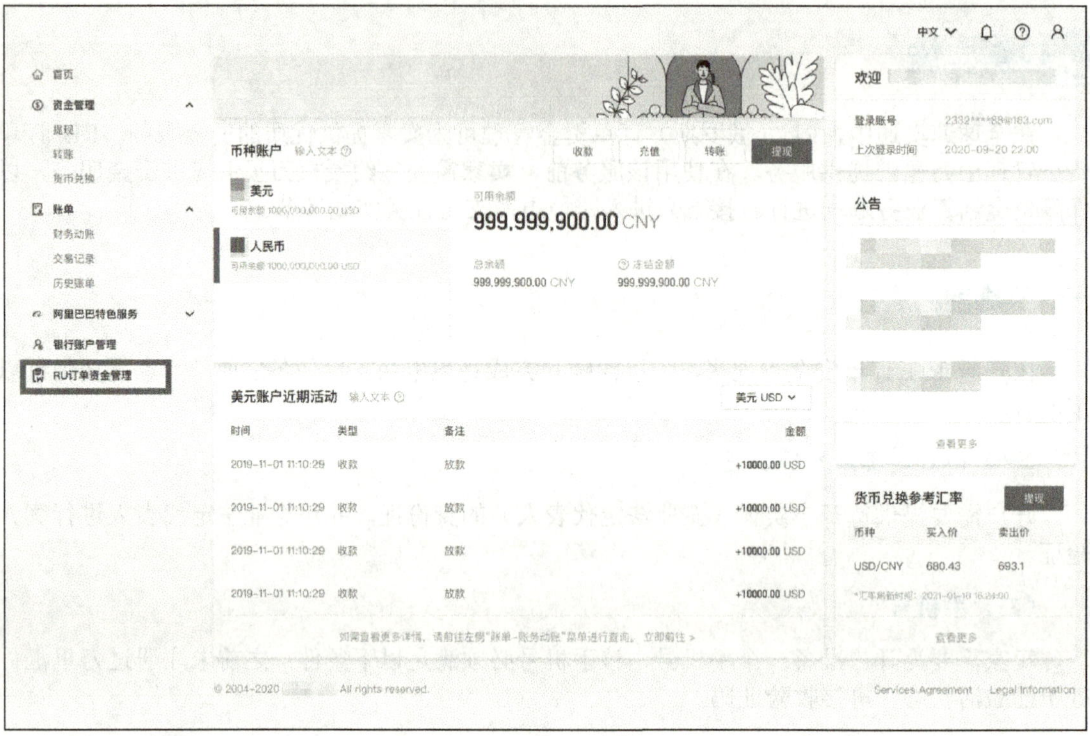

图 8-16

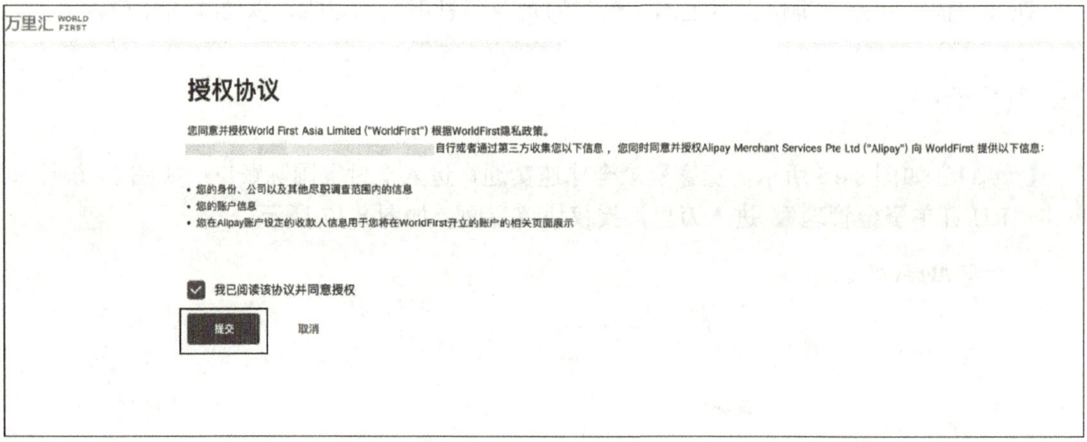

图 8-17

【step2】卖家单击图 8-17 中的“提交”，进入如图 8-18 所示的万里汇注册信息填写界面，按照界面提示填写信息并注册。

【step3】图 8-19 所示为万里汇实名认证界面。在进行真人验证时，卖家需要准备企业法定代表人的身份证。说明及注意事项：推荐使用手机摄像头认证；在手机端操作期间切勿关闭认证界面。

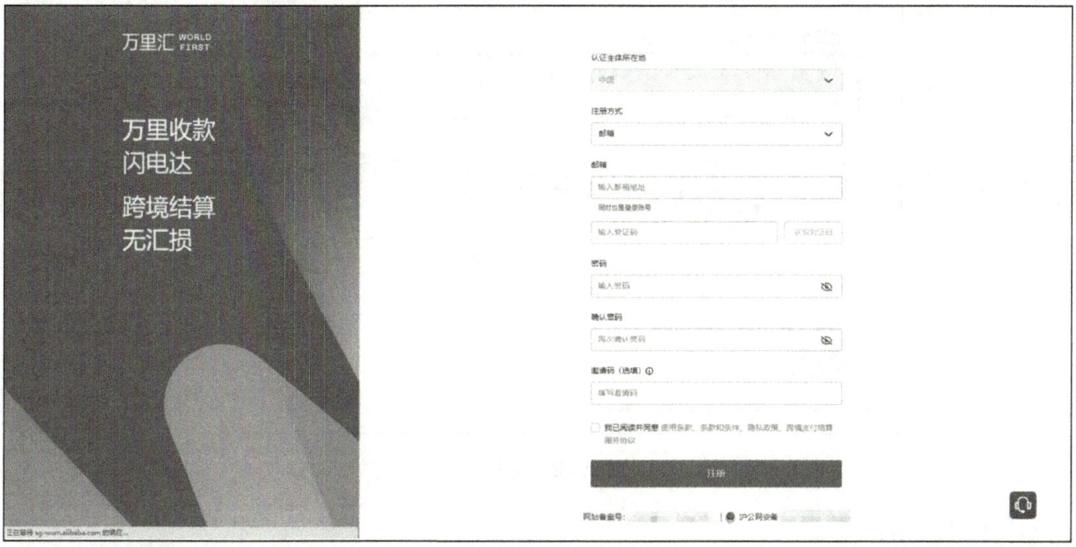

图 8-18

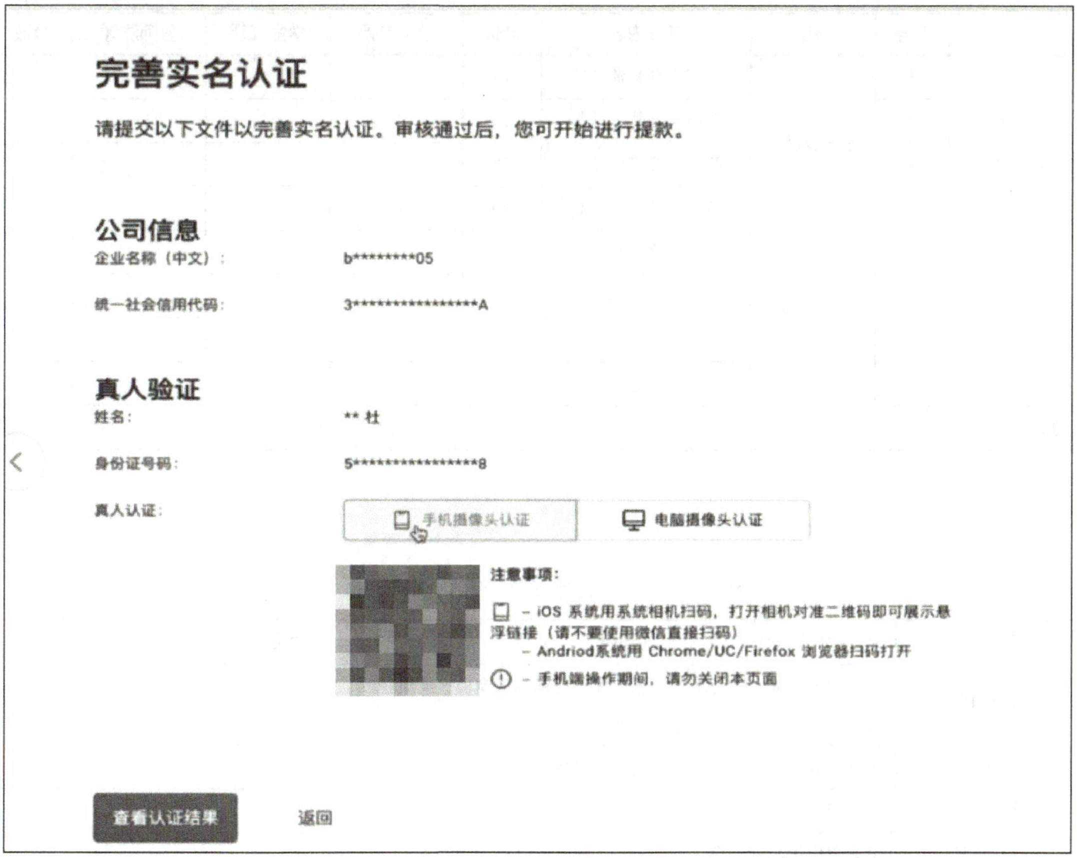

图 8-19

【step4】在完成实名认证后，卖家进入如图 8-20 所示的万里汇资金操作界面，按照实际需要选择提款或转账。

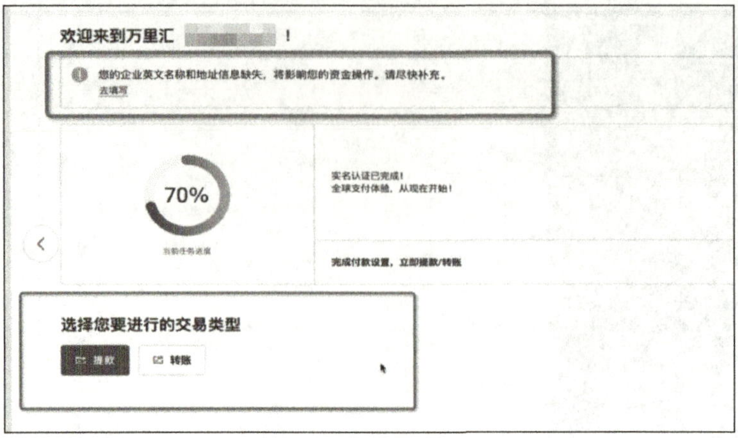

图 8-20

【项目评价】

单位：分

类别	序号	考核项目	考核内容	分值	学生自评	学生互评	教师测评	分数
技术考评（80 分）	1	技能操作	跨境电商物流方式	15				
	2		跨境电商物流选择	15				
	3		跨境电商支付发展	20				
	4		跨境电商支付平台	30				
非技术考评（20 分）	5	职业素养	态度端正	5				
	6		遵守纪律	5				
	7		团队合作	5				
	8		成本意识	5				
总分：								

【项目实训】

项目实训 1　阿里巴巴国际站店铺物流模板设置

实训名称	阿里巴巴国际站店铺物流模板设置	序号	1
实训目标	（1）通过实训，熟悉阿里巴巴国际站店铺物流模板设置流程； （2）熟悉阿里巴巴国际站物流方式		
实训要求	成功完成阿里巴巴国际站店铺物流模板设置任务		
实训标准	阿里巴巴国际站平台标准		
实训条件	阿里巴巴国际站平台		
实训流程			
通关；确定运输时间；确定运输方式；清关			

续表

考核标准
设定物流运费；成功设置阿里巴巴国际站店铺物流模板
过程记录
（学生填写实训过程中的重要记录，如数据记录及相关分析等） 扫一扫 查看阿里巴巴国际站物流服务微课
遇到的问题及解决措施
（学生填写）
实训成果
（学生填写实训成果的最终表现形式）
实训考核
（教师综合实训过程及实训成果，对照考核项目评分）

项目实训 2　阿里巴巴国际站支付结算调研

实训名称	阿里巴巴国际站支付结算调研	**序号**	2
实训目标	完成阿里巴巴国际站支付结算调研任务		
实训要求	（1）调研阿里巴巴国际站的各种支付方式； （2）对比分析阿里巴巴国际站各种支付方式的差异		
实训标准	阿里巴巴国际站支付结算标准		
实训条件	阿里巴巴国际站平台		
实训流程			
登录阿里巴巴国际站；比较各种支付方式的提现渠道、成本和到账时间；完成货款提现任务			
考核标准			
选择成本最低的提现方案；完成货款提现任务			

续表

过程记录
（学生填写实训过程中的重要记录，如数据记录及相关分析等） 扫一扫 查看阿里巴巴国际站平台支付结算微课
遇到的问题及解决措施
（学生填写）
实训成果
（学生填写实训成果的最终表现形式）
实训考核
（教师综合实训过程及实训成果，对照考核项目评分）

项目 9

跨境电商客户服务

【项目导入】

丹尼的跨境电商店铺已经运营了一年之久。回顾这一年的经历，丹尼感叹：电商运营必须重视对各种运营数据的处理和分析，同时，客户服务在电商运营中也很重要。毕竟客服人员直接面对客户，客户有问题往往会直接找客服人员，特别是外国客户，对电商售前、售后服务质量要求很高。也许店铺中的商品在市场上不是最好的、最有竞争力的，店铺运营也不是最优秀的，不过，跨境电商客服人员应该认识到优质的客户服务对店铺运营的重要性。良好的客服体验是口碑传播的重要因素之一。

【任务拆解】

图 9-1 所示为跨境电商客户服务任务拆解图。

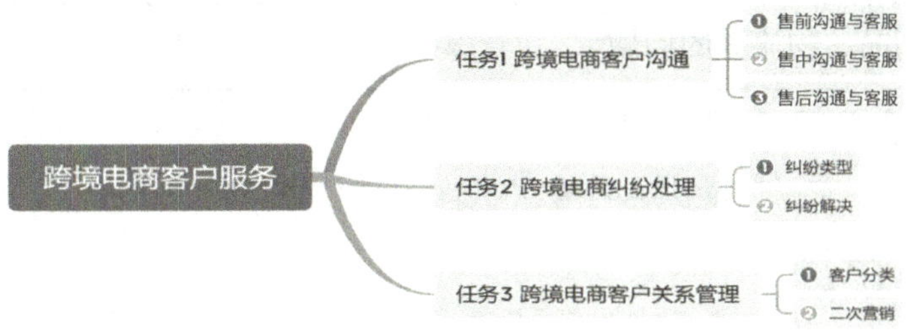

图 9-1

任务 1　跨境电商客户沟通

任务描述

在本任务中，丹尼需要围绕售前沟通与客服、售中沟通与客服、售后沟通与客服等内容完成知识梳理和任务实施，以便与客户高效沟通。

知识梳理

扫一扫

查看全球速卖通平台客户服务微课

知识点 1：售前沟通与客服

售前沟通与客服的主要目的是协助客户完成系统的需求分析，确保商品能够最大限度地满足客户的需求，以及客户的投资能够获得最大化的经济效益。售前沟通与客服的内容多种多样，包括提供信息、市场调查、定制商品、加工整理、接受咨询、接受电话订货和邮购、提供多种财务服务等，主要表现为提供信息、促成交易。

一、售前沟通与客服的准备工作

售前沟通与客服是指从客户咨询其感兴趣的商品到付款这个阶段的客服工作，是体现卖家服务质量的重要阶段。对新手客服人员而言，在开展工作之前，需要完成一系列准备工作。接下来以全球速卖通为例，介绍如何从以下 3 个方面入手，做好一名跨境电商客服人员。

（一）了解跨境电商平台的主要通信工具、翻译功能

跨境电商客服人员面对的是世界各地的客户，需要用不同的通信工具辅助沟通。不同的跨境电商平台提供的通信工具不同，既有即时通信工具，也有买家会话，还有订单留言。下面我们来重点了解买家会话。

1. 通信工具——买家会话

卖家登录全球速卖通，单击图 9-2 中的未读消息图标，进入如图 9-3 所示的买家会话界面。买家会话是全球速卖通店铺日常运营的一部分，是卖家与买家沟通的桥梁，买家可以通过会话咨询有关商品、物流等的问题。

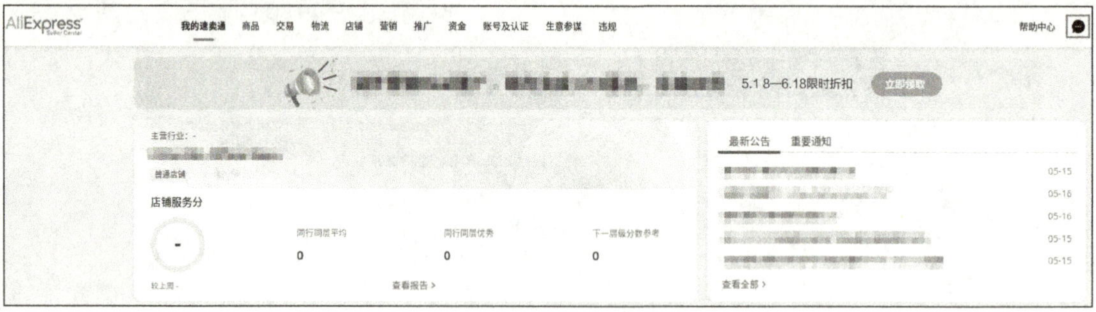

图 9-2

2021 年，全球速卖通的买家会话进行了全面升级，卖家操作起来更方便，回复消息更快捷。

（1）接待面板：如图 9-4 所示，接待面板可以展示需要接待的买家信息，支持筛选、打标签等操作。

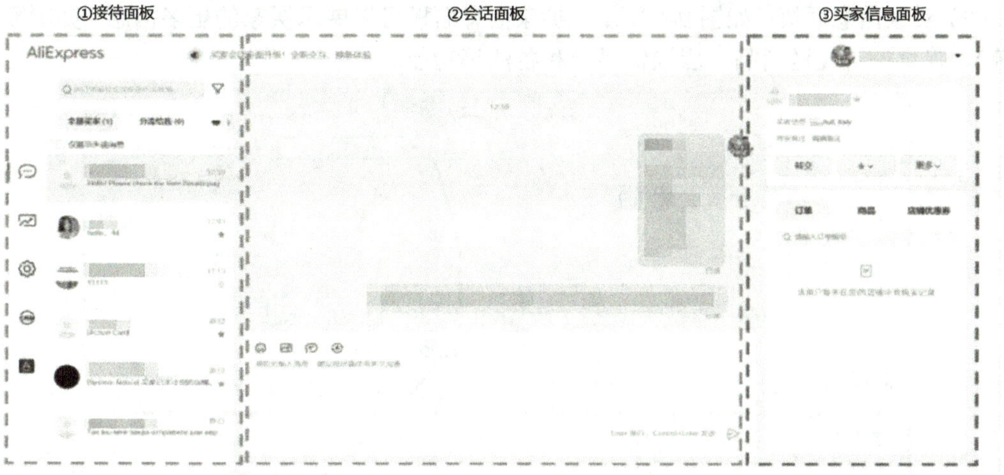

图 9-3

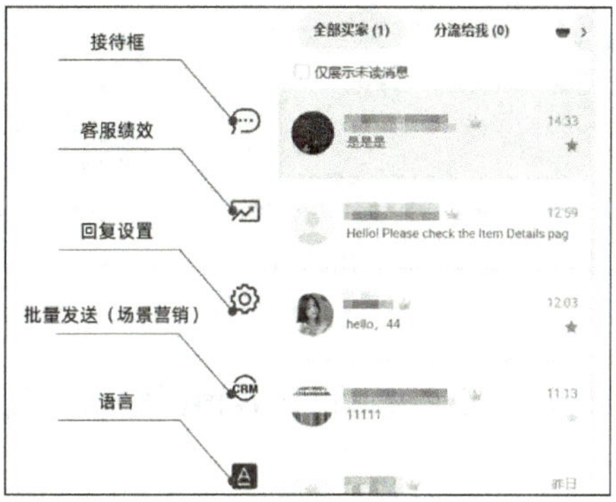

图 9-4

（2）会话面板：如图 9-5 所示，卖家可以在会话面板中回复买家的消息；搜索框支持搜索买家名称、订单编号、聊天记录关键词；支持仅展示未读消息和未回复消息；消息撤回功能支持在两分钟内撤回发送的内容，撤回内容会重新出现在聊天框中。

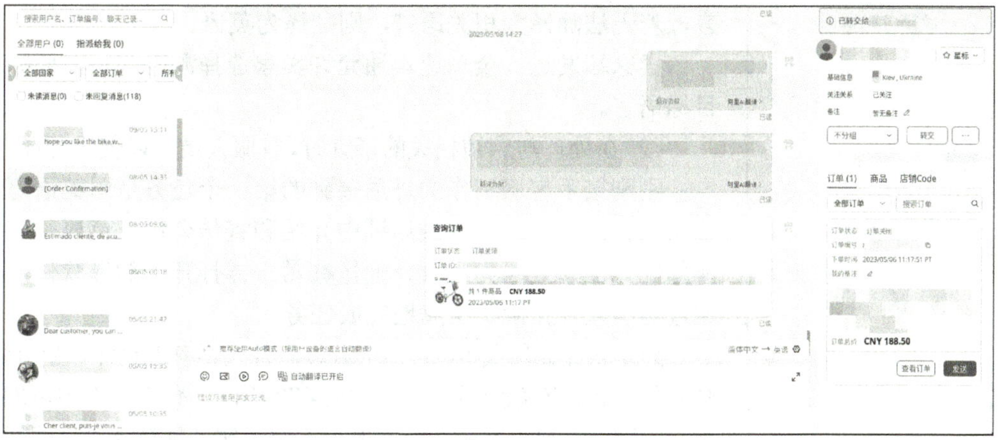

图 9-5

（3）买家信息面板：如图 9-6 所示，买家信息面板可以展示买家的更多信息（如国家、订单等），提供一键发送商品、店铺优惠券和备注等功能。

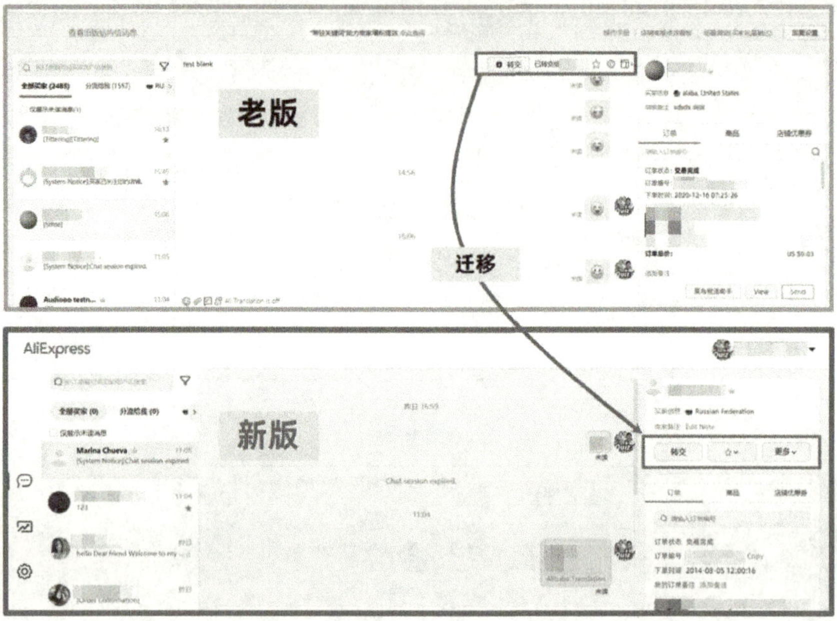

图 9-6

2. 翻译功能

在跨境电商店铺运营过程中，买家来自世界各地，客服人员需要注意以下与翻译相关的问题。

（1）在与买家进行会话时，全球速卖通提供自动翻译功能，其翻译规则如下。

买家端接收：如图 9-7 所示，全球速卖通可以把语言自动翻译为买家系统语言，若无法翻译为相关语言，则翻译为英语。

图 9-7

买家端发送：买家可以发送自己使用的语言。

卖家端接收：全球速卖通可以把语言自动翻译为卖家系统语言，若无法翻译为相关语言，则翻译为英语。

卖家端发送：全球速卖通允许卖家选择源语言和需要翻译的目标语言。

（2）在处理与店铺相关的事宜时，客服人员可以使用翻译软件。

刚刚接手客服工作的丹尼接到的第一个任务是用英语写一段公司简介，在全球速卖通店铺中介绍和宣传公司。英语基础比较薄弱的丹尼感到压力很大，他像往常一样打开了翻译软件，希望通过这些软件正确、快速地完成任务。

翻译软件数量众多，常用的翻译软件包括有道翻译、金山词霸、必应翻译和百度翻译等。同样的内容在不同的翻译软件中可能对应不同的翻译结果。客服人员需要全方位了解各种翻译软件的翻译特点，综合不同的翻译结果，完成外文写作。

（3）使用翻译软件的技巧。

翻译软件给跨境电商客服工作带来了语言上的便利，基本解决了语言不通的问题。不过，机器翻译存在一定的局限性和误差，客服人员必须正确使用翻译软件。

在翻译时，为了方便，客服人员通常会把整段文字复制到翻译软件中进行翻译。这样翻译的效果往往不理想，翻译结果常常不符合逻辑，而且语病较多。为了避免这种情况，客服人员最好不要直接翻译整段文字。

在很多时候，一个中文词语可以用多个英文单词表示，同理，一个英文单词也可能有多种中文含义。在不确定某个翻译软件的翻译结果是否正确时，客服人员可以使用其他翻译软件，反复对比、检验，确保翻译结果的准确性。此外，客服人员还可以尝试反向翻译，检验翻译结果的准确性。

（二）了解消费习惯和文化背景

由于政治制度、历史、生活环境的不同，不同国家的人往往有不同的消费习惯和文化背景。在开展客服工作之前，跨境电商新手客服人员需要对跨境电商主流市场有一定的了解，这样才能有条不紊地开展客服工作，提高工作效率。

下面介绍跨境电商主流市场及其特点。

1. 北美市场

北美市场是我国跨境出口的主要市场，其中美国是世界上最大的电商市场之一，在线消费者数量众多，在线消费能力较强，市场容量非常大。美国人不但很少储蓄，而且很多人会办理好几张信用卡进行提前消费，这使美国成为世界上最大的消费品市场之一。

美国非常重视商标和专利，跨境电商卖家千万不能在这方面铤而走险。此外，如果卖家在美国建立了仓储或售后点，那么还要注意环保、税务、劳工等方面的问题。美国电商的大节日大多集中在下半年，如黑色星期五、网购星期一、圣诞节等。这些节日前后是美国电商平台的销售旺季，它们创造的销售额之和可以占全年销售额的 1/3 以上。

2. 南美市场

南美市场包括十几个国家和地区，大部分属于发展中国家和地区，是跨境电商新兴市场。随着互联网普及程度的日益提高，南美市场的跨境电商消费群体正在不断增加，一些年轻消费者的消费能力并不比其他国家的消费者弱。此外，南美市场的移动端购物人群比例也在提高。

与美国人类似，南美人也不倾向于储蓄资金，这种习惯与中国人不同，这给我国的跨境电商卖家带来了一些商机。不过，南美市场的物流相对落后，即使在巴西这个南美洲最大的国家，也只有主要的物流通路比较完善，其他物流通路的状态比较差。

作为人口大国之一，近几年，巴西正在逐步完善支付和物流方面的基础设施建设。基于此，其潜在的市场红利还有被进一步挖掘的可能性。数据调查显示，巴西消费者对手机和平板电脑的需求量相对较大。

3. 英国市场

英国既是世界上主要的贸易国家之一，也是联合国安全理事会五大常任理事国之一。英国人的计划性很强，特别看重礼仪，比较关注商品的细节、质量和实用性。

近几年，英国电商快速发展，网络下单和支付规模不断刷新以往的纪录。据统计，80%以上的英国网民曾在网络上有过多次购物行为，这个比例在二十国集团国家中是非常高的。

要想进入英国市场，跨境电商卖家需要根据英国消费者的习惯、喜好、风俗文化、消费特征等进行本地化运营，了解英国的历史和节日，策划相应的活动，或许可以取得意想不到的效果。

4. 德国市场

一提起德国，很多人会想到德国人的工匠精神、严谨和专业。这些优秀的品质让德国人创造了多个世界著名品牌，包括多个高品质的德系汽车品牌。

德国本土的商品非常优质，外国的商品要想在德国市场上立足，必须在品质上精益求精，这样才能得到德国消费者的认可。德国消费者的退货率很高（将近 50%），这与德国的法律和德国消费者的消费行为有关。德国的法律规定，在网购时，消费者可以在 14 天内退回没有开封的商品，因而德国消费者经常购买多个颜色或尺码的商品，在试用其中一些商品后退回不满意的商品。

与其他国家的人相比，德国人的消费观念相对理性，很少冲动消费，购买奢侈品的人也比较少，相对于外在的追求，他们更注重生活品质。此外，德国人还很看重节日，每当重大节日来临时，德国人往往会和朋友互赠礼物，借此联络、加深感情。

5. 俄罗斯市场

俄罗斯市场和我国市场高度互补。俄罗斯的重工业和轻工业比例失衡，对日常消费品的进口需求很大（包括服装、鞋子、配饰、电子产品等），这给我国的跨境电商卖家带来了较好的机遇。

要想进入俄罗斯市场，支付和物流是不小的障碍。俄罗斯人对网络支付的安全性持怀疑态度，很少有人使用网络支付的方式，大多数人仍以现金支付的方式为主。俄罗斯小包的时效是 20～30 天，其物流体系的不完善可见一斑。

俄罗斯的网购人数占其人口总数的 2%左右，他们比较关注商品的性价比，在商品的选择上有一定的滞后性。过去，在我国的跨境电商平台中购买商品的大多是俄罗斯的低端消费人群。现在，俄罗斯的中高端消费人群也开始在线上购买商品了，这给我国的跨境电商卖家带来了不少机会。

近年来，俄罗斯市场变得更加包容和开放，跨境电商卖家有机会更加深入俄罗斯市场，如设立办事机构，或者寻找当地的核心合作伙伴开拓渠道，甚至提供一些品牌的售后服务。

6. 日本市场

日本本土市场有乐天这样的电商巨头，大部分消费者会选择在亚马逊和乐天等大型电商平台中购物，只有一小部分消费者会在搜索引擎中搜索商品，或者选择独立的小型电商平台。

在网购时，日本消费者使用的支付方式主要是信用卡和网银支付。目前，日本人中使用手机上网的人数已经超过了使用计算机上网的人数，他们经常使用手机进行网购。实际上，在全球普及 NFC（Near Field Communication，近场通信）支付技术以前，日本人已经开始使用新型支付方式了，以 NTT docomo 为代表的移动运营商在日本的手机支付产业链中占据极其重要的地位。

日本是一个典型的“月光族国家”，几乎每个人都持有信用卡，互联网普及率高达 93%，网络消费意愿非常强。只要跨境电商卖家能够有针对性地选择商品、筛选优质渠道，就有可能在日本市场中分一杯羹。

7. 东南亚市场

东南亚人口众多，是一个典型的多语种区域，其语种数量在 10 种左右。跨境电商卖家要想开拓东南亚市场，多语种的跨境电商运作非常重要。东南亚本土市场的电商发展情况较好，如来赞达很受东南亚消费者的欢迎。

东南亚的互联网消费者大部分是在移动端交易的，其移动端交易比例在 62%以上。要想进军东南亚市场，适应当地移动端消费者的习惯和满足他们的需求是很重要的。总的来看，东南亚市场是一个非常有前景和吸引力的市场，进入壁垒略高，未来的增长空间值得期待。

8. 非洲市场

非洲人口众多，其中南非和尼日利亚的网络零售发展速度在非洲居于领先位置，它们被视为非洲重要的新兴市场，越来越多的当地人开始加入跨境购物的群体。

由于基础设施和物流网络等方面的建设不太完善，因此非洲市场可以选择的物流方式非常有限，非洲的一些国家正在改善这两个方面。随着跨境电商的持续发展和中产阶级的日益增加，非洲很可能在未来步入全新的跨境购物时代。

和俄罗斯消费者一样，非洲消费者也对互联网支付的安全性持不信任态度。因此，在非洲消费者的网购行为中，货到付款是非常普遍的支付方式。从这个角度来看，非洲电商的发展还有一段很长的路要走。

（三）了解跨境电商客户服务的沟通技巧

1. 培养跨文化意识

在跨文化沟通中，沟通双方的思维方式不同，沟通会变得更加复杂。跨境电商客服人员需要培养跨文化意识，了解目标市场的风俗习惯和语言习惯，积极调整沟通方式，确保沟通顺利进行。

2. 理解并尊重跨文化差异

世界文化是多元发展的，在跨文化沟通中，客服人员应该对不同国家的文化持包容、理解的心态，尊重客户的思维差异，化解沟通中可能产生的冲突或误会。例如，印度客户大多非常注重文化，同时对价格很敏感。如果他们觉得商品价格太高，不想购买商品，那么客服人员可以从文化的角度入手，先通过交流文化和他们拉近关系，表达自己对印度文化的喜爱，让他们产生被尊重的感觉，降低他们的防御心理，再和他们谈价格。

3. 注意沟通时间

由于时差的原因，在国内的工作时间（北京时间 8—17 点），部分国外客户是处于离线状态的。当然，即使客户离线，客服人员也可以通过留言联系客户。不过，客服人员最好能注意一下沟通时间，尽量选择客户在线的时间联系对方，这样沟通效果会更好。

客服人员要经常关注即时通信工具和在线留言，尽快回复客户的信息。否则，部分客户很可能失去等待的耐心，店铺也很可能错失订单。

4. 主动联系

在交易过程中，客服人员要主动联系客户，如提醒客户支付、提醒客户已发货、提醒客户收货等。这样不仅能让客户随时掌握交易动向，还能让客户产生被重视的感觉，从而促进双方的友好合作。

5. 话术准备

（1）客服人员需要不断加强对不同语言的学习，练就扎实的基本功，特别是要熟练掌握与所售商品相关的专业词汇和一些沟通技巧。

（2）在通过邮件与国外客户联系时，邮件中不要出现成段的大写单词。

（3）在与客户沟通的过程中，为方便绝大部分客户阅读，客服人员应当尽量使用结构简单、用词平实的短句。

（4）在撰写邮件时，客服人员应当按照逻辑对邮件分段，并在段与段之间添加空行。

二、售前沟通与客服的常见问题及自动回复模板

做好售前沟通与客服工作需要重点考虑售前阶段的常见问题有哪些，以及针对各种常见问题的恰当的回复方法是什么。

最近，丹尼在全球速卖通中收到了很多客户的咨询，其中包括商品折扣问题、尺码问题、支付问题和物流问题等。丹尼一个问题一个问题地回复，速度有点慢，有的客户没有耐心等待回复，很快离开了咨询界面，也没有及时查看留言。经过观察，丹尼发现很多客户的问题非常类似，如果可以设置常用的自动回复模板，就可以快速回复客户，从而最大限度地留住客户。

（一）打招呼

当客户开始咨询时，客服人员要和客户打招呼，表示友好。如图 9-8 所示，客服人员可以在快捷短语设置中添加打招呼的自动回复模板。

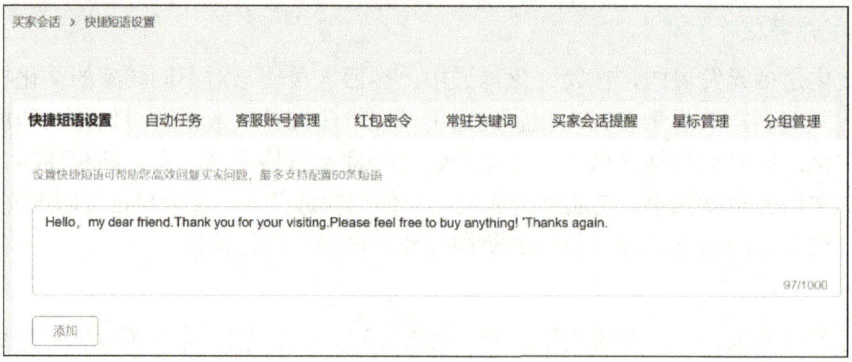

图 9-8

（二）介绍店铺

当客服人员离开咨询界面或不在工作时间，无法及时回复客户的问题时，可以设置介绍店铺的自动回复模板，如图 9-9 所示。

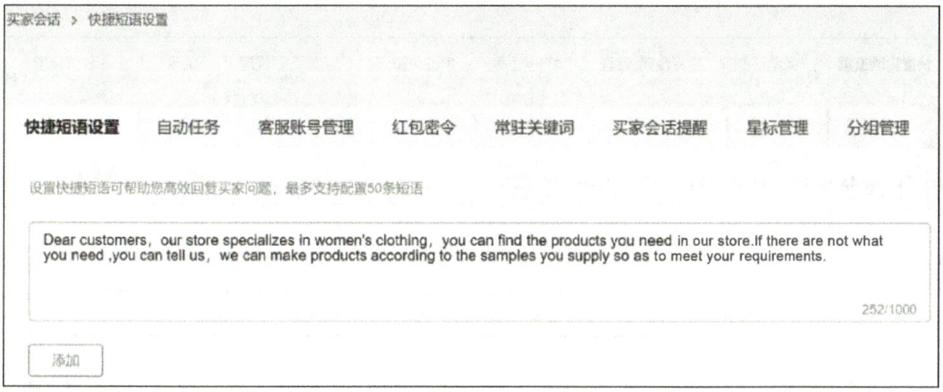

图 9-9

（三）介绍商品

客服人员需要深入了解自身店铺的商品，为客户提供全面、详细的商品介绍，帮助客户了解商品是不是客户需要的，避免客户在收到商品时发现商品和自己想象的不一样，进而引发纠纷。

图 9-10 所示为介绍商品的自动回复模板。对销售服装的跨境电商店铺而言，由于各国的客户在体型上有差异，各国的尺码标准也不同，因此客服人员需要解答关于服装的型号、色差、颜色等问题。

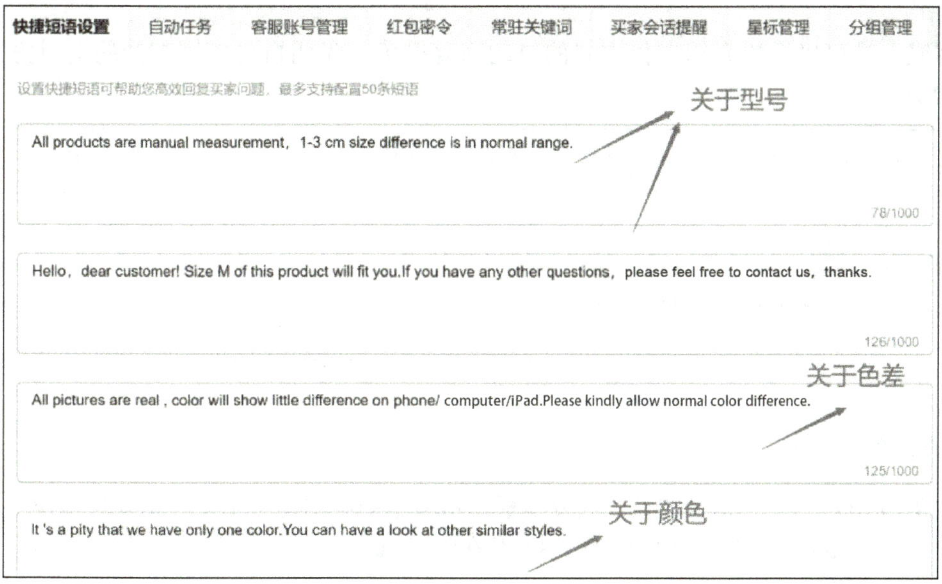

图 9-10

（四）介绍折扣

在购买商品时，有些客户喜欢砍价或索要折扣。针对这种情况，客服人员可以根据实际的促销手段，设置介绍折扣的自动回复模板（见图 9-11），鼓励客户增加订单金额或订单数量，并给予客户一定的折扣。

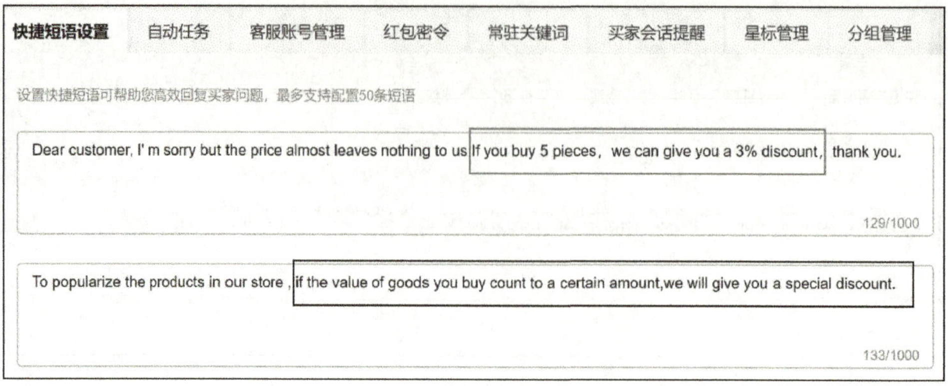

图 9-11

需要注意的是，不同国家的客户对折扣的关注点不同。

（1）欧洲、美国的客户：对商品质量的要求比较严格，可以接受较高的价格，很少砍价。

（2）印度、巴基斯坦的客户：对商品质量的要求不太严格，只要价格优惠，他们就可能下单，经常砍价，可以接受的价格较低。

（3）中东、拉丁美洲的客户：对商品质量有一定的要求，对价格比较挑剔，可以接受比印度、巴基斯坦的客户略高的价格。

（五）介绍支付方式

客服人员可以设置介绍支付方式的自动回复模板，说明自身店铺支持的支付方式，如图 9-12 所示。

图 9-12

（六）介绍运费

图 9-13 所示为介绍运费的自动回复模板。跨境电商中的运费主要包括 4 种情况：（1）包邮；（2）无法包邮，可适当给予折扣；（3）存在物流风险，无法发货；（4）订单超重，无法使用小包免邮，可换其他物流方式。

（七）介绍关税

图 9-14 所示为介绍关税的自动回复模板。在跨境电商中，出口关税由卖家支付，进口关税由买家支付。

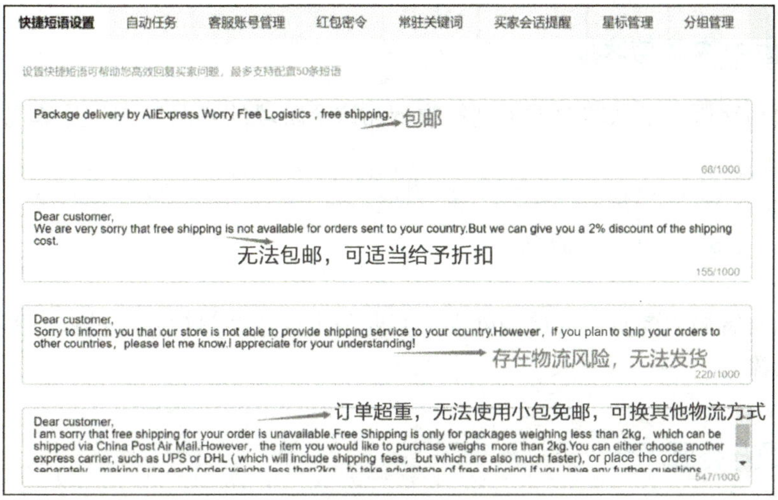

图 9-13

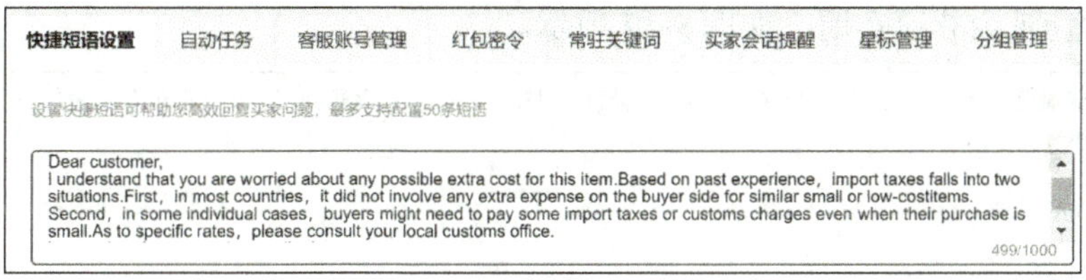

图 9-14

图 9-15 所示为说明进口关税由买家支付的自动回复模板。

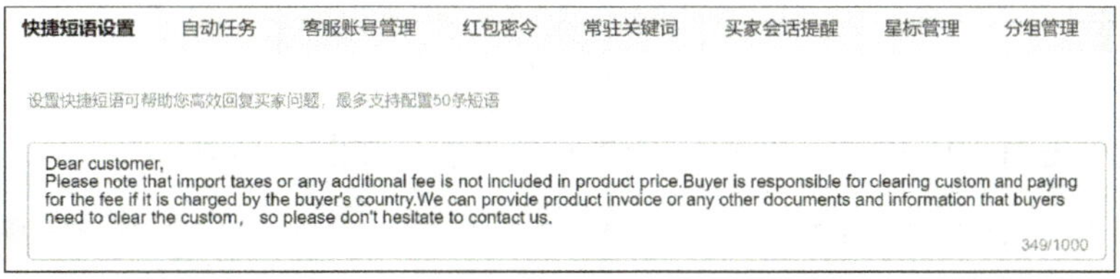

图 9-15

（八）介绍发货时间和运输时间

图 9-16 所示为介绍发货时间和运输时间的自动回复模板。

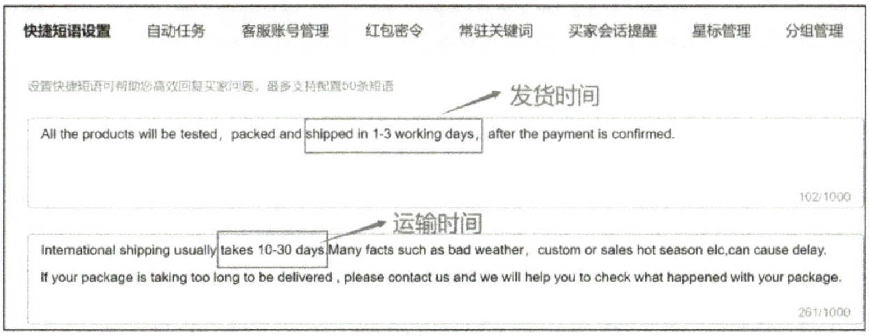

图 9-16

知识点 2：售中沟通与客服

售中沟通与客服是指从客户下单到签收商品这个阶段的客服工作，是体现卖家服务质量的重要阶段。

一、售中沟通与客服的主要业务

售中沟通与客服主要负责订单的处理，其业务主要包括等待客户付款、卖家备货、卖家发货、跟踪物流。

二、售中沟通与客服示例

下面以全球速卖通为例，介绍如何进行售中沟通与客服。

【step1】登录全球速卖通，如图 9-17 所示。

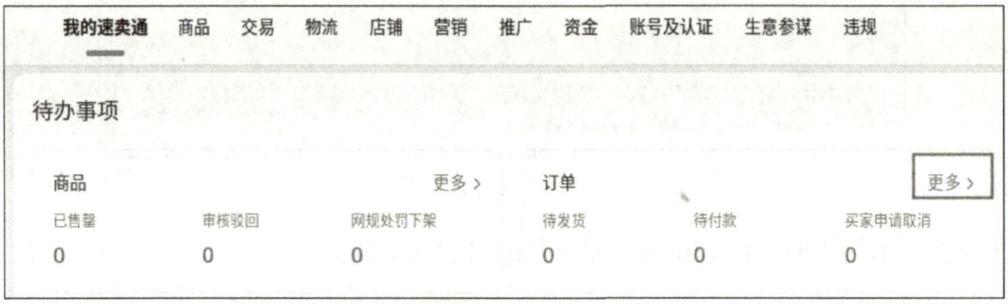

图 9-17

【step2】单击图 9-17 中的“更多”，查看订单看板，如图 9-18 所示。

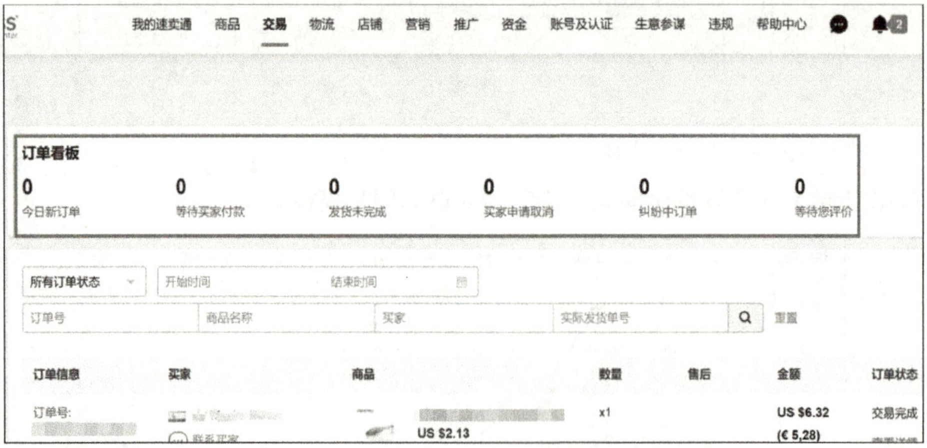

图 9-18

【step3】如果订单看板中有等待买家付款的订单，那么客服人员应敦促买家付款。敦促买家付款的方法有很多种，图 9-19 中列举了 3 种，分别是承诺在买家付款后赠送小礼物、提醒买家未付款订单会被系统取消、告知买家促销时间有限。

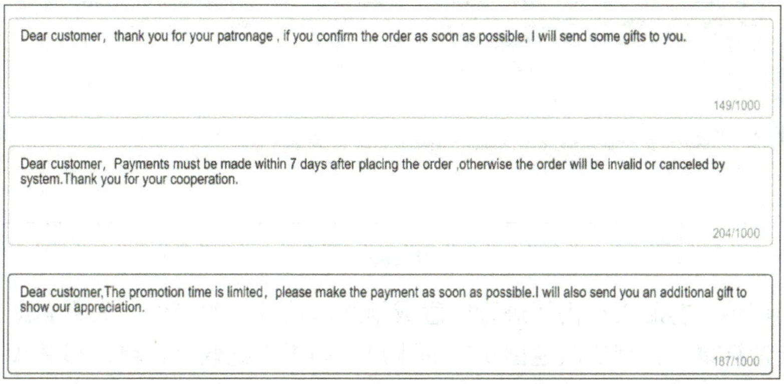

图 9-19

如果是需要修改价格的订单，那么客服人员应在修改价格后通知买家付款。如果是合并支付的订单，那么客服人员应及时修改价格，并通知买家付款。在跨境电商平台中，有的买家喜欢直接下单，不会提前咨询客服人员。如果买家下单的商品断货，那么客服人员应及时说明情况，并推荐替代商品，以获得买家的理解。

【step4】如果订单看板中有发货未完成的订单，就说明买家已付款，客服人员应尽快确认订单，并备货、发货、告知买家。此类订单需要在规定的发货期内发货，否则系统会自动取消订单、退款给买家，并将订单计入成交不卖率，对店铺的信誉造成负面影响。客服人员一定要在发货期内发货，并和买家进行以下两个方面的沟通：一是和买家确认订单信息，二是在发货后告知买家。

（1）和买家确认订单信息，主要包括商品名称、规格、联系人（全名）、地址、邮政编码和电话等信息，如图 9-20 所示。客服人员需要让买家确认订单信息是否无误，若有误，则买家需要对无法交付的包裹负责。

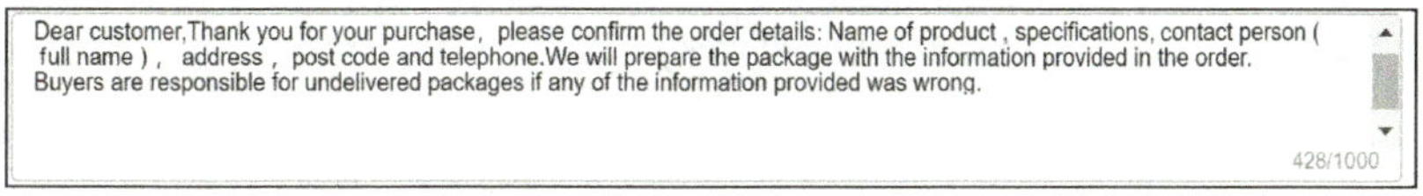

图 9-20

（2）在发货后告知买家，主要包括物流信息和相关提醒，如图 9-21 所示。

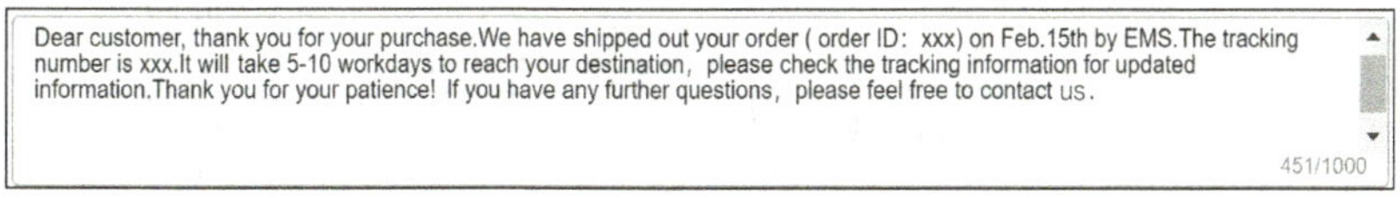

图 9-21

需要注意的是，全球速卖通的现货发货期一般是 5 天（定制商品和节假日除外）。在发布商品时，客服人员应根据实际情况，设置合理的备货期。

【step5】如果订单看板中有买家申请取消的订单，就说明买家已申请取消订单。在处理此类订单时，客服人员需要确认订单是否已经发货。如果订单已经发货，买家就不能取消订单，如图 9-22 所示。

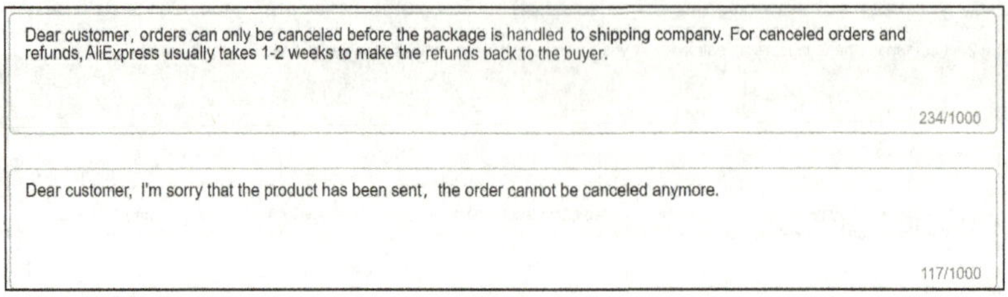

图 9-22

对于此类订单，客服人员需要进行同意或拒绝取消订单的操作。如果同意取消订单，系统就会自动取消订单，并把货款退回买家的账户；如果拒绝取消订单，那么买家可以继续提交取消订单申请，客服人员可以继续发货，一旦发货，买家就不能提交取消订单申请了。如果客服人员一直没有回应，那么在发货期结束后，订单会因为发货超时被系统自动取消，货款会被退回买家的账户，订单还会被计入成交不卖率，影响店铺的信誉。

知识点 3：售后沟通与客服

售后沟通与客服对店铺的影响很大，好的售后沟通与客服能够提高商品的曝光率，增加客户的信任感；不好的售后沟通与客服会降低商品的销量，甚至影响店铺的形象和信誉。无论客户给的是好评还是差评，客服人员都要及时和客户沟通，维护店铺的形象和信誉。

一、售后沟通与客服的流程

售后沟通与客服是客服工作的重点之一，其流程如图 9-23 所示。做好售后沟通与客服，客服工作会事半功倍。

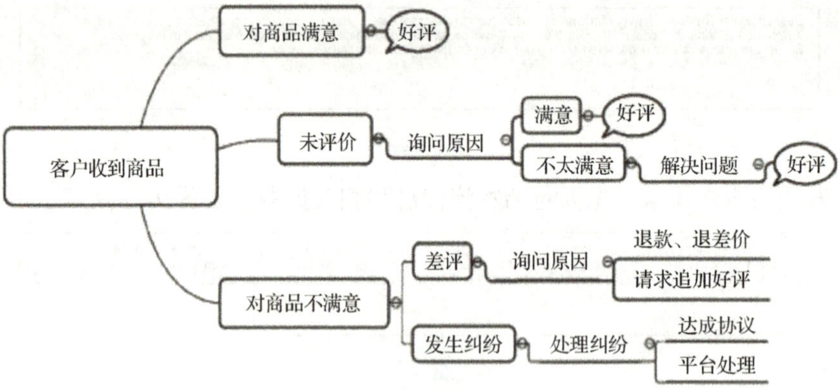

图 9-23

二、客户评价的类型

在全球速卖通中，常见的客户评价有以下 3 种类型。

（一）客户给予好评

客户的好评往往能够“四两拨千斤”，给店铺带来源源不断的曝光、转化和二次转化。在交易完成后，如果客户给予好评，那么客服人员一定要及时表达感谢（见图 9-24），这样有利于提高客户的满意度，进而提高复购率和转化率。

> Dear customer, thank you for your positive feedback! Your satisfaction is hugely important to us. Here's a coupon for your next shopping. Hope to see you again in our store soon. Thank you.
>
> 239/1000

图 9-24

（二）客户收到商品后未评价

如果客户在收到商品后 3～5 天内没有评价，那么客服人员可以向客户发送邮件，询问客户是否收到商品、对商品是否满意，并说明如果客户不满意，那么客服人员会尽最大努力帮助客户解决问题。在邮件末尾，客服人员可以表明希望客户尽快给予评价，礼貌地请求客户给予正面的评价，以帮助其他客户判断商品是否适合他们，并对客户表示感谢，如图 9-25 所示。

> Dear customer，I have checked the tracking information and it shows that you have received the package. If you are satisfied with your purchase and our service，we'll greatly appreciate it if you give us a five-star feedback and leave positive comments on your experience with us.If you have any other questions，please contact us directly.Thank you.
>
> 430/1000

图 9-25

（三）客户对商品不满意

当客户对商品不满意时，客服人员需要积极地和客户沟通，并找出原因。如果是商品质量的问题，那么客服人员要态度诚恳地认错，并采取补救措施，以得到客户的谅解。如果是因为客户对商品的期望值过高，那么客服人员可以先表示理解，再采取一定的补救措施，请求客户给予好评。

任务实施

由于丹尼的跨境电商店铺刚刚起步，客服人员的分工不太明确，因此丹尼需要和客服人员一起负责客服工作，具体包括售前沟通与客服、售中沟通与客服、售后沟通与客服。

【step1】售前沟通与客服。经过前辈的悉心指导，丹尼初步了解了全球速卖通的卖家操作手册，掌握了翻译软件的使用方法，明白了与主要目标客户沟通的要点。在店铺起步期，售前沟通与客服工作非常繁重，丹尼最迫切的任务是掌握售前阶段的工作方法，设置自动回复模板，解答客户的咨询。要想做好售前沟通与客服工作，丹尼需要重点解决以下两个问题。

（1）售前阶段的常见问题有哪些？

（2）针对售前阶段的常见问题，恰当的解决方法是什么？

【step2】售中沟通与客服。通过一段时间的学习，丹尼初步掌握了售前阶段的工作方法。

与此同时，店铺的订单越来越多，丹尼常常收到与订单的物流、配送相关的咨询。为了做好订单的处理工作，丹尼开始摸索售中阶段的工作方法。要想做好售中沟通与客服工作，丹尼需要重点解决以下两个问题。

（1）售中阶段的常见问题有哪些？

（2）针对售中阶段的常见问题，恰当的解决方法是什么？

【step3】售后沟通与客服。丹尼已经做了一段时间的客服工作，店铺的订单陆续被客户签收。有的客户对商品很满意，很快确认了订单，并给了五星好评；有的客户以货不对版、尺码不合适等为由要求退货、退款；有的客户不咨询客服人员，直接给了一星差评。一系列复杂情况令丹尼一筹莫展。要想做好售后沟通与客服工作，丹尼需要重点解决以下两个问题。

（1）售后阶段的常见问题有哪些？

（2）针对售后阶段的常见问题，恰当的解决方法是什么？

请你根据所学知识，帮助丹尼寻找上述问题的答案。

任务 2　跨境电商纠纷处理

任务描述

在本任务中，丹尼需要围绕纠纷类型、纠纷解决等内容完成知识梳理和任务实施，以便为跨境电商客户关系管理打下坚实的基础。

知识梳理

扫一扫
查看阿里巴巴国际站售后服务微课

知识点 1：纠纷类型

由于跨境电商在实际运作过程中有一定的特殊性，买卖双方在沟通上存在语言、时间、距离等方面的障碍，因此很容易产生不同的意见，导致跨境电商运作过程中频繁发生纠纷。常见的纠纷类型有知识产权纠纷、运输纠纷、支付纠纷、退换货纠纷、购买评价纠纷，具体说明如下。

一、知识产权纠纷

知识产权纠纷是指知识产权人因行使知识产权或不特定第三人侵犯其知识产权而与不特定第三人发生的纠纷。常见的知识产权纠纷有归属权纠纷、侵权纠纷、合同纠纷、行政纠纷。

（一）归属权纠纷

归属权纠纷是指主体之间就谁是真正的知识产权人、谁应该具有知识产权发生的纠纷，如是单方知识产权人还是共同知识产权人等纠纷。

（二）侵权纠纷

侵权纠纷是指知识产权人与不特定第三人因侵权行为发生的纠纷，如不特定第三人未经知识产权人许可，擅自使用其知识产权，导致双方发生的纠纷。

（三）合同纠纷

合同纠纷是指知识产权转让、许可使用等合同中的各方当事人因合同发生的纠纷，如受让方超越合同授权导致双方发生的纠纷。

（四）行政纠纷

行政纠纷是指当事人对知识产权行政管理机关做出的决定不服而发生的纠纷，如当事人对有关行政管理机关做出的处理决定不服而发生的纠纷。

在以上 4 类知识产权纠纷中，侵权纠纷最为常见，主要表现为卖家销售未经授权的品牌商品，给品牌带来损失（侵权品牌商品包括国内商品和国际商品）。卖家在跨境电商平台中经营店铺，若被判定为恶意侵权，则不仅会遭到品牌持有人的投诉或起诉，还会受到屏蔽店铺、屏蔽商品、罚款，甚至关闭店铺等处罚。

二、运输纠纷

运输纠纷是指买卖双方在货物运输过程中发生的纠纷。常见的运输纠纷有海关扣关纠纷、卖家私自更改物流方式纠纷、货物未送达纠纷。

（一）海关扣关纠纷

海关扣关纠纷是指交易订单的货物由于海关要求涉及的原因被进口国海关扣留，导致买家未收到货物而发生的纠纷。海关要求涉及的原因包括但不限于以下 6 个。

（1）进口国限制订单货物的进口。

（2）关税过高，买家不愿清关。

（3）订单货物属于假货、仿货、违禁品，直接被进口国海关销毁。

（4）货物申报价值与实际价值不符，导致买家必须在进口国支付处罚金。

（5）卖家无法出具进口国要求卖家出具的相关文件。

（6）买家无法出具进口国要求买家出具的相关文件。

在接到纠纷裁决之日起 2 个工作日内，全球速卖通会提醒买家和/或卖家在 7 天内提供海关扣关原因信息和证据，据此确定责任，并进行裁决。在发货之后，卖家应密切关注物流情况，当物流出现异常时，与买家、物流公司保持沟通，及时了解扣关原因，并尽可能提供相关信息和证据。

（二）卖家私自更改物流方式纠纷

卖家私自更改物流方式纠纷是指卖家未经买家允许，更改买家下单时选择的物流方式而发生的纠纷。遇到买家申请更改物流方式的情况，卖家一定要在跨境电商平台认可的指定聊天工具中和买家协商，如全球速卖通中的买家会话（一旦进入纠纷协商环节，跨境电商平台只认可指定聊天工具中的沟通信息）。之所以发生这种纠纷，大多是因为买家支付了高额的国际物流运费，卖家却选择了经济类物流，导致货物延期送达买家手中。

（三）货物未送达纠纷

货物未送达纠纷是指因买家购买的货物未送达指定地址而发生的纠纷。这种纠纷比较复杂，可能导致买家无法收到货物的原因有很多种，比较常见的原因如下。

（1）不可抗力导致货物无法送达指定地址，如雪灾、地震等。

（2）买家度假、外出，导致货物无法送达指定地址或被退回。

（3）在运送过程中丢失货物。

（4）收件地址有误或物流公司发错地址。

在日常运营过程中，为了降低此类纠纷的发生概率，卖家应密切关注国际形势，对于无法保证正常运输的国家和地区，可以采用限制买家购买商品的方法，避免财货两空。另外，卖家还应谨慎选择物流公司，确保货物能够顺利送达指定地址，降低在运送过程中丢失货物的概率。

三、支付纠纷

支付纠纷是指买卖双方在支付订单的过程中发生的纠纷。如今，支付工具众多，其中信用卡在国外的应用范围非常广泛，很容易被盗刷。在支付订单的过程中，可能发生买家盗刷信用卡的行为。这种订单有时候能被平台的风控系统监测到，并被提交给卖家的订单确认发货系统。当信用卡的实际持有者发现自己的信用卡被盗刷时，可以投诉银行，甚至向银行提起诉讼。在法院裁定为盗刷信用卡行为的情况下，平台一般会将货款退回信用卡，卖家一旦对这种订单发货，就会蒙受损失。

四、退换货纠纷

退换货纠纷是指买家在收到货物后因为货不对版而申请纠纷处理。货不对版主要包括货物和描述不符、货物短装、货物破损、货物不能正常使用等。对于这种情况，买家应在和卖家达成退款协议后退货。如果买家未与卖家协商，自行退货，就会发生纠纷。如果买卖双方达成退款协议且买家同意退货，那么买家应在达成退款协议后 10 天内完成退货、发货，并填写发货通知。

若买家未与卖家协商，自行退货，则买家应提供退货原因和相关证明；若买家无法提供，则卖家有权拒绝买家退货，平台也有权拒绝向买家退款。

五、购买评价纠纷

购买评价纠纷是指买家对整个交易过程、货物或服务等不满意而发生的纠纷。购买评价纠纷贯穿于上述 4 种纠纷类型，其中买家对货物颜色或质量不满意而发生的纠纷较为常见。

买家对货物颜色不满意是指买家认为收到的货物颜色与平台中显示的货物颜色不符。关于色差问题，我们可以从以下两个方面来判断：一是卖家的图片和描述不准确，导致买家产生误判，应当由卖家承担责任；二是买家的显示设备导致的误判（通常是由显示屏的分辨率不同导致的色差），一般由买家承担相关责任。

知识点 2：纠纷解决

跨境电商交易中存在很多阻碍买卖双方沟通的因素，如在商品描述或买卖双方的沟通过程中，商品质量、物流服务、售后服务等信息存在失真的可能。买卖双方对这些信息的理解有出入，如果无法达到自己的要求或预期的效果，就可能发生纠纷。

一、避免纠纷的要素

在经营全球速卖通店铺的过程中，丹尼总结了以下 5 个避免纠纷的要素。

（一）严把商品质量关

“以质量求生存”不应该是一句口号，商品质量关系到店铺能否长期生存和发展。如果商品质量差，得不到买家的青睐，就很难在市场上立足。这要求卖家在进货的时候严把商品质量关，如果商品质量有问题，就不能发货。同时，卖家应该在发货的时候认真检查，确保货物包装等没有问题。

（二）拍摄实物

某些卖家使用的是杂志或其他网站、厂家提供的模特图片，而不拍摄实物，造成图片失真，由此产生了很多纠纷。买家无法看到实物，商品图片是买家判断商品外观的重要依据。商品图片应接近商品，商品描述应全面、客观。此外，为避免纠纷，卖家还可以备注“商品图片可能有色差，对颜色敏感者慎拍”。

（三）优化售后服务

买家下单并不是业务的终点，而是售后服务的起点。在买家下单后，卖家应尽快发货，并告知买家快递单号和物流信息查询方式。对于买家的疑问，卖家应及时答复，让买家感觉到自己是被重视的，而且卖家很负责。

（四）满足买家需求

在交易前，卖家可以查看买家的信誉度、买家对其他卖家的评价，以及其他卖家对买家的评价，并综合各类买家的不同特点，“区别对待”不同的买家。例如，美国买家大多非常重视商品包装，因为他们有时会把在跨境电商平台中购买的商品作为礼物送给亲友。针对美国买家的这个特点，卖家可以定制精致、美观的商品包装。

（五）尊重知识产权

跨境电商卖家应该有尊重知识产权的意识。在经营店铺之前，卖家要充分了解进口国与知识产权相关的法律法规，重视知识产权保护，做好知识产权布局，在全球主要市场中提前注册、申请相关知识产权。在经营店铺的过程中，卖家要做好风险排查与预警工作，在生产、采购、营销等各个环节避免知识产权侵权行为。

二、卖家自卫

当知识产权受到侵犯时，卖家可以采用 6 种非诉讼解决方式，分别为发警告函、利用平台规则解决纠纷、投诉或举报、协商、调解、仲裁。

针对知识产权侵权行为，以《中华人民共和国专利法》《中华人民共和国商标法》《中华人民共和国著作权法》为主体的知识产权法律体系主要规定了以下民事责任形式：停止侵害、消除影响、赔礼道歉、赔偿损失。

针对专利侵权行为，管理专利工作的部门有权责令侵权行为人停止侵权行为、责令改正、罚款等。针对注册商标侵权行为，工商行政管理部门可以进行处理。工商行政管理部门处理时，认定侵权行为成立的，责令立即停止侵权行为，没收、销毁侵权商品和主要用于制造侵权商品、伪造注册商标标识的工具，违法经营额五万元以上的，可以处违法经营额五倍以下的罚款，没有违法经营额或者违法经营额不足五万元的，可以处二十五万元以下的罚款。针对著作权侵权行为，著作权行政管理部门可以责令停止侵权行为，没收违法所得，没收、销毁侵权复制品，并根据情节处以罚款；情节严重的，著作权行政管理部门还可以没收主要用于制作侵权复制品的材料、工具、设备等。全球速卖通中有“发起举报”功能，可选择的举报类型如图 9-26 所示。

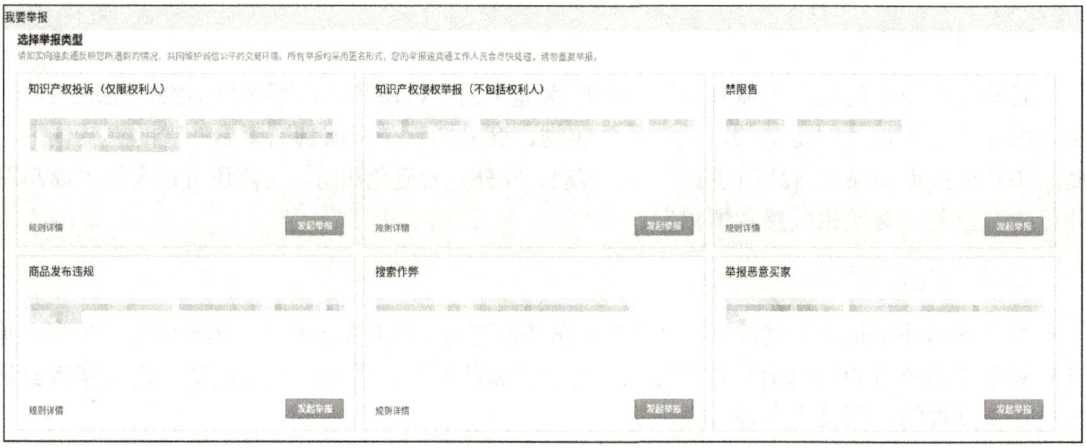

图 9-26

三、纠纷处理流程

（一）知识产权侵权举报

如图 9-27 所示，在全球速卖通中，卖家可以单击“违规”，查看并处理自己发起的举报和收到的举报。

（1）知识产权投诉（仅限权利人）：若权利人是知识产权所有人或其维权代理人，并确认卖家的商品涉嫌侵犯自己的知识产权，包括商标权、专利权（发明专利、外观设计等）、著作权（图片所有权、肖像权等），则可通过此通道发起投诉。阿里巴巴知识产权保护平台手册、阿里巴巴知识产权保护平台常见问题分别如图 9-28、图 9-29 所示，卖家可以查阅详情。

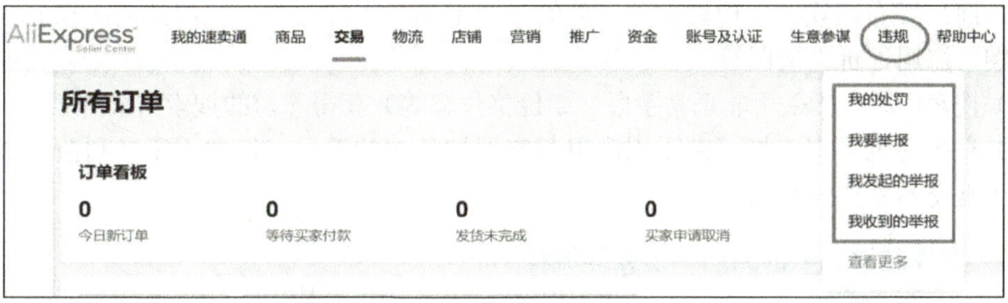

图 9-27

图 9-28

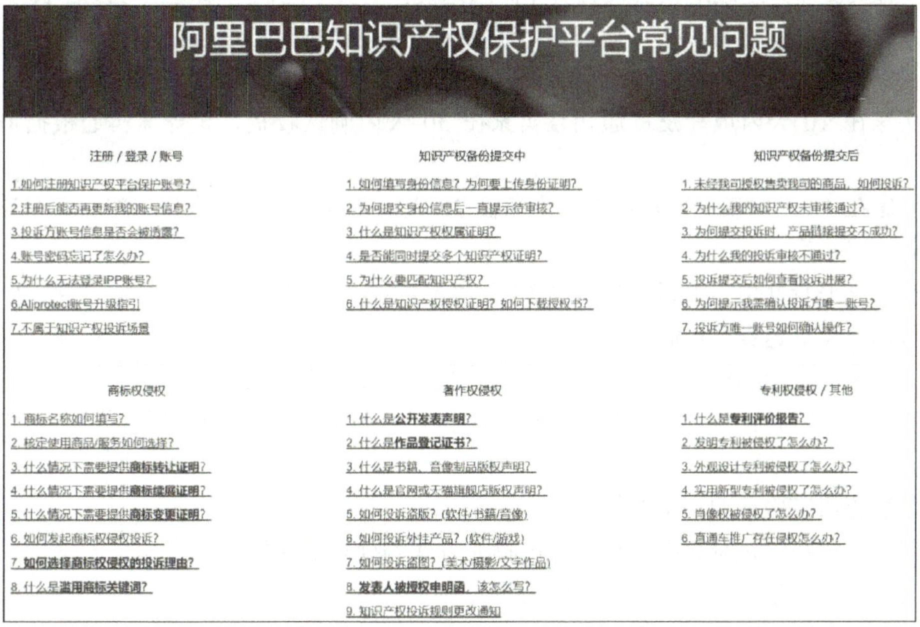

图 9-29

（2）知识产权侵权举报（不包括权利人）：若举报人不是权利人，但确认卖家的商品涉嫌侵犯他人的知识产权，则可通过此通道发起举报。

（3）禁限售：指销售全球速卖通禁止、限制或不宜速递的所有商品。

（4）商品发布违规：指搜索作弊以外的其他不当发布行为，如盗用其他卖家的图片、盗用水印图、盗用评价详情图等。

（5）搜索作弊：指采用非正常手段（如价格作弊等）获得靠前的搜索结果排名的行为。

（6）举报恶意买家：指买家采用滥用买家保护条例的手段，谋取不正当利益，扰乱全球速卖通正常交易秩序的行为。

（二）全球速卖通中常见的纠纷处理流程

（1）在卖家发货并填写发货通知后，若买家没有收到货物或对收到的货物不满意，则最早可以在卖家全部发货 10 天后申请退款；若卖家设置的限时达时间小于 10 天或订单是出现物流退回和异常情况的订单、俄罗斯精品馆订单、本地仓服务订单，则买家最早可以在卖家全部发货后立即申请退款。在买家提交退款申请时，系统中会生成争议流程（“纠纷”）。

（2）在买家提交或修改纠纷后，卖家必须在 5 个自然日内接受或拒绝买家提出的纠纷诉求，否则订单将按照买家提出的退款要求被执行。

（3）若卖家不同意买家提出的纠纷诉求，则卖家应在买家提起纠纷之日起 7 个自然日内与买家进行自主协商；协商后仍无法解决的纠纷将在上述期限后提交至平台进行仲裁。

（4）对于提交至平台，并被平台依照规则判定为不属于售后宝服务或无忧物流服务订单的纠纷，买卖双方应在平台做出上述判定之日起接受仲裁。为优化买家体验，增强买家对平台和卖家的信心，平台鼓励卖家积极与买家协商。对于协商不一致的情况，平台有权主动介入，并给出建议方案，在这种情况下，平台的介入不影响买卖双方的平等协商。

（5）若买卖双方达成退款协议且买家同意退货，则买家应在达成退款协议后 10 天内完成退货、发货，并填写发货通知，全球速卖通将按照以下 4 种情形进行处理。

①买家未在 10 天内填写发货通知，全球速卖通结束退款流程，并完成交易。

②买家在 10 天内填写发货通知且卖家在 30 天内确认收货，全球速卖通根据退款协议执行。

③买家在 10 天内填写发货通知，卖家在 30 天内未确认收货且未提出纠纷，全球速卖通根据退款协议执行。

④在买家退货并填写退货信息后的 30 天内，若卖家未收到退货或收到的货物货不对版，则卖家可以向全球速卖通提起纠纷裁决。

（6）在买家提出纠纷后，部分纠纷会依照平台规则或其他约定，由平台先行介入。若平台判定卖家承担责任，则卖家应按照平台判定执行处理结果。该等纠纷包括但不限于以下 3 种情形。

①享受售后宝服务的订单纠纷。

②使用无忧物流、符合相关标准、由物流方代为处理的纠纷。

③其他依约由平台先行介入的纠纷类型。

知识拓展

售后宝服务

为提升平台竞争力、优化买家体验，全球速卖通在综合买家反馈和各行业特点的基础上，就买家因特定货不对版情形对特定类目商品的订单提出纠纷的情况，为卖家提供赔付处理服务，即售后宝服务。该服务由全球速卖通出资，免费为符合条件的卖家提供，具体权限开放条件、适用的货不对版纠纷情形以平台规则为准。售后宝服务不免除卖家根据平台规则、与买家协议，以及法律法规规定的任何义务或责任。

如果卖家销售的商品属于特定类目，而且订单纠纷属于平台规则规定的特定货不对版纠纷，那么平台会为卖家就相关订单提供售后宝服务。

任务实施

在全球速卖通中，系统不允许买家在发货后更改收货地址，由此可能发生一些纠纷。接下来进入跨境电商纠纷处理任务实施环节。

【step1】图 9-30 所示为某订单的买家支付成功界面。

图 9-30

【step2】图 9-31 所示为该订单的卖家发货界面。

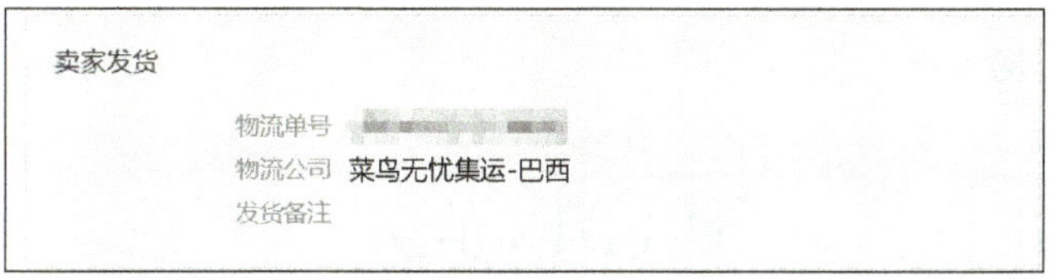

图 9-31

【step3】图 9-32 所示为买家发起纠纷界面。图 9-33 所示为买家提供的纠纷证明。

【step4】图 9-34 所示为全球速卖通的判定过程。全球速卖通判定该订单的纠纷是无忧物流的问题，并向买家发起退款。

【step5】图 9-35 所示为该订单的纠纷详情。

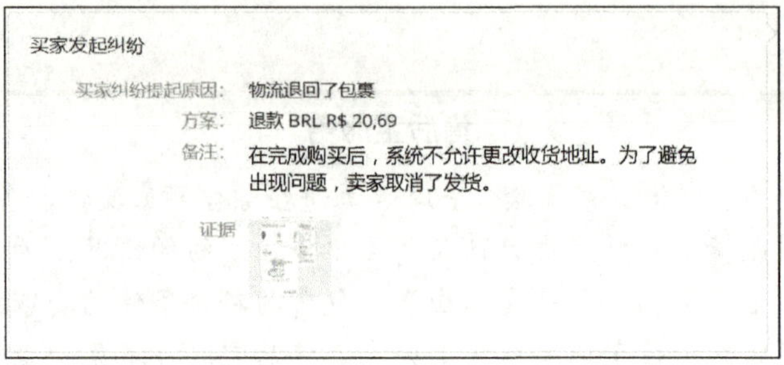

图 9-32

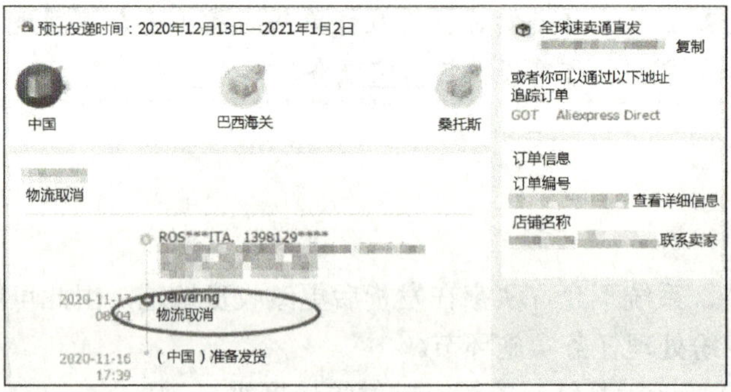

图 9-33

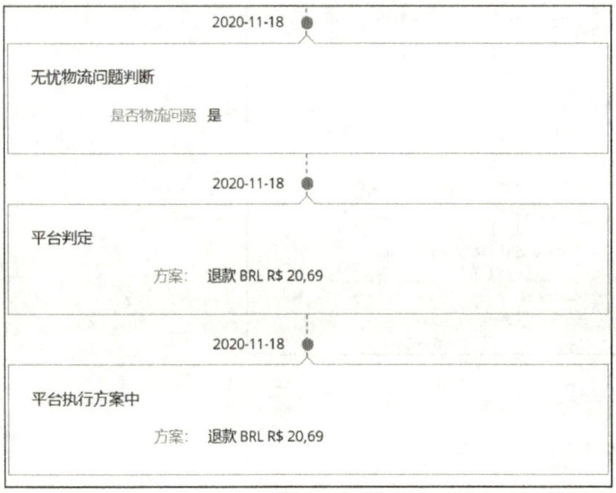

图 9-34

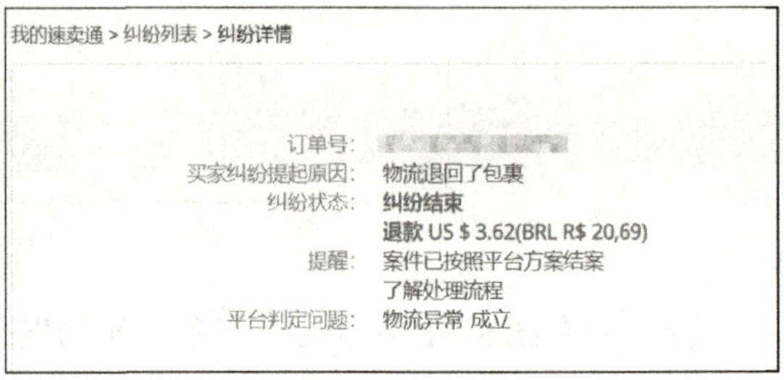

图 9-35

任务 3　跨境电商客户关系管理

任务描述

在本任务中，丹尼需要围绕客户分类、二次营销等内容完成知识梳理、任务实施和项目实训，以便为店铺运营打下坚实的基础。

知识梳理

知识点 1：客户分类

一、客户关系管理的作用

随着互联网时代的来临，客户关系管理给企业带来了前所未有的机遇和挑战。互联网中丰富的客户资源是企业形成竞争优势的重要资源，客户关系管理成为企业未来的核心任务。客户关系管理对企业发展的作用主要体现在以下 3 个方面。

（一）创造源源不断的利润

丰富的客户资源是企业创造价值的源泉，管理好与客户的关系可以为企业创造源源不断的利润。通过对客户信息进行分析，企业可以识别值得投资的高价值客户，并根据这些客户信息制定相应的策略。企业的资源是有限的，企业应遵循“20/80”原则进行客户关系管理，20%的客户可以为企业创造 80%的利润，忠诚、持久、稳定的客户是企业的宝贵资源。企业经营管理活动的关键是留住客户，满足互联网时代背景下的个性化客户需求，与客户建立稳定的、相互信任的、双向沟通的互动关系，提高客户的忠诚度，满足客户随时可能发生变化的需求。

（二）吸引和维护更多的高质量客户

《哈佛商业评论》的研究报告指出：1 个满意的客户会带来 8 笔潜在的生意，其中至少有 1 笔生意可以成交；1 个不满意的客户会影响 25 个客户的购买意向；争取 1 个新客户的成本是留住 1 个老客户的 5 倍。如何让客户满意并成为忠诚客户，是企业经营的核心问题。在互联网时代，客户的需求更加个性化和多变，企业需要快速地对商品和服务进行更新换代，如果无法满足客户的需求，就会失去客户。客户关系管理是指对客户信息进行全面整合，从而了解并满足客户的需求，其应该贯穿于企业的各个部门和各个层次的经营管理活动，以便为客户提供快捷、周到的优质服务。这样，无论客户通过什么途径和企业联系，企业的各个部门都能掌握客户的诉求、消费习惯、付款偏好和中意的商品等信息。如果企业对客户信息了如指掌，就可以“区别对待”不同的客户，实现企业利润最大化。

（三）降低运营成本和交易成本

客户关系管理有助于企业进一步了解自身和客户的需求，从而整合企业的资源，规范企业的管理过程，增强员工的客户服务意识，提升企业的创新能力。这些措施可以大大提高企业的运作效率，降低企业的运营成本和交易成本，扩大企业的利润空间。

二、跨境电商客户关系管理的特点

（一）消费不受地域限制和时间限制

随着全球网络覆盖率的不断提高，跨境电商客户和跨境电商企业之间几乎实现了“零距离”互动。伴随跨境电商的发展而日益发达的物流系统使客户得以享受便捷的消费体验，客户足不出户就能购买异地甚至异国的商品和服务，以往由地域限制和时间限制导致的消费滞后性也相对减弱。

（二）商品或服务的选择范围更大

互联网突破了以往的地域限制和时间限制，客户可以在同一时间对不同企业的同一种商品或服务进行对比。以往由于企业的商品或服务信息和客户的消费信息不对称而导致的客户往往只能选择同一企业的商品或服务的观念正在日益淡化。在互联网时代，商品或服务的选择范围更大，这导致客户对企业保持忠诚的时间不断缩短，客户的流动性增强，客户资源的动态变化更加剧烈。

（三）在线消费的互动性更强

一方面，客户与企业互动的机会增多。互联网为企业发布商品信息提供了高效的平台，甚至可以实现商品生产和宣传“零时差”，一些电商网站的社区特性和社会化商务模式增加了客户与企业互动的机会。另一方面，客户之间相互影响的效应更为明显。利用互联网传递口碑信息使企业影响力的传播极为迅速，客户之间也更容易相互影响，从而快速形成独特的在线消费客户群体。

（四）客户的需求具有更强的时效性

在瞬息万变的网络环境中，信息的更新速度不断加快，客户的需求容易随着所接受信息的变化而发生改变，这要求企业更加快速地对客户的需求做出响应。近年来，国内外购物网站之所以大量消失，很大一部分原因是这些网站在一定周期内大量流失客户，逐渐成为无人问津的“僵尸网站”。

（五）客户的需求更加个性化

在跨境电商市场中，商品和服务越来越丰富化、多样化、全球化，客户不再受限于卖家的准则，转而制定自己的消费准则。同时，来自世界各地的客户选择商品和服务大多取决于个人偏好，客户的需求更加个性化。

三、客户分类方法

跨境电商客户是一个非常大的群体，不同的客户存在着或多或少的差异，对客户进行分类的依据也不同。针对跨境电商客户，常用的分类方法有以下 3 种。

（一）按照客户的性格特征分类

如表 9-1 所示，按照客户的性格特征分类，可以把客户分为友善型客户、独断型客户、分析型客户、自我型客户。

表 9-1 按照客户的性格特征分类

序号	客户类型	性格特征
1	友善型客户	性格随和，对自己以外的人和事没有过高的要求，具备理解、宽容、真诚、信任等美德，通常是企业的忠诚客户
2	独断型客户	非常自信，有很强的决断力，感情强烈，不善于理解他人；认为自己的任何付出都要有回报；不能容忍被欺骗、被怀疑、被怠慢、不被尊重；认为自己的想法和要求必须得到认可，不容易接受他人的意见和建议；是投诉较多的一类客户
3	分析型客户	情感细腻，容易被伤害，有很强的逻辑思维能力；懂道理，也讲道理；可以接受公正的处理和合理的解释，不愿意接受任何不公正的待遇；善于运用法律手段保护自己，不过不会轻易威胁对方
4	自我型客户	以自我为中心，缺乏同情心，不习惯站在他人的立场考虑问题；不能容忍自己的利益受到任何损害；性格敏感多疑

（二）按照客户的购物风格分类

如表 9-2 所示，按照客户的购物风格分类，可以把客户分为初次上网购物者、勉强购物者、低价商品购物者、“手术”购物者、狂热购物者、动力购物者。

表 9-2 按照客户的购物风格分类

序号	客户类型	购物风格
1	初次上网购物者	这类客户正在尝试领会电商的概念，他们的网购体验可能从在网上购买失败风险较小的小件商品开始，他们通常要求购物界面简单、购物过程容易
2	勉强购物者	这类客户对安全和隐私问题比较敏感，他们在一开始时只想通过网站进行购物研究，而非购买商品
3	低价商品购物者	这类客户会对比各种购物工具，他们对品牌没有忠诚度，只在乎商品的价格，廉价的商品对这类客户更有吸引力
4	“手术”购物者	这类客户很清楚自己需要什么，通常只购买自己需要的商品。他们知道自己做购买决定的标准，他们会寻找符合这些标准的商品。一旦找到合适的商品，他们就会果断购买
5	狂热购物者	这类客户把购物当作一种消遣，他们的购物频率很高，有很强的冒险精神。对于这类客户，迎合其爱玩的性格是十分重要的
6	动力购物者	这类客户因为有需求而购物，而不是把购物当作消遣。他们会运用自己的购物策略，找到自己需要的商品，不愿意把时间浪费在搜寻商品上

（三）按照客户的 RFM 类型分类

如表 9-3 所示，按照客户的 RFM［R（Recency，最近一次消费时间）、F（Frequency，消费频率）、M（Monetary Value，消费金额）］类型分类，可以把客户分为重要客户、一般客户、低价值客户。

表 9-3 按照客户的 RFM 类型分类

序号	客户类型	RFM 类型
1	重要客户	最近一次消费时间与当前的间隔时间短或低于平均值；消费频率等于或高于平均值；消费金额大。卖家应牢牢抓住此类优质客户
2	一般客户	最近一次消费时间与当前的间隔时间短或低于平均值；消费频率等于或高于平均值；消费金额不大。卖家应把此类客户转化为重要客户
3	低价值客户	最近一次消费时间与当前的间隔时间长；消费频率低于平均值或没有复购行为；消费金额小。对于此类非目标客户，在经费有限时，卖家可以忽略他们

知识拓展

RFM 分类法

RFM 分类法是由美国数据库营销研究所的亚瑟·休斯提出的基于客户消费行为数据的客户细分方法。休斯指出，客户数据库中有 3 个神奇的要素，它们是分析客户数据和细分客户的依据。

最近一次消费时间：客户距离上一次消费的时间。理论上，客户的最近一次消费时间与当前的间隔时间越短越好，卖家可以通过该指标衡量客户的忠诚度。

消费频率：客户在一段时间内的消费次数。消费频率越高的客户，忠诚度越高。

消费金额：客户在一段时间内购买商品的总金额。消费金额越大的客户，为企业创造的价值越大。

知识点 2：二次营销

一、二次营销基础知识

（一）二次营销概述

二次营销可以被看作客户经营，因为一般消费者已经变成了固定客户或已经看过一次广告。卖家对他们进行二次营销，目的是让他们进行二次消费。二次营销要求卖家具备较强的消费者管理能力和营销能力，卖家需要抓住消费者的心理。

（二）二次营销的优点

1. 营销成本更低

与没有购买过商品的消费者相比，购买过商品的消费者更容易产生复购行为。也就是说，随着购买次数的增加，消费者再次购物的可能性会越来越大。

相关数据表明，当产生一次购买行为后，消费者有 27%的可能性再次光顾同一家店铺；

当产生两次购买行为后，消费者有 45%的可能性第三次光顾同一家店铺。如果消费者产生了多次购买行为，下一次还在同一家店铺中消费的可能性就会越来越大。

2. 现有消费者的客单价更高

与首次购买商品的消费者相比，现有消费者不但更有可能产生复购行为，而且他们的客单价更高。

在通常情况下，消费者购物的次数和时间能够直接影响消费金额。以消费者购物的时间为例，贝恩公司的一项研究发现，同一个消费者在某店铺中购物 30 个月后，其客单价与第一次购物时相比提高了 67%。

3. 更容易引发口碑传播

现有消费者不仅在复购转化时更有价值，还为店铺提供了巨大的营销潜力，带来了口碑传播。口碑传播是最好的宣传推广方式之一，现有消费者常常主动把店铺推荐给自己的亲朋好友，甚至介绍这个购物渠道的各种优势，从而激发其他人的购物欲望。

（三）二次营销的缺点

（1）要想进行二次营销，卖家必须掌握现有消费者的相关数据，如他们的行为特点、消费特点、需求特点、心理特点、消费力等。要想掌握这些数据，卖家必须要有完善的消费者系统，还要进行数据分析和运营。这些条件不是一般卖家能够具备的。

（2）做好二次营销不仅要具备长期规划的能力，还要满足消费者的不同需求。很明显，这个门槛也相对较高，只有具备一定实力的卖家，才能不断更新自身店铺中的商品。

二、二次营销的前提

（一）商品质量

要想做好二次营销，商品质量一定要过关，这是消费者成为店铺的忠实粉丝的关键。如果消费者在某店铺中购物后发现商品质量实在不敢恭维，该店铺的形象就会在消费者心里一落千丈，消费者甚至会给差评。在消费者下一次购物的时候，转化难度会大大提高。

（二）消费者体验

消费者体验的重要性不言而喻，然而很多卖家往往会忽视这一点。2022 年，国外的一家机构对 1920 名业务人员进行了调查，并询问他们未来 5 年内在自己的生意中需要注意的头等大事是什么。调查结果显示，“消费者体验”这个答案居于首位。特姆金集团在 2021 年进行了一项研究，发现年收入 10 亿美元的企业在投资消费者体验方面的 3 年后，比没有在这方面投资的企业平均多赚取 7 亿美元。人性化的消费者体验策略可以提高消费者的购物满意度，减少消费者流失，并增加店铺的收入。这样，在进行二次营销的时候，卖家就能更轻松地转化现有消费者了。

优化消费者体验可以从以下 4 个方面入手。

1. 商品描述尽量详细、完整

消费者通常希望从商品描述中了解商品的基本信息。因此，在描述商品时，卖家应该详细一些，不仅可以描述商品的名称、售后服务、质量保证等信息，还可以描述商品的信用保证、材质、特点、是否包邮等信息。另外，商品描述还应尽量完整，应包括商品的功能、参数、品类、使用方法、服务承诺、注意事项等信息。

2. 及时、良好的沟通

全球速卖通的买家会话中会实时显示需要卖家处理的消息，卖家应该及时关注这些消息，并礼貌、简洁、清晰地回复买家的问题。为了降低时差的影响，增强沟通的及时性，卖家可以在买家会话中设置快捷短语，高效回复买家的问题。如图 9-36 所示，卖家可以设置自动回复模板。如图 9-37 所示，卖家可以设置买家新会话声音提示，平台会通过邮件提醒卖家回复买家的消息。

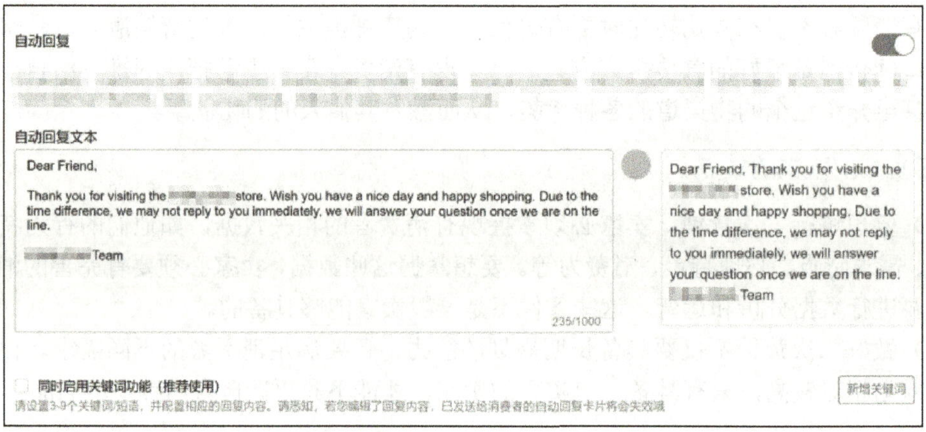

图 9-36

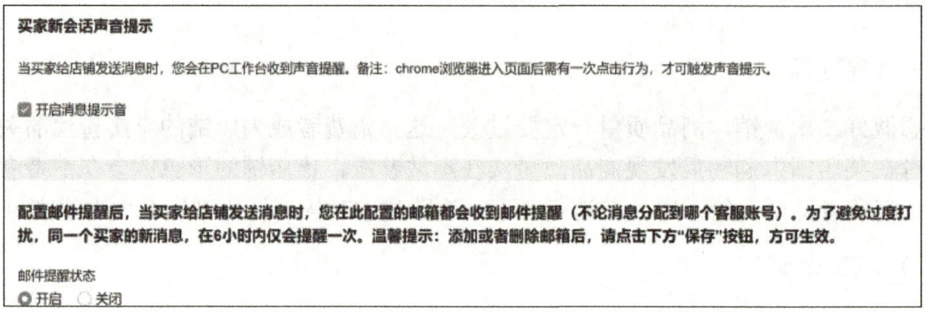

图 9-37

3. 为消费者提供优质的物流服务

为了优化消费者体验，跨境电商平台为消费者提供了多种物流运输方案，卖家应根据消费者的需求，设置合适的物流运费模板，在发货速度、运送时间、货物完好无损率、送货人员的服务态度等方面，为消费者提供优质的物流服务。

4. 及时处理投诉

做好投诉处理也是一种很好的二次营销手段。如果卖家可以及时处理投诉，就有机会重新赢得消费者的信任。可见，投诉既是危机，也是转机，还是进行二次营销的大好机会。

三、二次营销的方法

（一）做好客户分类管理

做长期的生意意味着卖家不能只看某一单成交与否，而应重视客户生命周期价值。对老客户进行二次营销的效率比获取新客户的效率高得多，卖家应做好客户分类管理，可以采用上文介绍的客户分类方法，对客户进行分类管理。

（二）把握二次营销的时机

在一些重要的时间节点，卖家应把握时机，主动进行二次营销。二次营销的时机主要有以下 4 个：一是感恩节、圣诞节等西方重要节日，它们是消费者购物的高峰期；二是对一些商品进行特价促销，举办一些让利消费者的促销活动；三是宣传优质的新商品；四是中间商型消费者上一批购买的商品即将销售完，需要采购下一批商品的时候。

（三）注意时差

由于时差的缘故，在国内的工作时间，部分国外消费者在即时通信工具中处于离线状态。当然，即使消费者离线，卖家也可以通过买家会话等工具联系他们。不过，建议卖家尽量选择消费者在线的时候联系他们。这意味着卖家需要在晚上或凌晨联系部分国外消费者，因为他们在这些时间在线的可能性更大，和他们沟通的效果会更好。

（四）采取营销手段

卖家可以适当地投放二次营销广告，为不同类型的消费者定制有针对性的二次营销广告。通过数据分析定位访问过自身店铺的消费者，卖家可以了解这些消费者的搜索偏好。这些消费者已经对商品有了一定的了解，与其他广告相比，有针对性的二次营销广告往往可以在这些消费者中获得更高的点击率和转化率。

对于曾经购买过商品的消费者，卖家已经掌握了他们的相关信息，如手机号、邮箱等。基于这些信息，卖家可以进行邮件营销，把特定的邮件发送给特定的消费者，根据细分消费者的不同需求和属性，提高邮件营销的效率和二次营销的转化率。

任务实施

在流量越来越贵且越来越难获取的大背景下，做好二次营销既是卖家应该高度重视的运营手段，也是店铺健康、稳定发展的核心竞争力。接下来进入跨境电商客户关系管理任务实施环节。

一、登录卖家账号

如图 9-38 所示，登录全球速卖通卖家账号。如图 9-39 所示，单击“我的速卖通”，查看未读消息。

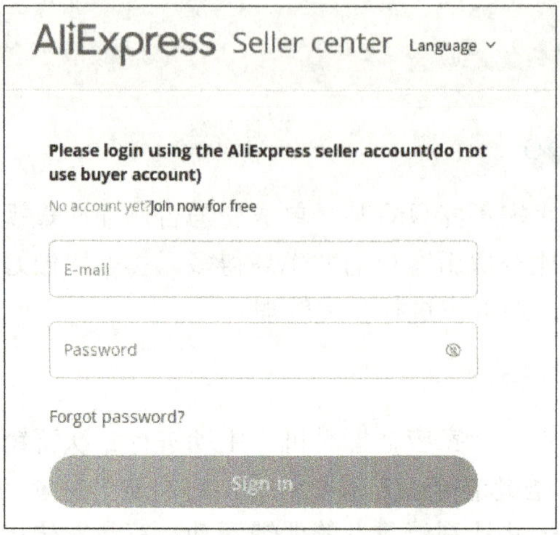

图 9-38

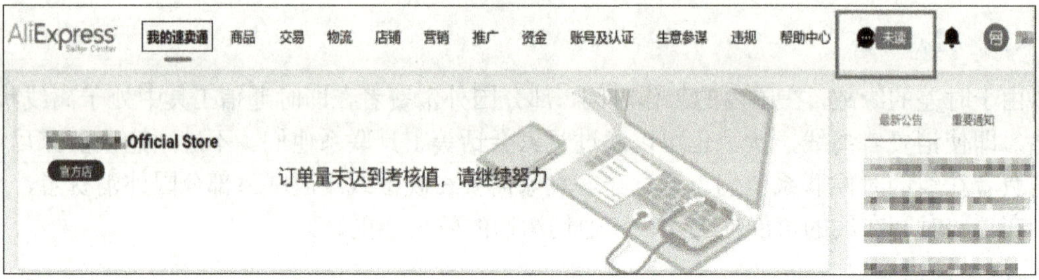

图 9-39

二、查看买家会话

如图 9-40 所示，查看买家会话，单击设置图标。

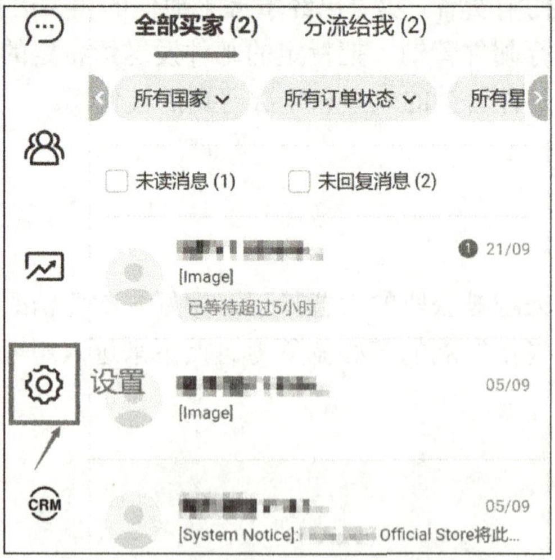

图 9-40

三、进行买家分组管理

（一）进入会话设置界面和分组管理界面

会话设置界面、分组管理界面分别如图 9-41、图 9-42 所示。

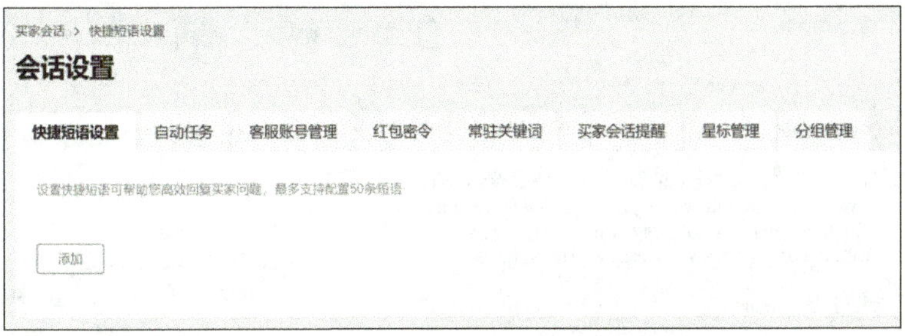

图 9-41

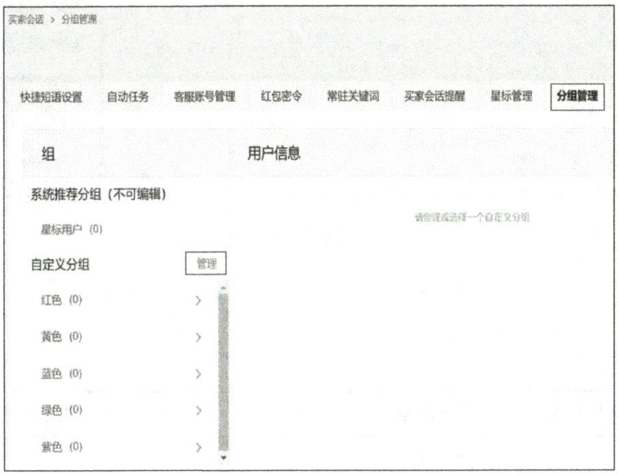

图 9-42

（二）根据店铺管理要求进行分组设置

单击分组管理界面中的“管理”，进入分组设置界面，如图 9-43 所示。

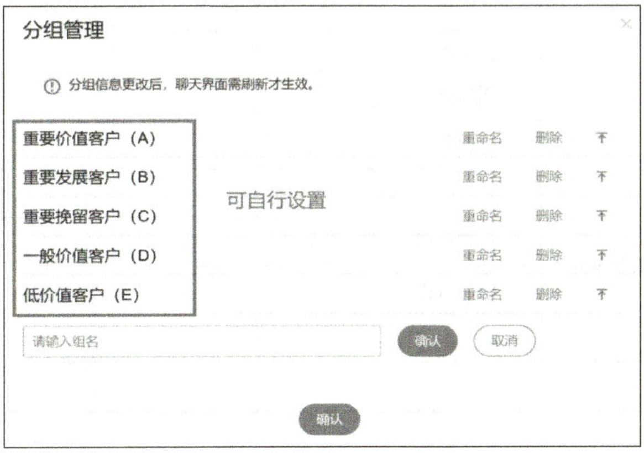

图 9-43

（三）分组设置完毕，对买家进行分组管理

在分组设置完毕后，返回买家会话界面，根据店铺管理要求，对买家进行分组管理，如图 9-44 所示。

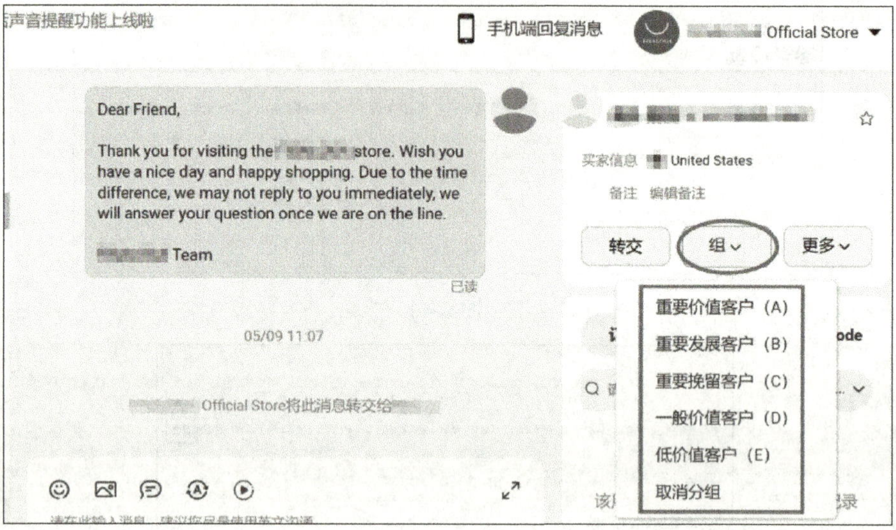

图 9-44

【项目评价】

单位：分

类别	序号	考核项目	考核内容	分值	学生自评	学生互评	教师测评	分数
技术考评（80 分）	1	技能操作	售前沟通与客服	15				
	2		售中沟通与客服	15				
	3		售后沟通与客服	20				
	4		跨境电商纠纷处理	15				
	5		二次营销	15				
非技术考评（20 分）	6	职业素养	态度端正	5				
	7		遵守纪律	5				
	8		团队合作	5				
	9		服务意识	5				
总分：								

【项目实训】

项目实训 1　全球速卖通消息中心设置

<table>
<tr><td>实训名称</td><td>全球速卖通消息中心设置</td><td>序号</td><td>1</td></tr>
<tr><td>实训目标</td><td colspan="3">（1）通过实训，熟练掌握客户服务快捷短语的设置方法；
（2）熟练掌握买家会话提醒的设置方法；
（3）能够进行客户分组管理</td></tr>
<tr><td>实训要求</td><td colspan="3">（1）成功完成买家会话的快捷短语设置；
（2）根据店铺需要，完成客户分组管理</td></tr>
<tr><td>实训标准</td><td colspan="3">全球速卖通标准</td></tr>
<tr><td>实训条件</td><td colspan="3">全球速卖通仿真实训平台</td></tr>
<tr><td colspan="4">实训流程</td></tr>
<tr><td colspan="4">进入买家会话；进入会话设置界面；完成常见问题的快捷短语设置；完成买家会话提醒设置；完成客户分组管理</td></tr>
<tr><td colspan="4">考核标准</td></tr>
<tr><td colspan="4">完成常见问题的快捷短语设置；完成买家会话提醒设置；完成客户分组管理</td></tr>
<tr><td colspan="4">过程记录</td></tr>
<tr><td colspan="4">（学生填写实训过程中的重要记录，如数据记录及相关分析等）</td></tr>
<tr><td colspan="4">遇到的问题及解决措施</td></tr>
<tr><td colspan="4">（学生填写）</td></tr>
<tr><td colspan="4">实训成果</td></tr>
<tr><td colspan="4">（学生填写实训成果的最终表现形式，可附页）</td></tr>
<tr><td colspan="4">实训考核</td></tr>
<tr><td colspan="4">（教师综合实训过程及实训成果，对照考核项目评分）</td></tr>
</table>

项目实训 2　全球速卖通纠纷处理

<table>
<tr><td>实训名称</td><td>全球速卖通纠纷处理</td><td>序号</td><td>2</td></tr>
<tr><td>实训目标</td><td colspan="3">处理全球速卖通中的客户纠纷</td></tr>
<tr><td>实训要求</td><td colspan="3">（1）辨别纠纷类型；
（2）正确处理纠纷</td></tr>
<tr><td>实训标准</td><td colspan="3">全球速卖通纠纷处理规范</td></tr>
<tr><td>实训条件</td><td colspan="3">全球速卖通仿真实训平台</td></tr>
<tr><td colspan="4" align="center">实训流程</td></tr>
<tr><td colspan="4">辨别纠纷类型；有针对性地处理纠纷</td></tr>
<tr><td colspan="4" align="center">考核标准</td></tr>
<tr><td colspan="4">了解主要的纠纷类型；正确处理纠纷</td></tr>
<tr><td colspan="4" align="center">过程记录</td></tr>
<tr><td colspan="4">（学生填写实训过程中的重要记录，如数据记录及相关分析等）</td></tr>
<tr><td colspan="4" align="center">遇到的问题及解决措施</td></tr>
<tr><td colspan="4">（学生填写）</td></tr>
<tr><td colspan="4" align="center">实训成果</td></tr>
<tr><td colspan="4">（学生填写实训成果的最终表现形式）</td></tr>
<tr><td colspan="4" align="center">实训考核</td></tr>
<tr><td colspan="4">（教师综合实训过程及实训成果，对照考核项目评分）</td></tr>
</table>

参考文献

[1] 余以胜，吕星海，杨泽乾．跨境电商实务：速卖通运营与实操[M]．北京：人民邮电出版社，2022．

[2] 宋磊．跨境电商操作实务——基于速卖通平台（第 2 版）[M]．北京：北京理工大学出版社，2021．

[3] 李晓燕．跨境电子商务实务[M]．重庆：重庆大学出版社，2021．

[4] 王冰．跨境电子商务基础[M]．重庆：重庆大学出版社，2020．

[5] 叶万军，隋东旭，邹益民．跨境电子商务概论[M]．北京：清华大学出版社，2021．

[6] 杜艳红，廖丽玲．跨境电商客户服务[M]．大连：大连理工大学出版社，2021．

[7] 周锡飞．国际营销理论与实战[M]．北京：北京理工大学出版社，2020．

[8] 井然哲．跨境电子商务导论：理论与实践[M]．上海：格致出版社，2019．

[9] 唐红涛，谭颖．跨境电子商务理论与实务[M]．北京：对外经济贸易大学出版社，2019．

[10] 许辉，张军．跨境电子商务实务[M]．北京：北京理工大学出版社，2019．

[11] 阮晓文，朱玉赢．跨境电子商务运营：速卖通 亚马逊 eBay[M]．北京：人民邮电出版社，2018．

[12] 韩琳琳，张剑．跨境电子商务实务[M]．上海：上海交通大学出版社，2017．

[13] 常广庶．跨境电子商务理论与实务[M]．北京：机械工业出版社，2017．

[14] 郑建辉，陈江生，陈婷婷．跨境电子商务实务[M]．北京：北京理工大学出版社，2017．

[15] 吕昊旻，赵雪情．全球跨境支付特征、问题及前景[J]．人民币国际化观察，2022（5）：2-3，8-9，13．